복 있는 사람

오직 여호와의 율법을 즐거워하여 그 율법을 주야로 묵상하는 자로다.
저는 시냇가에 심은 나무가 시절을 좇아 과실을 맺으며 그 잎사귀가 마르지 아니함 같으니
그 행사가 다 형통하리로다. (시편 1:2-3)

강영안의 공부한다는 것

강 영 안 의
공 부 한 다 는   것

강영안 —— 대담 최종원

복 있는 사람

강영안의 공부한다는 것

2026년 1월 9일 초판 1쇄 발행
2026년 2월 6일 초판 3쇄 발행

지은이 강영안·최종원
펴낸이 박종현

㈜ 복 있는 사람
주소 서울특별시 마포구 연남동 246-21(성미산로23길 26-6)
전화 02-723-7183(편집), 7734(영업·마케팅)
팩스 02-723-7184
이메일 hismessage@naver.com
등록 1998년 1월 19일 제1-2280호

ISBN 979-11-7083-314-7 03230

차례

제가 복 있는 사람 출판사로부터 강영안 선생과의 대담을 제안 받은 것은 2019년 3월 무렵입니다. 당시 제가 가르치고 있는 밴쿠버기독교세계관대학원(VIEW)의 여름학기 강의를 위해 그가 밴쿠버를 방문하면서 처음 개인적으로 만나게 되었습니다. 한국을 대표하는 철학자 중 한 사람으로, 또한 그리스도인 지성으로 자리매김하고 있는 선생과의 대담은 저로서는 뜻밖의 제안이었습니다. 철학자와 역사학자의 의미 있는 콜라보레이션을 기대했겠지만, 우선 같은 자리에서 학문을 논하기에는 급이 맞지 않았습니다. 고민할 필요도 없이 정중히 고사했습니다.

밴쿠버에 방문한 그와의 첫 대면이 아직도 생생합니다. 리젠트 칼리지 강의실에서 인사를 나누고 쉬는 시간에 함께 1층에 있는 서점에 들렀습니다. 진열대에 린들 로퍼의 『마르틴 루터』 평전이 있길래 그에게 이 책이 최근 한국에서 번역·출간되었다고 말했습니다. 그랬더니 대뜸 "루터에 대한 린들 로퍼와 스콧 핸드

릭스의 견해에서 핵심적인 차이가 무엇입니까?"라고 묻는 게 아닙니까. 갑작스러운 질문에 저는 얼버무리며 "아직 자세히 읽어 보지 못했습니다"라고 답했습니다.

그동안 선생을 글로만 접했지 가까이에서 가르침을 받거나 대화를 나눌 기회가 없었는데, 한 주 동안 함께 시간을 보내며 깊은 인상을 받았습니다. 그는 칸트 철학을 전공한 철학자로, 서강대학교 철학과 명예교수이자 미국 칼빈 신학대학원(Calvin Theological Seminary, 이하 '칼빈 신학교' 혹은 '칼빈') 철학신학 교수로 재직 중입니다. 저 역시 일반 역사학을 공부했고 한국의 일반 대학에서도 강의했지만, 지금은 신학대학 내에서 역사를 가르치고 있습니다. 다양한 배경을 가지고 있지만, 그리스도인으로만 구성된 균질한 대상에게 세속사가로서 강의할 때 늘 부딪히는 고민이 있었습니다. '대상이 듣기를 원하거나 과하게 충돌되지 않는 선에서 적당히 타협하는 것이 아닌가' 하는 자괴감이 마음 한편에 자리 잡고 있었습니다. 그런 점에서 그가 신학교의 학생들에게 어떻게 접근하고 가르침을 풀어갈지 몹시 궁금했습니다. 그래서 하루는 온종일 시간을 비우고 현장에서 그의 강의를 들었습니다. 그때 제가 선생에게 받았던 인상을 SNS에 짧게 적었는데, 그것을 다시 옮겨 봅니다.

"경계 없는 중심의 지식인"
지난 주, 강영안 교수님이 여름학기 강의를 위해 밴쿠버에 방문했다. VIEW와 리젠트 칼리지가 협력하여 개설한 강의로 리젠트 칼리지에서 수업이 진행되었다. 선생은 서강대에서 은퇴한 뒤 지금은 미국 칼빈 신학교 교수로 계신다.
우리의 평범한 일상에 담긴 여러 철학적, 세계관적 의미를 풀어낸 강의에 수강생들은 하나같이 큰 지적 감화와 도전을 경험했다고 고백했다. 지금도 연 12학점 강의를 하고 논문과 책을 저술한다는 사실에서, 그간 전설처럼 접했던 대학자요 시대의 지식인의 면모를 들여다볼 수 있다.

VIEW에서 누리는 특권 중 하나는 좋은 스승들을 만나 배울 기회가 많다는 점이다. 이번에도 하루 종일 청강하며 표현할 수 없는 복받침을 경험했다. 타협 없는 지식 추구의 엄정성과 더불어, 주변을 보듬는 섬세함과 따스함이 공존함을 보았다. 한국 사회와 교회를 통찰하는 예리함은 현상에 대한 분석과 비판을 넘어, 회복의 지향이 무엇인지까지 이어졌다. 특히 자유자재로 성경의 전거들을 들어 풀어내는 모습이 무척 인상적이었다. 지금껏 접한 대부분의 신학자는 지경의 차이는 있었지만, 결국은 양보할 수 없는 경계를 품고 있었다. 그러나 강 교수님을 통해 본 것은 거침없고 경계 없는, 그러나 그 무한의 경계를 견인할 중심의 힘, 구심력이었다. 아마도 그것이 철학자의 지평이리라.

사흘간 꽤 여러 시간을 함께 보내며 '지식인이란 무엇이어야 하는가'에 대한 질문이 줄곧 맴돌았다. 동서양 고전부터 현대에 이르는 사상사와 신학사의 흐름을 꿰뚫고 있는 범접할 수 없는 석학으로서의 면모만큼이나 인상 깊었던 것은 한국 사회와 교회에 대한 냉철한 현실 인식과 그에 대한 거침없는 목소리였다. 그러나 거기에 머물지 않고 냉소, 회의, 비관을 넘어 미래를 응시하는 지식인의 모습을 또한 보았다. 나로서는 그 방향성에 대한 전적인 동의와 더불어, 끝없는 배움과 치열한 성찰을 통해 이 자세를 유지할 수 있을지 스스로에 대한 한계 의식이 들 수밖에 없었다.

선생은 밴쿠버에 처음 방문했을 때 전했던 제 책을 틈틈이 읽어 보더니, 떠나면서 저를 만난 것이 큰 수확이었다는 덕담을 남겨 주었습니다. 그 후 한국에서 짧게 한 번 만난 뒤로는 코로나19로 인해 물리적으로 마주할 기회가 없었습니다. 그가 미국 생활을 정리하고 귀국한 뒤 제가 한국을 방문했을 때 비로소 다시 만날 수 있었습니다. 그때마다 짧지만 결코 짧지 않은 배움의 시간을 누렸습니다.

강영안 선생을 '르네상스 지식인'이라고 칭하는 이들이 여럿 있습니다. 그를 만나 대화해 본 사람이라면 누구나 공감하는 표현입니다. 그의 정돈된 넓고 깊은 사유 세계는 그저 해박하다는 말로는 다 설명되지 않습니다. 저는 그를 만나 대화할 때마다 그가 풀어내는 학문의 향연에 몇 시간씩 빠져들곤 했습니다. 그러다가 어느 순간 그에게 툭 던지듯 말했습니다. "선생님, 이 대화를 녹음해도 되겠습니까?" 사전에 계획된 것이 아니었습니다. 대상에 대해 무한한 호기심을 갖고 탐구하는 역사학도로서의 본능적인 반응이었습니다. 그가 풀어내는 이야기는 제가 비판적 지식인을 지향하는 학자이자 그리스도인으로서 고민하던 것과 결을 같이하는 내용이었습니다.

2022년 11월 코로나19가 끝나가던 시점이자 한국 교회의 아우성이 이어지던 시절, 그와 나누던 대화 말미에 문득 함께 책을 출간할 것을 제안했습니다. "선생님, 저와 대담집 한 권 내면 어떨까요?"

그의 반응은 긍정적이었습니다. 그 당시 그는 개인적으로 여러 변화를 겪고 있었는데, 미국에서 귀국한 뒤 칼빈 신학교 교수직을 지속하는 가운데 한동대학교 석좌교수직을 제안받은 때였습니다. 한동대에서 그를 석좌교수로 초빙하고자 한 것은 그저 명망가를 모셔오는 것이 아니었습니다. 학부 학생들에게 그리스도인 지성이 갖추어야 할 내용들을 체계적이고 지속적으로 가르치려는 구체적인 계획 가운데 진행된 일이었습니다. 짐작건대, 이는 한국의 신학교나 기독교 대학이 가지고 있는 고민의 일단을 보여주는 일이었습니다. 한국 사회에서 기독교가 점점 주변부로 밀려나면서, 그 여파로 게토화되고 있는 현실을 헤쳐 나갈 길을 모색하는 것은 필수적이었습니다. 저는 한동대로 대표되는 기독교 대학이 처한 상황이 만만치 않다고 봅니다. 기독교가 이 사회에서 차지하던 지형이 급속도로 바뀐 탓이기도 하겠지만, 과연 지성의 전당으로서 다양한 사고와 열린 교육을 인정하고 지향했는지가 보다 근본적인 질문일 것입니다. 그렇기에 그가 경험한 '젊은' 그리스도인 지성 세계가 어떠했는지 더욱 궁금해졌습니다. 그와 더불어 '그리스도인 지성' 강영안을 알지 못하는 세대에게 그의 가르침과 지향이 유의미하게 들려지고 수용되고 있는지, 아니면 한참 지나간 세대의 고루한 목소리로 치부되고 있는지 확인하고 싶었습니다.

그러던 차에 2023년 1월, 선생이 고려대 조영헌 교수와 미래 교육과 관련하여 인터뷰한 내용을 보내 주었습니다. 이 인터뷰는 제게 '지금 세대에게 여전히 그의 가르침과 철학이 필요하며 유의미하게 들리는 지점이 있다'는 어떤 확신을 주었습니다. 오늘날의 한국 사회와 교회 현실에서 다시 거대 담론의 맥을 잡아 지도를 그리고 설명해 줄 누군가가 나와야 한다고 생각합니다. 개별 분야의 전문가가 아닌 포괄적인 지식인의 역할이 필요하고, 강영안 선생이야말로 한국 사회에서 이 역할을 할 수 있는 사람이 아닐까 하는 생각이 들었습니다. 그래서 그에게 메시지로 학문, 인문학, 교육, 종교, 지식인을 핵심 키워드로 하는 대담 프로젝트를 제안했습니다. 그리고 그가 흔쾌히 응하면서 이 책의 토대가 되는 대담이 마침내 성사되었습니다. "재미있는 주제입니다. 할 이야기도 많고요. 철학도 온갖 것을 두고 이야기하지만 역사는 현실을 철학보다 훨씬 다면적으로 볼 능력이 있습니다. 역사학자와 철학자의 콤비가 빛을 내기를."

선생과의 대담은 2023년 6월 15일부터 17일까지 2박 3일간 이루어졌습니다. 강원도 평창의 한 리조트에 숙박하며 올림픽 빌리지, 오대산과 강릉 동해로 이동하면서 대화를 나누었습니다. 녹음 시간만 무려 25시간에 달했습니다. 그 후 2024년 6월과 10월에 서울과 밴쿠버에서 각각 추가적인 대담을 통해 내용의 충실도를 높였습니다.

관심 있는 독자들은 알겠지만, 강영안 선생은 이미 여러 권의 대담집을 출간한 바 있습니다. 인터뷰 기사를 찾아봐도 그 수가 꽤 됩니다. 그를 만난 사람들은 대부분 느끼겠지만, 인문학과 관련된 어떤 주제에 대해서도 거침없이 몇 시간을 동서고금의 일차 문헌들을 자유롭게 인용하며 풀어내는 흔치 않은 분입니다. 그 점이 듣는 이의 호기심을 자극합니다. 제 경우도 그랬습니다. 대담 역시 한 인간이자 철학자, '그리스도인 강영안'에 대한 호기심에서 시작한 일이었습니다. 만일 질문이 달라지면 또 다른 관점의 지혜와 성찰을 선생으로부터 길어낼 수 있으리라는 기대가 생겼습니다.

저는 그가 한국 교회가 소중하게 여기고 배워야 할 그리스도인 지성이라고 믿습니다. 그래서 역사학도로서 일종의 의무감으로 지식인 강영안을 기록으로 남기고자 했습니다. 이 책은 '그리스도인에게 공부란 무엇인가'로 귀결됩니다. 여기서의 공부란 개인의 책상머리에서 이루어지는 지적인 노동만이 아니라, 시대를 읽고 분별하고 성찰하는 능력까지 포괄합니다. 제 자신이 궁금한 것과 독자들이 궁금해할 만한 것, 우리 교회와 사회가 고민하는 내용들을 대신 질문했습니다. 독자들은 이 책에서 그리스도인, 학자, 사상가 강영안이 읽어내는 지식 세계와 한국 기독교에 대한 흥미로운 답변을 들을 수 있을 것입니다. 단순한 지식 전달이 아니라, 독자들이 처한 현실 속에서 지성과 신앙을 조화롭게 이어갈 수 있는 구체적인 통찰을 얻게 될 것입니다. 또한 한국 기독교와 사회가 나아가야 할 방향에 대한 깊이 있는 성찰을 통해, 개인의 삶과 공동체의 미래를 더욱 풍요롭고 의미 있게 만들어가는 든든한 디딤돌을 발견하게 될 것입니다.

사실 이 대담의 출발점에는, 한국 교회에 대한 애정이 있는 한 개인으로서 한국 교회에서 어른다운 어른을 찾기 힘들다는 깊은 고민이 자리하고 있습니다. 예전에는 나이를 먹는다는 것을 어른이 된다는 것과 동일시하는 면도 있었던 듯하지만, 한국 교회의 맥락에서 나이 드신 분들이 젊었을 때와 달리 별로 긍정적이지 않게 바뀌는 모습에서 상처를 받는 사람들을 보며 점차 생각이 바뀌었습니다. 사회에 대한 시각이나 정치에 대한 시각도 빠질 수 없습니다. 교회 공동체는 사회나 정치와 달리 '우리'라는 의식이 대단히 강한 조직입니다. 그런 면에서 선배들의 한마디에 후배들이 받는 영향은 무시할 수 없이 큽니다. 신뢰했던 어른들이 너무 다른 이야기를 할 경우 더 크게 아쉬움을 느끼는 것은 이 때문입니다. 그러므로 어른이 되어가는 분들, 혹은 어른의 자리에 있는 분들에게는 항상 그 자리에 계셔 주셨으면 하는 기대가 있습니다. 또 그런 분들이 좀 더 많아졌으면 하는 바람도 있습니다. 지금 여전히 그렇게 기대할 수 있는 어른이 드물다는 것도 사실입니다. 저는 강영안 선생과의 이 대화가 기대고 신뢰할 수 있는 어른을 기대하는 한국 교회에 작지만 의미 있는 선물이 되기를 바랍니다.

첫 제안을 받고 한 권의 책으로 나오기까지 꼬박 7년의 시간이 걸렸습니다. 그동안 끊임없는 관심과 더불어 대담 과정에 필요한 제반 여건을 마련하고 출간을 진행해 준 복 있는 사람 출판사와 이 대담 프로젝트를 함께 후원하며 협력한 밴쿠버기독교세계관대학원에 감사드립니다. 대담집 기획부터 마무리까지 세심하게 살펴 준 문준호 팀장과 문장을 가독성 있게 잘 다듬어 준 편집자 윤미희 선생에게도 감사드립니다.

2026년 1월

최종원

대담 I 지식과 지식인을 말하다

오늘날 인공지능은 우리의 상상을 뛰어넘는 범위로 지식의 지평을 확장했다. 우리가 상상할 수 있는 거의 모든 질문에 대한 최신의 답을 제시할 수 있는 이 기술의 등장은 역설적으로 우리에게 여러 근원적인 질문을 던진다. 책을 읽고 생각하며 글을 쓰는 과정을 통해 배우고 앎을 추구해 온 현대인에게 인공지능은 '안다'는 것, '배운다'는 것, 그리고 '생각하고 성찰한다'는 것이 무엇인지에 대해 근본적으로 다시 묻는다. 언제 어디서든 몇 번의 검색만으로 원하는 정보를 얻을 수 있는 시대에 우리는 과연 이 편리함 너머로 인간이 오랫동안 길러 온 사고력과 탐구능력을 지켜내며 유지할 수 있을지 깊은 의구심이 든다. 또한 기술 진보의 이면에는 진위를 가리기 어려운 거짓 뉴스, 이미지, 영상과 같은 딥페이크**deepfake**의 문제가 심각하게 대두된다. 사람들은 알고리즘이 생성하여 제공해 주는 정보만 주로 접하게 되면서 확증편향과 정보왜곡에 그대로 노출되고, 그것에 쉽게 영향을 받는다. 전문가를 자처하는 이들이 교묘하게 주도하는 정보가 넘치는 환경 속에서 정신을 가다듬고 공부하지 않으면, 우리는 주체성을 상실하고 지성이 퇴화되는 위험에 직면할 수 있다. 이미 경고등은 켜진 상황이다.

이제 우리는 잠시 걸음을 멈추고 안다는 것, 배운다는 것, 사고한다는 것이 무엇이며, 그것이 어떤 의미를 갖는지에 대해 초보적인 질문부터 다시 던져야 할 시점에 서 있다. 동서고금을 막론하고 한 시대가 전환기에 접어들 때마다 '근원으로 돌아가자'는 목소리가 드높았다. 이는 단순히 '과거가 더 낫다'고 주장하는 호고주의가 아니다. 인류가 고단한 걸음으로 오랜 세월 숙고하며 한 층씩 쌓아 올린 지혜의 전당 앞에 겸허히 서서, 오롯이 스스로의 힘으로 오늘의 과제를 풀어가려는 태도와 모색이다.

오늘날 각 분야의 전문가는 많지만, 전체를 아우르며 조망할 수 있는 보편적 지성을 지닌 지식인은 드물다. 나는 현대 사회에서 전문가가 과잉 대표되고 있다는 비판적인 생각을 한다. 세부적인 전문 지식도 중요하고 반드시 필요하지만, 거기에 매몰되지 않고 한 걸음 물러서서 볼 수 있는 태도와 통찰이 더욱 요구된다. 그런 점에서 강영안 선생은 인류가 추구하고 축적해 온 지식 체계의 지도를 그려 줄 수 있는 보기 드문 지식인이라 할 수 있다.

강영안 선생에게 공부는 수행과 다름없다. 수도자나 수행자가 일생을 걸고 도달하고자 하는 여정처럼, 선생은 매일 아침 눈을 뜨면 철학서를 펼치는 철학자다. 그는 지금도 한 시간의 강의를 준비하기 위해 수백 쪽의 원서를 밤새 읽어나간다. 그에게 공부는 단순히 지식을 습득하고 쌓는 차원을 넘어선 수도이며 수행이다. 이에 나는 선생에게 '앎이란 무엇인가'라는 질문으로 대화를 열었다. 그리고 그 물음은 곧 질문하는 것의 의미, 공부의 목적, 지식인의 역할에 관한 논의로 확장되었다.

1
참된 앎이란

공부 정의하기

최종원 선생님, 이 대담의 큰 흐름은 '앎'과 '지식', 더 나아가 '아는 자가 실천해야 할 과제'로 이어질 것 같습니다. 다소 익숙한 주제일 수 있지만 '안다는 것'과 '배운다는 것'이 과연 무엇인지 정의하며 출발하고 싶습니다. 선생님, '공부한다는 것'은 과연 무엇입니까?

강영안 가벼운 예로 시작해 볼까요? 약 20년 전, 자녀들과 밤늦게까지 공부에 대한 논쟁을 벌인 적이 있습니다. 그 당시 아이들은 중학교 2학년이었던 어느 기타리스트에 대한 이야기를 하고 있었습니다. 유튜브를 통해 전 세계에 알려진 유명한 친구였지요. 작은아이가 대뜸 "저 아이는 공부를 안 해도 되겠다"며 부러워했습니다. 그 말이 무슨 뜻인지 알면서도 저는 아이에게 되물었습니다. "왜 공부를 안 해도 된다고 생각하니? 학교 공부만이 공부일까?" 이때 큰아이까지 가세하면서 토론에 불이 붙었습니다. 그 과정에서 제가 생각하는 '공부'에 대한 개념과 아이들의 생각이 다르다는 사실을 발견했습니다. 아이들에게 공부란 오직 학교 시험을 위한 준비로 한정되어 있었습니다. 아이들은 공부를 그 밖의 세상 모든 것과 연결지어 생각하지 못했습니다. "우리 삶의 모든 것이 공부가 아닐까?"라고 말해 봤지만, 아이들은 쉽게 동의하지 않았습니다.

저는 삶 자체가, 그리고 삶의 모든 과정이 공부라고 생각합니다. 아기가 태어나면 가장 먼저 울음을 터뜨립니다. 고개를 돌리고 입을 벌려 엄마의 젖을 찾습니다. 어느 정도 시간이 지나면 기어다니다가, 그다음에는 걷기 위해 몸부림을 칩니다. 젖을 빠는 순간부터 걷기까지, 이 모든 과정이 '공부'가 아니면 무엇이겠습니까? 말을 수없이 듣고 반복한 끝에 스스로 말하기를 시작하는 그 여정 또한 공부입니다. 태어나서 처음 숨을 쉬고 울음을 내지르는 순간부터 세상과 관계를 맺으며 배워가는 이 모든 과정에서 공부가 아닌 것이 하나라도 있습니까?

아리스토텔레스는 『형이상학』의 서두에서 "모든 사람은 본성적으로 알기를 욕구한다"(Πάντες ἄνθρωποι τοῦ εἰδέναι ὀρέγονται φύσει)고 했습니다. 이 말은 학자나 지식인뿐 아니라 사람이면 누구에게나 앎에 대한 욕구가 있다는 뜻입니다. 만일 아리스토텔레스의 말을 그대로 시인한다면, 동서고금, 남녀노소, 과거와 현재를 막론하고, 사람이라면 누구나 알기를 원하며, 사람이 사는 모든 사회에는 반드시 '지식'이라 부를 만한 유산이 전승된다고 해야 할 것입니다. 그러나 지역과 문화, 시대에 따라 앎의 원천과 방식에 대한 이해, 앎의 가치에 대한 평가, 앎을 전수하는 방법,

그리고 앎을 소유해야 할 사람이나 계층에 대한 인식에는 차이가 있습니다.

서양 전통에서는 '앎'과 '지식', '학문'이 서로 같은 뜻으로 사용되었습니다. 그러나 '학문'(*scientia*)은 단순한 지식의 집합이 아니라, 본래 지식의 '체계'라는 의미를 품고 있습니다. 체계(*σύστημα*)라는 말은 근대에 와서 철학 용어로 정착했지만, 이미 그리스 전통에서부터 인간 지식의 성격을 규정하는 말로 자리 잡고 있었습니다. 이는 인간의 지식이 논리적으로 연관되어 있을 뿐 아니라, 현실 세계 자체가 그러한 논리적 연관과 질서를 담고 있는 세계(코스모스)라는 인식이 그리스 사상에 있었기 때문입니다. 이러한 사상은 스토아 철학에서 뚜렷이 찾아볼 수 있습니다. 고전적 관점에서 현실을 탐구하고 연구하는 일은 정신의 구성적 활동에 의존하기보다는 오히려 현실의 내재적 구조를 발견하는 과정이었으니까요.

칸트는 『교육학 강의』에서 "인간은 오직 교육을 통해서만 인간이 된다"(Der Mensch kann nur Mensch werden durch Erziehung)고 했습니다. 그는 하나님이 사람에게 주신 자연적인 소질을 가리켜 '나투어안라게'(Die Naturanlage)라고 했는데, 이는 자연(Natur) 곧 태어날 때부터 사람에게 주어진 능력과 성향의 소질(Anlage)을 뜻합니다. 칸트는 이러한 소질을 제대로 발휘하도록 이끌어 주고 다듬어가고 발전시키는 과정이 교육이라 생각했습니다. 인간은 자연적인 본성으로부터 사람됨의 바탕을 얻지만, 인위적인 노력 없이는 그 가능성이 온전히 실현되지 못한다고 생각했습니다. 이런 생각 속에는 계몽주의 시대, 특히 근대 독일 지성인들이 공유했던 교육(Die Erziehung)과 문화(Die Kultur)에 대한 이해가 담겨 있습니다. 칸트는 문화를 "인간을 위한 학교"(Kultur wodurch der Mensch seine Schule macht)라고 불렀습니다. 인간은 단순히 태어남으로써 완성되는 존재가 아니라, 문화와 교육을 통해 스스로를 형성해가는 존재라는 뜻입니다. 이런 점에서 인간은 문화의 '창조자'이자 동시에 '피조물'입니다. 그리고 '태교'라는 말이 시사하듯, 이러한 배움은 어머니의 뱃속에서 이미 시작됩니다. 세상에 공부 아닌 것은 없습니다.

우리의 삶 자체, 삶 전체가 공부라면, 공부란 도대체 무엇일까요? 한자로 '工夫' 또는 '功夫'라고 쓰고, 중국어로는 '꽁푸'라고 발음합니다. 둘 다 '힘쓰다', '애쓰다', '노력하다'라는 뜻을 지닙니다. 용어의 뜻만 보아도 공부란 본디 '힘쓰고 애쓰는 것', '수고와 인내를 필요로 하는 쉽지 않은 일'임을 알 수 있습니다. 일본어 '벤쿄'(勉強) 역시 비슷한 의미를 지닙니다. 공부를 뜻하는 영어의 '스터디'(study)도 그렇습니다. 이 단어는 라틴어 '스투디움'(*studium*)에서 온 말인데, 동사형 '스투데오'(*studeo*)는 '노력하다'(to do effort)라는 뜻입니다. 여기서 파생된 단어가 '스튜던트'(student), 프랑스어로는 '에뛰디앙'(étudient)이며 모두 '노력하는 사람'이라는 의미의 뿌리를 공유합니다.

윌리엄 암스트롱의 책이 『단단한 공부』라고 번역되어 있지만, 원제는 『*Study is Hard Work*』입니다. '공부는 어려운 일'이라는 뜻이지요. 공부(study)라는 말 속에 이미 '어렵다'는 속성이 들어 있기 때문에 "어려운 건 어려운 거야"라고 말하는 셈입니다.

그리스어에는 '제테오'(ζητέω)라는 동사와 '제테시스'(ζήτησις)라는 명사가 있습니다. 이 단어들 역시 '찾음', '탐구', '연구'를 뜻하며 결국 '공부'와 맞닿아 있습니다. 전도서 12장 12절에는 "책들을 짓는 것은 끝이 없고 많이 공부하는 것은 몸을 피곤하게 하느니라"고 기록되어 있습니다. 히브리어 원문에서 '공부'로 번역된 '라하그'(顷⅔) 역시 본래 '힘들다'는 뜻입니다.

외국어 이야기가 나온 김에 몇 가지 더 살펴보겠습니다. 프랑스어 '에뛰드'(étude)도 앞서 말한 라틴어 '스투디움'(*studium*)과 같은 어원입니다. 그래서 영어 '스터디'(study)와 마찬가지로 '공부'의 의미가 들어 있습니다. 또 다른 단어로 '트라바이으'(travail)라는 말이 있습니다. 흔히 '일'이라고 번역하지만, 본래 뜻은 '고문'입니다. 라틴어 '트리빨리움'(*tripalium*)에서 유래한 말로, '세 개의 막대기'(*tri+palium*)로 사람을 비틀어 고통을 주는 것을 나타냅니다. 독일어인 '아르바이텐'(arbeiten)도 흥미롭습니다. 흔히 '일하다', '공부하다'를 뜻하지만, 그 뿌리는 '노예'나 '종살이'를 뜻하는 고대어 '오르보'(orbho)와 관련이 있습니다. 이와 같이 '공부'와 관련된 말들은 대부분 '어렵다', '힘들다', '애쓰다'라는 의미와 맞닿아 있지요. 결국 공부란 본질적으로 힘든 일입니다. 그렇기에 애써 집중하고 노력하지 않으면 안 되는 것입니다.

그렇다면 우리의 인생은 어떤가요? 그저 적당히, 힘들지 않게, 쉽게 살아지는 일입니까? 아닙니다. 아기가 엄마 젖을 찾아 힘껏 빨아들이는 일에서부터 뒤뚱거리며 걸어 보려는 노력에 이르기까지, 힘들이지 않는 일은 없습니다. 애쓰지 않으면 아무것도 이룰 수 없습니다. 이러한 반복 속에서 장 삐아제(Jean Piaget)가 말하는 일종의 행동 도식(schema)이 형성됩니다. 이 도식을 통해 아이는 외부 세계에 '적응'하고, 외부를 자기 안으로 '동화'하며 주변 세계와 평형을 유지하는 법을 배웁니다. 이 모든 것이 말하자면 공부입니다. 저는 삶이 공부라고 말할 때 무엇보다도 이러한 현상에 주목합니다.

인생 공부의 방법

최종원 선생님 말씀처럼 인생은 끊임없는 공부의 과정으로 이해됩니다. 그렇다면 인생을 잘 사는 사람과 그렇지 못한 사람이 있듯이, 인생 공부를 잘하는 방법도 있지 않을까요?

강영안 그렇습니다. 삶이 곧 공부라면, 우리는 삶을 성숙의 과정으로 볼 수 있습니다. 아기가 처음에는 뭔가를 붙잡고 일어서려고 노력하다가 한 살쯤 되면 아장아장 걷지요. 그게 익숙해지면 걷는 것에 신경을 쓰지 않고도 원하는 곳으로 자유롭게 이동합니다. 처음에는 어려움을 겪지만 반복과 연습을 통해 숙달이 되고, 어느 순간부터는 자동적으로, 혹은 무의식적으로 아무렇지 않게 해내는 단계에 이릅니다.

영어를 배울 때도 그렇잖습니까? 처음에는 문법과 발음에 신경을 쓰느라 제대로 말하기가 어렵습니다. 그러나 어느 수준에 도달하면 문법을 의식하지 않고도 자연스럽게 말이 나옵니다. 피아노를 칠 때도 마찬가지입니다. 초보자는 손가락 위치를 계속 의식하지만, 숙련된 연주자는 악보와 음악에만 집중합니다. 조금 더 숙달되면 악보조차 보지 않습니다. "외국어는 맥주 한 잔 마시면 더 잘 된다"는 농담도 있습니다. 머릿속에서 문법을 따지지 않고 편하게 내가 하고 싶은 말의 내용에만 몰입하여 말할 수 있기 때문입니다.

이처럼 공부한다는 것은 애쓰고 힘써 노력하여 학습하고, 그것이 숙달되면 거의 무의식화, 자동화, 습관화로 이어져, 마침내 힘들이지 않고 할 수 있는 단계에 이르는 것입니다. 그러나 공부는 여기서 그치지 않습니다. 숙달이 되고 습관화가 되면, 세 번째 단계를 만납니다. 하고 싶은 것을 자유자재로 해내는 단계입니다. 외국어가 능숙해지면 자신의 생각을 막힘없이 자유롭게 표현할 수 있고, 그렇게 했을 때 기쁨이 따르지요. 고통스러운 과정을 거쳐 능숙함에 이르고, 그 능숙함 속에서 자유와 즐거움을 맛보게 됩니다.

이렇듯 공부는 적어도 세 단계를 거치는 삶의 과정이라 생각합니다. 첫째는 힘들고 고통스럽게 기초를 익히는 학습 단계, 둘째는 반복을 통해 지식과 기술이 내면화되거나 습관화되는 단계, 셋째는 습득한 것을 바탕으로 자유롭게 창의적인 생산이 가능한 단계입니다. 학교 교육의 대부분은 첫째와 둘째 단계에 힘을 쏟습니다. 예체능처럼 조기 교육으로 기량을 발휘할 수 있는 분야도 있지만, 대부분의 분야에서는 우선 기초 지식을 익힌 다음, 내용을 내면화하고 습관화하는 과정을 거쳐, 창조적 응용에 이르는 흐름입니다. 그 과정에서 중요한 것은 공부의 대상에 온전히 집중하는 일입니다. 집중하지 않으면 지식이 체득되거나 내면화되지 않을뿐더러 삶 속에서 드러나지도 않습니다.

이때 모든 공부에 공통적으로 적용되는 필수 사항이 있습니다. 알고자 하는 마음 곧 '지적 호기심'입니다. 호기심은 어린아이들의 특징이기도 하지요. 아이들은 끊임없이 "왜?"라고 묻고 궁금한 것은 알고 싶어 합니다. 호기심과 연결되는 것이 바로 '탐구 정신'입니다. 문제를 제기하고, 다양한 수단과 방법으로 답을 찾아가고, 민감하게 질문에 반응하고, 이를 통해 타인과 소통하는 이 모든 것이 인생 공부의 중요한 요소입니다. 이 모두가 우리가 삶을 공부로 볼 때 개입하는 요소들입니다.

저는 호기심과 탐구 정신 없이는 삶을 자유롭고 창조적으로 살 수 없다고 생각합니다. 공무원이 정책을 검토하고, 주부가 요리를 하고, 목수가 집을 지으려고 자재와 설계를 검토하는 수많은 삶의 여정에서 어찌 이것이 결여될 수 있단 말입니까? 호기심과 탐구 정신이 결여되는 순간, 그 일은 금세 습관과 관행으로 굳어져 활력을 잃게 됩니다. 따라서 삶이 곧 공부라고 할 때, 삶은 배움을 떠나 있을 수 없습니다. 어느 곳에서 무엇을 하든, 자신의 자리에서 부름에 응답하는 방식의 삶에는 이러한 호기심과 탐구심이 밑바탕에서 작동한다고 봅니다.

결국 공부는 학교에서만 이루어지는 것이 아닙니다. 삶 자체, 삶 전체가 공부입니다. 공부란 말 그대로 '애써 힘을 들여 마음을 집중하는 일'입니다. 집중 없는 성취는 없습니다. 물건을 쥐는 것, 사물을 구별해내는 것, 숫자를 세는 것, 이 모두가 공부의 결과입니다. 우리는 삶의 공부를 하지 않고서는 살 수 없을뿐더러 어떠한 새로운 것도 만들어낼 수 없습니다. 만약 삶이 공부이기를 멈춰 버린다면, 삶은 새로움과 생동감을 잃고 그저 주어진 틀에 고착되어 버리지 않을까요?

학교 공부도 공부인가

최종원 인생 자체가 공부라는 것은 어찌 보면 당연한 이야기인데, 우리는 대부분의 시간을 제도화된 학교 교육 속에서 배움을 이어가고 확장해 왔습니다. 삶 자체, 삶 전체가 공부라면 학교 공부는 무시해도 될까요? 다시 말해, 학교 공부는 공부가 아니라고 해야 할까요?

강영안 그렇지 않습니다. 학교 공부가 공부의 전부는 아니지만, 그렇다고 무용한 것도 아닙니다. 다만 삶 속에서 학교 공부가 차지하는 자리는 사람과 상황에 따라 달라집니다. 그렇기 때문에 이 질문에 항상 같은 방식으로 답할 수는 없습니다. 오늘날처럼 제도화된 학교에서 외연을 넓혀 삶 자체를 학교로 본다면, '어떻게 사는가'에 따라 학교 공부의 의미도 달라질 것입니다.

저의 경험을 이야기해 볼까요? 저는 대학을 졸업할 때까지 국내에서 학교 교육을 받았습니다. 시골에서 고등학교를 마친 뒤 고려신학대학교(고신대)에 진학했습니다. 공부를 하다가 네덜란드 개신교 신학에 흥미를 갖게 되었고 결국 유학을 결심했습니다. 그 길로 신학대학을 그만두고 한국외국어대학교 네덜란드어과에 진학했습니다. 당시 그곳이 네덜란드어를 배울 수 있는 유일한 곳이었기 때문입니다. 외대에서 네덜란드어와 철학을 공부하고, 벨기에 루뱅 대학교에서 철학 학사와 석사를, 네덜란드 암스테르담 자유 대학교에서 박사 과정을 마쳤습니다. 그 과정에서 시험은 피할 수 없었습니다. 유학 시절 루뱅에서 치른 구두시험만 해도 36차례입니다. 교수와 일대일로 진행하는 시험이었지요. 물론 논문도 썼지만, 이 시험들은 입시공부와는 다른 성격의 공부였습니다. 그래서 누군가가 저에게 입시공부를 어떻게 하면 되느냐고 묻는다면, 솔직히 답하기가 어렵습니다. 학교 다닐 때 예비고사 제도로 시험을 치르기는 했지만, 요즘과 같은 입시 위주의 공부를 경험해 본 적이 없기 때문입니다. 그럼에도 저 역시 제도 교육과 무관할 수 없습니다. 국내외 여러 대학에서 학생으로, 또 교수로, 평생을 제도권 교육 속에 몸담고 있으니까요.

삶 자체, 삶 전체가 공부라는 관점에서 보면, 학교라는 울타리 안팎의 경계는 무의미해집니다. 걷고 말하고 무엇인가를 새로 만들어내는 모든 과정은 학습을 필요로 하고, 노력하지 않으면 이루어낼 수 없습니다. 이 생각을 확장하면, 결국 삶 자체, 삶 전체를 학교로 볼 수밖에 없습니다. 학교라는 건물, 교사, 교과서가

> 결국 공부는 학교에서만 이루어지는 것이 아닙니다.
> **삶 자체, 삶 전체가 공부입니다.**
> 만약 삶이 공부이기를 멈춰 버린다면,
> 삶은 새로움과 생동감을 잃고 그저 주어진 틀에
> 고착되어 버리지 않을까요?

없어도 우리는 삶 속에서 수많은 것들을 배우고 잊고 다시 배우며 살아갑니다. 배우려는 의지와 노력이 있다면 어디든 학교가 될 수 있지요. 결국 우리의 삶에서 공부의 대상이 아닌 것은 없습니다. 그렇기에 공부의 방법도, 내용도 무수히 많습니다. 따라서 학교 공부는 삶이라는 더 큰 학교의 한 부분일 뿐입니다.

그럼에도 제도화된 학교가 중요한 이유가 있습니다. 과거의 수렵·채집 사회에서는 오늘날의 제도화된 학교가 필요하지 않았습니다. 농경 사회에서는 농사짓는 법을 배우려고 학교에 갈 필요가 없었습니다. 직접 경험으로 배울 수 있었으니까요. 그러나 점차 사회가 복잡해지면서 상황이 달라졌습니다. 타인과 더불어 살아가야 했기에 자신의 생각을 전달하고, 무력보다는 설득과 이해로 관계를 조정하며, 범죄를 다루고, 질병을 치유하고, 법과 질서를 유지하며, 인간과 세계와 신에 대한 체계적인 사유를 위해 전문 지식과 교육 기관이 필요해졌습니다. 공무원, 법관, 의사, 사제 등 사회적 역할을 담당할 인물을 길러내기 위해 전문 교육 기관이 등장한 것입니다. 도제 방식으로 배우던 기술도 점차 더 조직적이고 전문적인 교육 체계 속에서 전수되기 시작했습니다. 이런 사회 속에서 일정한 역할을 수행하려면 제도화된 학교 교육은 불가피합니다.

030 이런 배경으로 학교 공부의 자리를 들여다보게 되면, 이렇게 말할 수 있습니다. '제도화된 학교 교육 없이도 사람은 얼마든지 살 수 있지만, 현재의 세계가 공유하는 삶의 방식과 체계 안에서 일정한 역할을 감당하려면 학교 공부는 반드시 필요하다.' 단순한 노동만으로는 안정적인 생활을 유지하기 어려운 게 오늘날 우리가 경험하는 시대입니다. 직업은 갈수록 고도로 전문화되고, 거의 모든 삶의 분야에서 과거와는 구별되는 새로운 지식을 요

구하고 있기 때문이지요. 따라서 사회에서 주어진 역할을 잘 감당하고 일정한 지위를 누리며 살아가려면 전문적인 학교 교육, 학교 공부를 하지 않을 수 없습니다.

제도권 교육의 효용과 한계

최종원 삶이 곧 공부이고 학교 교육이 그 공부의 일부라는 사실은 부정할 수 없지만, 학교 교육이 가져오는 한계도 명확해 보입니다. 학벌주의 사회에서 제도 교육은 사회적 이동성의 수단으로 여전히 작동합니다. 또한 전문가 양성을 목표로 하는 듯한 교육이 과연 인간다움에 대해 고민하고 있는지 의구심을 떨치기 어려운 것도 현실입니다.

강영안 학교 공부만이 공부라 한다면, 오늘날처럼 제도화된 학교 공부는 삶을 살아가기 위한 수단과 도구로서의 지식과 기술을 제공할 뿐, 삶의 참된 목표나 의미를 형성하지는 못합니다. 언어를 배우고 작품을 읽고 사회와 자연을 이해하는 일은 결국 그것을 활용하고 관리하기 위한 수단이 됩니다. 물론 오늘날의 삶의 방식에서는 이러한 지식과 기술이 필요합니다. 그러나 더 본질적인 물음이 남습니다.

고도의 전문적인 지식을 습득하여 한 분야의 탁월한 전문가가 되는 것이 인간됨의 목표일까요? 한 분야의 전문가가 되는 것이 나의 나됨의 완성일까요? 나는 어떻게 '나'가 될까요? 예컨대 칼이 제 구실을 잘하면 칼의 존재가 유용하다고 할 수 있겠지요. 칼의 구실은 잘 베고 잘 자르는 데 있습니다. 지우개가 제 구실을 다하는 것은 잘못 쓴 글을 지우는 데 있습니다. 이런 경우에는 하나의 기능, 하나의 구실로 존재의 이유가 드러납니다. 물론 사람도 사람의 구실을 잘하면 사람으로서 완성된다고 말할 수 있겠지요. 그러나 사람의 경우에는 교수, 의사, 판사, 디자이너 등 특정 직무 하나로만 사람됨의 구실을 완성할 수는 없습니다. 전문적인 기능은 전체 사회가 요구하는 한 부분의 직무를 수행하는 것일 뿐, 그 사람의 사람됨을 충족하지는 못합니다. 따라서 학교 공부를 통해 한 분야의 전문가가 된다 해도 그것이 곧 사람으로서의 온전함에 이르지는 못합니다.

사람에게는 자신이 누구인지에 대한 지식이 있어야 합니다. 자기 자신뿐만 아니라 타인의 존재, 주변 사물들과 자연의 존재, 과거와 현재와 미래로 이어지는 역사, 온 우주의 궁극적 근원과의 관계 맺음을 포함하는 지식입니다. 이 모든 관계에서 앎이 바탕이 되고, 제대로 된 앎은 실천을 동반합니다. 그 앎과 실천에는 그로 인한 누림과 즐김이 있고, 기쁨과 평안, 자유가 자리를 잡습니다. 바로 이런 점에서 '삶 자체, 삶 전체가 공부다'라는 관점은 학교에 다니고 시험을 치르고 한 분야의 전문가가 되는 것만이 공부가 아님을 일깨워 줍니다. 전문가조차도 자신의 분야 밖에서 전문 지식 외에 배워야 할 것이 무궁무진합니다. 세상은 넓고 배움은 끝이 없습니다. 우리 삶에 공부 아닌 것이 없고, 공부하지 않고는 삶을 제대로 알 수도, 제대로 살아갈 수도 없습니다. 이런 관점에서 공부를 볼 수 있다면, 책으로 하는 공부만이 공부라고 생각할 이유가 없습니다. 사람을 만나든, 곤경에 처하든, 길을 걷든, 무엇을 하든 어느 하나 공부가 아닌 것이 없습니다. 결국 자기 자신을 발견하고, 타인과 함께 바른 관계를 맺으며 지혜롭고 정의롭게 살아가고, 그 속에서 기쁨과 평화와 자유를 얻는 삶을 살아가는 전 과정이 모두 공부인 셈입니다.

학교에서 책으로 하는 공부는 이 가운데 한 부분일 뿐입니다.

그러나 이 공부조차도 궁극적으로는 기쁨과 평화, 자유를 누리는 삶에 기여할 때 그 의미를 찾을 수 있습니다. 만일 이러한 시각을 갖지 못한다면, 학교 공부는 단지 연봉과 지위를 높이고 사회 속에서 맡은 한 부분의 특정 기능을 수행하는 수단에 그치고 말 것입니다. 중요한 것은 전문적인 기능의 수행 자체가 아니라, 그 기능을 감당하면서도 사람답게 전인적인 자유와 기쁨과 평화를 누릴 수 있는 토대가 무엇인지를 아는 일입니다.

수행으로서의 공부

최종원 동서양을 막론하고 공부에 대한 원리는 크게 다르지 않은 것 같습니다. 선생님의 공부론에 대한 이야기를 듣다 보니 문득 한 가지 떠오르는 게 있습니다. 1981년 성철스님과 법정스님이 나눈 공부론에 대한 대담인데요. 그때 성철스님은 공부를 잘하는 다섯 가지 방법론 곧 5계를 제시하셨습니다. 거기서 말씀하신 공부는 전형적인 학문적 학습이 아니라 '수행'의 원칙에 가까웠습니다. 예를 들어, 잠을 많이 자지 말 것, 침묵할 것, 책에 과도하게 빠지지 말 것, 간식하지 말 것, 쓸데없이 돌아다니지 말 것이었습니다. 지금 선생님이 말씀하시는 공부는 동아시아 유교나 불교 전통의 공부와 연결된다고 해도 무방할 것 같습니다. 지식은 늘어나지만, 수행과 같은 태도로 공부하고 있는지는 또 다른 차원의 문제인 듯 보입니다. 그런 점에서 우리는 어쩌면 너무 뻔하다고 생각해서 직면하지 않고 있지만, 공부의 위기, 지식의 위기를 마주하고 있는지도 모르겠습니다.

강영안 '공부'라는 용어는 중국어로 '꿍푸'(功夫, gongfu)라고 했지요? 우리가 아는 '쿵후'라는 무술과 연결된 말이기도 합니다. 이 말은 본래 불교에 연원을 둔 말입니다. 이 말을 유교에서 빌려 와 '몸 공부', '마음 공부'와 같은 말로 씁니다. 그러나 유교 전통에서는 글 공부, 몸 공부, 마음 공부가 셋으로 분리된 것이 아니라 하나입니다. 몸 공부란 사람이 마땅히 해야 할 방식으로 처신하는 것을 뜻하며, '처신'이라는 말은 '몸을 어디에 둔다'는 의미입니다. 엎드려야 할 때는 엎드리고, 서야 할 때는 서며, 누워야 할 때는 눕고, 앉아야 할 때는 앉는 것이지요. 한마디로 그 자리에 맞게 행동하라는 뜻입니다. 누워야 할 때 눕지 않고 서 있거나, 숙여야 할 때 뻣뻣하게 세우고 있다면 몸 공부를 잘못한 것입니다. 글을 공부하는 목적은 몸 공부를 제대로 하려고 하는 것입니다. 그래서 글 공부가 잘 되었는지의 여부는 몸을 통해 드러납니다. 몸 공부를 가능하게 하는 중심이 바로 마음 공부입니다. '용심'(用心) 곧 마음을 어떻게 쓰고, 어떻게 가꾸고, 어떻게 돌보는지가 중요합니다. 글을 공부하는 목적은 글 공부를 통해 마음 공부를 하는 데 있는 것이지요. 이를 유교 개념으로 '함양'(涵養)이라 표현합니다.

유교 공부는 한마디로 '경'(敬)을 공부하는 것입니다. '거경궁리'(居敬窮理)라는 말이 있습니다. '궁리'는 이치를 탐구하는 것입니다. 사물들의 이치와 자연 세계가 무엇인지, 인간 세계가 어떻게 돌아가는지를 탐구하는 것이 바로 궁리입니다. '거경'은 마음을 집중해 경건하게 살아가는 것입니다. 이렇게 몸 공부, 글 공부, 마음 공부는 서로 통합되어 있습니다.

퇴계의 『자성록』(自省錄)에도 이를 보여주는 대화가 전해집니다. 율곡은 퇴계에게 공부하는 법에 대해 묻습니다. "일상의 일에 대해서는 술잔을 주고받는 것처럼 여유 있게 하되, 오직 하나에 집중하여(主一) 마음이 흩어지지 않도록(無適) 하면 되겠습니까?” 하고 물었지요. 이를 한자로 표현하면 ‘주일무적 수작만변’(主一無敵 酬酢萬變)인데, 율곡이 『맹자』에서 인용한 구절입니다. 여기서 ‘주고받다’에 해당하는 한자가 ‘수작’(酬酢)입니다. 우리는 ‘수작 부린다’고 하면 대개 꾀를 부리거나 음모를 꾸미는 것을 떠올립니다. 그런데 이 말은 원래 술잔을 받고(酬) 따르는(酢) 것을 이르는 말입니다. 그 질문에 퇴계는 “좋다”고 답했습니다. 이것이 유가 전통이 세운 마음 공부 곧 ‘경’ 공부법입니다.

불교에도 ‘수처작주 입처개진’(隨處作主 立處皆眞)이라는 공부법이 있습니다. “어디에 있든 주인이 되면 서 있는 자리의 모든 것이 참이라”는 말입니다. 그러니 ‘마음을 잃지 않고 주인이 되라’는 것입니다. 공부를 처음 시작할 때는 대부분 수동적인 상태일지 모르지만, 갈수록 점차 능동성이 커지고 마침내 경지에 이르면 창의적인 사유와 행동이 나옵니다. 그때 비로소 삶은 자유롭고 창조적이 됩니다.

동아시아 전통에서의 공부

최종원 선생님이 말씀하신 동아시아 전통에서의 공부는 단순한 지식을 쌓는 일이 아니라, 몸과 마음을 다스리는 인격 형성에 가까운 것이군요. 우리 전통에도 ‘수작’이라는 논쟁술이 있었다는 사실이 흥미롭습니다. 서양의 토론과 논쟁 중심의 비판적 사고에 기반을 두고 형성된 한국 근·현대 교육 체계와는 다소 차이가 있을 것 같습니다.

강영안 ‘수작’ 곧 술잔을 주거니 받거니 하는 모습을 논쟁술이라 이야기할 수 있을지는 잘 모르겠습니다. 집중과 경쟁보다는 유유자적하게 삶을 대하는 태도와 연관된다고 할 수는 있겠지요.

우리는 동양, 특히 동아시아 전통에서 자라 왔습니다. 그 전통의 뿌리에서부터 적어도 지금까지 이념으로 남아 있는 것은, 지식을 통해 인간이 변화하고 인격적 성숙에 이른다는 믿음입니다.

12세기에 주돈이(周敦頤)는 '성희천 현희성 사희현'(聖希天 賢希聖 士希賢)이라는 표현을 썼습니다. 『소학』에도 나오는 내용입니다. 이는 "성인은 하늘과 같이 되기를 바라고, 현인은 성인을 바라며, 선비는 현인을 바란다"는 뜻입니다. 이것은 배움의 단계를 말합니다. 글을 읽고 배우기 시작하는 사람 곧 선비(士)는 배움을 통해 넘어가야 할 단계가 있는데, '현인'이라 부르는 지혜로운 사람입니다. 그 지혜로운 사람은 '성인'이 되기를 원합니다. 성인(聖人)은 하늘의 목소리를 듣는 사람을 의미하지요. '성'(聖)이라는 글자에는 '귀 이'(耳)와 '입 구'(口)가 있습니다. 하늘의 목소리를 듣고, 들은 것을 사람들에게 전해 주는 사람이 성인이라는 것이죠. 일종의 선지자나 예언자와 같은 사람입니다. 선비에서 현인으로, 현인에서 성인으로, 성인에서 하늘을 닮은 존재로 가는 길이 유교의 이념입니다.

노자나 장자의 사상에서도 '성인'과 '천인'의 단계는 최고의 단계로 여겨집니다. 따라서 이러한 단계로 어떤 배움과 지적 추구를 하는 것은 인격적 성숙의 과정을 통해 천인합일(天人合一)하는 것입니다. 유교는 하늘과 사람이 하나가 되어 소통하는 이상을 지향합니다.

저는 이러한 이념이 우리 사회에서 아직 사라지지 않았다고 봅니다. 예컨대 누군가가 대학을 졸업했거나 박사 학위를 받았다고 하면, 흔히 그 사람의 실제 성품과는 무관하게 '그 사람 괜찮네' 하고 여기기도 합니다. 배움이 많으면 예의가 바르고 타인을 공경하며 마땅히 해야 할 일을 잘하는 사람, 사람다운 사람일 것이라고 기대하는 것입니다. 조금 확대해서 이야기하면, 동아시아 전통에는 지식과 인격적 성숙을 일치시키려는 지식의 윤리적 이념이 뿌리내려 있습니다. 비록 현실은 이와 다르다 해도, 여전히 이념으로서 그런 기대가 어느 정도 존속한다고 할 수 있습니다.

이런 이념을 가진다면 어떻게 공부해야 할까요? 우리가 흔히 주자(朱子)라고 말하는 '주희'(朱熹)의 이야기에서 찾아보겠습니다. 『주자어류』(朱子語類)에 '독서내학자제이사'(讀書乃學者第二事)라는 말이 있습니다. "책을 읽는 것은 배우는 사람에게 두 번째 일"이라는 말입니다. 이 말은 글 공부가 최우선이 아니라는 뜻입니다. 그렇다면 공부하는 사람에게 책을 읽는 것보다 우선되는 것은 무엇일까요? 주희는 사람과 사람 사이의 '관계'를 강조했습니다. 부모와 형제, 친구, 집 안팎의 사람들과의 관계에서 마땅히 해야 할 바를 배우는 것이 우선이라는 것입니다. 마르틴 부버(Martin Buber)의 표현을 빌리자면, 글 공부보다 먼저 '나'와 '너'의 '관계'를 배우는 것이지요. 책으로 하는 공부는 사람을 대하는 방식을 먼저 익힌 다음에야 제 의미를 갖는다고 본 것입니다.

유가 전통은 자기 자신을 세우는 공부 곧 '위기지학'(爲己之學)을 중시 여깁니다. 반대로 '위인지학'(爲人之學), 남에게 보이기 위한 공부, 스펙을 쌓는 공부, 취직과 인정을 받기 위해 하는 공부는 두 번째에 둡니다. 자기를 세우고 가꾸고 인격을 수양하는 공부가 선행된 다음에 '위인지학'을 말한 것이지요. 주희가 '위인지학'을 전혀 하지 말라고 가르치지는 않았습니다. 쉽게 말하자면, 『주자어류』에서 공부의 70퍼센트는 '위기지학'을, 30퍼센트는 '위인지학'을 하라고 말합니다. 입시나 취업과 같은 현실적인 필요가 있으니 '위인지학'을 전혀 무시할 수는 없습니다. 그러나 진정한 공부는 자신을 닦고 가꾸는 데 있다는 것을 주희는 누누이 강조했습니다.

이러한 맥락에서 '어떻게 읽어야 하는가'의 독서법이 굉장히 중요합니다. 주희는 책을 읽을 때에는 먼저 마음을 가라앉히는 평심(平心), 마음을 비우는 허심(虛心)이 중요하다고 강조했습니다. 편견을 버리고 책에만 집중하라는 뜻입니다. 또 곰탕을 끓이듯 깊이 음미하는 숙독(熟讀)과, 온 힘을 다하는 열독(熱讀)을 권했습니다. 그리고 무엇보다 반드시 의문을 품으라고 가르쳤습니다. "유교가 권위주의적이고 전통주의적인데 의문이 허용되었을까?"라고 반문할 수 있지만, 주희는 묻지 않고서는 공부를 할 수 없다고 했습니다. 그러니 당연히 제자들에게 "의심을 가지고 물으라"는 가르침을 주었지요. 주희는 "마치 독에 든 쥐를 잡듯, 아군 진영에 들어온 원수를 잡듯, 피를 흘릴 때까지 붙들고 씨름하라"고 권했습니다.

서양 전통에서의 공부

최종원 말씀을 듣다 보니 제가 주로 공부하는 중세 유럽의 지식 체계가 떠오릅니다. 유럽 지식의 근간을 이룬 기독교 전통에서도 '하늘의 소리를 듣고 전한다'는 개념이 존재했습니다. 우리가 유럽의 학문을 무조건 논쟁 중심으로 여기는 것도 타당하지 않습니다. 스콜라주의의 이성과 추론을 활용하여 더 깊은 신적 세계를 마주하려고 시도한다는 점에서 동양의 전통과도 맞닿아 있습니다. 대표적인 것이 '렉시오 디비나'(*Lectio Divina*)일 듯합니다. 선생님도 이미 이에 대해 관심을 갖고 다른 책에서 정리해 주신 바가 있습니다. 자연스럽게 선생님이 이해하시는 서양 전통에서의 공부로 넘어가 보면 좋겠습니다.

강영안 그렇습니다. 중세 유럽인들의 공부 방식도 같은 맥락에서 생각해 볼 수 있습니다. 수도원에서 기도와 노동과 공부는 삼위일체를 이룹니다. 앞에서 살펴본 글 공부, 몸 공부, 마음 공부가 하나로 연결되는 것과 같은 방식입니다. 동양이든 서양이든, '사람됨의 길을 찾아가는 과정'이 결국 공부라는 점에서는 다르지 않습니다. 그러나 공부하는 방식에는 차이가 있지요.

라틴어로 '스투디움'(*studium*)은 '추구하다, 노력하다, 찾아가다'라는 뜻을 지닙니다. 이 점에서 수도원의 스투디움과 대학의 스투디움은 같은 목적을 갖지만 방식에서는 차이가 있습니다. 수도원의 공부를 가장 잘 드러내는 표현이 바로 '렉시오 디비나'입니다. 반면 대학에서의 공부는 보다 객관적이고 논쟁적인 성격을 띠는 '렉시오 스콜라스티카'(*Lectio Scholastica*)입니다.

수도원의 공부와 대학의 공부 사이에 자리하는 인물로 생 빅토르의 후고(Hugonis de Sancto Victore)를 들 수 있습니다. 그가 집필한 『디다스칼리콘』(*Didascalicon de studio legendi*)은 수도원의 공부 방식에서 대학의 공부 방식으로 이행하던 과도기를 잘 보여줍니다. 후고의 저술 속에는 전통적 수도원 '렉시오'와 새롭게 등장한 대학에서의 '렉시오'가 혼용된 흔적이 드러납니다.

렉시오 디비나는 12세기 카르투시오회 수도사 귀고 2세(Guigo II)의 『수도사들의 사다리』(*Scala Claustralium*)에 잘 정리되어 있습니다. '렉시오 디비나'는 4단계로 진행됩니다. 첫째는 읽기(*lectio*), 둘째는 묵상(*meditatio*), 셋째는 기도(*oratio*), 넷째는 관상(*contemplatio*)입니다. 읽고 묵상하고 기도하고 관상하며 신과의 연합, 신적 관상(*unio mystica*)의 단계에 이르는 것을 목표로 삼습니다. 그런 단계를 거쳐 단 한순간이라도 신과 직접 맞닿아 보려는 시도를 합니다.

반면 대학의 스콜라적 방법은 '질문'을 중심에 둡니다. 배우는 사람은 마치 재판관처럼 먼저 문제를 제기하고 따져 묻는 것으로 공부를 시작합니다. 이렇게 다루어야 할 문제를 꼼꼼히 따져 묻는 과정이 중세 대학 공부의 시작이라 할 수 있는 '퀘스치오'(*quaestio*)입니다. 이 과정에서는 단순히 주장만 중요한 것이 아닙니다. 하나의 테제(*thesis*)가 제기되면, 반드시 그에 반대되는 안티테제(*antithesis*)가 함께 놓입니다. 예컨대 '신은 존재한다'는 테제에 맞서 '신은 존재하지 않는다'는 안티테제가 제시되는 방식이지요. 이러한 대립을 설정하고 토론해 나가는 방식이 스콜라 방법(scholastic method)입니다. 토마스 아퀴나스는 이러한 질문에 '논제 1', '논제 2'와 '논제 3'과 같은 체계적인 답변(*respondere*)을 제시하며 풀어나갔습니다. 이것이 스콜라 철학과 신학의 전형적인 방법이었습니다.

대학의 '렉시오 스콜라스티카'는 연역적이든 귀납적이든 다양한 질문과 추론을 거쳐 점진적으로 진리에 다가가려 했습니다. 토마스 아퀴나스가 구분한 '천상의 신학'(*theologia caelestica*)과 '순례자의 신학'(*theologia viatorum*)도 같은 맥락에서 이해할 수 있습니다. '비지오 데이'(*visio Dei*, 신을 직접 봄)는 지상에서 경험할 수 있는 것이 아니라 장차 도래할 사건입니다. 따라서 지금 여기에서 우리가 할 수 있는 것은 순례자의 길을 걸으며 끊임없이 질문하고 그 답을 추구해 나가는 일뿐입니다.

그러나 수도원의 공부법과 대학의 공부법을 엄격히 구분할 수는 없습니다. 수도사의 공부 속에도 학문적 탐구가 존재하며, 학자 또한 렉시오 디비나를 실천할 수 있습니다. 토마스 아퀴나스가 그 대표적인 예입니다. 그는 수도사이자 학자였는데, 어느 날 미사를 집전하던 중 천상의 체험을 한 뒤 집필을 멈췄습니다.

원고를 받아쓰던 레기오날도가 『신학대전』의 집필을 이어가자고 권했지만, 아퀴나스는 "지금까지 쓴 모든 것은 지푸라기에 불과하다"며 더 이상 집필하지 않았습니다. 그래서 『신학대전』은 끝내 미완성으로 남게 되었습니다.

중세 지식과 철학

최종원 중세사가 찰스 해스킨스(Charles Haskins)는 12세기 중세 유럽이 성취한 유·무형의 성과 중 가장 대표적인 것으로 대학(*universitas*)과 고딕 성당을 꼽았습니다. 흔히 '12세기 르네상스'라고 불리는 거대한 지적 전통이 형성되었던 시기인데요. 이 대학은 본래 수도원 전통에서 시작해서 도시에 있는 성당부속학교로 옮겨졌다가 독립된 대학으로 발전했습니다. 처음부터 대학은 '3학4과'(三學四科)라 불리는 기초 교양 학문을 마치고 신학, 의학, 법학부 같은 상위 학부로 진학하는 체제를 갖추고 있었습니다. 그만큼 교양학이나 인문학적 소양을 중요하게 여겼습니다. 그것을 넓은 의미로 중세적 지식, 철학의 탄생이라고 할 수 있을 것 같습니다.

강영안 중세의 지식을 말할 때 언급할 만한 인물은 앞서 말한 생 빅토르의 후고입니다. 그의 철학에는 그리스적인 요소와 기독교적인 요소가 함께 담겨 있습니다. 후고는 인간이 삶의 지혜를 배워야 하는 이유가 '본성의 회복', 즉 '하나님 형상의 회복'에 있다고 말합니다. 사람이 하나님의 형상대로 지음받은 모습을 회복하기 위해서는 공부가 필요하며, 그 공부는 다름이 아닌 '철학'이라고 했습니다.

후고는 철학을 4가지로 구분합니다. 이론철학, 실천철학, 기술

철학, 논리학입니다. 이것은 기본적으로 아리스토텔레스의 전통을 따른 분류입니다. 그러나 정작 그는 아우구스티누스주의자였습니다. 후고가 철학을 분류할 때 아리스토텔레스의 전통을 따랐지만, 여전히 아우구스티누스주의자라 부를 수 있는 이유는 학문의 목적을 '하나님 형상의 회복'으로 보았기 때문입니다.

여기서 말하는 철학은 오늘날 분과 학문으로서의 '철학'이라기보다 지식을 포괄하는 '학' 그 자체에 가깝습니다. 예를 들면, 제가 서강대학교 도서관에서 1891년에 출간된 언더우드 선교사의 『영한·한영 사전』을 찾아본 경험이 있습니다. 'Philosophy'라는 단어를 어떻게 번역했는지 보기 위해서였지요. 항목을 찾아보니 '철학'이 아니라 '학'으로 번역되어 있더군요. 사전을 만들 당시 한국에는 '철학'(哲學)이라는 용어 자체가 알려지지 않았기 때문입니다.

지금까지 제가 확인한 바로는 '철학'이라는 말이 국한문 혼용체로 한국 문헌에 처음 등장한 것은 유길준의 『서유견문』(西遊見聞)입니다. 이 책은 1895년 후쿠자와 유키치(福澤諭吉)의 주선으로 요코하마에서 인쇄되어 한반도로 유입되었습니다. 서양 학문을 소개하면서 '철학'을 소개한 것이지요. 일본에서는 니시 아마네(西周)가 1874년에 펴낸 『햐쿠이치신론』(ひゃくいちしんろん, 百一新論)에서 '철학'이라는 용어를 정착시켰습니다. '지혜 사랑'을 뜻하는 그리스어 '필로소피아'(φιλοσοφία)를 처음에는 '키쿠데츠지가쿠'(ききゅうてつちがく, 希求哲智學)로 번역했다가, 말을 줄여 '키데츠가쿠'(きてつがく, 希哲學)라고 했는데, 훗날 '데츠가쿠'(てつがく, 哲學)로 자리를 잡은 것입니다. 한국과 중국과 일본은 이를 받아들여 각각 '철학', '즈수에', '데츠가꾸'로 발음만 다르게 사용합니다.

언더우드가 사전을 편찬하던 시기는 이런 근대 일본식 한자어가 한국에 들어오기 전이었습니다. 그래서 'atheist'라는 말을 지금처럼 '무신론자'라 번역하지 못하고 '하나님 없다 하는 이'라고 번역해 놓았습니다. 'Philosophy'를 언더우드가 '학'으로 옮긴 것은 서양 전통에서도 크게 어긋나는 일은 아닙니다. 오늘날 박사 학위를 받은 사람을 가리켜 Ph.D.(Doctor of Philosophy)라고 하지 않습니까? 이는 철학 전공으로 받은 학위만 말하는 것이 아니라, 아카데믹한 보편 학문을 연구한 박사라는 의미입니다.

다시 말해, 생 빅토르의 후고가 말한 철학 곧 '필로소피아'는 좁은 의미로 하나의 분과 학문이라기보다 보편적 '학'의 개념을 나타내는 것입니다. 그가 말한 이론철학에는 신학, 수학, 자연학이 있고, 실천철학에는 도덕, 경제(가정관리), 정치학이 있으며, 기술철학에는 섬유 제작, 무기 제작, 상업, 농업, 수렵, 의학, 연출(연극) 등이 포함됩니다. 그리고 논리학에는 문법과 논증술이 들어갑니다. 이런 방식으로 후고는 지식을 통해 인간을 자연적 본성과 초자연적 은혜 안에서 회복하려는 의도를 드러냈습니다. 그는 수도회에 속한 사람이었지만, 이렇게 지식 전체를 포괄하는 구상을 했다는 점에서 수도원과 대학을 잇는 중간 매개 역할을 했다고 볼 수 있습니다. 그러나 '학'에 대한 관점이 다를 수 있기 때문에 이것이 그리 쉬운 일은 아닙니다.

'학문이 인격 형성의 수단인가, 지식 탐구의 수단인가'에 관한 논쟁은 늘 있었지요. 예컨대 1980년대 이후 미국에서 신학교 교육의 방향을 두고 '어떤 모델을 따라야 하는가'라는 물음이 제기되었습니다. 목회자 양성의 전문학교(professional school)가 되어야 하는가, 순수 학문을 연구하는 아카데미아(academia)여야 하는가? 여기에서 '베를린 모델'과 '아테네 모델'이 거론되었습니다.

베를린 모델은 1810년 설립된 베를린 대학(오늘날의 훔볼트 대학)에서 출발했습니다. 교양과 인간 형성을 내세웠지만, 실제로는 '연구'(Forschung, research)가 대학의 중심에 들어섰습니다. 오늘날 우리는 쉽게 '연구'라는 말을 입에 올립니다. 그래서 화학이나 물리학 같은 눈에 보이지 않는 자연의 구성요소와 구조에 대해 도구의 사용으로 찾아내고 실험하고 관찰하며 이론적 구상과 체계화를 통해 밝혀내는 학문들을 당연하게 배웁니다. 단순한 기록으로 그치지 않고 해석하고 판단하는 활동이 개입되는 이러한 활동은 도덕 규범의 습득과는 다릅니다.

반면 아테네 모델은 사람을 빚어내고 형성하는 교육에 방점을 둡니다. 소크라테스는 사람에게 지식을 주입하기보다 이미 내재된 것을 일깨워 주는 데 집중했습니다. 한 걸음 더 나아가, 이론적 지식의 깨우침보다는 성품의 형성을 중시했지요. 용기, 정의, 지혜, 절제 같은 덕목은 단순한 개념 이해가 아니라 실제 삶 속에서 빚어져야 하는 것이며, 진정한 앎(knowing)은 '존재'(being)와 '행위'(doing)가 일치할 때 드러난다고 보았습니다. 그렇지 않은 앎은 객관적이거나 대상적일 뿐, 주체적이고 인격적일 수는 없다고 보았지요. 이것은 한마디로 '형성적 지식'(formative knowledge)입니다. 단순한 정보(information)의 축적이 아니라, 사람을 변화시키고(transformative), 그 변화를 바탕으로 다시 빚어서 세워가는 지식을 지향합니다.

저는 아테네 모델이 성경에서 말하는 지식에 더 가깝다고 생각합니다. 서양의 수도회 전통도 이런 형성적 지식을 추구해 왔습니다. 그러나 베를린 모델과 아테네 모델을 대립적으로만 보거나 둘 중 하나만 선택하기를 요구해서는 안 됩니다. 우리에게는 두 모델의 조화가 모두 필요하기 때문입니다.

대학의 형성과 아르테스 리베랄레스

최종원 형성적 지식을 추구했던 수도원 전통의 흐름에서 중세 대학이 형성되었는데요, '3학4과'를 섭렵한 사람을 두고 오늘날의 표현으로 '교양 있는 지식인', '교양 있는 전문가'라고 말할 수 있을지 모르겠습니다. 인문학적 소양을 중시 여겼던 중세 대학의 '아르테스 리베랄레스'(자유 교양학)에 대해 덧붙여 주시면 좋겠습니다.

강영안 중세 대학에 대해서는 중세사 전공인 최 교수가 훨씬 많이 알고 있으리라 생각합니다. 저는 중세 대학을 생각하면, 우선 12세기 볼로냐 대학을 비롯해서 파리 대학, 옥스퍼드 대학을 떠올립니다. 이 대학들은 법학부, 신학부, 의학부를 중심으로 발전했습니다. 이는 사회의 질병, 신체의 질병, 영혼의 질병을 다루는 전문 직업과 직결된 분야였습니다. 오늘날로 말하자면, 중세 대학은 누구나 범접할 수 없는 일종의 '프로페셔널 스쿨'에 가까웠지요. 중세 제도가 지금도 일부 유지되는 곳은 유럽보다는 오히려 전문대학원이 강세인 미국 대학이 아닌가 싶습니다.

또 한 가지 흥미로운 점은 전문 직업과 관련된 학부로 진입하기 전 반드시 거쳐야 하는 과정이 있었습니다. 바로 '스투디움 게네랄레'(*studium generale*) 곧 보편 지식을 다루는 교양학부를 반드시 거쳐야 합니다. 이 과정에서 가르친 것이 '아르테스 리베랄레스'(*artes liberales*) 곧 '자유 교양학'이지요.

교양학은 특정한 목적이나 유용성을 벗어나 그 자체의 가치 때문에 학습하는 공부입니다. 여기에는 문법, 수사학, 논리학이 포함되는 3학(*trivium*)이 있고, 수학, 기하학, 천문학, 음악이 포함된 4과(*quadrivium*)가 있습니다. 3학은 소리(*vox*) 또는 말(*verbum*)과 관련된 학문이고, 4과는 사물(*res*)과 관련된 공부입니다. 수와 도형, 천문학을 통해 자연과 사물의 구조와 패턴을 이해하고 음악을 통해 인격과 우주의 조화를 추구하는 방식이지요. 3학4과는 특정 목적을 위한 기술 교육이 아니라, 인간의 타고난 능력인 언어, 논리, 사고의 능력을 계발하고 자연과 사물의 질서를 깨달아 인간다운 삶을 누리는 학문이라 말할 수 있습니다.

'리베랄레스'(*liberales*)는 편견과 미신에서 벗어나 '자유로워진다'는 뜻을 지닙니다. 자유롭게 된 사람만이 어디에도 얽매이지 않고 관대할 수 있으며, 이런 인격 형성이 의학, 법학, 신학을 제대로 공부할 수 있게 하는 토대라고 보았습니다.

독일어 '빌둥'(Bildung)은 인간을 계발하고 인격을 형성한다는 의미입니다. 베를린 대학이 설립되던 당시 독일 문화에서 핵심적인 단어 중 하나가 바로 '빌둥'이었습니다. 우리가 흔히 말하는 '교양'의 핵심 역시 단순한 지식의 축적이 아니라, 인간을 빚어내고 만들어가는 노력을 가리킵니다. 여기에 인문주의 정신이 강하게 배어 있습니다. 이 정신은 수도회 전통과도 이어져 있으며, 아마도 북유럽 르네상스에서 가장 중요한 인물이었던 에라스무스와도 연결됩니다. 에라스무스 역시 앞에서 언급한 생 빅토르의 후고처럼 아우구스티누스 수도회 출신이었습니다. 그도 하나님의 형상으로 지음받은 인간의 회복을 이상으로 삼았습니다.

암기 교육과 비판적 사고

최종원 이 지점에서, 프로페셔널 교육이든 교양 교육이든 결국 '암기 위주의 교육을 할 것인가, 비판적 사고 위주의 교육을 할 것인가'라는 방법론적인 문제에 대한 쟁점을 떠올려 볼 수 있겠습니다.

강영안 공부에서 암기는 매우 중요합니다. 성경을 외우면 언제든 다시 되새기며 묵상할 수 있듯이, 암기는 영혼을 빚는 훈련입니다. 그러나 동시에 비판적 사고도 필요합니다.

비판적 사고와 검토를 교육의 핵심으로 끌어올린 것은 데카르트의 전통입니다. 그가 가장 중요한 출발점으로 삼은 부분은 "무엇이든 의심해야 한다"(*de omnibus dubitandum est*)는 것입니다. 전혀 의심할 수 없을 때까지 끝까지 밀어붙이는 공부법입니다. 의심을 바탕으로 복잡한 것을 단순하게 쪼개고, 단순한 것에서 복잡한 것으로 연역하며, 전체를 다 훑어보는 것이 데카르트의 방법입니다. 이 개념을 짧게 정리하면 의심의 규칙, 분석의 규칙, 종합의 규칙, 통관(通觀)과 매거(枚擧)의 규칙입니다. 이 방법론은 우리가 거의 의식하지 못하는 사이 데카르트 이후의 교육 전반에 깊이 스며들었지요. 하지만 그 결과, 사람을 형성하는 교육은 점점 사라지고 비판만 강조되는 경향이 생겼습니다.

17세기 후반, 이탈리아의 수사학자 잠바티스타 비코 (Giambattista Vico)는 『우리 시대의 공부 방법에 관하여』(*De nostris temporis studiorum ratione*, 1709)에서 데카르트로 인해 당시 유행하기 시작한 수학 중심의 교육을 비판했습니다. 어린아이들에게는 수학이 아니라 먼저 말을 가르쳐야 한다고 주장했습니다. 말은 '이야기'를 통해 가장 잘 배울 수 있습니다. 이야기를 듣고 읽다 보면 저절로 암송하게 됩니다. 비코는 이와 같은 방법이 감성 계발을 돕는다고 보았고, 감성이 발달해야 비로소 타인에게 공감할 수 있다고 역설했습니다. 이성적 비판은 조금 더 자란 뒤에라도 얼마든지 할 수 있다고 생각한 것입니다.

결국 중요한 것은 순서입니다. 먼저 기초적인 것들을 반드시 배운 다음 암기해야 합니다. 배운 것도 없이 곧바로 "스스로 생각하라"고 요구하는 이른바 '열린 교육'은 한계가 있습니다. 꼭 필요한 경우, 어느 정도의 주입식 학습은 감수해야 합니다. 그런 다음 무엇을 배웠는지, 배운 것 중에 어떤 문제가 있는지 반성을 통해 가려내고 검토하면서 새로운 지식을 습득해야 하지요. 대학 교육이 바로 이 단계에 해당합니다. 대학 교육은 중·고등학교의 내용을 단순히 이어받는 것이 아니라, '이미 기본적인 것들을 안다'는 전제에서 출발합니다. 그리고 그것을 비판적으로 검토하고 새로운 것을 창출해내는 단계입니다.

그러므로 암기와 비판적 사고는 선택의 문제가 아니라, 발달 단계의 문제입니다. 그래서 저는 비판적 교육은 연령의 단계와 발달 단계에 따라 적절하게 사용해야 한다고 생각합니다. 어린 시절에는 기초 학습과 암기를, 대학에서는 비판과 토론 중심의 공부가 이루어져야 하겠지요. 그런데 대학에서도 여전히 교수가 가르치는 대로 암기만 한다면 제대로 된 교육이라 할 수 없습니다. 대학에서는 비판적으로 묻고 따지며 토론과 숙고와 분별을 통해 좋은 대안을 찾는 능력을 키워야 합니다. 그렇게 훈련이 되었을 때, 비즈니스를 하든 학자가 되든 무슨 일을 하든 현장에서 충분히 생각하고 문제를 풀어갈 수 있는 사고와 해결 능력을 갖게 됩니다.

지식은 도구인가?

최종원 동서양의 지적 전통과 이론들을 통해 앎이란 결국 인간과 자연의 본성을 탐구하는 과정이라는 사실을 말씀해 주셨습니다. 대화 주제를 조금 더 현재적인 이슈로 전환해 보겠습니다. 지식을 인간과 자연의 본성에 대해 탐구하는 것이라고 한다면, 오늘날의 인공지능 시대에는 앎에 대한 고민이 더욱 깊어질 것 같습니다. 많은 분들이 우려하는 현상이기도 할 텐데요. 예전에는 지식이 신, 인간, 자연을 이해하는 '도구'의 성격이 강했습니다만, 인공지능의 발전은 그 수준을 넘어서고 있는 듯 보입니다.

강영안　루뱅 대학교에서 공부하던 시절, '컴퓨터 과학의 아버지'라 불리는 앨런 튜링(Alan Turing)에 대해 공부하게 되었습니다. 당시에는 개인용 컴퓨터가 보급되기 전이었으니, IBM 전동 타자기에 의존했지요. 인공지능이라는 주제를 처음 접한 것은 1979년 과학철학 수업에서였습니다. 헤르만 룰란츠(Herman Roelants) 교수의 수업에서 인공지능과 튜링 머신에 대한 이야기를 처음 들었지요. 교수님의 안내로 공대 전산학과로 견학을 갔습니다. 커다란 공간에 네 벽의 전체를 차지하고 있는 거대한 컴퓨터 앞에서 타자기와 비슷하게 생긴 '터미널'을 통해 글을 주고받았는데, 타이핑을 하면 스크립트가 모니터에 나타났습니다. 그때 경험한 컴퓨터 프로그램이 엘라이자(ELIZA)였습니다. 엘라이자는 MIT의 컴퓨터 공학 교수 조셉 바이젠바움(Joseph Weizenbaum)이 1966년에 개발한 심리상담 대화 프로그램이었습니다. 칼 로저스(Carl Rogers)의 심리치료 모델에 따라 내담자와 대화할 수 있는 프로그램이었지요. 심리상담사를 직접 찾아가지 않고도 심리적인 어려움이나 상담하고 싶은 내용을 질문하고 그에 대한 답을 들을 수 있도록 고안한 것입니다.

　저는 엘라이자에게 철학신학에서 늘 다루는 질문인 '신의 존재'에 대해 물었습니다. "신은 존재하는가?"라고 입력하자, "왜 물어봅니까?"라고 답하더군요. "신이 존재하는지, 존재하지 않는

지의 여부에 관심이 있다"고 답했더니, "왜 그런 문제에 관심이 있습니까?"라고 다시 되묻더군요. '무슨 답을 할까' 망설이다가 친구의 제안으로, "나는 늘 법을 어긴다고 생각한다"고 입력했습니다. 네덜란드어로 대화를 주고받았기 때문에 제가 '법'을 뜻하는 단어 벳(wet)을 문장 속에 넣었거든요. 그랬더니 곧장 이런 답이 나왔습니다. "법? 변호사한테 가 보세요!" 다시 질문을 시도했지만 이어지지 않았습니다. 그 당시 인공지능과 대화를 나눈 경험으로 느낀 것은 '문법도 정확하고 통사론(syntax)으로는 완벽하다'는 것이었습니다. 그런데 의미론(semantics)으로는 문제가 있었습니다. 맥락을 전혀 파악하지 못했습니다. '법'이 가진 다의성을 오해한 것이니까요. 결국 엘라이자가 답할 수 있는 질문이 아니라는 것이 증명되었지요. 이와 비교해서 최근 등장한 챗지피티(ChatGPT)는 천지개벽이라 할 정도로 성능이 놀랍습니다. 그럼에도 여전히 곤란한 질문 앞에서는 한계를 드러냅니다. 챗지피티의 등장이 얼마 되지 않았기 때문에 인공지능 자체가 최근에 나온 것으로 아는 분이 많지만, 사실 그렇지 않습니다. 바이젠바움이 엘라이자를 개발한 해는 놀랍게도 1966년입니다. 제가 직접 경험한 때가 1979년이었으니 그간 얼마나 많은 세월이 흘렀습니까?

　　바이젠바움은 엘라이자를 만든 이후 그와 관련된 체험과 경고를 담아 1976년 『컴퓨터의 힘과 인간 이성』(*Computer Power and Human Reason*)을 출간했습니다. 이 책은 인공지능을 다룰 때 우리에게 부과된 필독서였습니다. 그는 책에서 컴퓨터의 힘이 어디에서 나오는지, 프로그램을 어떻게 만드는지, 인공지능의 원리가 무엇인지 등을 여러 챕터를 통해 기술했습니다. 그리고 마지막 부분에서는 인간의 도구적 이성에 대한 비판이 이어집니다. 이 책의 부제는 '판단에서 계산으로'(From Judgement to Calculation)였습니다. 그는 인공지능과 컴퓨터의 계산 능력이 단순한 숫자 처리나 규칙 기반의 작업을 초월하여 인간의 판단을 대체할 수 있다는 믿음을 문제 삼았습니다. 컴퓨터가 제공할 수 있는 것과 인간의 고유한 사고 사이에는 본질적인 차이가 있음을 강조했지요. 컴퓨터는 '계산'(calculation)을 수행할 수 있지만, 진정한 '판단'(judgment)은 고유한 인지적, 감정적 맥락에 따라 이루어진다고 보았습니다. 컴퓨터가 등장하면서 인간의 생각, 인간의 앎을 계산으로 오해하는 결과가 생겼다고 본 것입니다.

인공지능 이전까지는 인간의 생각과 앎을 무엇에 대한 판단이라고 이해했습니다. 여기서 말하는 판단은 예컨대 "하늘은 푸르다", "사람은 이성적 동물이다", "모든 사람은 죽는다"와 같이 주어와 술어를 결합하는 활동을 의미합니다. 주어와 술어가 결합하여 하나의 문장을 이루고, 다시 문장과 문장이 결합하여 더 복잡한 사고를 형성합니다. 예컨대 "비가 온다"는 문장과 "땅이 젖는다"는 문장은 "비가 오면 땅이 젖는다"는 복합 문장으로 결합될 수 있지요. 그런데 이 문장들은 언어가 달라도 그 속에 담긴 생각의 내용은 같습니다. 논리학에서는 이와 같은 생각의 내용을 담은 '객관적 사고'를 '명제'라 부릅니다. 일상 언어에서나 과학에서나 생각과 지식의 결과는 일정한 명제로 표현됩니다. 이를 '명제적 지식'이라 부릅니다. 그러나 명제적 지식은 인간의 의식이나 세계관, 경험을 표현하기도 합니다. 심지어 과학이 산출하는 명제적 지식조차 인간 전체의 활동에서 비롯됩니다. 일상의 지식에서 고도의 과학적인 지식에 이르기까지, 우리는 감각하고 지각하며 긍정하거나 부정하는 행위를 통해 판단을 내립니다. 이런 인간의 행위에는 오류가 개입될 수 있습니다. 소속된 공동체가 물러준 전통, 개인의 성격과 취향, 잘못된 지식에서 비롯된 편견들이 깊이 작용할 수 있지요. 어떤 지식에든 모종의 편견이 스며들어 있으며, 여기에 오해도 개입합니다. 프랑스 철학자 뽈 리꾀르(Paul Ricœur)가 말했듯이, "오해조차 없다면 이해도 불가능"합니다. 오해라도 있어야 지식으로 진입할 수 있는 가능성이 열리기 때문이지요. 그러므로 인간의 지식에는 언제나 애매성과 모호성이 자리 잡고 있습니다.

바이젠바움은 컴퓨터가 마치 지능을 가진 듯 보일 수 있지만 실제로는 절차적 작업 곧 계산에 불과하다고 주장했습니다. 컴퓨터의 지능은 특별한 계산 방식이나 알고리즘에 불과하며, 이는 본질적인 인간의 판단 능력과는 구별됩니다. 그래서 바이젠바움은 판단은 단순한 계산의 범위를 넘어서는 복잡한 과정임을 강조했습니다. 판단이 통상적으로 인간의 경험, 감정, 가치, 사회적 맥락 등을 바탕으로 이루어지는 것이기에 단순한 데이터 처리와는 차별화된다고 보았습니다. 이는 기계의 연산 능력이 인간의 판단을 대체할 수 없음을 시사합니다. 인공지능과 관련된 윤리적 논의와 인공지능의 한계를 지적한 첫 사례를 우리는 1976년에 이미 바이젠바움에게서 찾아볼 수 있었습니다.

제가 바이젠바움을 읽었을 때 그의 도덕적, 윤리적 호소에 깊은 인상을 받았습니다. "윤리가 배제된 지식은 이성을 도구화할 뿐"이리는 관점에서 킨트기 떠올랐습니다. 킨트는 이론이성과 구별해서 실천이성을 내세우고, 다시 수단적인 실천이성과 구별해서 도덕법칙을 따라 행동할 수 있는 '순수실천이성'을 인간의 삶에서 가장 중요한 요소로 보았습니다. 막스 호르크하이머, 한스 요나스, 에마뉘엘 레비나스 같은 유대 지성인들도 함께 떠올랐습니다. 바이젠바움도 역시 유대인이었고 히틀러 치하에서 미국으로 망명한 사람입니다. 당시로서는 가장 탁월한 기술을 사용해 특정 부류의 인간 소멸을 시도했던 홀로코스트를 이들은 모두 경험했습니다. 인간 이성이 얼마나 도구화될 수 있는지, 그것이 얼마나 인간의 삶에 파멸을 가져올 수 있는지를 몸소 경험하고 반성적 사유를 펼친 분들이지요.

마음의 연장

최종원 인공지능이 이제는 스스로 학습할 수 있는 능력을 갖춘다는 점에서 단순히 수동적 도구로 머물지는 않을 것 같습니다. 인공지능이 인간의 지능을 대체할 날이 머지않았다고 보는 이들이 있는가 하면, 노엄 촘스키 같은 학자는 "기계가 인간의 뇌를 추월하는 순간을 기대하지만, 아직 동도 트지 않았다"며 비판적으로 보기도 합니다. 그는 통찰력 있게 사고하고 표현하는 능력이야말로 진정한 지성이라고 여기는데, 인공지능은 아직 그 수준에 이르지 못했다고 봅니다. 선생님은 인공지능이 인간의 통찰력, 인간의 성찰성과 지성에 미칠 영향에 대해 어떻게 전망하십니까?

강영안 챗지피티 같은 인공지능도 인간의 역할을 확대하는 하나의 도구일 뿐입니다. 안경은 시력을 보완해 주고, 현미경은 눈으로 볼 수 없는 미세한 세계를 보여주며, 망원경은 육안으로 볼 수 없을 만큼 멀리 있는 것을 보게 해줍니다. 그런 의미에서 안경은 눈의 교정이고, 현미경이나 망원경은 눈의 연장입니다. 마찬가지로 자전거나 자동차는 발의 연장이지요. 인류가 19-20세기 초까지 발전시킨 기술은 대부분 '몸의 연장'이었습니다. 몸을 연장하여 외부 세계를 지배할 수 있게 되었지요. 그러나 인공지능은 몸

의 연장이 아니라, '마음의 연장' 곧 '지성의 연장'이라는 데 특징
이 있습니다.

포크레인이나 자동차처럼 컴퓨터도 인간이 사용하는 도구 중
하나입니다. 도구이기 때문에 우리가 '어떻게 사용하느냐'에 따
라 효용이 달라질 수 있습니다. 칼을 들고 사람을 죽이는 데 사
용할 수도 있고, 생선을 요리하는 데 사용할 수도 있잖습니까. 어
떻게 사용하느냐, 어떤 의도와 목적으로 사용하느냐에 따라 도
구의 존재가 규정될 수 있습니다. 그런데 문제는 컴퓨터가 포크
레인이나 자동차처럼 외부에서 쓰이는 도구에 그치는 것이 아니
라, 우리의 사고 과정 안으로 깊숙이 들어와 개입한다는 점입니
다. 게다가 컴퓨터는 특정 기능만 하는 것이 아니라, 다양한 영역
에 개입할 수 있는 '보편 도구'(universal tool)이기에 인간과 기계
의 주종 관계가 모호해질 수 있습니다. 컴퓨터는 우리 신체의 연
장인 도구들을 제어할 수 있을 뿐만 아니라, 인간에게 고유하다
고 생각했던 추론과 계산 등을 할 수 있고, 삶의 거의 모든 영역
에 개입하며 가정과 개인의 일상 깊숙이 들어와 있습니다.

『인간 기계』(*L'homme machine*, 1747)의 저자 라 메트리(Julien
Offray de La Mettrie)는 인간조차도 기계라고 생각했습니다. 최근
까지만 해도 인간과 기계의 차이는 '의식'에 있다고 보았지요. 컴
퓨터 이전까지는 사람이 쓰는 도구가 아무리 정교하고 복잡하
다 해도 기계에 지나지 않았습니다. 왜냐하면 인간은 기계와 달
리 생각하고 의식하고 판단하고 결정할 수 있다고 여겼기 때문
입니다. 그러나 기계가 의식이 있고, 의식을 가지지는 않더라도
최소한 '생각할 수 있는 능력'을 갖춘다면, 더구나 그것이 인간보
다 더 탁월하다면, 그 순간 인간과 기계의 관계는 전도될 수 있습
니다. 기계가 주인 노릇 하는 것은 쉽게 상상해 볼 수 있는 일입

니다.

　사실 이것은 인공지능 프로그램이 등장하기 훨씬 전부터 철학자와 수학자들이 꿈꾸었던 일입니다. 수학자이자 철학자인 알프레드 노스 화이트헤드(Alfred North Whitehead)는 『수학입문』(1911)에서 "기호의 도움으로 말미암아 고도의 두뇌 기능을 요구했을 추론들이 이제는 거의 기계적인 문제로 바뀌어 한눈에 처리할 수 있게 되었다"고 말했습니다. 기호를 사용하는 논리학(symbolic logic, 기호논리학)에 익숙해지면 복잡한 사고 과정을 단순화할 수 있다는 의미입니다.

　저 역시 여러 차례 기호논리학을 가르쳐 본 경험이 있는데 다른 강의와는 차이가 있었습니다. 한 시간만 해도 금세 피곤해지는 다른 강의와 달리, 논리학 강의는 오히려 머리가 맑아지곤 했습니다. 예를 들어, 논리학은 "P이면 Q이다. P이다. 따라서 Q이다"와 같은 기본 논법을 기호화한 다음, 연산법에 따라 계산을 하면, 복잡하게 생각할 필요가 없기 때문입니다. 그래서 논리학은 복잡하게 생각하지 않고 오히려 간단하고 단순하게 생각할 수 있는 기계적인 기술이 될 수 있습니다. 이것은 인간이 멀리, 그리고 빨리 가기 위해 자동차를 만들어내고 땅을 쉽게 파기 위해 포크레인을 만들어냈듯, 생각을 오류 없이 하기 위해 만들어낸 기술입니다. 결국 인공지능의 발전은 19세기와 20세기 수학자와 논리학자들의 꿈이 현실화된 것이라 할 수 있습니다.

결국 참된 앎이란

최종원　인공지능이 인간의 도구를 넘어서는 무엇이 되었다는 점은 부인할 수 없습니다. 그래서 사람들은 흔히 인공지능 시대에 사라질 직업과 새로 생길 직업에 대한 이야기를 많이 하지 않습니까? 축구를 보더라도, VAR(Video Assistant Referee)이 도입되어 오프사이드나 득점 상황 등을 정확하게 판별함으로써 오심 논란을 줄였습니다. 이와 비슷하게, 사법 체제에 대한 불신이 커지면서 "인공지능이 판사의 자리를 대체하면 오류 없는 논리적 판단을 내릴 수 있지 않을까" 하는 기대를 하기도 합니다. 그러나 법정에서는 '정상 참작'이 불가피하기 때문에 기계적 판결은 오히려 비인간화를 가속화할 수도 있다는 우려도 함께 제기되고 있는 실정입니다.

강영안 몇 해 전, 변호사로 일하는 사촌동생이 이세돌과 알파고의 대국을 보고 이런 이야기를 하더군요. "형님, 인공지능이 우리보다 더 잘할 것 같아요. 판사의 판결 과정에는 결국 인간적인 요소가 개입될 수밖에 없습니다. 판결에 필요한 기본법과 법령, 판례나 형량 등을 입력하면 인공지능이 훨씬 더 공정하게 판단하지 않을까요? 인간의 불공정성과 오류 가능성에 대한 우려를 인공지능이 불식해 줄 수 있지 않을까요?" 그러면서 제게 질문을 던졌습니다. "형님, 도대체 인간이란 뭘까요?" 인공지능이 놀라울 정도로 빠르게 발전되는 것을 지켜보면서 이런 질문을 던지는 것은 자연스러운 일입니다. 이와 더불어 근본적인 물음이 있습니다. "앎이란 무엇일까요? 앎이 왜 인간에게 중요할까요? 우리는 왜 알고 싶어할까요?"

'앎'을 생각하려면 '앎과 반대되는 것이 무엇일까'를 생각해 보아야 합니다. 앎과 대립되는 것은 '삼무'(三無)입니다. 삼무는 곧 '무지, 무능, 무감'입니다. 앎은 삼무로부터 벗어나는 해방을 의미합니다. 첫째, 무지(無知)는 '알지 못함'입니다. 그러니까 앎은 '무지에서 벗어나는 것'입니다. 우리가 모르는 것이 어디 한두 개입니까? 끝이 없지요. 둘째, 무능(無能)은 '할 수 없음'입니다. 그러므로 앎은 무능에서 벗어나 할 수 있게 되는 것입니다. 알게 되면 할 수 없었던 일들이 가능해집니다. 셋째, 무감(無感)은 '느끼지 못하고 의식하지 못함'이라 하겠습니다. 앎은 무감각에서 벗어나 느끼고 의식하고 공감하고 민감하게 반응하는 것과 관련이 있습니다. 알게 되면 알지 못하는 상태에서 아는 상태로, 할 수 없던 상태에서 할 수 있는 상태로, 느끼지 못하던 상태에서 느끼고 반응할 수 있는 상태로의 전환이 일어납니다. 그 전환 속에서 우리는 자유를 누리게 됩니다.

결국 앎은 단순한 정보의 축적이 아니라, '무지'로부터의 자유, '무능'으로부터의 자유, '무감'으로부터의 자유라 할 수 있습니다. 진정한 앎이란 인간을 변하게 하고 해방시키며 더 자유롭게 만드는 것입니다. 모름의 상태에서 앎의 상태로 전환이 있어날 때, 할 수 없는 상태에서 할 수 있게 되었을 때, 무감의 상태에서 지각하고 공감할 수 있게 될 때 어떤 일이 일어나는지 질문해 보아야겠지요.

질문하기

질문 없는 한국 학생

최종원 앎의 가장 보편적인 방식은 책을 읽는 것이겠습니다만, 인류 역사에서 책 읽기가 대중화된 것은 그리 오래되지 않았습니다. 예컨대 성경의 사도 바울의 서신도 개인이 읽기보다는 공동체에서 낭독되고 들려진 것이니까요. 서양의 경우에도 15세기 인쇄술의 확산이 대중적 읽기의 시대를 연 변곡점이었습니다. 그 이전의 배움은 좋은 스승을 만나는 것에서 출발한다고 볼 수 있지 않겠습니까? 스승에게 질문하고 답을 듣는 것이 가장 일반적인 배움인 만큼 '질문하기'는 앎, 공부에 있어 중요한 기술일 듯합니다. 질문하는 것에 대해 한번 이야기를 풀어나가면 좋겠습니다.

강영안 제가 미국에서 한국 학생들을 만나면 늘 하는 말이 있습니다. "제발 질문 좀 해라!" 한국 학생들이 질문하는 능력이 없는 것도 아니고, 마음속에 스스로 지닌 물음이 없는 것도 아닙니다. 그러나 미국이나 세계 각국에서 온 학생들과 비교했을 때, 한국 학생들이 유독 질문을 잘 하지 않는 것은 사실입니다.

물론 언어의 문제도 있겠지요. 영어로 책을 읽어야 하는데 속도가 붙지 않으면 읽어야 할 책과 논문을 충분히 읽지 못한 채 수업에 들어올 수 있습니다. 그러면 내용을 소화하지 못해 질문을 이끌어내기 어렵습니다. 충분히 읽었다 하더라도, 읽고 싶은 부분만 읽는 부분적 읽기로 인해 생기는 어려움이 있을 수 있습니다. 두 가지의 경우가 있겠지요. 내가 동의하는 부분만 읽었거나, 배우고 싶은 부분만 읽고 지나가는 것입니다. 그러면 특별히 질문할 거리가 생기지 않습니다. 반대로, 시비를 걸 목적으로 자신이 동의하지 않는 부분만 읽는 경우도 있습니다. 이럴 경우 질문은 더 생각하고 깊이 파고들기 위한 장치가 아니라, 이미 가진 확신을 확인하는 것에 그치게 됩니다. 또 어떤 학생은 '내 질문이 과연 질문거리가 될까?' 하고 확신이 없어 입을 닫아 버립니다. 여기에는 '질문에는 반드시 정답이 있어야 한다'는 사고방식이 깔려 있습니다. 답이 없는 질문은 질문이 아니라고 생각하는 것이지요. 이런 생각은 어떻게 빚어졌을까요?

이러한 태도는 일방적으로 전달되는 우리의 주입식 교육의 풍토와 무관하지 않습니다. 예전에 여러 국적의 학생들과 구술 시험을 본 적이 있습니다. 물론 두 명의 한국 학생들도 있었지요. 한국 학생들은 모두 '정답'만을 말하려고 애를 썼습니다. 학생이 이미 답안지에 썼던 내용을 그대로 반복해서 읽거나, 정답에 해당하는 한두 문장을 짧게 말하고는 말을 멈춰 버립니다. 사실 교수들이 알고 싶어 하는 것은 정답이 아니라, 그 답에 이르는 '과정'입니다. 어떤 과정을 통해 그 답이 나왔는지, 이를 학생이 충분히 변호할 수 있는지, 문제가 된 사항에 대해서 어느 정도 생각할 수 있는지, 관련된 문제들 간의 관계를 어떻게 보는지를 알고 싶은 것입니다. 그러나 한국 학생들은 사고의 과정보다는 결과에만 관심을 두고, 심지어 시험 답안지를 다시 들춰 보며 정답을 찾으려고 했습니다. 오랫동안 학교 교육에서 수많은 시험을 치렀고, 시험에서 요구하는 것은 언제나 정답이었기 때문일 것입니다.

한국 학생들 중에서도 예외는 있습니다. 대체로 중·고등학교 과정이나 대학을 유럽이나 해외에서 경험한 학생들입니다. 그들은 스승과 학생, 학생과 학생들 사이에서 문제를 놓고 서로 질문하고 답하는 경험을 충분히 했으리라 짐작합니다. 마치 찻잔을 주거니 받거니 하듯 말이지요. 그러나 대부분의 학생들은 교수의 강의에 일방적으로 의존할 뿐, 묻고 답하는 문화를 형성하지 못했습니다.

따라서 강의 방식부터 달라져야 합니다. 교수가 일방적으로 설명만 하는 것이 아니라, 서로 묻고 답하고 다시 물으며 스스로 답을 찾도록 질문으로 열어두는 수업 방식을 추구할 필요가 있습니다. 질문으로 끝나는 강의가 더 많아질 때, 비로소 질문하는 문화가 자라날 수 있지 않을까요?

질문하는 믿음

최종원 2018년에 출간하신 『믿는다는 것』에서 첫 주제를 '질문하는 믿음'으로 다루셨습니다. 우리 사회에서 믿음이란 의심하지 않고 질문하지 않고 주어진 것을 그대로 받아들이는 것이라고 생각하는 경향이 있습니다. 특히 한국 교회에서 그런 경향이 두

드러집니다. 그러나 최초의 대학인으로 일컬어지는 삐에르 아벨라르(Pierre Abélard)는 '믿음에 이르기 위한 회의'를 말했습니다. 애초에 스콜라학 자체가 참된 믿음에 도달하기 위한 질문의 과정이었지요. 그런 점에서 '기독교'와 '질문'은 결코 뗄 수 없는 관계인데, 오늘의 교회 현실은 아쉬움이 큽니다.

강영안 그렇습니다. 오늘날의 교회에서는 대체로 질문하는 법을 배우지 못합니다. 비록 오래전이지만 저는 학교보다 교회에서 질문을 더 많이 배웠습니다. 제가 다녔던 교회는 고신 교단 소속이었는데, 그때만 해도 질문하고 토론하는 문화가 자연스러웠습니다. 중·고등부 예배가 끝나면 2부 순서로 특정 주제를 두고 토론을 하곤 했으니까요. 웅변대회도 종종 있었고요. 저는 사람들 앞에서 말하는 법을 교회에서 배웠다고 생각합니다. 안타깝게도 지금은 이런 풍토가 사라진 듯합니다.

안셀무스의 유명한 표현인 '앎을 추구하는 믿음'(*fides quaerens intellectum*)을 굳이 인용하지 않더라도, 우리가 믿는다면 그 믿음을 제대로 이해하기 위해 물어야 하잖아요? 묻지 않으면 생각할 수 없고, 생각하지 않으면 알 수 없습니다. 알아야만 믿음을 삶과 연결시켜 볼 수 있습니다.

물론 인간은 모르고도 행동하는 존재이기에 수많은 오류를 범합니다. 사도 바울도 이스라엘 백성을 두고 "하나님께 열심이 있으나 올바른 지식을 따른 것이 아니니라"고 지적했습니다(롬 10:2). 만약 열심이 없었다면 오히려 오류도 줄었을지 모릅니다. 그러나 교회의 2천 년 역사를 돌아보면, 하나님의 자녀로 올바르게 살아가기 위해서는 성도 한 사람, 한 사람이 제대로 알아야 하고, 알기 위해서는 반드시 질문해야 한다는 사실이 분명해집니다.

알기 위해서는 반드시 질문해야 합니다. 그렇지 않으면 신자든 목회자든, 장로든 권사든, 자기 안에 갇혀 고착된 지식과 편견에 사로잡히고 맙니다. 그렇게 되면 자신도 모르는 사이에 '비것'(bigot) 곧 편협하고 독선적인 사람이 될 수 있습니다. 우리 사회와 교회 안에도 이러한 위험에 빠진 이들이 적지 않습니다.

질문하기의 두려움

최종원 칼빈 신학교에 오는 학생들은 대체로 보수적인 신학적 배경을 지니고 있습니다. 그런 환경에서 질문은 일종의 금기처럼 여겨질 수 있습니다. 그러나 역설적이게도 감리교나 성공회 신학처럼 다소 진보적인 신학을 공부한 학생들도 한국의 교회나 신학계 안에서는 크게 다르지 않은 상황에 놓입니다. 역사 비평이나 다양한 첨단 신학 연구 방법론을 배웠음에도 정작 한국이라는 맥락 안에서 그 사고를 자유롭게 펼치지 못하는 경우가 많습니다. 단순히 교회뿐 아니라 신학계에 들어와서도 자신이 쌓아 온 학문적 연구를 소신껏 드러내지 못하고 있다는 느낌을 받을 때가 있어 안타깝습니다.

강영안 저는 미국에 공부하러 온 학생들에게 자주 이런 질문을 던집니다. "무엇 때문에 공부하는가?", "공부해야 하는 이유가 무엇인가?"

서강대 은퇴 이후 줄곧 신학생들을 가르쳐 왔으니, 이 질문은 일차적으로 신학생들에게 던지는 질문입니다. 그러나 이 물음은 모든 학문에 해당합니다. 자연과학, 사회과학, 철학 모두 마찬가지입니다. 공부의 목적, 학문에 쏟을 열정, 학문의 성격, 그 공부가 삶에 주는 의미를 스스로 질문해야 합니다. 물론 쉽게 답할 수 없는 질문이지만, 이에 대해 스스로 답할 수 없다면 지금 하고 있는 공부를 다시 돌아보아야 합니다.

어디 공부뿐이겠습니까? 다른 일도 마찬가지입니다. 흔히 '먹고살기 위해서'가 최종 답처럼 여겨지지만, 그 너머의 다른 목적과 이유를 묻고 찾아갈 때 그 일은 더 의미 있고 깊어집니다. 그래야 더 잘 알 수 있지 않을까요? 이런 물음은 단순히 일의 목적을 넘어, 내가 누구인지, 어떤 존재인지, 타인은 자신에게 어떤 존재인지, 우리가 속한 조직과 사회, 그리고 세계는 무엇인지를 근본적으로 성찰하게 만듭니다.

우리는 대개 자신의 세계관과 인생관을 깊이 묻지 않은 채 살아갑니다. 그렇다고 무의미하게 산다고 단정하고 싶지는 않습니다. 예수님은 "사람이 만일 온 천하를 얻고도 자기 목숨을 잃으면 무엇이 유익하리요"(막 8:36)라고 말씀하셨습니다. 여기서 예수님이 '목숨'을 말씀하실 때 사용한 그리스어가 '프쉬케'(ψυχή) 곧 '영혼'입니다. 소크라테스 역시 인간이 자신의 삶을 검토하고 캐물어야 할 이유는 프쉬케를 돌보기 위함이라 했습니다. 소크라테스가 독배를 마시기 직전 오랜 친구 크리톤이 마지막 말을 부탁했을 때, 그는 "너희 자신을 돌보라"(ὑμῶν αὐτόν ἐπιμελεῖτε)고 말했습니다. 이때 '자신'은 다름 아니라 프쉬케, '영혼'입니다. 따라서 "너희 자신을 돌보라"는 말은 "너희 영혼을 돌보라"는 말입니다. 그렇게 하기 위해서는 알아야 하고, 알려면 생각해야 하고, 생각하려면 물어야 합니다. "질문하는 것은 사유의 경건"(Fragen ist die Frömmigkeit des Denkens)이라고 했던 하이데거의 말은 빈말이 아닙니다. 우리의 생각을 추동하고, 생각 가운데 머물게 하고, 삶을 성찰하게 하는 것은 역시 물음이기 때문입니다.

질문의 필요성

최종원 질문이 한 단계 더 나아가게 만드는 계기가 되기도 하는 만큼, 신학이나 신앙에 있어서도 질문은 반드시 필요하다고 봅니다. 질문이 없이는 신앙생활의 성숙이나 신학적 탐구의 발전을 기대하기 어렵습니다. 그러나 교회는 물론이고, 한국 사회 전반적으로 아직 자유롭게 질문하는 문화가 약한 편입니다.

강영안 이러한 문제는 사실 한국 교육의 풍토와 연결되어 있다고 봅니다. 질문을 격려하지 않는 한국 학교의 분위기 말입니다. 저희 집 두 아이의 교육 경험에서 확인할 수 있었습니다.

큰아이는 초등학교 5학년 무렵부터 중학교 1학년까지 벨기에 루뱅에서 학교를 다녔고, 그 이후에는 한국에서 공부를 하다가 다시 루뱅으로 유학을 갔습니다. 반면 둘째는 초등학교 1학년만 한국에서 다녔고, 그 후로는 주로 미국에서 교육을 받았습니다. 잠시 한국으로 돌아와 학교를 다니긴 했지만 쉽지 않았습니다. 그래서 중학교 2학년 때 미국에 간 뒤 줄곧 거기서 공부를 했지요.

둘째아이는 무엇이든 묻는 성향이었습니다. 한국 초등학교와 중학교에서는 선생님께 질문을 너무 많이 한다는 이유로 어려움을 겪었습니다. "모든 것에 대해 질문을 한다"는 그 말은 사실 제가 아내에게 자주 듣는 말입니다. 둘째가 저를 닮은 것인지도 모르지요. 아무튼 둘째아이 때문에 부부가 여러 번 학교를 찾아가기도 했지만 문제가 해결되지 않았습니다. 때마침 한국연구재단의 요청으로 제가 터를 옮기면서 아이도 대전에서 일 년 정도 학교를 다녔습니다. 그 후 안식년으로 미국에 갈 때 아이를 함께 데리고 갔습니다.

어느 날 미국에서 앨빈 플랜팅가(Alvin Plantinga) 교수가 우리 가족을 저녁 식사에 초대한 적이 있습니다. 가기 싫다는 아이를 제가 겨우 설득해서 데려갔지요. 그분은 아이들과 무척 잘 어울려서 놀 줄 아는 분이었는데, 식사 후 둘째와 자연스럽게 대화를 나누었습니다. "한국에서 받던 교육과 지금 미국에서 받고 있는 교육의 차이가 무엇이니?" 교수님이 아이에게 질문을 했습니다. 아이는 곧장 첫째, 둘째, 셋째, 순서를 매기면서 대답을 하더군요. 들어 보니 이런 내용이었습니다.

첫째, 미국에서는 학교 숙제가 거의 없었답니다. 숙제가 있다 해도 학교에서 대부분 해결할 수 있는 수준이랍니다. 그래서 방과 후 활동을 자유롭게 할 수 있어서 좋았답니다. 실제로 아이는 야구와 럭비 같은 스포츠 활동에 적극적으로 참여했습니다. 둘째, 선생님이 학생을 인격적으로 존중하며 대우한다고 했습니다. 저희 세대에서는 어린 시절 학교에서 매를 맞는 일이 흔했기 때문에 당연하다 치더라도, 제 아이들 세대에서는 많이 달라진 줄 알았는데 생각보다 변화가 없어 적잖이 놀랐던 기억이 납니다. 셋째, 질문을 마음껏 할 수 있다는 것이었습니다. 허용되는 정도가 아니라, 오히려 선생님들이 적극적으로 질문을 부추긴다고 했습니다.

어쩌면 플랜팅가 교수님은 아이의 이런 대답이 의아했을지도 모릅니다. 당연히 교육 현장에서는 질문이 허용되어야 하고, 오히려 학생들에게 질문을 유도해서 깊이 생각하는 법을 가르쳐야 하니까요. 질문하지 않고서는 생각의 확장이 어렵습니다. 단순한 공상이나 몽상은 할 수 있어도, 그 이상의 어떤 문제를 붙잡고 깊이 생각하는 일은 자연스럽게 물음이 따라 나올 수밖에 없거든요. 그러니 교실에서 질문하는 것은 당연한 일이지요.

그때 플랜팅가 교수가 아이에게 다시 질문을 했습니다. "그렇다면 한국 학교에서는 주로 무엇을 했니?" 아이의 대답은 간단했습니다. "주로 외웠습니다." 잘 외우는 사람이 공부를 잘하는 사람이고, 잘 외워야 시험도 잘 치르고, 그래야 좋은 성적을 받고 좋은 대학에 간다는 씁쓸한 현실의 대답이었습니다.

계몽 넘어서기

최종원 질문을 하려면 기본적으로 최소한의 지식과 훈련된 역량이 필요한 것은 아닐까요? 제가 역사를 전공하지 않은 학생들을 대상으로 서양사 수업을 할 때 이런 고민을 합니다. 학생들은 다양한 질문을 얼마든지 할 수 있지만, 질문의 대부분은 역사적 배경을 몰라 맥락에 맞지 않는 질문인 경우가 많았습니다. 그래서 어떤 면에서는 다분히 계몽적인 수업을 할 수밖에 없는 한계가 있더군요. 늘 고민하고 있지만 쉽사리 해결되지는 않습니다. 선생님께서도 강단에 서신 40여 년의 세월 동안 이러한 방식의 변화를 겪으셨을 텐데, 어떠신가요?

강영안 우리 교육의 문제 중 하나라면, 교사가 강단에서 일방적으로 지식을 전달하는 데 치중한다는 점입니다. 저 역시 처음에는 그런 방식에 익숙했습니다. 1982년 네덜란드 레이든 대학 철학과에서 전임으로 처음 강의를 시작했을 때, 미리 준비한 강의 노트를 중심으로 지식을 전달하고, 학생들은 설명을 듣고 필기하는 전형적인 강의 방식을 따랐습니다. 학부 학생들에게 하는 이런 강의법을 네덜란드에서는 '호르꼴레이즈'(hoorcollege)라고 합니다. '호르'는 '듣는다'(원형은 horen)는 말이고, '꼴레이즈'(college)

는 '수업'이란 뜻입니다.

한국에 돌아와 계명대에서 강의할 때도 호르꼴레이즈 방식의 강의를 이어갔습니다. 배운 대로 가르쳤으니 어쩌면 당연한 일입니다. 과학철학 시간이었을 것입니다. 교탁 앞에서 미리 준비한 강의 노트를 한 장씩 넘기며 강의를 진행하던 어느 날, 한 학생이 손을 번쩍 들었습니다. "쌤예, 저희는 대학원생이 아입니더. 판서 좀 해주이소. 못 따라가것습니데이." 그때부터는 강의 노트를 준비하더라도 주요 개념이나 그리스어, 라틴어, 독일어, 프랑스어 등 외국어 용어가 나오면 반드시 칠판에 판서를 병행했습니다. 칠판을 도구로 강의를 하기 시작한 뒤로는 어딜 가도 칠판이 있어야 편하더군요. 심지어 교회에서 설교할 일이 있을 때도 무심코 뒤를 돌아 칠판을 찾곤 했습니다. 그러나 칠판과 백묵이 사라지고 화이트보드와 보드마커가 그것을 대신한 뒤로는 쓰는 일이 많이 줄었습니다.

그러던 중 2017년 미국 칼빈 신학교로 가면서 근본적인 변화를 결심했습니다. 이미 대학을 졸업한 신학대학원생들을 가르치는 곳이니 지식 전달보다는 '학생들이 필요한 것을 스스로 배울 수 있도록 해야겠다'고 마음을 먹었습니다. 석사나 박사 과정은 심화 단계의 배움이니 무엇보다 학생들이 제대로 읽고 생각하고 묻고 이것을 바탕으로 자신의 생각을 쓸 줄 아는 것이 중요했습니다. 또한 교수와 동료 학생들의 말을 경청하고 질문하고 그 물음에 답을 하며 서로 토론을 하는 과정도 중요했습니다. 저는 이런 과정을 통해서 학생들이 강의실에서 다루는 주제와 필요한 사실을 배우고, 다양한 관점을 스스로 검토하며, 자신만의 고유한 입장을 분명하게 세울 수 있도록 도왔습니다. 이는 가르치면서 동시에 배우기를 원하는 저에게도 중요한 일입니다.

스스로 배우기

최종원 그 말씀을 들으니 선생님이 VIEW에 와서 강의하실 때가 생각납니다. 학교에서 선생님께 강의 PPT를 요청했더니, "철학자는 PPT를 쓰지 않습니다"라고 말씀하셨다는 이야기를 들었습니다. 저도 오래 고민해 왔던 터라 그 이후부터는 PPT를 기반으로 하는 강의는 더 이상 하지 않습니다. 여전히 '성의 없어 보일까' 하는 염려 때문에 최소한의 것을 만들기는 합니다. 칼빈 신학교에서의 경험을 좀 더 나누어 주십시오.

강영안 칼빈에서 강의할 때 저는 첫 시간에 늘 이렇게 말합니다. "스스로 배우라!"(Learn by yourself!) 조금 더 풀어서 말하면 이렇습니다. "저는 여러분들을 가르치지 않습니다. 스스로 배우십시오. 책을 읽고 생각하고 성찰문을 쓰고 토론에 참여하십시오. 그러면 여러분은 스스로 배울 수 있을 것입니다." 그러고 나서 읽어야 할 방대한 분량의 필독서를 전달합니다. 박사 과정은 매주 200-300쪽 분량의 책 한 권을, 목회학 석사 과정은 기본 교재와 함께 12주 동안 60개의 질문을 다룹니다. 참고문헌을 포함하면 분량이 더 많겠지요. 그리고 읽은 책에 대해서는 반드시 '성찰문'(reflection paper)을 작성하게 하는데, 절반은 읽은 내용을 요약하고, 나머지 절반은 자신의 생각을 1인칭으로 서술하도록 합니다. 이것은 남의 이야기 하듯 쓰지 말라는 의도입니다. 다루는 주제와 읽은 책을 자신의 삶과 연관지어 생각해 보라는 것이지요. 마지막에는 새로운 질문을 한두 개 덧붙이도록 요구합니다. '질문을 만들어야 한다'는 생각으로 책을 읽게 되면, 수동적으로 읽을 수 없습니다. 스스로 질문하면서 책을 읽게 되고, 그러다 보면 책 속에서 답을 찾게 되기도 합니다. 답을 찾고 나면 다시 질문이 생기지요. 이렇게 품은 질문이 강의실에서 토론으로 이어집니다. 그렇게 하는 가운데 예상치 못한 문제를 만나기도 하고, 깊은 배움으로 지식이 쌓이기도 합니다. 일정한 토론이 이루어지고 나면 어느 정도 정리를 한 뒤 다시 다음 문제로 넘어가는 방식입니다. 이렇게 한 학기를 진행하는데, 어떤 때는 한 과목에 영어로 된 책을 16권 이상 다룬 적도 있습니다.

저는 이러한 전 과정을 '인문적 활동'이라 부릅니다. 듣고 말하고 읽고 쓰고 질문하는 행위를 모두 포함하지요. 이는 단순한 지적 훈련을 넘어 감수성, 논리적 추론, 반론, 반박, 논증뿐만 아니라, 타인에 대한 존중과 배려, 공감과 환대를 수반합니다. 이 속에 담길 수 있는 활동은 문학과 예술, 철학과 신학뿐 아니라, 정치, 경제, 교육, 신앙 등 모든 삶의 영역과 연결되어 있습니다. '인문적'이란 가장 사람답게 행동하며 사는 것을 의미합니다. 어떤 사람을 사랑하는 것, 타인을 배려하는 것, 누군가에게 필요한 도움을 주는 것, 공감을 하는 것 모두 인문적인 것과 관계가 있습니다. 읽고 쓰고 말하고 듣고 생각하는 다섯 가지 활동은 자연과학을 하든, 사회과학을 하든, 회사에서 어떤 업무를 보든, 어떤 상품을 광고하든, 무엇을 하든지 빼놓을 수 없는 활동입니다. 이렇게 보면, 어떤 삶의 자리에나 인문적 활동이 개입한다고 볼 수 있습니다. 이런 인문적 활동이 있는 곳에 배움이 들어설 자리가 있습니다. 타인의 말을 경청하고, 자신의 생각을 명료하게 정리해서 말하며, 서로의 대화를 통해 생각을 주고받을 수 있습니다. 이 과정 속에서 자신의 생각이 잘못되었다면, 그것을 덜어내고 새롭게 배움의 문턱에 들어갈 수 있습니다. 스스로 자기 자신을 가르칠 수 없는 사람은 배울 수 없고, 배움을 덜어내고 다시 새롭게 배울 수 없는 사람은 자신을 가르칠 수가 없습니다.

스스로 질문하기

최종원 읽고 쓰고 말하고 듣고 생각하는 다섯 인문적 활동이 모두 중요하지만, 그중에서 가장 강조하고 싶은 것이 있다면 어느 것일까요?

강영안 다섯 가지 모두 중요하지만, 제가 가장 강조하는 것은 질문입니다. 공부에서 가장 중요한 것은 질문하는 법을 배우는 것입니다. 질문은 곧 생각의 출발점이자, 생각하는 법에 이르는 길이라 생각하기 때문입니다.

칼빈 신학교 동료 교수들과 담소를 나누다가 강의에 대한 이야기를 한 적이 있습니다. 은퇴하신 구약학 교수 아리 레더(Arie Leder)가 저에게 "당신은 어떻게 가르칩니까?"라고 물으시길래, "저는 학생들이 질문하도록 가르칩니다"라고 말했더니, 그분이 곧바로 "뭘 알아야 묻지" 하시더군요. 맞는 말입니다. 알지 못하면 묻기 어렵습니다. 그러나 또 묻지 않고서 어떻게 알 수 있을까요? 물론 처음에는 기초적인 지식이 필요합니다. 그러려면 먼저 배워야겠지요. 물으려면 알아야 하고, 알려면 배워야 하고, 배우려면 어느 정도의 선행 지식이 필요합니다. 이것은 질문을 넘어 배움과 관련된 것이기도 합니다.

서강대에서 대학원 수업을 할 때, 읽고 싶지만 도무지 읽을 틈이 없거나, 혼자 읽기는 어려운 책이거나, 최근에 나온 새로운 책을 교재로 선택하곤 했습니다. 그중에서 프랑스 철학이나 독일 철학 책처럼 어려운 텍스트들은 직접 학생들과 함께 읽어나가며 해석을 해주었습니다. 학생들에게 어떻게 읽는지를 먼저 보여주는 것입니다. 그렇게 한 학기가 지나고 나면, 학생들은 "어려운 철학 텍스트를 어떻게 읽어내고 파악하고 이해하는지를 배웠다"고 말해 주었습니다.

제가 2004-2006년 서강대에서 장-뤽 마리옹(Jean-Luc Marion)에 대해 강의를 한 적이 있습니다. 아마 한국에서는 처음이었을 듯합니다. 마리옹의 책『주어진 것』(*Étant donné*, 1997)을 함께 읽었습니다. 물론 이어서 그의 책을 여러 권 다루었습니다. 이 과정에서 마리옹 전공자를 배출하기도 했습니다. 이런 방식은 저에게는 물론 학생들에게도 텍스트를 읽는 방식을 배우는 데 큰 도움이 되었습니다. 혼자 읽을 때는 잘 이해되지 않아서 그냥 넘어가는 경우가 생기는데, 가르치기 위해서 읽으면 더 잘 이해되는 경험을 했습니다. 잘 모르는 부분까지도 스스로 물으면서 읽어나가거든요. 그러다 보면, 가르치는 도중에 깨달음이 오기도 합니다.

지금 돌이켜 보면, 텍스트 읽기와 분석하는 방법은 잘 가르쳤지만 스스로 질문하는 법은 충분히 훈련시키지 못했던 것 같아 아쉬움이 남습니다. 결국 공부의 깊이는 질문에서 시작되기 때문입니다.

전통 속에서의 질문

최종원 한국 학생들이 대체로 질문을 잘 하지 않는다는 지적을 크게 부정하지는 못하겠습니다만, 다른 측면도 한번 생각해 볼 수 있겠습니다. 선생님과 저는 북미의 교육 환경 속에서 가르치고 있습니다. 저는 북미의 학자들을 보면서, 우리와 달리 질문 자체를 일종의 지적 유희로 여긴다는 인상을 자주 받습니다. 질문하지 않으면 존재 의미가 사라지는 전통 속에 있기 때문에 자연스럽게 형성된 문화일 것 같습니다. 그런 측면에서 보면, 한국 학생들이 질문하지 않는다는 사실은 질문의 필요가 크지 않은 전통 속에 있었다는 뜻이기도 합니다. 그 전통에는 나름의 장점도 있었을 것이고요. 선생님은 동서양 전통 속에서 질문이 어떤 형태로 자리 잡았다고 보십니까?

강영안 저는 질문과 관련하여 세 가지 전통을 이야기할 수 있다고 생각합니다. 먼저, 소크라테스의 전통에서 하는 질문 방법입니다. 이 방법이 우리 교육에 절실하게 도입되어야 한다고 주장하는 사람들이 많이 있는 것 같습니다. 두 번째는 최 교수가 말한 대로, 동아시아 전통에서의 질문입니다. 그리고 세 번째는 기독교 전통입니다. 가령 '예수님에게 질문이란 무엇인가'에 대해 생각해 볼 수 있습니다.

소크라테스에게 질문의 목적은 무엇보다 '정의'(定義)를 분명히 하기 위한 것이었습니다. 인간이 아직 온전한 지식에 도달하지 못했다는 자각에서 질문이 시작되고, 그 답이 잠정적인 한 다시 묻는 과정을 멈추지 않습니다. 그렇게 완벽한 이해의 단계까지 나아가려고 노력하지요. 이는 질문을 끊임없이 하도록 만드는 하나의 원동력이 되기도 합니다. 바로 이 '정의에 이르는 질문의 힘'이 서양 지성사의 전통을 형성하는 데 뿌리 역할을 했습니다.

토마스 아퀴나스의 『신학대전』은 방대한 질문과 응답의 형식으로 구성되어 있습니다. 전체 512개의 주요 질문(quaestiones) 아래에 2,668개의 세부 항목(articuli)이 이어지는데, 각 항목마다 주장을 제시하고, 그에 반대되는 견해를 논박한 다음, 다시 자신의 결론을 내리는 방식으로 전개됩니다. 예를 들면, 첫 번째 주제인

'신학'과 관련하여 10개의 작은 질문이 등장합니다. 질문마다 주장과 반대 주장을 하고 그것을 일일이 따져가며 각각의 주장에 대한 답을 내세웁니다. 말하자면, 주장과 반대 주장, 논의와 답변 방식으로 전개되는 구조지요. 그럼에도 아퀴나스는 여전히 완벽한 지식에 도달하지 못했다는 것을 분명히 의식했습니다. 이 땅의 신학은 여전히 물음을 품고 추구할 수밖에 없는 '순례자의 신학'이라 보았기 때문입니다. 더 완전한 앎에 이르기 위해서는 끊임없이 물을 수밖에 없다는 고백이 담겨 있는 것이지요.

소크라테스의 전통에서 질문이란 추궁과 탐색의 행위입니다. 앞서 잠시 살펴보았듯이, 플라톤의 『소크라테스의 변론』에서 소크라테스는 이렇게 말합니다. "음미해 보지 않은 삶은 살 가치가 없다"(ὁ δὲ ἀνεξέταστος βίος οὐ βιωτὸς ἀνθρώπῳ). 다시 말하면, "따져 보고 검토하지 않은 삶은 인간에게 살 가치가 없다"는 의미입니다. 이때 '따져 보지 않은 삶'이란, 진상을 완전하게 파악할 때까지 철저히 수색하고 검색하고 검토해 보지 않은 삶을 말합니다. 단순히 삶을 음미하는 정도에 그치는 것이 아니라, 끝까지 추적하고 추궁하고 따져 묻는 태도를 말하지요. 여기서 '삶'을 꾸며 주는 말로 쓰인 '아넥세타스토스'(ἀνεξέταστος, 검토하지 않은)의 어근인 '엑스타조'(ἐξετάζω)는 경찰 수사나 법정 심문의 행동에서 사용하는 말입니다. 소크라테스는 인간이 자신의 존재와 행위에 대해 깊이 생각하고 따지고 물어서 최선의 삶을 살 수 있도록 지적, 도덕적 책임을 다해야 한다고 보았습니다. 묻지 않고서는 이러한 책임을 다할 수 없다는 말입니다.

이러한 태도에서 서양 전통에 깊숙이 깔려 있는 비판 정신을 볼 수 있습니다. '비판'(critique, 批判)이란 이것과 저것, 옳은 것과 그른 것, 좋은 것과 나쁜 것을 구별하고 판단하는 일입니다. '비판적 사고'는 근거를 탐색하고 이유를 제시하며 논거를 통해 판단하는 사유의 방식이지요. 그러기 위해서는 물어야 하고, 따져 보아야 하고, 자세히 들여다 보아야 합니다. 그렇게 할 때 옳은 것과 좋은 것, 마땅히 해야 할 것들을 분별할 수 있습니다. 서양의 전통 속에서 질문은 비판 정신과 맞닿아 있으며 올바름과 선함을 판별해내는 사고의 도구입니다.

동아시아 전통에서의 질문은 공자에게서 찾아볼 수 있습니다. 공자의 경우에는 스승이 제자에게 묻기보다 오히려 제자가 스승에게 묻는 장면이 더 많습니다. 공자는 질문을 학습의 수단이자 배움을 열어가는 통로로 사용했습니다. "아는 사람은 좋아하는 사람만 못하고, 좋아하는 사람은 즐기는 사람만 못하다"(知之者不如好之者, 好之者不如樂之者)라는 『논어』(6:18)의 구절은 알고자 하는 마음, 배우기를 즐거워하는 마음, 그 마음에서 비롯되는 질문의 가치를 잘 보여줍니다. 또한 "답을 얻고자 애쓰지 않으면 깨우쳐 주지 않고, 입이 근질거려 하지 않으면 열어 주지 않는다"(不憤不啓, 不悱不發)는 『논어』(7:8)의 구절에서 보듯, 공자는 제자들이 질문을 통해 자신의 한계를 인식하고, 호기심을 일으켜 스스로 묻도록 기다려 주는 태도를 보였습니다. 질문은 단순한 궁금증의 표출이 아니라, 스스로 깨닫고 성장하려는 학문의 동력이었던 것입니다. 그러나 질문은 깨달음에서 멈추지 않고 반드시 '실천'으로 이어져야 완성됩니다. '답을 얻었으면 그대로 행동하고 실천하는 것이 질문의 완성'이라는 의식이 동아시아 전통에 깊숙이 깔려 있습니다.

소크라테스가 끊임없는 질문으로 무지를 인식하며 앎에 도달할 때까지 정의의 정밀화를 추구했다면, 공자는 제자들이 스스로 던지는 질문을 통해 스스로 깨닫고 실천할 수 있는 도덕적 주체로 키워가려고 했습니다. 예컨대 '인'이 무엇이고 '예'가 무엇인지를 말할 때, 공자는 제자들의 성향과 수준, 처한 상황에 따라 다르게 답을 주는 방식을 사용했고, 소크라테스는 오히려 자신이 근본적인 질문을 던져 상대를 추궁하는 방식을 사용했습니다. 그렇다고 공자가 전혀 질문을 하지 않은 것은 아닙니다. "아랫사람에게 묻는 것을 부끄러워하지 않는다"(不恥下問)는 『논어』(15:31)의 구절에서 보듯, 그는 제자들에게 묻는 것도 주저하지 않았습니다. 묻지 않고서는 배울 수 없고, 배우지 않고는 제대로 사람답게 살 수 없다는 것이 그의 신념이었기 때문입니다.

그렇다면 기독교 전통은 어떠할까요? 흔히 예수님을 '답변만 하신 분'으로 생각합니다. 하지만 복음서를 보면 예수님은 겹치는 부분을 제외하고도 180회 이상 질문을 하셨습니다. 소크라테스 못지않게 질문을 많이 하신 셈이지요. 그러나 예수님의 질문은 소크라테스처럼 개념을 정의하기 위한 것이 아니라, 보지 못한 것을 보게 하고 감추어진 것을 드러내는 질문이었습니다.

예를 들어, 바리새인들이 "가이사에게 세금을 바치는 것이 옳습니까"라고 질문했을 때, 예수님은 "동전에 그려진 얼굴이 누구의 것이냐"고 되물으셨습니다. "가이사입니다"라는 대답을 들으시고 "가이사의 것은 가이사에게, 하나님의 것은 하나님께 바치라"고 하셨습니다(마 22:15-22). 예수님은 질문을 통해 사람들이 스스로 깨닫게 하셨습니다. 깨닫지 못했던 것을 보게 하신 것입니다.

요한복음 1장에서 세례 요한이 "보라 세상 죄를 지고 가는 하나님의 어린 양이로다"(요 1:29)라고 말하자, 그의 제자 두 사람이 예수님을 따라갑니다. 그때 예수님이 그들에게 물으십니다. "무엇을 구하느냐"(요 1:38). "왜 따라오느냐"가 아니라, 찾고 구

질문은 깨달음에서 멈추지 않고
반드시 '실천'으로 이어져야 완성됩니다.

'답을 얻었으면 그대로 행동하고 실천하는 것이
질문의 완성'이라는 의식이
동아시아 전통에 깊숙이 깔려 있습니다.

하는 것이 무엇인지를 질문함으로 이들이 갖고 있는 생각을 드러내게 만드셨습니다. 감추어져 있거나 보이지 않는 내면의 욕망을 스스로 드러내게 하신 것입니다.

또 다른 예로, 누가복음 10장에서는 한 율법 교사가 "내가 무엇을 하여야 영생을 얻으리이까"(눅 10:25)라고 예수님께 묻습니다. 율법 교사는 '무엇을 어떻게 하면 된다'는 식의 답을 기대했을 것입니다. 하지만 예수님은 오히려 "율법에는 뭐라고 적혀 있습니까? 선생은 어떻게 읽고 있습니까"(눅 10:26, 새한글성경)라고 반문하십니다. 그러자 율법 교사는 "네 마음을 다하며 목숨을 다하며 힘을 다하며 뜻을 다하여 주 너의 하나님을 사랑하고 또한 네 이웃을 네 자신 같이 사랑하라 하였나이다"(눅 10:27)라 답하고, 예수님은 곧장 "바르게 대답했습니다. 그것을 실행하세요. 그러면 살 것입니다"(눅 10:28, 새한글성경)라고 말씀하십니다. 율법에 기록된 대로 따라 살면 영생을 얻게 된다는 말입니다. 여기서 핵심은 '행위 구원이냐, 은혜를 통한 구원이냐' 하는 논쟁이 아니라, '보게 하는 질문'입니다.

율법 교사는 물러서지 않고 예수님께서 하신 것처럼 질문으로 대응합니다. "그러면 내 이웃이 누구니이까"(눅 10:29). 만약 소크라테스였다면 '이웃'의 정의(定義)를 따졌을 것입니다. 그러나 예수님은 "어떤 사람이 예루살렘에서 여리고로 내려가다가"(눅 10:30)라며 이야기로 시작하십니다. 개념 분석을 통해 정의를 내리기보다 '이야기'를 통해 이웃을 보여주셨습니다. 예수님의 이야기에서 이웃에 대한 정의가 간접적으로 드러납니다. 우리의 이웃은 강도 만난 사람, 고통받는 사람, 도움이 필요한 사람, 우리가 다가가야 할 사람으로 드러나지요. 이야기가 끝나는 부분에서 예수님은 "이 세 사람 중에 누가 강도 만난 자의 이웃이 되겠느냐"(눅 10:36)고 다시 질문하십니다. 그러면서 이웃은 고통받는 사람, 내가 손 내밀고 반응을 보여야 할 사람이라는 것을 보여준 다음, 그런 이웃을 사랑하려면 '내가 그의 이웃이 되어 주어야 한다'는 것을 알려 주십니다. 다시 말해, 이웃이란 '내가 되어 주는 존재'라는 사실을 보여주신 것입니다. 예수님은 "가서 너도 이와 같이 하라"(눅 10:37)고 말씀하십니다. 이처럼 예수님의 질문은 보지 못하는 것과 듣지 못하는 것, 그 너머의 것을 보고 듣게 해주는 힘을 지니고 있습니다.

세 가지 전통에서 살펴보았듯, 질문의 의도나 방식에 따라 결과는 달라집니다. 소크라테스는 완벽한 지식을 얻기 위해 질문하지만 그 질문은 끝이 없습니다. 진리에 도달하려는 그의 끊임없는 탐구는 결국 회의로 이어지기도 했습니다. 그를 따르던 사람들과 플라톤의 제자들에게서 회의론자가 나온 것은 결코 우연이 아닙니다.

공자의 경우에는 스승과 제자 사이에 분명한 위계가 있습니다. 제자가 스승에게 질문할 때 제자로서는 알 수 없는 깨달음을 얻습니다. 그러면서 강조된 것은 언제나 앎과 삶, 인식과 행위의 일치입니다. 제자들은 스승의 가르침을 받은 대로 살아 보려고 애를 썼지요.

이처럼 공자나 예수, 소크라테스의 질문 방식은 서로 달랐지만 공통점이 있습니다. 모두 질문을 중요하게 생각했고, 그 질문의 방향은 '삶'을 향했다는 점입니다. 그들의 물음은 단순한 지식 추구가 아니라, '삶으로 살아낼 수 있는 참됨'을 추구했다고 볼 수 있지 않을까요? 그리고 바로 그 지점에서 '우리가 그렇게 살지 못하고 있다'는 자각이 절실하게 다가옵니다.

좋은 질문 만들기

최종원 "답을 얻었으면 그대로 행동하고 실천하는 것이 질문의 완성"이라는 동아시아 전통이 제 마음에 다가옵니다. 그러니 질문 역시 섣부르게 해서는 안 되는 것이었으리라 짐작이 됩니다. 동아시아 전통 속에서 형성된 학생들의 사고를 긍정적으로 평가해 보자면, '답을 얻으면 그대로 해야 한다는 생각으로 훨씬 더 신중하게 질문하는 경향이 있다'고 이해해 볼 수 있겠습니다. 여기서 한 단계 더 나아가면, 질문을 하는 것도 중요하지만 '좋은 질문'을 하는 것이 훨씬 더 중요한 자질인 것 같습니다. 또 질문이 구체적일수록 구체적인 답변을 얻을 수 있습니다. 지난해 재미 삼아 챗지피티에게 캐나다 록키 여행 일정을 세워 달라고 한 적이 있는데, 여러 차례 다녀온 분이 자신이 며칠을 고민하며 짠 경로와 흡사하다고 해서 놀란 적이 있습니다. 그런데 더 놀라운 점은 일정이 좀 빡빡하게 느껴져서 약간 느슨하게 변경해 달라고 구체적으로 요청했더니 그에 맞게 기막히게 변경을 해주더라는 것입니다.

강영안 '어떻게 질문하느냐'가 핵심입니다. 그것에 따라 답이 천차만별이니까요. 최 교수가 말했듯, 인공지능에게도 어떤 질문을 던지느냐에 따라서 얻어내는 답이 달라집니다. 좋은 질문은 기대하지 못한 답을 이끌어내고, 그런 경험이 반복되면 더 좋은 질문을 만들어낼 수 있습니다.

질문이 더욱 중요해지는 이유는 기존의 지식이 완벽한 답이 아니기 때문이기도 하지만, 삶의 현실이 우리가 생각할 수 있는 방식으로 결정되어 있지 않은 탓도 있겠지요. 결정되어 있지 않다면 다르게, 새롭게, 뒤집어 볼 수 있는 가능성이 있습니다. 그래서 때로는 판단을 유보하고 기다리며 인내할 줄 아는 태도가 필요합니다. 이 맥락에서 생각해 볼 것은 '회의론의 유익'이 아닐까 생각합니다.

흔히 '회의적'(sceptical)이라고 하면 끝없는 의심을 떠올리지만, 우리가 '회의'라고 번역해서 쓰는 용어의 어원은 '스켑토마이'(σκεπτόμαι, skeptomai)입니다. 이 말은 '생각하다', '숙고하다', '모색하다', '찾다'라는 뜻을 지니고 있습니다. 즉 의심하고 부정하는 태도가 아니라, 서둘러 확정하지 않고 잠시 멈추어 숙고하는 태도, 판단 유보의 자세를 뜻하는 '에포케'(ἐποχή, epoché)입니다.

오늘날처럼 빠르게 결정을 요구받는 삶의 상황에서 곧장 수용하지 않고 모색하며 기다리는 태도는 비효율적으로 보일 수도 있습니다. 그러나 느리게 생각하고 물음을 간직하며 기다리는 삶의 방식은 우리의 삶을 지켜 주며 가꾸어가는 길이 되기도 합니다. '좀 더 기다리자. 좀 더 느리게 판단하자. 옳은 것, 선한 것을 알았을 때 그것을 귀하게 여기고 품에 안고 살자. 그것으로 남을 판단하거나 정죄하는 방식으로는 하지 말자'는 생각을 하는 것이지요. 수많은 정보를 접하게 되는 요즘 시대에 이런 회의적인 태도가 과거보다 훨씬 더 필요하지 않을까요?

물론 모든 질문이 다 의미 있는 것도 아니고, 모든 것에 대해 다 질문해야 할 필요도 없습니다. 삶의 모든 순간을 물음으로 채운다면 도리어 살아가기 어려울 것입니다. 우리는 많은 부분을 당연한 것으로 수용하며 살아갑니다. 밥을 먹을 때마다 숟가락을 어떻게 쥐어야 하는지, 젓가락을 어떻게 써야 하는지를 매번 묻는다면 식사 자체가 불가능할 것입니다. 반복된 경험을 통해 형성된 습관은 삶을 수월하게 살아갈 수 있도록 일상을 지탱해

줍니다.

더 나아가, 공동체적 차원에서의 좋은 질문은 '공통 문화'(common culture)를 공유하는 가운데 나올 수 있습니다. 공통 문화는 신뢰를 바탕으로 하며, 그 신뢰는 삶의 밑바닥에서 사회를 지탱해 주는 기반이 됩니다. 공통 문화 안에서 함께 살아가며 자연스럽게 형성된 습속과 신뢰가 쌓이고 서로 용납하는 부분이 두터울 때, 비로소 꼭 필요하고 창의적이며 건강하고 의미 있는 질문이 생성될 여지가 있지 않겠습니까?

안전한 공간 만들기

최종원 옛말에 "스승의 그림자도 밟지 않는다"는 표현이 있습니다. 이 말은 스승에 대한 존경도 있지만, 어떠한 반론도 허용하지 않는 절대 권위와 위계를 강조한 것으로 들리기도 합니다. 선생님 말씀을 들으니, 강의실이나 교회 같은 가르침과 배움이 실천되는 공간은 스승과 제자의 상호성이 기반이 된 안전한 공간이 되어야 한다는 생각이 듭니다. 이러한 점은 강의실뿐 아니라 한국 교회에도 적용 가능할 것 같습니다.

강영안 가르치는 사람과 배우는 사람 사이의 '신뢰'가 바탕이 될 때 어떤 본질적인 물음이 가능합니다. 신앙이 이 신뢰를 굳건하게 해주는 긍정적 기능을 할 수 있다고 봅니다. 우리가 예수 그리스도를 믿을 때, 삶의 불안 속에서도 하루하루 주어진 삶을 의연하게 수용할 수 있고, 꼭 물어야 할 것들을 본질적으로 물을 수 있습니다. 그렇지 않으면 불필요한 질문이 삶을 소모시키고 황폐하게 할 수 있지요.

그런데 한국 교회의 현실은 여전히 질문과는 거리가 있습니다. 믿음을 '무조건 믿는 것'으로 생각하는 풍토가 아직도 강하게 자리 잡고 있는 듯합니다. 예수 그리스도를 주님으로 고백한다면, 그때부터는 어떻게 믿어야 할지, 그 믿음으로 어떻게 살아가야 할지를 따져 보아야 할 텐데, 단순히 "믿어라"는 소리만 할 뿐 질문을 던지는 노력은 하지 않습니다. 기도 또한 마찬가지입니다. "기도하라"는 권면은 넘쳐나지만, 무엇을 어떻게 기도해야 하는지에 대한 가르침과 배움은 별로 없습니다. 그러다 보니 기도는 주로 개인과 가정, 교회에서 당면한 문제를 해결하기 위한 기도 제목의 나열로만 채워지곤 합니다. 그러면 자기 자신과 공동체를 새롭게 형성하는 힘을 잃어버리고 맙니다.

오늘날 교회는 과연 질문을 안전하게 수용할 수 있는 공간일까요? 물론 교회가 질문을 위해 존재하지는 않습니다. 훨씬 더 중요한 것들이 있지요. 함께 삼위일체 하나님을 찬양하며 예배하고, 성찬을 나누고 말씀을 배우고 그 은혜 안에서 이 땅의 이웃들과 더불어 정의롭고 평화로운 세상을 꿈꾸며 만들어가는 삶의 공동체가 바로 교회입니다. 비록 현실 속의 교회가 이것과는 거리가 있다 하더라도, 제대로 이러한 삶을 살아가려면 무수한 질문이 터져 나올 수밖에 없습니다. 그런데도 왜 우리는 마치 모든 것을 당연하게 아는 듯이 입을 닫고 살아갈까요?

이 지점에서 저는 미셸 푸코(Michel Foucault)를 떠올립니다. 어떤 공간에서든 배제와 포용의 메커니즘이 작동하는데, 이 점을 누구보다 잘 드러낸 사람이 바로 미셸 푸코입니다. 그가 1970년 콜레주 드 프랑스(Collège de France)의 교수로 취임하면서 강연을 한 내용이 『담론의 질서』(*L'Ordre du Discours*)라는 책으로 출간되었습니다. 그는 담론(discourse)이 통용되는 어느 곳에서나 허용되는 주제와 허용되지 않는 주제가 있다고 보았지요. 진료실에 있는 의사나 예배 설교 중에 있는 목사가 음담패설을 할 수 없는 것처럼 말입니다. 진료 공간이나 예배 공간에서는 사람들이 듣기를 기대하는 이야기가 있으며 할 수 있는 이야기가 있습니다. 하지만 어떤 면에서 학교나 교회 공간은 질문을 할 수 있는 안전한 장소여야 합니다. 가톨릭 교회의 고해소가 그런 예입니다. 자기의 죄와 내면을 고백할 수 있도록 제도적으로 보장된 안전한 공간이지요.

저는 개신교 안에도 이런 물리적이면서도 상징적인 공간이 필요하다고 생각합니다. 구역 모임이나 성경 공부의 자리, 때로는 목회자와의 일대일 만남이 될 수도 있겠지요. 중요한 것은 형식이 아니라, 서로에게 마음을 열고 질문하며, 죄를 고백하고 나눌 수 있는 '안전한 공간'이 어딘가에는 마련되어야 한다는 사실입니다. 교회가 그런 공간이 된다면, 실패하고 넘어지는 이들이 교회 안에서 치유와 회복을 경험하는 일이 더 많아지지 않겠습니까?

3

배움의 목적

유럽, 보편적 지식의 추구

최종원 선생님은 유럽과 한국을 거쳐 지금은 미국에서 가르치고 계십니다. 이른바 유럽과 미국에서 지식을 대하는 태도나 방식에는 어떤 차이가 있다고 보십니까?

강영안 제가 경험한 유럽의 공부는 한마디로 '보편 지식'(*mathesis universalis*, universal knowledge)의 추구입니다. '사람이 알 수 있는 것은 모두 알아야 한다'는 이상이 유럽 학문 정신에 배어 있습니다. 아리스토텔레스나 라이프니츠, 칸트, 헤겔 같은 철학자들이 이런 이상에 가장 근접했던 인물들이 아닐까 생각합니다. 그리고 그 바탕에는 '이성'에 대한 신뢰가 깔려 있습니다. 이때 이성은 단순히 이론적 차원에만 머물지 않습니다. 유럽의 이성 개념과 합리성 개념은 이론적인 측면뿐 아니라 도덕적, 실천적 책임을 포괄합니다. 합리성은 이론적 가치를 지닐 뿐 아니라 윤리적 당위와 책임, 심지어 종교적, 영적 차원까지도 포함합니다. 인간은 이성과 지적인 능력을 통해 현실을 파악할 수 있다는 관점이 근본으로 깔려 있는 것이지요. 그리고 지적 추구는 단지 사물과 대상에 대한 지식을 얻는 데 그치지 않고, 특히 그리스 사상에서 보듯 우주 질서를 이해하고 관조하며, 우주와의 조화 속에서 영혼이 자유와 해방을 얻는 경지로 나아가는 것을 목표로 삼습니다.

유럽의 지식 개념은 구원 개념과도 맞닿아 있다고 볼 수 있습니다. 무지로부터 벗어나 앎에 이르는 구원은, 결국 우주와 조화를 이루어 해방과 자유에 도달한다는 기대를 내포합니다. 이러한 종교적, 영적 차원에서의 앎의 이해는 이미 플라톤 이전의 피타고라스 학파로부터 나타났습니다.

소크라테스의 마지막 순간을 떠올려 보십시오. 『파이돈』에서 그는 기쁨 가운데 '엘피스'(ἐλπίς) 곧 '희망'을 이야기합니다. 육신에 매여 있는 이 땅의 삶을 떠나 죽음의 세계로 들어가면, 육신으로부터 자유로워진 영혼이 신들과 함께 거주하면서 참된 지식을 얻게 될 것이라고 말합니다. 이것이 구원에 대한 희망입니다. 그래서 철학은 다름 아닌, 이 땅에서부터 '죽음의 연습'을 통해 자유를 주는 지식을 얻는 활동이라 본 것입니다.

유럽의 보편 지식의 학문 정신을 분명하게 표명한 마지막 철학자는 에드문트 후설(Edmund Husserl)이라 볼 수 있을 것입니다. 그러나 실제로 공부를 하다 보면 보편 지식에 대한 추구는 이상으로 남을 뿐, 종종 특정 철학자나 한 분야의 전문가가 되는 데 머물러 버리는 경우가 많습니다. 저 역시 칸트 철학을 박사 논문 주제로 다루었습니다만, 보편 학문의 이념에서 공부를 제대로 했다고 할 수는 없지요. 철학 한 분야의 전문가가 되는 것이 곧 철학하는 것 자체는 아니거든요. 그저 하나의 통로일 뿐입니다. 철학이 본래 추구하는 가치를 진지하게 묻고 그 안에 참여하는 존재가 될 때, 비로소 제대로 철학을 한다고 할 수 있습니다. 그런데 철학이 본래 추구하는 가치는 결국 삶과 존재, 나와 세계와 신에 관한 질문을 끊임없이 던지는 데 있습니다. 그러므로 철학은 모든 것에 관심을 가질 수밖에 없는 학문이지요.

미국, 한 분야의 전문가

최종원 선생님 말씀을 들으니 유럽 교육과 미국 교육의 태생적 차이가 보이는 듯합니다. 유럽에서의 교육은 특정 분야의 전문가를 양성하는 것이면서도 동시에 종합 지식인을 양성하는 것이기도 했습니다. 『중세의 지식인들』(*Les Intellectuels au Moyen Age*)을 쓴 프랑스의 중세사가 자크 르 고프(Jacques Le Goff)는 중세의 지식인을 배출하던 대학이 지닌 이중적 역할을 강조합니다. 중세 지식인들은 대부분 성직자이면서 동시에 세속 정부의 관료 역할을 했기 때문입니다. 아마 신학이 유럽에서 종합 학문, 보편 학문이 된 맥락과도 연결될 듯합니다. 다방면에 걸쳐 넓게 알아야 할 필요가 있었을 테니까요. 그렇지만 실제 유럽 고등교육은 소수의 집단에게만 열린 엘리트 교육이고, 미국은 초기부터 대중 교육을 지향했다는 점에서 미국 교육이 의외로 좁은 분야의 전문성을 강조하는 경향을 보이기도 합니다. 아마 미국이라는 나라가 가지고 있는 거대한 지적 인프라 때문에 가능한 일이 아닐까 싶은데요. 이 이야기를 조금 더 자세하게 풀어 주시면 좋겠습니다.

강영안 20세기에 등장한 독일어에 '파흐이디오트'(Fachidiot)라는 말이 있습니다. 파흐(Fach)는 한 학문 분야를 일컫는 말이고, 이디오트(Idiot)는 '바보'라는 뜻입니다. 한 분야에서는 똑똑한데 나머지 부분에서는 바보라는 의미의 '전문가 바보'를 가리킵니다. 제가 공부하던 시절만 해도 이 말은 대단히 부정적인 용어였습니다. 앎을 추구하는 지식인이라면 특정 범위에만 갇히지 않고 보편적이어야 한다는 유럽 학문의 이상이 반영된 표현이었을 것입니다.

제가 유럽에서 공부할 때 "publish or perish"(논문을 쓰지 않으면 살아남지 못한다)는 말을 가끔 듣곤 했습니다. 그 말은 미국 학문을 조롱하느라 입에 담은 표현이었습니다. 그런데 불과 수십 년 사이에 유럽 학계도 변했습니다. 루뱅대 윌리엄 데스몬드 (William Desmond) 교수가 "논문 쓰기와 평가 경쟁이 싫어서 미국에서 유럽으로 왔더니 이제 유럽도 똑같아졌다"고 저에게 토로한 적이 있습니다.

저는 2002년 말부터 14개월 동안 미국에서 강의를 한 적이 있고, 2017년 여름에 다시 미국으로 간 뒤 지금까지 가르치고 있습니다. 제가 미국에서 체험한 지적 풍토는 유럽과는 분명히 달랐습니다. 미국에서 지적 추구를 한다는 것은 '자신의 전문 분야에서 확실한 전문가가 되어 활동한다'는 의미에 가깝습니다. 저는 칸트를 주제로 논문을 쓰긴 했지만, 그것에만 제한하지 않고 철학의 여러 분야를 넘나들며 다양한 사상가와 주제로 120여 편의 논문을 발표했습니다. 120여 편의 논문 중 칸트에 대한 논문은 12편 정도에 불과합니다. 그러나 칼빈 칼리지나 칼빈 신학교에서 만난 동료 교수들은 대부분 하나의 주제, 하나의 문제에 천착하며 평생을 연구합니다. 예컨대 윤리학 분야를 다루는 그렉 멜르마(Greg Mellema)의 경우에는 '집단 책임', '순응', 최근에는 '죄'

의 문제 같은 한 가지 주제로 끊임없이 논문을 발표하는 방식입니다. 이렇듯 미국 학계에서 학자로 살아남기 위해서는 방대한 주제를 다양하게 다루기보다 특정 주제 한 가지를 누구도 범접할 수 없을 정도로 완벽하고 깊이 있게 파고들어야 한다는 사실을 깨달았습니다.

논문은 반드시 자기가 주장하는 '논제'(thesis)가 분명해야 하고, 글의 내용은 이 논제를 증명하는 방식으로 전개되어야 합니다. 학문적 성과를 평가하는 기준은 지식의 방대한 범위나 깊이가 아니라, 자신이 내세운 논제가 얼마나 설득력 있게 입증되었느냐에 달려 있습니다. 물론 교육과 관련된 분야라면 연구 주제가 훨씬 방대할 수 있겠지만, 그것이 공부하는 사람이 추구해야 할 목표나 방법이라 생각하지는 않습니다.

미국 학계의 학자들 사이에서도 수준의 차이가 뚜렷한 편입니다. 굳이 분류하자면, 대체로 중급 수준의 학자로 인정받으려면 자신이 맡은 한 영역을 일관되게 파고들어 눈문을 쓰되, 단순히 논문으로 만족하지 않고 책을 내거나 관련 학계 사람들과 교류할 수 있을 정도가 되어야 합니다. 일급 학자라면, 한 분야가 아니라 최소한 세 개 이상의 분야—이를 테면 인식론, 형이상학, 윤리학—를 최고 수준으로 다루면서도 심리학이나 사회학 같은 인접 학문에서도 어느 정도의 통찰력을 지녀야 합니다. 종교, 철학, 신학 등의 분야를 최고 수준으로 다룰 수 있는 학자가 일급 학자인 셈이죠. 이렇게 단계가 분명히 구분되는 것이 미국 학문의 특징이라 하겠습니다.

따라서 유럽 학문이 적어도 이념적으로는 보편성을 추구했다면, 미국 학문은 철저히 '전문가주의'라 할 수 있습니다. 그러나 미국에는 방대한 학문 인프라와 학자 집단이 존재합니다. 각자가 좁은 분야에서 고립적으로 연구하는 듯 보여도 전체적으로 모아 보면, 다른 어떤 나라와도 비교할 수 없을 만큼 방대한 지식의 체계를 형성하고 있습니다.

보편주의 학자의 사례

최종원 선생님 말씀을 듣고 보니 오래전 한국에서 대학원을 다니던 시절 제 은사님의 말씀이 문득 떠오릅니다. 그분은 미국 캘리포니아 버클리 대학에서 학위를 받으신 분인데, 학자는 '박사'(博士, 박식한 사람)가 아니라 '심사'(深士, 깊이 아는 사람)여야 한다고 늘 말씀하셨지요. 널리 알기보다 깊이 알아야 한다는 뜻이었습니다. 지금은 분위기가 바뀌었는지 모르겠습니다만, 역사학을 공부하는 학자들의 세계에는 암묵적으로, 때로는 노골적으로 통용되는 몇 가지 규칙이 있습니다. 내 전문 분야가 아닌 분야에 대해서는 이야기하지 말고, 잡문을 쓰지 말고, 시사에 대해서 섣부르게 이야기하지 말라는 것입니다. 저도 당연하게 여겨 오던 것들인데, 어느 정도 나이가 들다 보니 스스로 상아탑 안에 갇혀 시대의 변화를 읽지 못한 지식인의 책임회피는 아닌가 하는 반성도 하게 됩니다. 선생님은 '르네상스형 지식인'으로 불리기도 하는데, 역사 속에서 보편적 지식인의 전형을 꼽으신다면 누구라고 생각하십니까?

강영안 유럽 학문 전통 속에서 역사를 공부한다는 것은 단순히 자기 전공에 갇히는 것이 아니라, 관련된 영역들을 두루 섭렵하며 말할 수 있는 '보편 인간'(*homo universalis*) 곧 르네상스형 학자를 지향하는 일이었습니다. 그 전형적 인물로는 요한 하위징아(Johan Huizinga)를 꼽을 수 있습니다.

하위징아의 본래 전공은 인도학이었습니다. 그중에서도 인도의 베다 문헌을 연구했습니다. 그렇게 학문의 길을 걷다가 서양 중세사 교수로 활동하게 되었고 『중세의 가을』(*Herfsttij der Middeleeuwen*, 1919)이라는 탁월한 저서를 남겼습니다. 그는 중세사 연구에만 머물지 않고 17세기 네덜란드의 역사와 미술사까지 연구했으며, 말년에는 당대의 위기를 사유하는 책들을 연이어 출간했지요. 『내일의 그늘 안에서』(*In de schaduwen van morgen*, 1935), 『호모 루덴스』(*Homo Ludens*, 1938), 그리고 2차 세계대전의 상흔 속에서 집필했던 『상처난 세계』(*Geschonden wereld*, 1945)가 있습니다. 이 세 권의 책은 서로 긴밀하게 연결되어 있습니다. 『상처난 세계』는 전쟁을 경험하면서 쓴 책이지만, 앞의 두 권은 히틀러의 등장과 함께 드러난 유럽 문화의 위기를 논의한 책입니다. 특히 『호모 루덴스』는 흔히 놀이에 대한 저술로 알려져 있지만, 사실 당대 유럽 문화를 향한 비판적 성찰을 담고 있습니다. 그는 문화를 성립하게 하는 여러 요소들 가운데 놀이(유희)가 중요한 역할을 하며, 놀이는 정해진 공간과 시간 속에서 어떤 목적 없이 규칙에 따라 자유롭게 이루어지는 행위라는 점을 강조합니다. 그래서 잘 놀면 놀수록 문화의 더 아름다운 모습을 빚어낼 수 있지요. 그런데 그는 문화를 지탱해 주는 요소 중 양보, 희생, 공정성, 사랑, 용서와 화해 같은 도덕적 요소들은 놀이일 수 없다는 점을 강조합니다. 학문, 예술, 정치, 법, 심지이 철학까지는 모두 놀이의 성격을 가질 수 있지만, 도덕적 규칙만은 놀이의 대상이 될 수 없다고 보았습니다. 이는 좁게는 히틀러주의에 대한 비판이며, 더 넓게는 당대 유럽 문화에 대한 비판이기도 합니다.

오르테가 이 가세트(Ortega y Gasset)의 『대중의 반역』(*La rebelión de las masas*, 1930), 막스 호르크하이머(Max Horkheimer)의

『전통 이론과 비판 이론』(1937), 에드문트 후설의『유럽 인간성의 위기와 철학』(1935)이라는 책과 같은 맥락에서 하위징아의『호모 루덴스』를 이해할 수 있습니다. 이는 문화와 문명에 대한 비판 작업의 하나였습니다. 하위징아는 나치 친위대의 행렬을 보면서 '소년주의'(puerilism) 곧 어린아이와 같은 천진난만한 모습에서 일종의 파시즘적 폭력을 읽어냈습니다. 이는 중국 문화혁명 당시 청소년들을 동원하여 반혁명분자를 색출하고 린치를 가하던 모습과도 유사합니다.

이처럼 하위징아는 인도 문헌학자로 출발해서 중세사 역사학자로, 한 걸음 더 나아가 문화 비평과 문명 비판으로 학문적 지평을 넓혔습니다. 어떤 의미에서는 전형적인 유럽식 보편 학자의 모습입니다. 그는 중세사 전문서를 집필하는 한편, 네덜란드 회화의 역사를 연구하고 직접 세밀화를 그리면서 역사적 상상력을 길렀습니다. 또한 문화와 역사의 큰 흐름을 비판적으로 사유했지요. 이러한 점에서 그는 흠모할 만한 학자입니다. 학자라면 이 정도의 폭과 깊이는 갖추어야 할 텐데, 제 자신을 돌아보면 부끄러울 따름이지요.

동아시아 전통에서 지식의 목적

최종원 유럽의 전통을 '보편적 지식인', 미국의 전통을 '전문가 지식인'이라고 구분해 주셨습니다. 유럽에서 성직자 지식인과 관료 지식인은 거의 같은 집단이라고 할 수 있을 텐데요. 오랜 지식 사회의 전통이 동아시아 유교 문화권 내에도 존재했다는 점에서 유럽 전통과의 유사성도 흥미롭게 짚어 볼 수 있을 듯합니다. 이에 대해 어떻게 평가하십니까?

강영안 『중용』은 앎에 이르는 길을 5단계로 설명합니다. 박학(博學), 심문(審問), 신사(愼思), 명변(明辨), 독행(篤行)입니다. 이것은 널리 배우고, 치밀하게 묻고, 신중히 생각하고, 분명하게 구별하며, 끝내 확실히 행하라는 말입니다.

배우는 사람이 마땅히 해야 할 첫 단계는 바로 '널리 배우는 것'입니다. 스승을 통해 가르침을 받든, 스스로의 경험을 통해서든, 배움은 다양한 방식으로 이루어질 수 있습니다. 그러나 어떻게 배우든지 좁게 배우는 것이 아니라 널리 배워야 함을 강조합니다. 또한 단순히 배우는 것에 그치지 않고 치밀하게 질문해야 한다고 강조합니다. 질문을 해야 하는 이유에 대해서는 명시적으로 이야기하고 있지 않지만, 묻지 않으면 배우지 못한다는 점은 분명한 사실입니다. '박학심문'(博學審問) 곧 "널리 배우고 치밀하게 묻는다"는 이 말에서 '학문'이라는 단어가 나왔습니다.

다음 단계는 '신사명변'(愼思明辨)입니다. 『논어』에는 '학이불사즉망 사이불학즉태'(學而不思則罔 思而不學則殆), "배우되 생각하지 않으면 얻는 것이 없고, 생각은 하되 배우지 않으면 위태롭다"는 말이 등장합니다. 생각하는 것과 배우는 것을 끊임없이 반복하는 것이 일종의 학문의 방법론으로 제시됩니다. 이 과정에서는 신중히 생각하고 분명히 가려내는 일이 핵심이 되지요. 여기서 '사변'(思辨)이라는 용어가 나왔습니다. 학문이라는 것이 배움의 대상에 대해 일차적으로 배우고 묻는 과정이라면, '신사명변'은 이를 한 단계 넘어서는 과정입니다.

마지막 단계는 '독행'(篤行) 곧 배운 것을 독실하게 실천하는 것을 말합니다. 삶을 통해 배움을 실천하라는 의미입니다. 동아시아의 공부관에서 가장 중요한 부분입니다. 지식은 단지 축적시키기 위한 것이 아니라, 삶의 방식으로 구현되어야 한다는 말입니다. 그래서 공부의 개념은 종교적 삶과도 긴밀히 연결되어 있으며, 질문 또한 결국은 더 잘 살아가기 위한 물음으로 이해되었습니다.

한국 성리학은 이러한 전통을 이어받았습니다. 그러나 실제 역사 속에서는 벼슬길에 올라 관료가 되는 것이 마치 공부의 종착점이 되는 경우가 많았습니다. 이상적으로 말하자면, 학문의 목적은 제대로 된 '사람됨'을 이루는 데 있었지만, 현실에서는 관료 양성 제도로 기울어 버린 것을 부인할 수 없습니다.

중국의 경우 당나라 시대부터 과거제도가 도입되고 정착되면서 공부의 목적도 변화를 겪었습니다. 본래는 자기 수양을 위한 '위기지학'이 중심이었다면, 점차 타인에게 보이기 위한 학문, 벼슬을 위한 '위인지학'으로 바뀌게 됩니다. 그러나 적어도 이념으로는 여전히 『논어』가 강조하는 '수기안인'(修己安人) 혹은 '수기치인'(修己治人) 곧 자신을 닦아 타인을 다스리고 편안하게 하는 데 공부의 목적이 있었습니다. 과거시험을 통해 정치 현장으로 나가서 관료가 되더라도, 공부하는 사람은 '자기 자신을 잘 수련하고 타인을 위하여 살아가야 한다'는 이념이 있었던 것이지요.

오늘날 시험을 통해 국가 고위직을 얻은 공무원들의 일부는 '영혼 없는 관료'라는 비난을 받고 있습니다. 이렇게 된 이유에는 유교 전통의 공부 정신이 사라진 탓도 있을 것입니다. 시비를 가리는 마음(是非之心)이나 측은히 여기는 마음(惻隱之心), 겸손한 마음(辭讓之心)도 중요하지만, 특히 '부끄럽게 여기고 수치를 아는 마음' 곧 수오지심(羞惡之心)이 결여된 듯합니다.

4
지식과 지식인

지식, 정의 내릴 수 있는 것

최종원 이제는 조금 더 차근차근 지식을 어떻게 정의할 수 있는지를 짚어 보면 좋겠습니다. 앞서 질문에 대해 소크라테스, 동아시아, 기독교 전통으로 갈래를 나누어 설명해 주셨는데요. 각각의 전통이 어떻게 지식 사회를 형성해 왔는지 좀 더 깊이 들여다볼 필요가 있을 것 같습니다. 우선 선생님이 생각하시는 그리스 전통 속에서의 지식, 앎이란 무엇입니까?

강영안 델포이 신전에는 두 가지 유명한 문구가 새겨져 있습니다. '그노티 세아우톤'(γνῶθι σεαυτόν, 너 자신을 알라)과 '메덴 아간'(μηδὲν ἄγαν, 지나침이 없도록 하라)입니다. 이는 인간이 가진 유한성을 인식하라는 경고지요. 신들도 인간과 매한가지로 도덕적이지 못한 면을 지니고 있지만, 죽지 않는 불사성을 지녔다는 점에서 차이가 있습니다. 그러나 인간은 죽을 수밖에 없는 유한한 존재이므로 자신의 분수와 한계를 알고 살라는 뜻으로 신전에 새겨진 문구입니다. "너는 하루살이에 불과하니 경거망동하지 말라"는 경고라고 할까요? 신들의 입장에서 보면 그렇게 말할 수 있을지라도 인간 편에서는 그렇지 않습니다. 인간은 자신의 한계와 무지의 인식을 통해 오히려 한계를 뛰어넘어 자유를 향해 나아갈 수 있고, 참된 지식의 차원으로 상승할 가능성이 있습니다. 지식은 그 길을 여는 열쇠였습니다.

소크라테스는 이를 누구보다 뚜렷하게 보여준 인물입니다. 다른 사람들은 안다고 하면서도 실제로는 모르는 반면, 소크라테스는 '자신이 모른다는 사실을 아는 사람'이었습니다. 그래서 사람들은 그를 '아토포스'(ἄτοπος), '장소를 벗어난 사람', '어디에도 위치시킬 수 없는 특이한 사람'이라고 불렀습니다. 여담이지만, '아토피'라는 질병이 이 단어와 관련 있습니다.

그렇다면 '앎'이란 무엇일까요? 어떤 경우에 무엇을 알거나 모른다고 말할 수 있을까요? 사물을 아는 것과 사람을 아는 것은 분명히 다릅니다. 무엇을 할 줄 아는 것과 자기 자신을 아는 것도 다릅니다. 그렇다면 어떤 사람이 무엇을 안다고 말할 때, 그 앎에는 어떤 조건이 갖추어져야 할까요? 어느 수준, 어느 경지에 이르러야 비로소 안다고 말할 수 있을까요?

소크라테스에게 안다는 것은 어떤 대상에 대해 정의를 내릴 수 있는 상태를 뜻했습니다. 무엇을 안다면, 그게 정확히 무엇인지를 서술할 수 있어야 했습니다. '정의란 무엇이다', '용기란 무엇이다', '신을 섬긴다는 것은 무엇이다'라는 방식으로 말이지요. 소크라테스는 이런 앎(지식)을 찾는 과정에서 군인, 정치가, 법관, 제사장 등 다양한 사람들을 만났습니다. 예컨대 『에우티프론』 대화편을 보면, "신을 섬긴다는 것(τὸ ὅσιον, 토 호시온)이 무엇이냐"고 에우티프론에게 따져 묻습니다. 토론은 계속되지만, 에우티프론은 끝내 답하지 못하고 자리를 떠납니다. 군인을 만나면 "군인에게 가장 필요한 덕목이 무엇이냐"를 묻고, 군인이 "용맹함"이라고 답하면 "그럼 용기란 무엇인가"를 다시 질문합니다. 이런 대화 과정을 거치면서 소크라테스는 '자신이 안다고 믿는 사람조차 사실은 모른다'는 사실을 깨달았습니다. 그래서 소크라테스는 '자기가 모른다는 사실만은 적어도 안다'고 믿었습니다. 여기서 '안다'고 하는 것은 '어떤 개념이나 지식의 대상을 완벽하게 규정할 수 없다는 사실을 스스로 안다'는 의미입니다.

소크라테스가 추구했던 '앎'은 사실 일종의 기하학적 지식이라 할 수 있습니다. 예컨대 "삼각형은 세 변으로 이루어진 도형이다", "삼각형의 내각의 합은 180도다"와 같이 말하고, 직접 삼각형을 그려서 보여주며 세 각의 합이 180도라는 것을 증명한다면 '이 사람은 삼각형이 무엇인지 안다'고 말할 수 있을 것입니다. 17세기 철학자 토머스 홉스(Thomas Hobbes)는 이런 식의 정의를 '발생적 정의'(genetic definition)라 불렀습니다. 어떤 사물에 대한 정의를 알게 되면, 정의에 상응하는 대상을 산출시킬 수 있다고 보았지요. 만일 이런 발생적 정의를 통해서만 참된 앎에 도달할 수 있다면, 사실 그런 완전한 앎을 소유할 수 있는 이는 오직 하나님밖에 없을 것입니다. 하나님은 아무것도 없는 곳에서 세상을 만들어낼 수 있는 분이시니까요.

고대 그리스 철학자들이 추구했던 지식이란 바로 이런 '신적 지식'(divine knowledge)에 가까웠다고 볼 수 있습니다. 플라톤 아카데미 정문에 "기하학을 모르는 자는 들어오지 말라"는 문구가 있었다고 합니다. 이는 "철학을 하려면 기하학적 사고를 훈련해야 한다"는 의미로 읽을 수도 있고, 더 넓게 해석하면 "무엇을 배우려는 마음이 없다면 이 문을 통과하지 말라"는 경고로 볼 수도 있습니다. 가르침을 받으려는 태도 곧 '티처빌리티'(teachability)가 없는 사람은 자기 경험과 지식의 한계 속에 갇힐 수밖에 없기 때문입니다.

소크라테스 이후

최종원 선생님은 소크라테스가 지식을 '어떤 개념을 완벽하게 정의할 수 있는 능력'으로 보았다고 말씀하셨습니다. 그렇다면 소크라테스 이후에도 이러한 관점은 자연스럽게 기독교 유럽과 그 이후 유럽의 지적 토대가 되어 왔으리라 생각합니다. 언뜻 떠오르는 것만 해도 장 칼뱅의 『기독교 강요』는 하나님과 인간에 대한 지식을 인간이 이해할 수 있는 논리와 언어로 정의하려는 시도였지요. 또한 계몽주의 시대의 대표적 기획인 『백과전서』도 결국 인간이 알아야 할 필요가 있는 모든 정보와 지식을 설득력 있는 언어로 규정하려는 시도였습니다. 다시 말해, 과학적 지식의 함양을 고대 그리스부터 이어진 전통으로 이해해도 될까요?

강영안 그렇습니다. 소크라테스 이후 그의 사상에 영향을 받은 학파가 여럿 등장했습니다. 크게 세 갈래의 학파를 말할 수 있습니다.

첫째, 플라톤을 통해 형성된 '아카데미아 학파'입니다. 플라톤은 이데아론을 내세우면서 경험 세계를 초월한 보편적 지식을 추구했습니다. 그러나 동시에 소크라테스와 플라톤에게 남아 있던 회의론적인 면모가 이 학파 안에서 두드러지게 나타났습니다. 아카데미아 학파의 지도자가 된 아르케실라우스는 소크라테스의 무지의 '지'의 정신과 문답법을 계승하며, 일단 모든 것에 대해 판단을 보류하는 태도, '에포케'(ἐποχή)를 출발점으로 삼았습니다.

둘째, 안티스테네스를 거쳐 전개된 일종의 '금욕주의' 전통입니다. 그의 제자 중에는 유명한 디오게네스가 있습니다. 그들은 쾌락을 거부하고 절제와 금욕 속에서 미덕을 실현하는 삶을 사는 것이 마땅히 살아가야 할 방식이라 믿었습니다. 미덕이 곧 행복이라 보았고, 합리적 자기 수양이 삶의 본질적 가치라고 생각했습니다. 스토아 학파도 이 전통과 맞닿아 있습니다.

셋째, 아리스티포스를 기원으로 한 '쾌락주의' 전통입니다. 이 흐름은 결국 에피쿠로스 학파로 발전합니다. 이들이 말하는 쾌락은 방탕이나 사치를 의미하지 않습니다. 오히려 일상의 삶에서 최소한으로 필요한 즐거움을 누리고 감사하는 삶을 강조했습니다. 쾌락을 자연스러운 인간 행복의 조건으로 본 것이지요.

이렇게 보면 소크라테스가 남긴 '무지의 지를 자각하고 묻기를 멈추지 않는 태도'는 이후 수많은 학파에 두루 영향을 미쳤습니다. 아카데미아 학파의 회의론, 스토아의 금욕과 미덕, 에피쿠로스의 절제된 쾌락론 모두가 소크라테스의 물음에서 출발했다고 해도 과언이 아닙니다.

동아시아 전통에서의 지식

최종원 앞서 선생님은 유럽의 전통과 동아시아의 전통 사이에서 지식인의 유사성을 언급해 주셨습니다. 지식의 개념을 정의하는 부분에서도 분명 차이가 있을 듯합니다. 서양 철학에서 지식을 규정한 것에 비견하여 유교 전통에서는 명나라 왕양명이 제창한 '지행합일'(知行合一) 사상이 떠오릅니다.

강영안   저는 '공자'보다 '공 선생님'이라 부르는 것을 좋아하니 앞으로는 공 선생이라 하겠습니다. 공자에서 '자'(子)는 본래 '선생님'을 뜻하는 말이니까요. 공 선생의 말을 빌리면, 『논어』의 위정편에 "아는 것은 안다고 하고 모르는 것은 모른다고 하는 것, 이것이 바로 아는 것이다"(知之爲知之, 不知爲不知, 是知也)라는 말이 있습니다. 공 선생은 '지식'(知)을 단순히 인지 능력이나 지적 파악으로 이해하지 않았습니다. 지식은 곧 도덕적 실천과 직결된다고 보았지요. 다시 말해, '앎'은 자기 위치에 대한 인식이 정직하며 진실하게 행동하는 것이고, 모르는 것을 모른다고 인정하는 것이 겸손의 태도라고 여겼습니다. 이런 점에서 공 선생 역시 소크라테스와 비슷하게 지식의 출발점을 무지(無知)의 자각에서 찾았다고 할 수 있겠습니다. 다만 차이가 있다면, 공 선생의 앎은 형이상학적 탐구보다는 인간이 마땅히 해야 할 것과 해서는 안되는 일을 구분하는 삶의 '윤리적 기준'에 더 가까웠습니다.

따라서 안다는 것은 사물의 본질을 파악하고 이해하는 것을 배제하지 않지만, 그보다 중요한 것은 사물의 이치와 삶의 이치를 제대로 알고 그에 따른 바른 행동을 하는 것이라 할 수 있습니다. 그러므로 '앎'과 '행위', 지(知)와 행(行)은 서로 분리될 수 없고 손을 잡고 가는 것입니다. '인'이 무엇인지를 안다면, 반드시 인의 행위 곧 사랑의 행위를 실천할 수 있어야 하지요. 그러면서도 자기절제를 할 수 있어야 하고 타인을 존중할 수 있어야 합니다.

이렇게 본다면, 유교가 추구한 지식은 과학적 지식보다는 '도덕적' 지식에 무게를 둔다고 보아야 하지 않을까요? 사물에 대한 지식이나 기술이 완전히 배제된 것은 아니지만 그것은 어디까지나 부차적인 것이고, 무엇보다 우선된 것은 사람을 사람답게 만드는 도덕적 지식이었습니다.

최종원 앞서 그리스 전통과 기독교 전통을 구분하여 설명하셨습니다. 흔히 우리는 그리스의 학문 방법이 기독교 유럽의 지적 세계의 토대가 되었다고 생각하지만, 이른바 헬레니즘의 세계관과 예수 그리스도 사상의 토대가 된 히브리 세계관 사이에는 두드러진 차이가 있지 않습니까? 히브리인의 지적 전통의 맥락에서도 기독교 전통을 해석할 수 있을 것 같습니다.

강영안 정확한 지적입니다. 기독교 전통은 서양 사상의 두 축이라고 할 수 있는 헬레니즘과 헤브라이즘의 영향을 함께 받았습니다. 예수님도 유대인으로서 구약성경을 읽고 자라셨기 때문에 그분의 지식 이해는 히브리 성경의 전통에서 출발했다고 볼 수 있습니다. 히브리 사유 속에서 기독교의 지적 전통을 살펴볼까요?

예를 들면, 호세아 6장 3절에는 "우리가 여호와를 알자. 힘써 여호와를 알자"라는 구절이 있습니다. '알자'라는 말이 반복되는 이유는 이스라엘 가운데 하나님을 아는 지식이 결여되어 있었기 때문입니다. 여기서 말하는 하나님을 아는 지식(דַּעַת אֱלֹהִים, 다아트 엘로힘)은 소크라테스식의 정의적이고 논리적인 지식과는 다릅니다. '하나님은 전능하다, 전지하다, 전선하다'는 유신론석 지식의 개념화가 그들에게 결여되어 있다는 말이 아니라, 하나님과의 언약적 관계 속에서 기대할 수 있는 신실함이 결여되어 있다는 말입니다.

출애굽기 34장 6절은 하나님을 이렇게 서술합니다. '하나님의 속성'(divine attributes)의 관점에서 다섯 가지 서술이 등장하는

데, "자비롭고 은혜롭고 노하기를 더디하고 인자와 진실이 많은 하나님"으로 표현합니다. 이는 신학적 교리로 개념화된 '속성'의 진술이 아니라, 하나님이 의로우시면서도 죄악에 대해 오래 참으시고 자비를 보여주시는 분이며, 무엇보다 언약을 신실하게 지키시는 분임을 고백하는 언어입니다. 형식은 '서술'의 방식을 따르지만, 태도나 의도에서 드러나는 본질은 '고백'이자 '찬송'입니다. 즉 '독솔로지'(doxology, 영광의 찬송)이지요.

여기서 사용하는 언어는 소크라테스가 말하는 지적, 이론적 언어도 아니고, 공자가 말하는 도덕적 실천의 언어도 아닙니다. 이는 무엇보다 하나님을 찬양하는 언어입니다. 하나님을 알게 되는 지식은 그 찬양 가운데 더욱 알게 되는 지식입니다. 우리를 건져 주시고, 인도해 주시며, 우리에게 찾아오시고, 관계 맺어 주시는 분에 대한 찬양이지요. 굳이 용어를 붙이자면, 과학 언어나 도덕 언어와는 구별되는 '찬양의 언어'입니다. 하나님을 '안다'고 할 때 쓰인 히브리어 동사 '야다'(יָדַע)는 아담과 하와가 한 몸이 되어 "알았다"(동침했다)고 표현할 때 사용된 동사입니다.

따라서 하나님을 '안다'는 것은 관계적 사건입니다. 하나님과 이웃과 친밀한 관계를 맺으면서 몸으로, 삶으로, 영으로, 구원을 경험하며 삶의 변화를 경험할 때 발생하는 사건이라 말할 수 있습니다. 이러한 앎은 언약과 깊은 상호 신뢰 속에서 자신을 알고 타자를 알아가며, 삶과 생명을 서로 주고받는 가운데 형성되는 존재의 상태와 다르지 않습니다.

앎의 궁극, 공감력

최종원 앎을 지(知)와 능(能)이 아닌 감(感)과 연결하는 것은 분명 기독교에서 찾아볼 수 있는 독특한 지점인 것 같습니다. 그런데 지식을 '감'으로 연결짓는 것에 대해 아직 선명하게 '감'이 잡히지 않습니다. '지식'과 '감'을 좀 더 연결해서 설명해 주십시오.

강영안 무엇을 알려면 배워야 합니다. 앞에서 언급했듯이, 배움은 무지, 무능, 무감에서 벗어나 자유로워지는 과정입니다. 알지 못하던 것을 알게 되고, 할 수 없던 것을 할 수 있게 되며, 느끼지 못하던 것을 느끼고 받아들이게 되는 전환이 곧 배움입니다. 그 결과가 앎이고요. 오늘날의 교육은 무지와 무능을 극복하는 지(知)와 능(能)에 대해서는 많은 관심을 기울여 왔지만, 무감에서 벗어나는 부분 곧 '감'(感)에 대해서는 상대적으로 무심했다고 봅니다. 요즘에는 교회조차도 이런 감수성을 잃은 것 같습니다.

만약 운전을 배워서 할 줄 알게 되거나 테니스를 배워서 칠 줄 알게 되었을 때, 무능의 상태에서 능력을 가진 상태로 바뀔 때 우리는 "제대로 배웠다"는 말을 사용할 수 있습니다. 무능한 상태에서 유능한 상태로의 전환은 배움의 중요한 요소이지요. 하지만 더 중요한 것은 '감성적으로 반응할 수 있는 태도'입니다.

'감'은 '지'나 '능'의 바탕이 됩니다. 예를 들어, 젓가락질을 배웠던 경험을 떠올려 봅시다. 젓가락을 능숙하게 다루게 되면, 자신이 손으로 잡고 있는 물건이 젓가락이라는 사실, 음식을 떨어뜨리지 않고 입으로 가져올 수 있다는 사실 따위는 의식하지 않게 됩니다. 하지만 처음 젓가락을 잡을 때는 두 개의 쇠붙이가 손가락 사이에 닿는 미세한 감각을 느끼며 위치를 조절하지요. 나의 행위는 능동적이지만, 쇠붙이가 내 손에 닿는 미세한 접촉은 수동적 감각을 만들어냅니다. 그 수동적인 감각이 없다면 능숙한 젓가락질이 불가능합니다. 젓가락이 손가락에 와 닿는 수동성의 느낌과 젓가락을 쥐고 반찬을 입으로 가져오는 손놀림의 능동성이 교차하면서 젓가락질의 '감'이 형성됩니다. '감'의 형성 없이는 젓가락질을 할 수 있는 능력과 그에 대한 지식이 생길 수 없습니다. 젓가락을 쥐고 움직이는 능동성은 젓가락이 손가락에 와 닿을 때의 수동성에 기초합니다. 만일 내가 수동적으로 느끼는 상태 곧 '감'을 분명하게 형성하는 단계에 들어가지 못하면 젓가락질을 제대로 할 수 없을 것입니다. 만일 젓가락질을 한다 해도 반찬을 입으로 제대로 집어 오지 못하고 도중에 흘리고 말겠지요. 이처럼 '감'은 지식과 능력의 토대가 됩니다.

'감'의 중요성이 어디 젓가락질뿐이겠습니까? 모든 지식과 기술, 사람이 맺는 모든 관계에서도 '감'이 중요합니다. 어떤 경우에든 능동적으로 내가 주도하는 방식이 아니라, 지금 일어나는 일이나 상황, 행동, 관계에 대해 수동적으로 받아들이고 응답하는 태도에서 '감'이 형성됩니다. 내가 무엇을 하려고 하기보다는 나를 내어놓고, 나에게 다가오는 것에 주목하며, 느끼고 받아들이는 몸짓이 선행되어야 하겠지요. 그렇게 하고 나면, 어느 방향으로 나아가야 하고 어떤 능동적인 발걸음을 뗄 수 있을지 감이 잡힐 것입니다. 이렇듯 '감'의 시작은 수동성(수용성)에서부터 비롯되고, 그 상태에 나를 맡겨 '감'이 생기면 움직임이 따라옵니다. 어떤 '감'은 나 혼자 느끼는 것이 아니라 다른 사람에게 귀를 기울이고 함께 느낄 때 생깁니다. 그렇게 '공감'으로 이어집니다. 공감이 생기면 공동 행동이 유발될 수 있지요.

'감'은 단순한 오감의 신체적 반응이 아니라 마음이 함께 움직일 때 비로소 형성됩니다. 저는 이 마음의 움직임 곧 감응하고 공감하는 능력은 타고나거나 어린 시절에 어느 정도 형성된다고 생각합니다. 인간이 무언가를 느끼고 받아들일 수 있도록 수동적으로 열려 있다는 사실은 삶의 자연스러운 모습입니다. 그러나 우리가 살아가는 문화와 교육은 오히려 "내가 주도하는 방향으로 나의 삶을 밀어붙이라"고 부추기며, 수동적 상태를 의도적으로 거부하도록 만드는 듯합니다. 지식과 능력을 중시하면서도 감각적 능력은 소홀히 하기 때문입니다. 저는 배움에서 무지와 무능에서 벗어나는 것 못지않게, 아니 그보다 먼저 무감에서 벗어나는 일이 중요하다고 생각합니다. 지성에 앞서 '감수성'의 우선성을 강조하고 싶습니다.

우리가 사는 세상은 타인과 사물만 각각 존재하는 세계이기 전에 이미 어떤 방식으로든 관계를 맺고 있는 세계입니다. 타인과의 만남, 바깥 사물과의 만남 없이 단순히 '지'와 '능'만 있다면, 우리가 경험하는 세계는 기쁨이나 고통, 즐거움이나 슬픔이 결여된 그저 사물과 타인이 서로 관계 없이 놓여 있는 세계에 불과할 것입니다. 세계 자체가 이미 이런 관계들로 형성되어 있고, 이 관계의 그물은 감수성 없이는 이어질 수 없습니다. 굳이 표현해 보자면, 객관적, 과학적, 기술적 세계 경험 이전에 감성적, 미적 세계가 선행한다고 할 수 있겠습니다.

배운다는 것은 일차적으로는 무지에서 인지로, 무능에서 유능으로 가는 과정이지만, 더 근원적으로는 무감에서 감수성을 지닌 상태로의 전환 과정이라 볼 수 있습니다. 이것은 '반응하는 능력'과 관계가 있다고 봅니다. 행동심리학이 등장하면서 '자극과 반응' 도식을 만들어냈습니다만, 반응은 도덕적, 윤리적 관점에서 보아야 한다고 생각합니다. 혼동을 피하기 위해 '반응'이 아니라 '응답'이라고 하는 게 좋겠군요. 반응은 자극에 대해 보이는 태도이고, 응답은 '부름'에 대한 태도라고 구별해 볼 수 있으니까요. 예컨대 뜨거운 물체가 가까이 다가올 때 몸을 피하는 것은 자극에 대한 단순한 '반응'입니다. 그런데 누군가가 나를 부를 때,

그 부름에 대답을 하거나 쳐다보는 반응을 보이는 것은 '응답'이라 할 수 있겠습니다.

타인의 부름, 특히 고통에 '응답'하는 것을 배우는 것은 배움에서 무엇보다 중요합니다. 이것이야말로 참된 지적 태도입니다. 응답할 수 있는 능력을 영어로 표현한다면 'responsibility'라고 할 수 있습니다. 우리가 흔히 번역해서 쓰는 '책임'이라는 말과는 구별해야 합니다. 오히려 법적, 도덕적 책임을 말할 때는 'accountability'라는 용어가 더 적합합니다. 예를 들어, 내가 어느 가게에서 유리를 깼다고 합시다. 그 행위가 외부의 힘에 밀려 강제로 일어난 일이 아니라 자유로운 내 선택이었다면, 나는 당연히 결과에 대해 책임을 져야겠지요. 이런 의미의 책임은 '책무'와 동일한 개념입니다. 내가 맡은 일, 내가 마땅히 해야 할 일을 하는 것이지요. 어떤 자리에 있거나 어떤 일을 맡아서 할 때는 이런 의미의 책임 의식 또는 책무 의식이 마땅히 있어야합니다.

그러나 앞에서 말한 '응답할 수 있는 능력'은 이러한 책임의 개념보다는 훨씬 근원적이고 원초적입니다. 존재론적 차원에서 타자의 부름에 응답할 수 있는 감응 능력을 말하지요. 어쩔 수 없이 끌릴 수밖에 없고 감응할 수밖에 없는 것에 대해 '나를 내어 놓을 수 있는 능력이자 태도'라고 말할 수 있겠습니다. 다시 말해, responsibility 곧 '응답 가능성'입니다. 히브리어로는 '힌네니'(הִנֵּנִי) 입니다. "내가 여기 있습니다"라는 뜻이지요.

지식인의 궁극은 지와 능을 넘어 '감'으로까지 나아가는 것입니다. 관념으로만 알고 있거나 의지를 움직이는 정도에 머물러 감정, 느낌, 반응을 아우르는 '감'의 차원에 다다를 수 없는 지식은 참다운 지식이라 할 수 없습니다.

오늘날의 정치인이나 공직자들을 보면 느낄 수 있지 않습니까? 토론을 하거나 연설하는 자리에서는 논리적으로 흠잡을 데 없는 발언을 하지만 정작 고통받는 이들의 신음에는 민감하게 반응하지 못하는 경우가 많지요. 응답을 요구하는 삶의 정황에는 마땅히 부르는 소리가 있습니다. 이 소리에 응답하고 반응할 수 있는 것이 원초적 책임입니다. 그렇지 않고 논리적으로 정당화하거나, 체계적 지식을 가지고 원초적인 행동 양식에 반응하지 않는다면, 그것은 책임 '감'이 없는 행동이 되는 것입니다. 상황에 어울리게 반응하고 응답할 수 있는 능력의 부재겠지요.

억울함을 호소하고 신음소리를 내는 고통의 소리에 민감한 반응을 보일 수 없다면, 지식은 그저 정보에 불과합니다. 프란치스코 교황이 "고통에는 중립이 없다"는 말을 한 적이 있습니다. 참된 지식 역시 중립을 표방할 수 없습니다. 하지만 객관성의 이념이 중립성을 요구합니다. 객관성의 이념을 금과옥조로 삼는 오늘의 지식 개념이 대학과 사회를 지배하고 있지요. 그러면서도 이념적이고 정치적이고 경제적인 이유로 지식 왜곡 현상이 일어납니다. 현실에 초연해야 참된 지식에 이를 수 있다고 여기지만, 사실은 참된 지식과는 거리가 멉니다. 참되고 근원적인 앎은 반응하고 응답하는 능력과 무관할 수 없으니까요. 이 모든 것이 결국 '감'과 연결됩니다.

오늘날만큼 지식의 양이 많이 축적된 시대는 없을 것입니다. 그러나 역설적으로 오늘날만큼 지식이 사람을 변화시키지 못하는 때도 없을 것입니다. 참된 지식은 정보 차원에 머물지 않고, 사람을 변혁하고(being transformative), 변혁시킨 사람을 점차 형성해 나갈(being formative) 수 있어야 합니다. 무엇인가를 배우는 목적은 무지로부터 벗어나는 것입니다. 그러나 벗어남에 머물지 않고 실천할 수 있는 유능의 상태로 전환되어야 제대로 배웠다

"참된 지식은 정보 차원에 머물지 않고,
사람을 변혁하고,
변혁시킨 사람을 점차 형성해 나갈 수 있어야 합니다."

고 할 수 있겠지요. 변화된 삶은 공감을 통해 끊임없이 관계를 맺어가는 삶이라 할 수 있습니다. 공부가 정보 전달의 차원에만 머물면 변혁으로 이어지지 못합니다. 이는 감수성, 민감성을 키워야 가능한 일입니다.

앎의 목적, 앎의 동인

최종원 앎의 궁극은 '지'와 '능'을 넘어 '감'에 이르는 것이라고 말씀해 주신 부분에 대해 충분히 공감합니다. 궁극적으로는 그렇지만, 지식을 쌓는 학문은 단편적이고 초보적이라 하더라도 모종의 앎에서 시작되지 않습니까? 우리가 왜 알아야 하는지, 또 왜 알게 되는지에 대한 물음도 다시 짚어 주시면 좋겠습니다.

강영안 앎을 생각할 때 두 가지로 구분해서 풀어 볼 수 있겠습니다. 첫째는 앎을 추구하는 목적이고, 둘째는 앎을 추구하게 만드는 동인입니다. 이 두 가지는 긴밀하게 연결되어 있습니다.

우선 목적을 살펴봅시다. 우리는 왜 무엇을 알려고 할까요? 모르기 때문입니다. 그런데 모르는 것이 왜 문제입니까? 모르면, 누군가에게 혹은 무엇에 종속되기 쉽습니다. 알지 못하면 남에게 의존해야 하고, 의존하는 동안은 자유를 가질 수 없습니다. 참된 것을 알게 되면, 그 앎이 우리를 자유롭게 하지요. 자유는 사람을 넉넉하고 관대하게 합니다. 저어도 제대로 얻은 자유라면 세상을 공정하고 공평하게 대하도록 만들지요. 고대와 중세를 거쳐 근대에 이르는 철학 전통에서 앎을 중시했던 까닭이 바로 여기에 있습니다. 플라톤, 아리스토텔레스, 아우구스티누스, 안셀무스, 토마스 아퀴나스, 보나벤투라, 에라스무스, 루터, 칼뱅, 데카르트, 스피노자, 칸트, 헤겔 모두 이 점을 공유했다고 생각합니다.

앎의 동인, 즉 앎을 추구하게 하는 힘은 무엇일까요? 무지에서 비롯된 호기심과 지적 욕구가 아닐까 생각합니다. 그런데 무지함은 언제 드러납니까? 아무것도 모를 때가 아니라, 오히려 무엇인가를 '조금' 알 때입니다. 완전히 무지한 상태라면 자신이 무지하다는 사실조차 알 수 없습니다. 반대로 완전한 앎에 도달했다면 더 알려고 하지 않을 것입니다. 무엇인가 알고자 하는 마음이 일어나는 경우는 자신이 모르고 있다는 사실을 인식할 때입니다. 따라서 무엇인가를 더 알려고 하는 앎은 무지와 완전함 사이 어딘가에 자리합니다. 앎을 향한 갈망은 모종의 지식을 배경으로 출현합니다. '부분적인 앎'이 암묵적으로 전제되는 것입니다.

뽈 리꾀르가 "이해는 오해를 전제한다"고 말한 것도 같은 맥락입니다. 무엇을 알려면, 순수하게 무지한 상태보다는 잘못 알고 있더라도 뭔가를 알고 있어야 더 알고자 하는 욕망이 생긴다는 뜻입니다. 그런데 내가 알고 있다고 믿었던 것이 실제로는 그렇지 않음을 깨닫게 되는 순간 우리는 놀라움과 당혹감을 경험합니다. 이 놀라움이 지적 추구를 자극하지요. 반대로 정서적 안정을 추구하거나 놀라움에 반응하지 않고 무시해 버리면 지적 추구는 멈춥니다. 그럴 때 당연하고 자명한 세계에 매몰되고 맙니다.

그렇다면 당연해진 인간과 세계를 어떻게 다른 눈으로 보게 될까요? 그 계기는 무엇일까요? 바로 질문입니다. 질문을 통해 우리는 익숙한 삶의 방식, 익숙한 사고 방식을 다시 눈앞에 가져오게 됩니다. 무지의 지원을 받아 지적 추구를 이어갈 수 있는 태도이자 수단이 곧 물음이니까요. "묻는 것은 사유의 경건이다"라는 하이데거의 말을 저는 이 맥락에서 주저 없이 수용합니다. 물음을 던지고 생각하고 다시 알고자 하는 마음이 없다면, 더 이상 지적 추구는 존속할 수 없을 것입니다.

오늘 우리의 교육 현실은 안타깝게도 여기에 이르지 못합니다. 한국의 중·고등학교 교육 시스템을 보십시오. '지'와 '능'을 넘어 '감'에 도달한다고 할 수 있을까요? 사회적 지위를 얻기 위한 기계적 학습은 가능할지 몰라도, 배워가는 것 이상의 그 무엇이 여기에 있습니까? 그러니 교육과 지식 자체에 대한 회의가 생기는 것도 당연합니다. 그럼에도 불구하고 사람답게 살기 위해서는 이런 배움을 추구하지 않을 수 없습니다.

교회는 이 점에서 근원적인 배움이 가능한 중요한 공동체입니다. 교회에서는 객관적이고 기술적인 지식보다 예수 그리스도를 통해 하나님을 알아가는 지식을 배울 수 있습니다. 예수님은 "사람이 떡으로만 살 것이 아니요 하나님의 입으로부터 나오는 모든 말씀으로 살 것이라"(마 4:4)고 말씀하셨습니다. 하나님의 말씀은 우리를 무지에서 지혜로, 무능에서 유능으로, 무감의 상태에서 반응하고 응답하는 존재로 근원적 변화를 일으키는 힘이 있습니다.

그러나 우리는 자신을 변화시키고 인간답게 형성하는 힘이 있는 말씀을 제대로 읽지도 듣지도 않습니다. 말씀 앞에 자신을 내어놓지 않으니 그 말씀의 변혁적이고 형성적인 힘이 우리 안에서 작동하지 못하는 것이지요. 비록 의도하지 않았더라도, 오늘날의 설교조차 대다수는 흥미와 재미 중심의 정보 전달에 머무를 뿐, 삶을 바꾸는 '변혁적'(transformative) 영향에 이르지는 못하고 있습니다. 참된 변혁은 삶을 대하는 근본적인 태도의 전환 곧 메타노이아(metanoia, 회개)를 통해서만 가능하기 때문입니다.

학자와 지식인

최종원 지금까지는 '지식'에 대해 다루어 주셨는데 이제 '지식인'으로 논의의 초점을 옮겨 보려고 합니다. 지식인과 혼용되는 용어 중에 '학자'라는 용어가 있습니다. 이 두 개념 사이에 어떤 차이가 있는지 궁금합니다. 선생님은 학자와 지식인 중 본인의 정체성을 어떻게 규정하십니까?

강영안 '학자'는 말 그대로 배우는 사람이고, '지식인'은 '이미 배운 사람'이라 할 수 있겠군요. 지식인 가운데 학자가 있을 수 있고, 학자가 아닌 사람 중에서도 지식인이라고 부를 수 있는 사람들이 있습니다. 학자라는 말은 끊임없이 배우는 사람이니 배움이 끝났다면 더 이상 학자가 아닙니다. 지식인은 학자와 일치되는 부분도 있겠지만, 학문뿐 아니라 삶의 전반에서 인생을 바라보는 지혜를 가진 사람이 아닐까요?

지식인에 대한 이해가 이렇기 때문에 제가 스스로 지식인이라는 의식은 별로 없는 듯합니다. 제 자신을 규정한다면 '학자' 곧 배우는 사람이라 부를 수 있겠습니다. 칼빈 신학교에 메리 밴 든 버그(Mary Vanden Berg)라는 조직신학 교수가 있습니다. 언젠가 개강하기 전 복도에서 만났는데 이런 고백이 흘러나오더군요. "나는 지금 전쟁터에 나가는 것 같아요." 저는 처음 강의를 시작한 이래 40년이 넘도록 대학에서 가르쳐 왔습니다. 그럼에도 새학기를 맞이하면 여전히 처음 강의실에 들어가는 초보자의 마음으로 돌아갑니다. 그런데 '나는 초보자'라는 의식이 오히려 저를 긴장시키고 준비시켜 계속 배우게 만듭니다.

그래서인지 제 안에는 '지식인'이라는 의식도, 어떤 '전문가'

111

라는 자의식도 없습니다. 제가 할 수 있는 일이라곤 책을 읽고 생각하고 말하고 듣고 글을 쓰며 젊은이들에게 가르치는 것뿐입니다. 그런 일 외에 무언가 전문적으로 할 수 있는 일은 없는 듯합니다.

지금까지 제가 해온 것은 결국 글 공부입니다. 글을 읽고 배우고 쓰면서 공부를 해왔지요. 그런데 글로 하는 공부는 하면 할수록 아는 것보다 모르는 것이 점점 더 크게 쌓입니다. 조금씩 알게 된다고 해도, 알면 알수록 그 앞에는 알지 못하는 것이 몇십 배, 몇백 배 더 드러나기 마련이지요. 그러니 끝없이 삽질을 하듯 공부를 이어갈 수밖에 없습니다. 어느 경지에 이르러야 그럴 필요가 없어질까요?

앞서 언급했듯, 유럽 학문의 '보편 지식' 개념은 부분이 아니라 전체를 아는 지식입니다. 부분을 전체 속에서, 전체를 부분 속에서 이해하며 상호 연계 가운데 알 때 비로소 무언가를 안다고 할 수 있을 것입니다. 지식이 '이데올로기'로 고착되지 않는 한 공부는 계속하는 수밖에 없지 않을까요?

비판적 지식인이 사라진 시대

최종원 오늘날 우리는 지식이 권력이 되고 돈이 되는 시대를 살고 있습니다. 이제는 지식인이라는 표현 대신 '전문가'라는 말을 더 많이 씁니다. 그러나 전문가의 시대가 주는 어둠도 있습니다. 에드워드 사이드(Edward W. Said)는 지식인을 두고 "아웃사이더, 아마추어, 현 상태의 교란자"라고 표현했습니다. 오늘날 전문가는 주류이자 프로페셔널로서 기업이나 국가의 이해관계에서 자유롭지 못합니다. 엄청난 돈을 기업이나 국가로부터 받고 자신의 전문성을 체제 유지에 활용하고 있다는 비판을 받습니다.

강영안 학문의 가치나 이념이 달라졌다는 사실은 부정할 수 없는 현실입니다. 최근 한국의 여러 대학에서 인문학 관련 학과들이 축소되거나 폐과되는 실정입니다. 그것은 결국 학문의 가치나 이념의 변화와 맞닿아 있다고 생각합니다. 인문학은 기본적으로 '안다는 것 자체가 곧 해방이고 자유'라는 전제에서 출발합니다.

성경에는 "진리를 알지니 진리가 너희를 자유롭게 하리라"(요 8:32)는 구절이 있지요. 여기서 '진리'는 예수 그리스도를 가리키는 말이지만, 이 문장을 그리스인들에게 보여주었더라도 쉽게 공감을 얻었을 것입니다. 그들 역시 진리(알레테이아)란 감추어졌던 것이 드러나고, 그 드러남을 통해 앎이 가능해지고, 결국 그 앎이 해방을 가져온다고 믿었으니까요. 진리를 안다는 것은 그들에게 해방이자 자유이며 어떤 의미에서는 구원이었습니다.

최근 들어 지식에 대한 인식 자체가 크게 달라졌습니다. 박근혜 정부 시기부터 본격적으로 쓰인 '지식 경제'라는 표현은 지식이 더 이상 자유를 주는 힘이 아니라 돈을 벌어 주는 자원으로 전환되었음을 보여줍니다. 오늘 한국 사회에는 지식은 곧 돈이라는 인식이 널리 자리 잡았습니다. 이와 함께 지식을 가진 사람의 사회적 위상도 달라졌지요. 고대의 관점에서 지식인은 어디에도 얽매이지 않은 '자유인'이었습니다. 물론 그러기 위해서는 최소한의 의식주에서 해방된 조건이 필요했지요. 생계의 압박 속에서는 순수한 탐구에 몰두하기 어렵기 때문입니다. 물질적으로 어느 정도 자유롭거나 이미 많은 것을 가진 사람들이 앎 자체를 소중하게 여겼고, 그들을 곧 지식인으로 여겼습니다. 그러나 현대 사회에 이르면서 지식의 개념은 권력과 자본과 긴밀히 결합합니다. 이제는 지식 자체보다는 권력과 돈의 도구로서 활용되는 외적 효과가 더 중시되는 시대가 되었습니다.

한때 지식인을 체제의 비판자 곧 저항하는 존재로 이해하는 관점이 자리 잡기도 했습니다. 이러한 지식인의 관점을 만들어 낸 대표적인 사람이 사르트르입니다. 그는 사회적, 정치적, 경제적 권력에 저항하고 비판하는 사람을 지식인으로 보았습니다.

해방 이후 한국의 지성계에서는 박종홍 선생과 함석헌 선생의 두 유형을 비교해 볼 수 있겠습니다. 두 사람 모두 지식인임에는 틀림없지만 그 방향이 달랐습니다. 박종홍 선생은 체제 옹호적인 입장에서 1968년 국민교육헌장을 기초하는 등 근대 국가 건설에 필요한 '창조의 철학', '건설의 철학'을 제시했습니다. 이를 '창조의 논리'라고 부르기도 합니다.

반면 함석헌 선생은 1958년 『사상계』에 '생각하는 백성이라야 산다'는 글을 발표하여 당시 정권을 신랄하게 비판했습니다. 지식인의 역할을 권력에 맞서 양심의 소리를 내는 '저항'으로 본다면, 함석헌 선생이야말로 지식인의 전형이라 할 수 있겠지요. 박종홍 선생은 체제 건설형 지식인, 함석헌 선생은 체제 비판형 지식인으로 나눌 수 있을 것입니다. 이처럼 지식인을 보는 입장이 다를 수 있습니다. 식민지와 해방 그리고 전쟁을 겪은 세대라면, 국가를 세우는 데 필요한 건설 논리와 윤리를 제공한 사람을 더 높이 평가할 수도 있습니다. 사실 지사형 저항 지식인의 개념은 고대나 중세, 근대 초기에는 그리 쉽게 찾아볼 수 없었습니다. 이런 유형의 지식인이 본격적으로 등장한 것은 프랑스 혁명이나 미국 독립혁명 이후라고 할 수 있으니까요.

고대 그리스의 지식인은 제도나 권력 등 어디에도 얽매이지 않고 지식을 통해 자유를 얻은 사람이었습니다. 동아시아에서 학파나 제도에 의존하지 않고 스스로 생각하고 행동했던 최초의 지식인은 공자라고 볼 수 있습니다. 다만 공자는 저항가라기보다 자신의 지혜를 필요한 사람에게 빌려주는 역할을 했지요. 예컨대 "정치란 무엇입니까?"라고 물으면 "정치는 바르게 하는 것이다"라고 답하고, "사람답게 산다는 건 무엇입니까?"라고 물으면 "인은 극기복례다"라고 답을 합니다. 여기서 '극기복례'란 자신을 극복하고 예로 돌아간다는 뜻인데, 그 '예'는 곧 주나라의 예입니다. 따라서 옛 질서의 회복을 통해 오늘을 바로 세우려는 사람이었지요. 반면 노자나 장자에게서는 얽매이지 않고 제도와 규범을 넘어서는 자유로운 지식인의 모습이 나타났습니다.

중세 유럽의 사례로는 샤를마뉴 대제를 대표적인 인물로 꼽을 수 있습니다. 흥미롭게도 그는 글을 읽지 못했지만, 아헨에 학교를 세우고 잉글랜드 요크 출신의 알퀸을 불러 중세 초기 르네상스를 일으키는 데 큰 역할을 했습니다. 당시 알퀸은 권력의 비호 아래 문화를 새롭게 일으킨 대표적인 지식인 유형이었습니다. 카롤링거 르네상스를 이야기할 때마다 빼놓지 않고 언급하는 인물이 바로 알퀸입니다. 특히 아일랜드 사람들은 자신들이 무너져가던 유럽 문명을 일으켰다고 자부합니다. 실제로 아일랜드 수도원 전통은 스코틀랜드를 거쳐 잉글랜드 요크로, 다시 유럽 대륙으로 이어졌습니다. 그 당시 대부분은 문맹이었지만, 글을 읽고 쓸 줄 아는 수도사나 서기관들이 관료 역할까지 맡았습니다.

알퀸은 프랑크 왕 샤를마뉴의 초청으로 아헨 궁정에 와서 '3학4과'를 정비하고 회복시켜 문명의 기초를 다시 세웠습니다. 그는 자연의 질서를 신뢰했고 중용과 조화를 강조했습니다. 또한 인간이 어떻게 살아야 하고 타인에게 어떻게 대해야 하는지를 가르치는 도덕법의 존재를 받아들인 지식인이었습니다.

지사형 지식인 함석헌

최종원 지식인의 전형으로 함석헌 선생을 언급하시니 흥미가 더해집니다. 이야기 주제의 방향이 좀 바뀌는 것일 수도 있으나, 함석헌 선생과의 개인적인 인연이라든지, 선생님이 경험하신 함석헌 선생에 대한 내용을 더 듣고 싶습니다.

강영안 함석헌 선생은 '하나님께서 이 세상을 다스리신다'는 믿음을 굳게 지닌 사상가였습니다. 그 뿌리에는 예레미야와 이사야 같은 선지자들의 가르침, 그리고 예수님의 당대 권력에 대한 비판적 태도가 놓여 있습니다. 함 선생의 사상 기저에는 이러한 신앙 전통과 더불어 고난의 역사, '고난사관'이라 불릴 만한 의식이 자리하고 있었습니다. 예수님께서 억울하게 고난당하셨듯, 그분을 따르는 이들도 마땅히 고난을 감내해야 한다는 인식입니다. 함 선생의 저항의 힘은 근대적 자유사상에서 비롯된 것이 아니라, 철저히 신앙에서 흘러나온 용기였습니다. 한국 근현대사를 통과하며 우리는 자연스레 지식인을 '저항적', '지사적' 인물로 이해해 왔고 함 선생은 그 전형을 보여줍니다.

저는 중학교 2학년 때 함석헌 선생의 『죽을 때까지 이 걸음으로』라는 회고록을 처음 읽고는 깊은 인상을 받았습니다. 작은누님이 사온 책이었지만 제가 먼저 읽었지요. 그 책은 제 삶의 보폭과 시선을 바꾸어놓았습니다. 제가 받은 영향을 정리해 보니 이렇습니다.

첫째, 걸음이 빨라졌습니다. 물론 "죽을 때까지 이 걸음으로"라는 말은 단순히 보행을 의미하는 것이 아니라, 꾸준하고 성실한 실천을 의미하는 것입니다. 책 속에서 함 선생은 3·1운동 직후인 1919년 신의주에서 김미리사의 강연을 들었다고 합니다. 김미리사는 미국 유학을 다녀온 후 한국 청년들을 계몽하기 위해 전국을 다니며 강연했던 분입니다. "제발 청년들이 팔자 걸음으로 걷지 않았으면 좋겠다"는 당부의 말씀을 하셨는데, 이 대목에서 저는 무릎을 쳤습니다. 평소에 천천히 걷던 제가 그 후로는 집에서 교회까지 약 2킬로미터를 늘 빠른 걸음으로 다녔습니다. 그때 얻은 별명이 '반쟁이'였습니다. 반쟁이는 작고 빠른 동물인데, 잡으러 가면 금방 도망쳐서 구멍에 들어가 버리는 녀석이지요. 그만큼 빨리 걸어 다녔다는 의미입니다. 그 출발점이 함 선생의 글이었습니다.

둘째, 고난을 대하는 삶의 태도를 배웠습니다. 퍼시 셸리의 시 「서풍에 부치는 노래」에 유명한 구절이 나옵니다. "If winter comes, can spring be far behind?" 이 구절을 함 선생이 멋지게 번역하셨습니다. "겨울이 오면 봄이 어찌 멀었으리오?" 이 문장은 지금도 저에게 큰 위로가 됩니다. "어떤 고난도 결국 지나간다. 신앙 안에서 고난을 견딜 힘을 얻을 수 있다"는 확신이 들었습니다. 어려운 시기마다 이 구절을 떠올리곤 합니다. 함 선생은 일본 유학 시절 관동 대지진을 겪었고, 우치무라 간조를 만나 세례를 받고 기독교 신앙에 입문했는데, 그때 읽은 시가 바로 셸리의 시였다고 합니다.

셋째, 한국 교회를 비판적으로 성찰하는 눈을 갖게 되었습니다. 『죽을 때까지 이 걸음으로』 말미에 있는 '열두 광주리'라는 단상에서 함 선생은 한국 교회를 신랄하게 비판했습니다. 당시 신앙생활을 막 시작했던 저에게 그 대목은 강한 충격으로 다가왔습니다. 무조건적인 신앙고백과 '아멘'을 외치기보다는, 나의 신앙과 교회를 비판적으로 성찰하는 태도가 필요하다는 사실을

117

처음 깨달았습니다. 그 이후 교회 중등부에서 만난 선생님을 통해 비판적 시각이 더 강화되었고, 대학에서 손봉호 선생님을 만나면서 한층 더 확고해진 듯합니다.

함석헌 선생은 김교신 선생과 우치무라 간조의 영향을 받아 비교적 보수적인 신앙관을 지녔으며 예수에 대한 믿음의 고백도 분명했습니다. 그런데 한국전쟁이 거의 끝날 무렵, 서울로 올라와 1953년쯤 「대선언」을 발표한 뒤 한국 교회를 강하게 질타했습니다. 당시 한국 교회는 갈등과 분열의 상황에 놓여 있었습니다. 1952년에는 고신 측이 총회에서 축출되는 사건도 있었지요. 이런 상황을 지켜보며 함 선생은 교회가 교리 싸움과 종파 갈등에 매몰된 현실에 대해 깊이 실망하셨던 것 같습니다.

이승만 대통령이 가장 두려워했던 인물이 함석헌 선생이라는 말이 있습니다. 이승만 정권 말기에 『사상계』의 장준하 선생이 함 선생의 글을 싣기 시작했는데, 정권을 향해 정면으로 비판의 목소리를 냈습니다. 많은 이들이 정권의 폭정에 불만을 품고 있었지만 선뜻 나서지 못하던 때였습니다. 그런 상황에서 함 선생은 여러 차례 『사상계』에 글을 기고하며 정권에 맞섰습니다. 그래서 『사상계』는 독자들의 큰 주목을 받기도 했지요. 이후 박정희 정권 시기에도 그의 비판은 계속되었습니다.

일각에서는 함 선생이 말년에 "기독교 신앙을 버렸다", "종교 다원주의자로 변했다"는 평가를 하기도 합니다만, 제가 접한 그의 발언에 따르면 사실 그렇지 않습니다. 함 선생은 이런 말씀을 하신 적이 있습니다. 1980년대 초에 나온 글로 기억합니다. "한 남자가 결혼을 한다면 결혼할 상대는 수없이 많다. 그런데 결혼은 한 사람하고만 하지 않느냐? 종교도 수없이 많다. 여러 종교가 있지만, 만일 종교를 택한다면 이 종교 저 종교 여럿을 가질 수는 없지 않느냐. 마치 여러 여자를 아내로 삼을 수 없는 것처럼. 내 종교와 내 신앙의 대상은 예수다."

함 선생과 장기려 선생은 같은 신의주 출신입니다. 장 선생은 늘 함 선생을 존경하며 따라다녔는데, 어느 공개 석상에서 "선생님에게 예수는 누구입니까?"라고 물었답니다. 그 질문에 함 선생은 "예수는 나의 생명의 주시다"라고 답했다고 합니다.

제가 함 선생에 대해 강의를 한 적이 있었습니다. 한길사에서 함석헌 선생 전집을 다시 내면서 출판을 기념하는 자리였습니다. 선생의 성경 해석은 1930-1940년대 한국 기독교에서 유행했던 '영적인 해석' 전통 안에 있었고, 거기에는 육체를 부정하고 '영'을 강조하는 경향이 있었습니다. 하지만 저는 신앙의 실재는 육체 없이 존재하지 않는다고 생각합니다. 예수의 성육신, 십자가, 부활, 예수 사건과 관련된 이 모든 일이 육체 없이 가능한 게 아니잖습니까. 그래서 저는 함 선생의 신학을 '순령주의'라고 불렀습니다. 『철학자의 신학 수업』에 이 글이 실려 있습니다.

다만 함 선생에 대해 한 가지 아쉬움이 남습니다. 생전에 함석헌 선생을 직접 찾아뵙지 못했다는 점입니다. 강연을 듣거나 직접 뵐 기회가 있었을 텐데 적극적으로 나서지 못한 것이 두고두고 후회로 남습니다. 제가 칼빈 신학교로 간 뒤에 결심한 마음의 원칙이 하나 있습니다. "만나야 할 사람은 죽기 전에 꼭 만나자"는 생각입니다. 뵙고 싶은 분들이 많은데 마음처럼 쉽지는 않더군요. 그럼에도 동시대의 삶을 진실하게 살아가는 이들이라면 누구나 만나 뵙고 싶은 마음입니다.

대담 II 신학과 교육을 말하다

철학자 강영안 선생은 일반 대학의 철학 교수로 연구하며
가르치시다가 지금은 미국의 칼빈 신학교에서 철학신학을
강의하고 있다. 단순히 소속이나 연구 분야만 바뀐 것이 아니다.
가장 큰 차이는 선생의 강의를 듣는 수강생 구성이 전면 바뀌었다는
데 있다. 이제 선생의 가르침을 받는 학생들은 거의 그리스도인,
목회자, 혹은 목회자 후보생들이다. 가르쳐 본 사람은 누구나
동의하겠지만, 누가 자리에 앉아 있느냐에 따라 교수법이나 전달
방식 등이 바뀔 수밖에 없다. 공교롭게도 나 역시 일반 역사학을
했지만, 지금은 기독교 세계관을 모토로 설립된 학교에서
강의하고 있다. 따라서 내 강의를 듣는 수강생과 책의 독자는 거의
그리스도인들이라고 할 수 있다.

인문학자가 기독교학이나 신학 교육의 체제 안에서 갖는 자리는
독특하다. 한국 교회의 맥락에서 '경계의 언저리에서 두리번거리는
이는 늘 위험하다'는 의심의 눈초리를 받는다. 반면, 내부자로 오래
있는 경우에는 볼 수 없는 새로운 시각과 성찰을 제시해 준다는
점에서 유의미한 평가를 받기도 한다. 내가 이해하는 바, 신학과
인문학의 차이는 이렇다. 칼뱅주의 신학이든 루터교 신학이든
성공회 신학이든. 어떤 특정 신학은 그 신학을 공부하는 대상자들이
신뢰하고 의지할 수 있는 안전하고 체계적인 틀을 세워 준다.
그래서 신학은 곧 조직신학이다. 그에 비해 인문학은 틀 지워 놓은
경계를 끊임없이 넘어서는 '그 너머의 사고'를 종용한다. 물론
신학과 인문학의 관계를 상호보완적이라 볼 수 있겠지만, 그 사이의
긴장이 없을 수는 없다.

선생과의 두 번째 대화는 교육의 위기, 특히 기독교의 맥락에서
신학과 신학 교육의 위기를 진단한다. 그리고 가능한 해법을 따져
본다. 인문학자 두 사람이 신학과 교육을 주제로 이야기하는 것은

주제 넘는 일일 수도 있다. 그렇지만 선생과 나는 한국이라는
맥락을 떠나 북미에 터를 둔 시각으로 한국 신학을 나눈다. 내부를
경험하지 않았거나 그 진영을 떠난 지 십 년도 더 지났기 때문에
조금은 더 냉철하게 짚어 볼 수 있을 것 같다. 더욱이 한국 교회의
어려움 속에서 신학 역시 탄력성을 잃고 교조화되는 우려의
목소리가 넘쳐난다. 타학문 세계와 대화가 단절된 채 게토화가
진행된 지 오래다. 그리스도인과 교회의 윤리 수준이 일반 사회에
비해 결코 우월하다고 할 수 없는 지경이다.
나는 그래서 질문한다. 좋은 신학에서 나쁜 윤리가 맺히는 것이
가능할까?

5

신학 그리고 신학 교육

철학자가 본 신학 교육

최종원 선생님, 한국에서는 줄곧 계명대와 서강대에서 철학을 강의하시다가 은퇴 후 미국 칼빈 신학교에서 정식으로 다시 교수 생활을 시작하셨습니다. 그것도 철학신학 교수로 말입니다. 어쩌면 방점이 철학자가 아닌 신학자에 있어 많은 이들에게 다소 낯설게 느껴질 수도 있습니다. 우선 가벼운 질문 하나 드려 보겠습니다. 선생님이 한국에 계실 때 신학교 강의를 하신 적이 있으십니까? 이와 더불어 신학 교육에서 가장 중요하게 여기는 것이 있다면 무엇인지요?

강영안 서강대에서 정년퇴임을 하기 전까지는 신학대학에서 정규 과목을 강의한 적이 한 번도 없었습니다. 제가 미국 칼빈 신학교로 가게 되면서 목회학 석사(M.Div.) 과정에서 '변증학' 강의를 맡게 되었습니다. 미국으로 떠나기 전 고신대 이사장을 맡고 있던 시기에 고려신학대학원에서 강의료를 받지 않고 한 학기 동안 강의한 것을 제외하면 한국에서는 한 번도 강의한 적이 없는 과목이었지요.

신학 교육에서 무엇이 가장 중요한지를 말씀드리기 전에 제가 공부해 온 과정과 그 과정에서 느낀 모든 교육의 기본을 먼저 이야기하는 것이 좋을 듯합니다.

1978년 루뱅 대학교로 유학을 가서 학사 과정부터 시작했습니다. 1·2학년 과정은 면제를 받았고 3·4학년 과정을 한꺼번에 수강했지요. 그때 들었던 강의 중 하나가 철학 전반에 대한 입문 과정이라 할 수 있는 '엔시끌로뻬이디'(encyclopedie), 영어로는 '엔사이클로피디아'(encyclopedia)였습니다. 이 강의에서는 먼저 하나의 철학 개념을 정한 뒤, 유럽의 여러 철학 사전—예컨대 맥밀란, 루틀리치 같은 백과사전—을 비교하여 그 개념이 어떻게 다루어지는지를 조사했습니다. 이어서 데카르트와 같은 주요 철학자들을 다룬 독일, 영국, 프랑스의 단행본 너댓 권을 읽고 각 저자의 관점 차이를 분석했습니다. 동일한 개념과 인물을 다루더라도 해석에는 미세한 차이가 발생하는데, 이러한 차이가 어디에서 비롯되는지를 분석하고 토론하는 방식이었습니다. 마지막으로, 최근 출간된 철학 문헌을 체계적으로 정리하는 과제도 포함되어 있었습니다.

가장 기억에 남는 과제는 1975년부터 1978년 사이 네덜란드어로 출판된 철학 단행본과 논문을 전부 찾아 문헌 목록을 만드는 것이었습니다. 학부 입학 직후 이런 과제를 부여한 이유는 철학이라는 학문이 구체적으로 어떤 활동인지를 직접 경험하게 하려는 의도였을 것입니다. 문헌을 다루는 방법을 익히는 것이 중

점인데, 학술 탐구의 기본기를 몸으로 학습시키려는 것이었지요. 한번은 이 과목을 맡은 원로 교수가 학생들을 모두 철학부 안에 있는 도서관으로 데리고 갔습니다. 4층 건물 전체가 책으로 가득한 그곳에서 교수님이 직접 책을 찾는 시범을 보이셨습니다. 이제 갓 입학한 스무 살 남짓의 학생들 앞에서 책을 찾고, 가져다 놓고, 다시 찾으면서 문헌을 다루는 방식을 몸소 보여주셨던 모습이 지금도 생생합니다. 아마 한국에서는 쉽게 경험하지 못할 수업이라 생각합니다.

'철학 백과사전'이라는 그 과목은 철학 전체를 문헌에서부터 개념, 체계, 철학자, 철학 사상 등의 측면에서 조망할 수 있게 해주었습니다. 일종의 철학 전체의 지도 그리기에 해당하는 수업이었습니다. 이는 학문의 전체 구조를 파악하게 해주고, 공부가 끝날 무렵에는 자신이 걸어온 궤적을 되짚어 보게 했습니다.

신학 교육 역시 마찬가지입니다. 공부의 출발점에서 무엇보다 중요한 것은 '지도 그리기'입니다. 신학 총론 곧 신학 프로레고메나(Prolegomena)가 바로 이 작업입니다. '신학 총론'(Encyclopedia of Theology)이라는 과목이 신학대학원마다 있을 것으로 예상되는데, 제가 경험한 방식과 얼마나 유사한지는 잘 모르겠습니다. 제가 평생 철학을 가르치다가 칼빈 신학교에서 철학신학을 가르친 것이 올해(2023년)로 만 6년을 채웠습니다. 저는 이 기간 동안 "신학이라는 학문의 지도를 제대로 그려야 한다"고 줄곧 강조해 왔습니다.

신학은 조직신학, 성서신학, 역사신학, 실천신학 네 분과로 나누는 것이 일반적입니다. 그런데 신학의 전체 그림을 조망하지 않고 각 분과를 개별적으로 배우면, 상호 관계를 이해하지 못한 채 단편적인 지식만 얻게 됩니다. 이 지점을 다시 환기시켜 준 사람이 슐라이어마허(Friedrich D. E. Schleiermacher)입니다. 그는 1811년 베를린 대학 신학부 초대 학장이자 신학 교수로 '신학백과사전' 강의를 개설했습니다. 그가 강의를 위해 썼던 책이 『*Kurze Darstellung des theologischen Studiums zum Behuf einleitender Vorlesungen*』입니다. 영역판 제목은 『*Brief Outline of the Study of Theology*』인데 우리말로 『신학 공부 요강』 정도로 번역할 수 있습니다. 이 책은 신학을 처음 접하는 학생들에게 신학 학문이 어떤 구조를 지니고 있고 각 분과들이 어떻게 상호 연결되는지를 지도처럼 보여주는 고전입니다.

이 책에서 슐라이어마허는 신학을 세 영역으로 나눕니다. 첫째는 철학신학(philosophical theology)으로 논쟁학(polemics)과 변증학(apologetics)이 포함됩니다. 둘째는 역사신학(historical theology)으로 성경주석, 교회사, 교리사, 교의학을 포괄합니다. 셋째는 실천신학(practical theology)으로 설교, 목회, 교회교육 등과 관련됩니다. 그는 신학을 철저히 교회의 학문으로 보았기 때문에 실천신학을 신학의 왕관이라 불렀습니다. 일반적으로 한국이나 미국에 알려진 신학의 네 가지 분과 체계는 슐라이어마허의 제자라 할 수 있는 스위스 신학자 칼 하겐바흐(Karl Hagenbach)가 정리한 것입니다. 신학의 학문적 성격이나 신학 분과 사이의 상호 관계에 대한 논의는 19세기와 20세기 초에 왕성했으나 이제는 안타깝게도 거의 사라지다시피 했습니다. 언젠가 칼빈 신학교 교수 회의에서 신학 총론 과목이 왜 사라졌는지 물었더니, "예전에는 존재했지만 담당 교수의 부적합한 내용의 강의로 폐지됐다"는 설명이 돌아왔습니다. 지금은 전공 교수도 없고 커리큘럼에서 빠져 있지만, 그 필요성과 중요성에 대해서는 교수들 모두 공감합니다.

저는 철학자로서 '신학은 학문인가? 그렇다면 도대체 어떤 학문인가'라는 질문을 품고 신학을 가르치고 있습니다. 오늘의 문제는 신학의 과도한 세분화입니다. 분과가 지나치게 분화되다 보니 전체 구조를 보기 어렵고, 각 학문들 사이의 연결성을 인식하지 못하는 경우가 많습니다. 예컨대 "교의학과 윤리학은 어떤 관계에 있는가?" 장 칼뱅이나 빌름 아 브라켈 같은 신학자는 하나의 체계 안에 통합하는 방식으로 논의했고, 헤르만 바빙크는 서로의 연관을 인정하되 마치 두 날개처럼 따로 가르쳤습니다. '성서신학과 조직신학의 관계는 어떠한가?', '실천신학과 조직신학은 어떤 방식으로 관련지을 수 있는가?' 이런 물음을 던져 보아야 합니다. 그렇게 해야 신학의 목적과 방법, 신학과 삶, 신학과 현실, 신학과 교회의 상호 관계에 대해 성찰할 수 있습니다.

특히 공부의 출발점에서는 '전체를 보는 눈'을 길러야 하고, 공부를 마무리할 때는 '자신이 어디까지 왔는지 조망하는 훈련'이 필요합니다. 우리가 잘 아는 지역을 갈 때는 지도가 필요 없지만, 낯선 지역을 갈 때는 방향을 잘 잡기 위해 반드시 지도가 필요하잖아요? 신학 백과사전 곧 신학 총론은 그렇게 방향을 잡아 주는 역할을 하기에 중요하다고 생각합니다.

내가 나를 가르치기

최종원 선생님이 체험한 미국 신학 교육 이야기를 먼저 하고, 그 다음 한국 신학 교육의 현실과 과제에 대해 이야기를 풀어 보면 좋겠습니다. 학자로 활동하시는 동안 네덜란드, 한국, 미국에서 가르치시며 다양한 교육을 경험하고 계시는데요. 선생님이 갖고 계신 교육에 대한 철학이나 원칙이 있다면 어떤 것이 있을까요? 그리고 그 철학의 변화가 있다면 어떤 부분일까요?

강영안 제가 2017년 7월 칼빈 신학교로 간 뒤 목회학 석사(M.Div.) 과정에서는 변증학, 신학 석사(Th.M.) 과정에서는 기독교철학, 박사(Ph.D.) 과정의 학생들에게는 철학신학을 가르쳤습니다. 신학자가 되려는 학생들에게 필요한 철학적 사고 훈련을 제공하는 것이 제 주요 임무입니다. 이를 위해 토마스 아퀴나스의 『신학대전』을 주요 교재로 삼기도 했습니다. 영어 번역본만 해도 약 3,500쪽이 넘는 방대한 저작입니다. "만물이 주에게서 나오고 주로 말미암고 주에게로 돌아감이라"(롬 11:36)는 말씀을 길잡이 삼아 전체를 읽어나갑니다. 왜냐하면 아퀴나스 신학의 핵심이 바로 '만물은 하나님으로부터 나와(*exitus*) 다시 하나님께로 돌아간다(*reditus*)'는 구도에 기초하기 때문입니다. 여기에 철학적 사고는 좋은 도구로 쓰입니다. 그 외 '개혁신학의 철학적 기초'를 다루거나, 박사 과정에서는 칸트, 셸링, 헤겔을 중심으로 '현대 신학의 철학적 기초'를 강의하기도 했으며, 최근에는 '현대 네덜란드 개혁신학'을 주제로 강의하기도 했습니다.

수업 방식은 단순합니다. 학기 시작 전 10권의 책을 정해 두고, 매주 한 권씩 읽어가며 그 속에서 파생되는 질문과 문제를 같이 따져 물으며 탐구합니다. 예컨대 '현대 신학의 철학적 기초' 과목에서는 스피노자, 칸트, 셸링, 헤겔, 슐라이어마허 같은 주요 사상가들의 원문을 기본 교재로 사용하여 직접 읽습니다. 칸트의 책은 반드시 3권 이상 읽게 합니다. 한 학기가 지나면 학생들은 최소한 1차 문헌을 10권 정도 읽게 되지요.

한국에서 강의하던 시절과 비교하면 분명히 차이가 있습니다. 한국에서는 한 학기에 한 권의 책조차 끝내기 어려웠으니까요. 대학원에서 스피노자의 『신학정치론』을 다룬 적이 있는데, 한글 번역본이 없어서 영어로 된 문서의 중요한 부분을 발췌하여 일일이 해석하며 토론하다 보니, 한 학기 동안 절반 정도밖에 끝내지 못했습니다. 그런데 미국에서는 영어 번역본을 따로 번역할 필요 없이 바로 사용할 수 있으니 제약이 없습니다. 지금은 스피노자의 저작 한 권을 한 주 만에 다루는 수업이 가능합니다.

여기서 중요한 질문이 하나 생깁니다. 과연 교사는 일방적으로 가르치는 사람이고 학생은 일방적으로 배우는 존재일까요? 제 경험으로는 그렇지 않습니다. 강의실에서 가르치면서 제가 얻는 배움은 학생으로 앉아 있었을 때보다 훨씬 더 깊고 넓고 풍부합니다.

저는 초·중·고등학교 12년을 포함해 박사 과정까지 22년을 학생으로 공부했습니다. 그리고 1982년부터 지금까지 40년이 넘게 강의를 해왔습니다. 시간으로 따지면 학생이었던 시절보다 교수 시절이 훨씬 깁니다. 배움의 양이나 깊이도 더 많고 깊습니다. 그러나 저의 배움의 현장은 지금도 강의실입니다. 물론 혼자 책을 읽고 생각하고 글을 쓰는 시간도 중요하지만, 학생들과 함께 질문하고 응답하며 호흡하는 과정에서 배우는 경험은 더욱 소중합니다. 이런 맥락에서 보면, '가르치는 사람 vs. 배우는 사람'이라는 이분법은 단순하지 않습니다. 배우는 사람이 강의실에 앉아 고개를 끄덕인다고 해서 실제로 배우고 있는 것은 아닐 수도 있잖습니까. 단순히 정보를 듣고 흡수한다고 해서 그대로 이해하는 것도 아닙니다. 진정한 배움은 내가 나를 스스로 가르칠 수 있을 때 비로소 일어납니다.

예컨대 연극이나 영화는 단순히 이야기의 흐름을 따라가며 감정을 느끼고 즐기면 됩니다. 그러나 공부는 그렇지 않습니다. 보고 듣는 것으로 끝나는 게 아니라, 자기의 것으로 소화하는 과정이 필요합니다. 이때 필요한 것은 내가 나의 선생이 되는 것입니다. 자신을 스스로 가르칠 수 없는 사람은 어떤 내용도 제대로 이해하거나 자기 것으로 만들 수 없다고 생각합니다. 물론 모든 배움이 자신을 가르치는 형태로 일어나는 것은 아닙니다. 하지만 '스스로 가르치지 않는 배움이 과연 오래 지속될 수 있을까' 하는 의문이 생깁니다. 자기 자신에게 다시 설명하고 묻고 따져보고 되새기고 반성하는 과정을 거쳐야 비로소 배움이 자기 것이 됩니다. 저는 이것을 '반성적 배움'(reflective learning)이라 부르고 싶습니다. 단순히 들은 대로 받아들이는 것이 아니라, 스스로 다시 물어보고 생각해서 체득하는 것이니, 저는 이것이야말로 진짜 배움이라 여겨집니다.

1차 문헌의 중요성

최종원 제 경험으로 비추어 보아도 한국은 언어의 제약을 비롯해 여러 현실적인 이유로 서양 문헌을 다루는 양 자체가 비교할 수 없을 정도로 적습니다. 특히 1차 문헌에 접근하는 데 한계가 있다 보니 1차 문헌을 연구한 연구서 중심으로 학문이 진행될 수밖에 없는 상황입니다.

강영안 그렇습니다. 그 폐해가 심각하지요. 이를테면 2차 문헌을 통해 스피노자를 접한 이들은 그를 단순히 범신론자로 단정하곤 합니다. 그러나 그러한 평가는 스피노자 철학을 올바르게 읽는 방식이 아닙니다. 2차 문헌만으로는 스피노자의 사상이 유럽 지성사에 그토록 깊고 넓은 영향을 끼친 이유를 결코 이해할 수 없습니다. 그래서 저는 칼빈 신학교에서 줄곧 1차 문헌을 읽으라고 강조해 왔습니다. 매주 한 권씩 함께 읽는데, 한국 학생들도 적극적으로 참여하고 있습니다. 때로는 밤잠을 설쳐 얼굴이 노랗게

뜬 채로 복도에서 마주치기도 합니다. 안쓰러운 마음이 들 때도 있지만, 수업을 마치고 나면 그들도 하나같이 유익했다고 말합니다. 조직신학, 철학신학, 역사신학, 때로는 성서신학을 전공하는 학생들까지 함께 참여하고 있습니다. 지금은 막상 실감하지 못해도 공부가 깊어지면 이러한 철학 공부가 신학 이해에 얼마나 긴요한지를 체감하게 됩니다.

사실 제가 지금도 칼빈 신학교 강의를 계속하고 있는 이유도 여기에 있습니다. 저 자신 역시 강의를 통해 1차 문헌을 놓지 않고 꾸준히 읽을 수 있기 때문입니다. 역사학자에게도 원전은 중요하지만, 철학자에게는 그 중요성이 더욱 큽니다. 물론 나이가 들수록 1차 문헌을 읽는 일은 점점 더 힘이 듭니다. 체력도 떨어지고 읽은 내용이 머릿속에 오래 남아 있지도 않습니다. 칸트의 『이성의 한계 안에서의 종교』를 지금까지 네 차례 이상 강의했습니다. 때로는 2주, 때로는 4주를 할애해 가르쳤지만, 읽고 또 읽어도 다시 읽어야 합니다. 힘이 들지만, 그 속에서 느끼는 지적 보람과 기쁨이 있기에 읽고 생각하고 가르치는 일을 멈출 수 없지요.

나뉘어진 신학 교육

최종원 선생님은 미국에서 칼빈 신학교라는 교단 신학교에서 강의하고 계십니다. 세미너리(seminary)가 유럽 종교개혁의 유산이기는 하지만, 제가 공부했던 영국에서는 학위를 독자적으로 수여하는 개신교 세미너리가 없었던 것으로 기억합니다. 대부분 일반 대학 내의 신학과에 소속되어 있거나 연결되어 있지요. 그에 비해 미국에서는 이른바 일반 대학교에 소속된 신학부(divinity school)와 교단 신학교(seminary)가 뚜렷하게 분리되어 있

131

습니다. 그 특징과 형성 배경이 궁금합니다.

강영안 유럽은 중세 수도원과 성당 학교에서 신학 교육이 이루어
지다가, 대학 제도의 성립과 함께 신학이 대학 교육의 한 분야로
편입되었습니다. 그때부터 신학은 대학 안에서 학문적으로 체계
화된 교육 과정을 갖추게 되었습니다.

종교개혁 이후 가톨릭교회는 소신학교(*seminarium minorum*)와
대신학교(*seminarium maiorum*) 제도를 마련해 신학 교육을 체계화
했습니다. 세미너리 제도의 기원은 바로 여기에 있습니다. 소신
학교는 오늘날 중·고등학교 과정에 해당하고, 대신학교는 대학
과정에 해당합니다. 이는 트렌트 공의회에서 결정된 사항이었습
니다.

세미너리는 가톨릭에서 시작되었지만, 이후 유대교에서도 그
제도를 받아들였습니다. 미국에서는 이 제도가 두 갈래로 분화
되었습니다. 개신교 진영 한쪽에서는 세미너리(seminary)를, 다른
한쪽에서는 칼리지(college)를 세워 이원화된 구조를 형성한 것
입니다. 예일 대학교는 원래 목회자 양성을 목적으로 설립되었
으나, 점차 다양한 학문을 포괄하는 종합대학으로 발전했습니다.
이에 대한 반작용으로 19세기 초 앤도버 세미너리가 세워졌고,
이어서 프린스턴 신학교가, 그리고 1876년에는 미시간에 정착한
네덜란드 이민자들에 의해 칼빈 신학교가 세워졌습니다.

'세미너리'의 어원이 된 라틴어 '세미나리움'(*seminarium*)은 씨
앗을 뿌려 모종을 키우는 '모판'을 뜻합니다. 교회 사역자를 길러
내는 세미너리를 '양성소'라고 번역해야 그 본래 의미를 제대로
드러낼 수 있지 않을까요?

헤르만 바빙크가 어린 시절 속해 있던 교단의 신자들 가운데

일부는 네덜란드에서 미국 미시간과 아이오와 지역으로 이주했습니다. 이들은 네덜란드 교회의 첫 분열 사건인 아프스헤이딩(Afscheiding, 분리)의 결과로 박해를 피해 미국으로 온 사람들이었습니다. 국가가 교회에 간섭하는 데 반기를 들고 신앙의 자유를 찾아 나선 사람들이었습니다.

네덜란드는 한때 나폴레옹 치하에서 프랑스에 합병되었다가 1816년에 독립했습니다. 그러나 독립 이후 국왕 빌름 1세(Willem I)는 교회에 대한 통제권을 강화했는데, 심지어 목사 임명권까지 행사했습니다. 이에 1834년, 국가의 간섭에 저항한 한 무리가 교회를 떠나 작은 교단(conventicle)을 조직하며 국가 통제로부터 벗어나려는 운동을 일으켰습니다. 이것이 이른바 '자유교회 운동'(Free Church Movement)입니다.

당시 네덜란드의 국가 교회는 네덜란드 개혁교회(de Hervormde Kerk)였습니다. 프랑스 혁명 이후 국가 교회 제도는 폐지되었지만, 여전히 국왕은 교회에 막강한 영향력을 행사했지요. 분리파 교인들은 이러한 간섭을 거부하고 신앙과 교회의 자유를 추구했습니다. 그 후 1886년에 아브라함 카이퍼가 자유교회의 기치를 내걸고 두 번째 분리를 주도했으며, 결국 1892년에 교회가 통합되어 네덜란드 개혁교회(de Gereformeerde Kerken in Nederland)가 형성되었습니다. 미시간으로 온 네덜란드 이민자들은 1차 분리 운동에 참여했던 무리들이었습니다. 그들이 정착한 곳이 미시간 홀랜드입니다. 오늘날 칼빈 신학교가 자리한 그랜드래피즈에서 약 40마일가량 떨어져 있습니다. 이들의 신학과 신앙을 한마디로 요약하면 '신앙고백적'이라 말할 수 있습니다. 그들은 네덜란드 신앙고백서, 하이델베르크 교리문답, 도르트 신경이라는 세 가지 고백 문서를 통해 성경을 이해하고, 교회를 세우며, 삶을 형성해 나가고자 했습니다.

분리파 교회가 훗날 카이퍼가 이끈 교회와 통합하면서 자연스럽게 카이퍼의 영향력이 그들에게도 미치게 되었습니다. 원래 분리파 출신이었던 바빙크 역시 이민 교회에 큰 영향을 끼쳤습니다. 오늘날 칼빈 신학교의 신학적 뿌리는 이 전통에 닿아 있다고 할 수 있습니다.

카이퍼와 바빙크의 신학을 흔히 '세계관적 신학'이라 부릅니다. 이는 기독교 신앙과 신학을 통합적으로 이해하려는 노력과 깊은 관련이 있습니다. 신앙과 신학을 개인적 차원이나 단순한 철학적 논의에 한정시키지 않고, 삶 전체를 아우르는 통합적 사고 구조 속에서 이해하려 했습니다.

카이퍼는 칼뱅주의를 단순히 교회 안의 교리나 전통으로만 보지 않았습니다. 그는 칼뱅주의를 "삶의 전 영역을 아우르는 일관된 세계관"이라고 설명했습니다. 이 세계관은 창조-타락-구속이라는 성경의 큰 이야기를 기반으로 정치, 경제, 예술, 교육, 과학, 언론 등 인간의 모든 활동 영역 속에 하나님의 주권이 드러난다고 보는 시각입니다. 그에게 신앙은 특정한 종교적 행위나 교회 안에만 국한된 것이 아니었습니다. 세상 모든 영역과 연결됩니다. 신앙은 하나님께서 창조하시고 주권적으로 다스리시는 이 세계 전체 곧 우리의 일상과 사회, 문화 전반과 긴밀히 연결되어 있는 현실이었습니다. 따라서 신학 역시 학문, 정치, 예술 등 다른 영역들과 단절되지 않고 서로 대화하며 영향을 주고받는 살아 있는 사유가 되어야 한다고 보았습니다.

바빙크도 같은 입장을 견지했습니다. 그는 『개혁교의학』에서 신학을 단순히 교회 안의 지식 체계나 실천적 도구로 보지 않았습니다. 모든 진리가 하나님 안에서 하나로 통일된다는 관점에서 신학을 이해해야 한다고 주장했습니다. 그는 자연과 은혜, 창조와 구속, 보편과 특수 사이의 긴장을 조화롭게 파악하려 했으며, 이러한 사유 태도는 바빙크 신학의 가장 두드러진 특징 가운데 하나입니다.

오늘날 흔히 사용하고 있는 '기독교 세계관'이라는 개념 역시 이러한 맥락에서 비롯되었습니다. 신앙은 개인의 내면에 머무는 정서적 확신이 아니라, 인간 존재 전체와 삶 전체를 변화시키는 힘이라는 것입니다. 그런 점에서 카이퍼와 바빙크에게 신학은 단순한 교리 체계가 아니라, 살아 있는 삶의 철학이자 실천의 틀이었습니다.

철학신학 교수로서의 경험

최종원 가르치는 과목도 그렇지만, 가르치는 대상이 그리스도인과 목회자, 목회자 후보생이라는 점이 선생님의 강의 방식과 기대에도 큰 차이를 만들 것 같습니다. 칼빈에서 강의하시면서 가장 중요하게 여기거나 강조하는 점이 있으신가요?

강영안 칼빈 신학교에서 철학신학 교수로 지낸 기간 동안 특히 좋았던 점은 두 가지였습니다. 하나는 계속 공부의 즐거움을 이어 갈 수 있었다는 것입니다. 또 다른 하나는 신학생들을 가르치는 일이 곧 교회를 위한 일이라는 인식이 한층 더 깊어진 것입니다.

저는 칼빈에서 종종 다음과 같은 질문을 제기하곤 했습니다. 이것을 교리문답식으로 말해 보면 이렇습니다.

질문 1 "신학교는 무엇을 위해서 존재하는가?"
답　　　"교회를 위해서 존재합니다. 교회에서 사역을 할 일꾼들을 키웁니다."

질문 2 "그렇다면 교회에서 사역자는 누구를 위해 존재하는가?"
답   "하나님의 백성들을 위해 존재합니다."

질문 3 "그렇다면 하나님의 백성은 누구를 위해, 무엇을 위해 존재하
        는가?"
답   "세상을 위해, 세상 가운데 하나님의 사랑과 은혜를 드러내는 삶을
        위해 존재합니다."

이렇게 본다면, 신학교의 사명과 신학 교육의 목적은 단순히 교회 사역자를 양성하는 데 그칠 수 없습니다. 세상 속에서 성도로, 또한 하나님의 백성으로 살아갈 이들을 세우고 돕는 일을 해야 하지 않겠습니까? 이와 관련해 저는 칼빈 신학교 총장과도 여러 차례 토론한 적이 있습니다. 결론은 분명했습니다. '삶의 모든 영역에서 그리스도의 주되심을 드러내며 섬길 수 있는 하나님 나라의 인재를 양성하는 것', '온 세상 속에서 하나님 나라 복음을 가지고 성도들을 세우는 사역자들을 길러내는 것', 이것이 칼빈 신학교가 지향해야 할 가치라는 점에 마음을 모았습니다.

신학 교육은 일차적으로는 교회 사역자를 준비시켜야 합니다. 따라서 성경을 가르치고, 설교자로 훈련하며, 예배학을 익히게 해야 합니다. 그러나 여기에서 멈출 수는 없습니다. 실제로 많은 과목이 교회 중심적으로 구성되다 보니 자칫 시야가 좁아질 위험이 있습니다. 저 자신만 해도 칼빈 신학교에서 가르치기 시작하면서부터 오히려 칼빈 칼리지에서 가르치던 시절보다 관심 주제의 폭이 더 좁아졌음을 느꼈습니다. 철학은 본래 삶의 모든 문제와 맞닿아 있기에 오히려 더 넓은 시야를 가져야 하는데 말입니다.

앞으로 교회에서 사역할 사람들을 훈련시키는 곳이 신학교이 므로 저는 늘 이렇게 강조합니다. 세미너리에서 신학이 학문으로 다루어진다 하더라도, 그 학문은 언제나 '교회를 섬길 수 있는 학문이어야 한다'는 원칙을 잊지 말라는 것입니다. 학생들에게 도 "어떤 주제를 다루더라도 단순한 학문적 호기심에 머물지 말고, 그 연구가 교회와 목회에 어떤 함의를 갖는지 항상 고민하라" 고 강조합니다. 세미너리가 존재하는 이유는 여기에 있습니다. 신학은 교회를 섬기고, 세상 가운데 살아가는 그리스도인의 삶을 세우는 학문이어야 합니다.

예일, 하버드, 시카고 같은 일반 대학의 신학부는 오로지 신학을 순수 학문으로 탐구할 수 있습니다. 그러나 세미너리는 다릅니다. 학생들도 그것을 잘 알고 있을 것이라 생각합니다. 세미너리는 신학을 학문으로 배우는 곳이 아니라, 교회를 섬기기 위해 신학을 배우는 곳입니다. 따라서 단순히 개인의 지적 취향에 따른 학문으로 신학을 배우고 싶다면, 세미너리보다는 일반 대학의 신학부가 더 어울리겠지요.

신학 교육 재편

최종원 선생님, 오늘날 교회의 침체는 곧 신학 교육의 위기와도 무관하지 않습니다. 갈수록 신학교 입학생들의 수가 급감하고 있고, 목회자 후보생들의 수준에 대한 우려도 커지고 있습니다.

강영안 종교개혁 이후, 개신교나 가톨릭교회는 저마다 추구하는 인재를 양성해 왔습니다. 가톨릭은 세미너리 제도를 도입했고, 칼뱅은 제네바에 아카데미를 세웠습니다. 그러나 오늘에 이르러 일반 성도들은 새로운 정보와 사회 변화에 적응하며 따라가려고 노력하는 반면, 정작 목회자들은 학습 수용력이 떨어지는 것처럼 보이기도 합니다. 저는 이것이 신학교에서 배운 신학의 영향과 무관하지 않다고 생각합니다.

실제로 지금 미국 신학교들은 교육 내용을 두고 깊은 고민에 빠져 있습니다. 신학 교육 자체가 위기에 직면해 있기 때문입니다. 교회의 쇠퇴가 신학교의 위기를 불러왔고, 한국 교회 역시 이 문턱에 서 있다고 생각합니다. 기독교가 쇠퇴하고 있는 상황에서 미국 교회와 신학교도 예외는 아니지요. 신학교 교육의 전환이 이루어지지 않는다면, 오늘의 도전을 감당하기 어려울 것입니다.

저는 상당히 오래전부터 신학을 네 분과로 나누어 가르치는 방식의 한계를 염려해 왔습니다. 신학 분과는 본래 신학 내의 역할 분담에서 비롯된 것이며, 그 근원은 이론과 실천의 구분에 있습니다. 가톨릭은 아리스토텔레스까지 거슬러 올라가고, 개신교는 슐라이어마허와 하겐바흐를 거쳐 오늘날의 네 분과 체계를 정착시켰습니다. 이러한 분류 자체가 무의미한 것은 아니지만, 그 한계를 반성적으로 성찰할 필요가 있습니다.

칼빈 신학교에서 제가 거듭 강조하는 질문이 있습니다. "우리가 배출하는 신학생들의 삶의 자리는 어디인가?" 물론 일차적 목표는 교회에서 일할 사역자를 양성하는 것입니다. 그러나 교회에 속한 성도들의 삶의 자리는 교회 안에만 머물지 않습니다. 성도들은 세상 속에서 다양한 모습으로 살아갑니다. 하나님께 부름받아 교회로 모인 성도들이 다시 세상으로 나아가 하나님의 백성으로서 그분의 삶의 방식을 드러내는 것, 이것이 성도들의 삶 아닌가요? 그리스도께서 이 땅에 사신 것처럼 성도들이 그렇게 살도록 이끌고 양육하는 것이 교회 사역자의 역할이며, 이런 사역자를 길러내는 것이 신학 교수들의 사명입니다. 따라서 신학교의 교육 과정과 방식도 그 방향에 맞게 재편되어야 합니다.

에베소서 4장 11-12절은 그리스도께서 어떤 사람은 사도로, 어떤 사람은 선지자로, 어떤 사람은 복음 전하는 자로, 어떤 사람은 목사와 교사로 삼으셨다고 말합니다. 그리고 그 목적은 성도를 온전하게 하여 봉사의 일을 하게 하며 그리스도의 몸을 세우게 하려는 것이라고 밝힙니다. 여기서 '성도를 온전하게 한다'는 말은 그리스어로 '카타르티제인'(καταρτίζειν)입니다. 마가복음 1장에서 야고보와 요한이 '그물을 깁고 있었다'고 할 때 사용된 '카타르티존타스'(καταρτίζοντας)와 같은 어근입니다. 성도를 온전하게 한다는 것은 찢어진 그물을 기워 다시 고기를 잡을 수 있게 하는 일과 같다는 뜻입니다. 다시 말해, 그물을 하나하나 수선하듯 성도들을 회복시켜 다시 고기를 잡을 수 있도록 세우는 일이라는 의미지요. 하나님께서 교회 사역자를 세우신 목적이 바로 이것입니다.

하나님의 백성으로 세상 속을 살아간다는 것은 결코 쉬운 일이 아닙니다. 삶의 자리에서 성도는 때로 상처받고 지치고 힘을 잃습니다. 사역자는 그런 성도들을 격려하고 치유하고 가르치며 다시 새 힘을 불어넣어 세상 속 삶의 자리에서 신실하게 그리스도를 따르는 사람으로 살도록 돕는 사람입니다. 그렇다면 신학교의 교육 과정과 교수들의 가르침도 그 목적에 맞게 변화해야 합니다. 그렇지 않으면 교회도 신학교도 더 깊은 침체에 빠질 수밖에 없습니다.

한국 신학 교육 대안

최종원 선생님은 한국 신학교의 책임 있는 위치에 있는 분들과 이런 이야기를 나눌 기회가 꽤 많으실 것 같습니다. 그때 당부하시는 내용은 어떤 것입니까?

강영안 실제로 한국 신학대학의 책임자들과 교과 과정 개편 등 여러 주제를 두고 이야기를 나눈 적이 있습니다. 앞서 말씀드린 것들을 제대로 하려면, 무엇보다 가르칠 수 있는 교수가 필요합니다. 더불어 지금까지 받은 신학 교육 과정의 재교육이 필요합니다. 어떤 면에서는 신학 교수의 재교육도 필요하다고 봅니다.

칼빈 신학교에서 커리큘럼 재편 위원으로 참여한 적이 있습니다. 그 회의에서 저는 커리큘럼 변경도 중요하지만 그보다 더 우선되어야 할 것은 교수 훈련이라고 강조했습니다. 교수들은 각자 박사 과정을 통해 학문적 훈련을 받았지만, 시대의 흐름을 읽고 신학 교육을 통해 학생들의 성품을 형성하는 훈련은 충분히 받지 못했습니다. 따라서 시대를 읽어나가고 그 맥락 속에서 신학적으로 교육할 수 있도록 교수진의 역량 강화와 재교육이 무엇보다 필요합니다. 교회가 위축되고 신학생이 줄어드는 현실 속에서 어쩔 수 없다며 손을 놓고 있을 수는 없습니다. 고신대 이사장을 그만두던 때, 신대원장을 만나 몇 가지 제안을 드린 적이 있습니다. 그중 보편적으로 적용 가능한 세 가지를 소개하면 이렇습니다.

첫째, 신학교의 '국제화'입니다. 한국어 교육에만 머물지 말고 영어나 중국어 프로그램을 개설해 동남아시아 등지의 학생들을 훈련시키고, 그들이 자국에서 교회를 세워 사역할 수 있도록 준비시키고 지원하자는 것입니다.

둘째, '상황화'입니다. 지금 한국 교회가 어디에 서 있는지, 현재 문화가 어떻게 흐르고 있는지 그 방향을 진지하게 읽어내야 합니다. 이를 외면하면 신학은 금세 화석화됩니다. 이것은 결국 커리큘럼의 개편을 요구하지요. 그런데 더 근본적인 문제는 "이 내용을 누가 가르칠 수 있는가"입니다. 기존의 틀 속에 융합되도록 한다는 측면에서 단순히 사회학자나 문화연구자, 인류학자를 초빙한다고 해서 해결될 일은 아닙니다. 신학과의 긴밀한 연결 속에서 새롭게 통합되어야 하지요.

셋째, '캐릭터(성품) 형성'입니다. 정보 전달에 그치지 않고 변혁적인 성품의 캐릭터를 빚어낼 수 있도록 가르쳐야 합니다. 단순히 알도록 하는 것이 아니라, 살도록 만드는 것이 신학 교육의 목표가 되어야 합니다.

이와 관련하여 설명할 때 저는 종종 자전거 비유를 듭니다. 자전거에 대해 아무리 많은 지식을 가지고 있더라도 실제로 타지 않으면 아무 소용이 없습니다. 직접 올라타고, 가다가 넘어지고, 무릎이 까져도 포기하지 않고 다시 일어서는 경험을 통해 비로소 탈 줄 알게 됩니다. 그래야만 자전거를 보는 사람에서 타는 사람으로 변하게 됩니다.

신학 교육도 마찬가지입니다. 전달된 정보를 습득한다고 해서 인간의 삶이나 신앙에 변화가 일어나지는 않습니다. 신학 교육에서 '상황화'를 말할 때, 단순히 시대를 분석하는 것이 아니라, 그 메시지가 무엇인지 분명하게 인식하고, 그 메시지를 삶으로 전달할 수 있는 '사람의 성품이 형성되는 과정'을 포함해야 합니다. 가르침을 통해 변화를 이끌어낼 수 있어야 합니다. 기독교 학자들을 일정 기간 훈련시킨다면, 신학 외 분야에서도 신학교 교육에 적합한 인재를 발굴할 수 있지 않을까요? 그러나 한국의 교단 신학교들은 그리스도인 학자라 하더라도 신학 외 분야의 학자를 교육 현장에 참여시킬 가능성은 여전히 낮아 보입니다. 저는 그 벽을 허물어야 한다고 생각합니다.

목회 또한 마찬가지입니다. 저는 제대로 된 목회는 각 분야의 전문인들이 참여해야 가능하다는 이야기를 하곤 합니다. 목회는 단순히 예배와 전도, 심방과 상담에 그치지 않습니다. 하나님이 목사와 교사를 세우신 목적은 성도를 온전하게 하여 그들이 삶의 자리에서 하나님의 백성으로 살아가게 하는 것입니다. 그러나 우리가 사는 세상은 너무 다양하고 분화되어 있습니다. 삶의 현장이 서로 너무 다르지요. 따라서 목회는 그리스도를 믿는 믿음의 선포에 그치지 않고, 성도를 세상 삶의 현장으로 파송하는 일까지 이어져야 합니다.

이런 문제의식을 저는 칼빈 신학교 총장과 교수들에게 자주 제기합니다. 이 학교의 경우에는 카이퍼의 전통을 따르기 때문에 이런 문제의식에 대한 논의에 공감대가 있습니다. 네덜란드 개혁교회 전통을 알고 그에 따른 신학적 변화를 이해하는 사람들이 커리큘럼을 많이 바꾸었습니다. 그러나 여전히 남아 있는 과제는 이 변화를 어떻게 실행할 것인가입니다.

한국 교회에서 이런 방향에 대해 설득하는 일은 솔직히 자신이 없습니다. 종교와 삶, 교회와 사회가 지나치게 이원화되어 있기 때문입니다. 그럼에도 저는 젊은 사역자들에게 희망을 걸어보고 싶습니다. 그들과 더 깊이 대화하며 새로운 길을 모색하고 싶습니다.

신학자의 역할

최종원 선생님, 신학자들의 재교육에 관한 말씀이 매우 중요하게 다가옵니다. 그렇다면 인문학이 신학 교육 현장에서 직접적으로 좀 더 활발하게 역할을 담당하는 것이 가능할까요? 단적인 예로,

16세기 종교개혁가들 대부분이 스콜라학보다는 인문학의 영향을 받았던 사람들이지 않습니까? 한참 옛날 이야기이긴 하지만, 군부독재 시절 이만열 선생이 숙명여대에서 해직된 뒤 합동신학교에서 목회학 석사(M.Div.)를 하시면서 『논어』 강의를 하셨다는 이야기를 들은 적이 있습니다. 지금 한국 신학교 현장에서는 쉽게 그려지지 않는 장면입니다. 신학 교육이 전인적이기보다는 신학적 언어에만 익숙해지는 한계가 뚜렷합니다. 선생님의 평가는 어떠신지요?

강영안 저는 오늘날 신학 교육이 지식 전달에 그치는 것은 아닌가 하는 우려가 있습니다. 고대 그리스 전통에서 학문은 지식 전달을 넘어서 도야(陶冶)를 추구했습니다. 도야란 철학자들이 제자들에게 '영혼을 돌보는 일을 가르치는 것'을 의미하는 단어였습니다. 그들은 이것을 '파이데이아'(παιδεία)라 불렀습니다. 오늘날의 개념으로 말하면, '인성 교육'이라 할 수 있겠지요. 인성 교육이란 눈에 보이는 별도의 과목으로 주어지는 것이 아니라, 모든 학문과 수업 안에 스며 있는 숨은 교육 과정(hidden curriculum)으로 작동해야 합니다. 교수는 단순한 지식 전달자가 아니라, 학생과 청중의 영혼을 돌보는 책임을 자각해야 합니다. 이를 위해서는 사람에 대한 이해, 즉 인문학적 소양이 반드시 필요합니다. 반복해서 이야기하지만, 인문학적 소양은 읽고 생각하고 질문하고 글로 풀어내는 일련의 능력을 말합니다.

오늘 신학교에서는 안타깝게도 생각하는 법을 가르치지 못하는 듯합니다. 거듭 강조하지만 생각하는 법을 배워야 올바르게 질문할 수 있고, 질문이 있어야 제대로 된 공부를 시작합니다. 어떤 질문은 사고를 촉발시키고, 사고는 현실과 자신을 돌아보고 성찰하게 합니다. 그러나 목회자들을 양성하는 교육 과정은 대부분 답이 정해져 있고, 학생들은 답을 반복해서 외우는 것에 머뭅니다. 오늘날 한국의 신학교는 마치 교단을 위해 봉사하는 사람을 양성하는 듯, 한국 대부분의 신학자는 교단 신학자가 됩니다. 그러다 보니 신학자들이 자신의 학자적 양심, 신앙 양심에 따른 목소리를 내지 못합니다. 신학자들은 자신의 신학과 교리, 성서 연구를 통해 한국 교회의 지향을 제시하고, 한국 교회의 고민을 풀어나갈 목소리를 내야 합니다. 신학이 교회를 섬기는 학문이라고 말한 의미는 교회가 잘못된 방향으로 나갈 때, 이를 분명하게 지적하고 적극적으로 교정하는 비판적 기능을 수행해야 한다는 뜻이기도 합니다.

어떤 학문, 어떤 지식에든 기본적으로 두 가지 기능이 있습니다. 첫째는 무언가를 배우고 쌓아가며 세우는 '건설적 기능'(constructive function)입니다. 우리가 언어를 배우거나 어떤 기술을 익히듯 새로운 앎을 습득하고 삶에 적용하는 과정입니다. 태어날 때부터 죽을 때까지 이 과정은 끝나지 않습니다. 둘째는 참과 거짓, 옳고 그름, 선과 악을 구별하는 '비판적 기능'(critical function)입니다. '판단한다'는 뜻을 가진 그리스어 '크리노'(κρίνω)가 함의하듯, 가려내고 분별하며 판단하는 능력을 말합니다. 이것이 가능하려면 물론 선행되는 '앎'이 있어야 합니다. 이러한 두 가지 기능을 함께 수행해야 학자다운 학자라 할 수 있습니다. 인문학자든, 신학자든, 사회과학자든 모두에게 동일하게 요구되는 것입니다.

현장 속으로 들어가기

최종원 선생님, 다시 말하자면 상황화란 교회가 특수성만을 강조하고 세상과 담을 쌓는 것이 아니라, 세상 속으로 들어가 치열하게 고민하고 소통하는 것이라고 이해할 수 있을 것 같습니다. 그러나 오늘의 교회는 지역 사회와 긴밀하게 연결되어 있지 않은 것 같습니다. 이렇게 된 이유는 목회자들의 강고한 성직주의도 한 몫을 했다고 생각합니다. 그 영향은 오로지 교회를 유지하기 위하는 것에만 집중하는 것입니다. 교권주의에 대한 반작용으로 평신도 신학이나 대안적인 교회 운동들이 등장하기도 했습니다. 그렇다면 신학 교육이 붙들어야 할 핵심 가치는 무엇이라 보십니까?

강영안 한국 교회 갱신의 대안으로 '목회자들을 어떻게 교육할 것인가' 하는 교육 재편에 초점을 두기도 하지만, 동시에 '평신도들을 신학적으로 훈련시키는 것'을 돌파구로 보는 분들도 있습니다. 저 역시 평신도 신학 교육에 이름을 걸어두고 있습니다만, 이것이 교회 갱신의 근본적 대안이 될 수 있을지 확신하기는 어렵습니다.

근본적으로 오늘날 신학 교육이 실천할 수 있는 대안은 '삶의 현장으로 깊숙이 들어가는 것'이라 생각합니다. 함께 먹고 일하고 울고 웃으며 예배하는 자리에서 사람들과 삶을 나누는 것이지요. 이는 제도로서의 교회와 맞닿아 있는 문제입니다.

어떤 기관이든 제도로서 일단 자리를 잡고 기능하기 시작하면, 조직이나 기관 유지에 힘을 거의 써 버리는 경향이 있습니다. 사실 제도는 인간이 만든 것입니다. 가정, 법원, 학교, 기업은 물론 교회 역시 제도입니다. 제도는 인간의 삶을 보호하고 질서를 세우기 위해 만들어졌지만, 편의상 만들어졌다고 생각하는 사람들도 있습니다. 편의상 만들었다면 편의상 없앨 수도 있어야 할 텐데 꼭 그렇지만은 않습니다.

오늘 우리의 삶에 큰 변화들이 많지만, 그중에서도 제도가 직면한 변화가 크다는 생각이 듭니다. 한마디로 '탈제도화'라고 해야 할까요? 대표적인 예가 가정입니다. 전통적으로 한 남자와 한 여자의 결합으로 이해되던 결혼조차 서구 사회에서는 이제 그 형태가 많이 변했습니다. 예전처럼 혼인 관계가 그렇게 견고하지도 않습니다. 이처럼 제도의 견고함이 해체되는 흐름은 교회 역시 피할 수 없습니다.

교회는 자발적인 제도입니다. 적어도 프랑스 혁명 이후에는 말입니다. 신학교는 자발적인 제도인 교회가 유지되도록 인력을 공급하기 위해 존재합니다. 과거에는 사람의 깊은 심중에 종교성이 있기 때문에 인간은 종교 없이, 신 없이 살 수 없다는 생각을 했습니다. 하지만 오늘날에는 "왜 꼭 교회에 가야만 종교성을 드러낼 수 있는가"라는 물음을 제기합니다. "교회 밖에도 영성이 있고, 다른 방식으로도 종교적 욕구를 충족할 수 있다"고 생각하는 이들이 있습니다. 우리에게 예배하고자 하는 욕구가 있다고 해서 이 욕구에만 의존해서는 교회라는 제도가 유지될 수는 없습니다. 종교나 영성은 오늘날 선택의 대상이 되었으니까요. 그래서 교회 제도의 존속은 점점 더 불확실해지고 있는데, 이는 오늘날 제도 교회가 당면한 위기인 동시에 신학 교육이 마주한 위기이기도 합니다.

그런데 이 지점이 바로 교회가 지역성과 연결해야 하는 이유입니다. 교회는 지역 공동체의 역할을 할 수 있기 때문입니다. 지역 사회와 그 지역에 사는 사람들의 삶 속으로 깊이 들어갈 수 있는 교회, 그런 교회를 이끌어나갈 지도자를 키우는 일에 신학 교육이 관심을 가져야 합니다.

저의 사상적 배경이 된 개혁신학의 전통에는 사회, 문화, 경제, 예술 등을 새롭게 바라보는 지적, 사상적 자산이 있습니다. 칼뱅, 카이퍼, 바빙크, 도이어베이르트, 월터스토프로 이어지는 지적 전통은 복음적 신앙 실천에서는 철저하면서도, 동시에 사회, 문화, 경제, 정치적 측면에서는 급진적인 특징을 지닙니다. 저는 이러한 개혁신학이 한국에 알려지긴 했지만, 그 안에 담긴 역동성을 제대로 담아내지 못하고 있다고 생각합니다.

개혁신학에 있는 신앙의 보수성이 경제, 정치, 사회를 바라보는 보수성과 연결되고 이데올로기화되었습니다. 자본주의와 공산주의라는 이분법적 이념의 틀 속에서 신앙과 신학을 재단하다 보니, 기독교는 자본주의와의 친화성만 강화되었습니다. 자본주의가 가지고 있는 문제점을 복음 아래에서 조망하고 성찰하려는 시도는 위험한 것으로 치부되었습니다. 우리가 서 있는 자리에 대한 비판적 성찰의 여지가 차단된 것입니다. 이럴수록 한국 교회는 사회 속에서 게토화될 수밖에 없습니다. 목회자들과 성도들은 간편한 답을 찾는 데 익숙해져 버렸습니다. 오늘의 한국 교회가 신뢰를 잃은 것은 어쩌면 자연스레 도출된 결과물입니다. 목회자들과 성도들 모두가 자신들이 서 있는 자리를 점검하고 돌아보는 수고를 해나갈 때 이 사회 속에서 신학과 교회는 의미 있는 자리를 차지하게 될 것입니다.

6

기독교 윤리와 탈진실의 시대

윤리와 신학, 어떻게 연결될까?

최종원 예전에 한 조직신학자가 이런 이야기를 했습니다. '한국에서 전통적인 교의학을 하는 것이 무슨 의미가 있나. 고리타분하고 화석화된 작업이 아닐까' 하는 자괴감을 가진 분들이 있다는 것입니다. 실제로 조직신학으로 박사 학위를 받은 상당수 학자들이 기독교 윤리로 공부 영역을 전향한다는 이야기를 하더군요. 신학자가 아닌 제 입장에서는 한국 신학계에서 조직신학과 윤리의 연관성이 선뜻 이해되지 않습니다. 이 둘을 어떻게 연결할 수 있을까요?

강영안 '조직신학을 전공한 사람들이 왜 윤리학으로 전향하는 것을 고민하는가'를 묻기 전에 먼저 짚어 볼 점이 있습니다. 한국 교회의 신앙은 전반적으로 보수적이라 말할 수 있을 것입니다.

보수 신앙을 가진 이들에게는 전통 교리를 수호하는 일이 중요합니다. 그래서 성서신학이나 실천신학보다는 조직신학이 보수적 전통 교리를 지키는 데 유리하게 여겨집니다. 다시 말해, 조직신학에 대한 높은 관심은 신앙의 보수성과 밀접하게 연결됩니다. 조직신학(또는 교의학)은 전통적 신앙고백과 교리를 다루지만, 윤리학은 상황화된 시대성을 반영하지요.

그렇다면 조직신학 박사 학위를 받은 사람들이 윤리학으로 전향한다는 말은 무슨 의미일까요? 교회와 신학교에서 교리와 전통에 대한 관심이 줄어들고 있기 때문일까요? 아니면 오늘의 일상의 삶에서 솟아나는 현실적 물음들이 더 시급하게 다가오기 때문일까요? 혹은 신학자 자신의 내면적, 실존적 물음의 결과일까요? 아마 이 모든 요인이 함께 작용한다고 보아야 할 것입니다.

저는 조직신학과 기독교 윤리를 둘 중 하나를 선택해야 하는 대립 관계로 보지 않습니다. 어떻게 교리와 삶이 동떨어질 수 있겠습니까? 학교 교육 과정에서는 교리와 윤리를 각각의 과목으로 나누어 가르칠 수 있지만, 문제 자체의 본질인 '자해'(Sache, 사태, 주제, 문제)는 하나입니다.

조직신학(교의학)과 윤리학의 관계에 대해 누구보다 통찰력 있게 가장 잘 보여준 인물은 헤르만 바빙크입니다. 그의 글을 직접 인용해 보겠습니다.

> "교의학은 하나님께서 인간을 위해, 인간에게, 인간 안에서 행하신 일을 설명하는 학문입니다. 반면, 윤리학은 새롭게 된 인간이 이제 그 하나님의 행위를 근거로, 하나님의 능력 안에서 어떻게 살아가야 하는지를 다루는 학문입니다. 교의학에서는 인간이 수동적으로

하나님의 행하심을 받아들이고 믿는 존재로 나타납니다. 이에 비해 윤리학에서는 인간이 자발적으로 행하며 능동적으로 나아가는 존재로 드러납니다. 교의학은 신앙의 진리를 다루고, 윤리학은 십계명을 비롯한 삶의 규범을 다룹니다. 교의학은 인간으로 하여금 하나님이 어떤 분이시며, 하나님께서 인간을 위해 무엇을 하셨는지를 배우게 합니다. 그 결과 하나님을 창조주이시며, 구원자이시며, 거룩하게 하시는 분으로 알게 합니다. 이에 반해 윤리학은 이제 인간이 하나님께 어떤 존재이며, 하나님을 위해 무엇을 할 수 있는지를 설명합니다. 아울러 인간이 지혜와 의지와 힘을 다해 감사와 사랑으로 하나님께 어떻게 자신을 헌신해야 하는지를 가르칩니다. 따라서 교의학은 하나님에 대한 지식의 체계이고, 윤리학은 하나님을 향한 봉사의 체계라 할 수 있습니다. 이 두 학문은 서로 독립적으로 병치되어 있는 것이 아니라, 하나의 유기적 통일체로서 서로에게 긴밀히 연결된 지체들입니다"(헤르만 바빙크, 『개혁교의학』 1권 12절).

기독교 윤리학과 일반 윤리학의 차이

최종원 선생님, 그렇다면 기독교 윤리학과 일반 윤리학의 차이는 어떻게 구분할 수 있을까요? 기독교 교육, 기독교 상담 등 일반 학제 앞에 붙이는 '기독교'란 수식어가 항상 긍정적으로 수용되지만은 않습니다. 교육과 상담과 달리 윤리란 가치 판단이 훨씬 더 개입되는 문화적이고 상대적인 것이기에 좀 더 조심스러워야 하지 않나 하는 생각입니다. 자칫 윤리가 조직신학의 체계 아래에 놓이게 되거나, 조직신학이 지향하는 가치 속에 윤리가 종속된다면 상황화된 학문은 불가능해질 위험이 있습니다. 그래서 일반 윤리학과 기독교 윤리학의 차이부터 짚어 보는 게 필요하겠습니다.

강영안 기독교 윤리는 하나님과의 관계 안에서 정의될 때 비로소 일반 윤리와 구별됩니다. 기독교 윤리학은 성부, 성자, 성령 안에서 살아가는 삶을 탐구하는 학문이라 말할 수 있습니다. 그 논의 방식은 다양하게 나타날 수 있지요. 가장 오래된 노력으로 가톨릭 전통에서 볼 수 있는 '자연법 윤리', 칼 바르트, 스티븐 에반스, 존 헤어의 '하나님의 명령 윤리', 알래스데어 매킨타이어, 존 하워드 요더, 스탠리 하우어워스의 '덕 윤리', 디트리히 본회퍼와 리처드 니부어의 '책임 윤리', 그리고 올리버 오도노반의 부활에 기초한 '그리스도 중심적 복음 윤리학' 등이 그 대표적인 시도들입니다. 그러나 어떤 이론적 틀을 취하든, 윤리의 중요한 본질은 결국 삶의 현실과 맞닿아 있다는 점에 있습니다.

예를 들어, 행위의 규범과 관련하여 불교, 유교, 기독교는 모두 '사람을 죽이거나 거짓말하거나 도둑질하지 말라"는 규범을 동일하게 가르칩니다. 그러나 핵심은 '그렇게 살 힘이 어디에서 오는가'에 있습니다. 올바르게 살라고 가르치지만, 그 삶을 가능하게 하는 근원과 주체가 무엇인가 하는 물음이 남습니다.

유교 전통은 오래전부터 윤리를 매우 강하게 강조하며 삶의 중심에 두어 왔습니다. 그래서 어떤 면에서는 윤리 종교 혹은 도덕 종교로 불리기도 합니다. 『논어』를 중심으로 흔히 효(孝), 제(悌), 충(忠), 신(信)이 중요한 덕목으로 제시되지요. '효제'는 가정 안에서의 관계를 중심으로 하는 덕목으로 부모에게 효도하고, 형제 간에 서로 우애를 지키는 것입니다. '충신'은 가정을 넘어 사회와 공동체 속에서의 관계를 다루며, 윗사람에게 성심껏 대하고 또래나 동료 사이에서 신의를 지키는 삶의 태도를 뜻합니다. 이처럼 유교의 윤리는 단순히 외적 행위의 도덕성을 넘어, 관계 속에서 자신을 바르게 세우고 타인과 조화를 이루는 삶의 태도를 강조합니다. 요컨대 유교에서 말하는 윤리란 '마땅히 내가 해야 할 일을 하는 것'이며, 그 마땅함의 근거는 내가 타인과 맺고 있는 '관계'에 있습니다. 예를 들어, 부모와 자식, 스승과 제자, 어른과 또래 사이 각 관계에서의 역할을 올바로 수행하는 것이 곧 유교의 윤리입니다.

그렇다면 그렇게 윤리적으로 행할 수 있는 능력은 어디에서 오는 것일까요? 유교 전통은 그 힘을 '하늘로부터 부여받은 것'으로 이해합니다. 즉 인간 안에 본래 주어진 도덕적 능력이 있다는 관점입니다. 이 관점은 서양 중세 토마스 아퀴나스의 자연법(natural law) 사상과도 연결됩니다. 결국 유교 윤리의 핵심은 관계 안에서의 자리, 그 자리에 합당한 행위, 그리고 그 행위를 가능하게 하는 내면의 힘이 유기적으로 연결되어 있다는 데 있습니다.

한편 기독교 윤리의 핵심은 '예수 그리스도와 함께 죽고, 그와 함께 다시 사는 것'에 있습니다. 로마서 6장이 말하듯, 우리는 세례를 통해 십자가와 부활의 사건을 함께 체험하며 예수 그리스도와 연합합니다. 이 연합이 바로 기독교 윤리의 기초지요. 따라서 기독교 윤리는 일반적인 보편 윤리와 달리, 그 자체의 신학적 근거와 실천적 맥락 안에서 이해되어야 합니다.

바울은 갈라디아서 2장 20절에서 이렇게 고백합니다. "내가 그리스도와 함께 십자가에 못 박혔나니 그런즉 이제는 내가 사는 것이 아니요 오직 내 안에 그리스도께서 사시는 것이라." 여기에서 삶의 주체는 분명히 '나'이지만, 그 '나'는 더 이상 자기를 중심에 두지 않습니다. 사회적 관계망 속에 얽혀 있는 '나'가 아니라, 그리스도와의 연합 속에서 중심을 내려놓은 '나' 곧 탈중심화된(de-centering) 존재입니다. 이러한 삶은 곧 그리스도가 중심이 되는 삶을 의미합니다. 내가 살아가는 내 인생이지만, 그 삶의 중심은 더 이상 '나'가 아니라 '그리스도'입니다. 그분 안에서 죽고, 그분 안에서 다시 살아나 그를 따르는 삶, 이것이 바로 기독교 윤리의 본질이자 방향입니다.

존재의 변화에서 비롯된 윤리

최종원 선생님, 그렇다면 기독교 윤리의 핵심은 어떤 신학적 도그마에 기반한다기보다, 예수 그리스도를 삶의 중심에 두고 그리스도와 연합하여 그분을 따라 살아가는 삶으로 규정할 수 있겠습니다. 그렇다면 그리스도를 따르는 삶의 가치는 예수님이 이 땅에서 강조하셨던 타자에 대한 삶의 태도와 밀접하게 연결되어야 하지 않을까요?

강영안 그렇습니다. 기독교 윤리의 중심은 곧 그리스도를 따르는 삶에 있습니다. 그리스도인은 그 삶의 방식을 실천하는 사람들입니다. 그리고 기독교 윤리는 바로 그 삶의 방식을 더욱 명시적으로 강조합니다. 다만 역사 속에서 이러한 강조가 과도해지면 그리스도라는 이름으로 타자를 배제하고 배척하는 왜곡이 일어나기도 했습니다. 대표적인 사례가 십자군 전쟁이지요. 이는 신앙의 정치화와도 깊은 관련이 있습니다.

우리가 그리스도의 이름으로 어떤 슬로건이나 표어를 내걸 때, 그것은 단순한 사고나 개념을 넘어 실제 존재를 통해 구현되는 실천이어야 합니다. 정말 그리스도와 연합하고 그리스도를 따른다면, 그분의 이름으로 타인을 정죄하거나 배제할 수 없으며 불관용이나 폭력을 정당화할 수 없습니다. 왜냐하면 예수님께서 보여주신 삶의 방식 곧 자신을 비우고 낮추어 타자를 섬기신 태도와 무관하게 살면서 그리스도의 이름을 사용할 수는 없기 때문입니다. 그리스도를 따른다는 것은 단지 특정 교리에 대한 추상적 고백이 아니라, 말씀이 육신이 되어 오신 그분, 하나님의 영광을 버리고 이 땅에 오셔서 자신을 비우신 그 존재 방식을 따라 살아가겠다는 실천적 고백이기 때문입니다.

빌립보서 2장에서 보듯, 예수님은 자신을 비우시고 낮추시며 죽기까지 복종하셨습니다. "이 마음을 품으라. 곧 그리스도 예수의 마음이니"(빌 2:5)라는 말씀을 따를 때, 결국 그리스도를 따라 사는 삶의 실천이 가능합니다. 이는 단순한 도덕적 권면이 아니라, 그분의 삶을 따라 살아가라는 윤리적 요청입니다. 그러므로 빌립보서 2장은 기독교 윤리의 핵심이라 말할 수 있습니다.

이것은 로마서 6장과도 연결됩니다. 흔히 로마서 1-11장을 교리편, 12-16장을 윤리편으로 나누어 설명하는 경우가 많습니다. 물론 불가능한 것은 아닙니다. 하지만 저는 로마서 12장 이후에서 윤리가 가능했던 것은 6장에서 말한 '그리스도와 함께 죽고 다시 사는 존재의 변화'를 전제로 하기 때문이라 생각합니다. 세례를 통해 그리스도의 죽으심에 참여하고 의롭다 하심을 받고 하나님의 자녀가 되는 것, 이것이 기독교 윤리의 존재론적 기반입니다.

따라서 '어떻게 살아야 하는가'라는 윤리적 질문은 '내가 누구인가'라는 존재론적 질문과 결코 분리될 수 없습니다. 이런 점에서 토마스 아퀴나스의 "행동은 존재를 따른다"(Agere sequitur esse)는 고전적인 명제가 여전히 유효합니다. 내가 어떤 존재인가에 따라 그에 맞는 행동이 나오는 법이니까요. 그리스도를 통한 존재의 변화 없이 그저 일반적인 윤리 규칙만 따르는 것으로는 기독교 윤리, 즉 그리스도를 따르는 윤리가 형성될 수 없습니다. 기독교 윤리는 도덕적 규칙의 준수 여부가 아니라, '그리스도와의 연합을 통한 존재 변화가 선행되었는가'에 달려 있습니다. 그리고 그 존재 변화의 핵심에는 '그리스도께서 지금 여기 어떤 위치에 계시는가?'라는 물음이 자리 잡습니다.

신학과 윤리, 뿌리와 열매

최종원 선생님, 방금 말씀하신 '그리스도께서 지금 여기 어떤 위치에 계시는가'라는 질문은 결국 '그리스도가 내 삶에 어떤 존재인가', '그분이 나의 존재 변화에 본질적으로 관여하며 이끌고 계시는 분인가'라는 물음을 스스로 던지라는 의미인가요?

강영안 그렇습니다. 이 질문은 자연스럽게 "하나님이 말씀이 되신 그분을 어떻게 볼 것인가"라는 물음으로 이어집니다. 다시 말해, '기독론'(Christology)의 문제입니다. 기독론은 내가 어떤 존재가 되느냐, 그리고 그 존재의 변화를 통해 어떻게 살아갈 것인가를 결정하는 기초가 됩니다. 물론 기독론은 교의학 안에서 중요한 부분을 차지하지만, 기독론만이 교의학의 전부는 아니지요. 왜냐하면 삼위일체 하나님 곧 성부, 성자, 성령께서 함께 창조와 구속, 그리고 새롭게 하시는 일을 이루시기 때문입니다. 이러한 삼위일체 하나님의 사역을 떠나서는 기독교 윤리를 제대로 말할 수 없습니다.

이런 맥락에서 조직신학이라 할 수 있는 교의학은 윤리학의 기초가 되고, 윤리학은 교의학의 열매이자 결과가 될 수 있습니다. 교의학이 나무의 뿌리라면, 그 뿌리로부터 자라난 열매가 바로 그리스도인의 윤리적 삶이지요. 이처럼 교리와 윤리는 서로 유기적으로 연결되어 있으며 서로 배제할 수 없습니다. 우리의 신앙고백이 삶의 구체적 실천과 이어지지 않거나, 반대로 일상을 살아가는 그리스도인이 교의학의 뿌리를 무시한다면 그 한계는 분명해질 수밖에 없습니다.

마지막으로 덧붙이자면, 교의학과 윤리학의 밀접한 관계에도 불구하고 현실에서는 종종 피상적인 교의학자들이 단순히 교리에 기초한 규범적 윤리를 주장하는 경우가 있습니다. 그러나 이런 방식은 실제 삶과 동떨어진 구획 짓기에 불과합니다. 신학 교육 현장에서도 종종 나타나므로 더욱 경계해야 할 지점입니다.

좋은 신학에서 나쁜 윤리가 나올 수 있는가?

최종원 제가 윤리와 조직신학에 대한 질문을 던진 것은 이 질문으로 이어가기 위해서일 듯합니다. 좀 더 도발적이고 근원적인 질문을 드려 보겠습니다. 기독교가 비윤리적으로 된다면, 조직신학의 적실성을 거꾸로 되물어야 하지 않을까요? 저는 기독교 신학자들이 조직신학의 잣대로 다름을 배척하는 것, 예컨대 과학 관련 이슈나 사회 정의 문제 등을 조직신학의 잣대로 재단하는 것이 과연 학문하는 태도인가 하는 의문이 듭니다. 자신의 신학이라는 잠정적인 기준으로 손쉽게 다른 것을 규정하고 이단시하는 흐름이 강한 지금의 현실을 누구도 부정하지 못합니다. 다시 말하면, 답은 정해져 있는 것입니다. 그렇게 교조화된 신학을 '진리'라는 단어와 손쉽게 치환해서 쓰는 한, 사회적 관계 속에서 새롭게 정립되는 사회 윤리를 좇아가지 못할 것이라 생각합니다. 그에 대한 인식이 없으니 너무 쉽게 자신이 선 자리에서 다른 것을 재단해 버립니다. 저는 이들이 기본적인 학자로서의 학문 윤리가 있는지 의심이 듭니다. 한국 교회나 신학계의 현실에서 이런 질문을 던지는 것이 필요하지 않을까요? '좋은 신학에서 나쁜 윤리가 나올 수 있는가?' 교조화된 신학과 윤리의 수준이 결국 한국 교회의 윤리 수준이라고 한다면 지나칠까요?

강영안 이 질문에 대해서는 두 가지 차원을 구분할 필요가 있습니다. 하나는 '진리가 여전히 존재한다고 말할 수 있는가'라는 물음이고, 다른 하나는 '기독교가 말하는 진리가 오늘날에도 설득력과 적실성을 지니는가' 하는 것입니다.

미국 철학자 리처드 로티(Richard Rorty)는 "진리란 내 동료들이 내가 그렇게 말하도록 내버려두는 것이다"(Truth is what my peers may let me get away with saying)라고 말했습니다. 그에 따르면 진리는 어떤 객관적인 사실이나 실재의 일치가 아니라, 사회적, 언어적 공동체 안에서 받아들여지는 동의와 승인을 통해 형성된다는 것입니다. 예컨대 내가 어떤 주장을 했는데 동료들이 내 말에 동의하고 그것이 옳다고 인정해 주면, 그 말이 사실상 '진리'로 기능한다는 것이지요. 즉 진리는 '사람들이 얼마나 그것에 동조하느냐에 따라 결정된다'는 의미입니다.

이 관점에서 윤리도 마찬가지입니다. 옳고 그름, 선과 악이 사회적 합의로 결정될 수 있기 때문입니다. 예를 들어, '우리 편이 아니기 때문에' 혹은 '적을 이롭게 하기 때문'에 폭력을 정당화하는 사회도 존재할 수 있습니다. 만약 그런 사고방식이 받아들여진다면, 결국 윤리적 판단도 '다수의 동의'에 따라 좌우된다면, 진리와 정의의 기준은 공동체의 합의로 축소되고 맙니다. 이것이 민주주의 사회에서 '다수결의 원칙'이 갖는 한계입니다. 다수의 결정이 언제나 옳은 것은 아니잖습니까?

근대 사회는 '객관적인 사실'에 대한 신뢰를 유지했지만, 오늘날 우리는 진리와 거짓의 경계가 점점 모호해지는 '탈진실(post-truth)의 시대'에 살고 있습니다. 이전 시대에는 진리가 있었고 지금은 사라졌다는 말이 아닙니다. 진리와 거짓의 구별이 모호해졌고, 더 나아가 거짓이 다수의 지지를 바탕으로 진실인 것처럼 간주되는 현상이 늘어났습니다.

'탈진실'은 2016년 영국의 브렉시트(Brexit) 국민 투표와 미국 대선 이후 옥스퍼드 사전이 선정한 올해의 단어로, '공공 여론이 형성되는 과정에서 객관적 사실보다 감정의 호소나 개인적 신념이 훨씬 더 큰 영향을 미치는 현상'을 뜻합니다. 오늘날 다양한 미디어를 통해 근거 없는 이야기들이 사실인 양 유포되고, 그것이 여론을 형성하며 사람들의 인식에 영향을 미치는 것을 목도하고 있습니다. 이른바 '가짜 뉴스'가 진실처럼 퍼져나가고 있지요. 이러한 현상은 정치나 종교 같은 이념 중심의 영역뿐 아니라, 과학 영역에서도 일어나고 있습니다. 예를 들어, 지구 온난화와 이산화탄소 배출 간의 인과관계를 부정하거나 백신 접종을 거부하는 움직임은 탈진실의 전형적인 사례라 할 수 있습니다.

기독교는 본래 '진리'(truth), '참'(true), '진실'(veritas)이라는 개념에 대해 민감한 전통을 가지고 있습니다. 토마스 아퀴나스는 "진리는 사물과 지성의 일치"(*Veritas est adaequatio rei et intellectus*)라고 정의했습니다. 어떤 진술이 참되다고 말할 수 있으려면, 그것은 실제(reality)와 그에 대한 우리의 인식(intellect)이 일치해야 한다는 뜻입니다. 20세기의 철학자 버트란드 러셀(Bertrand Russell)도 "진리란 나의 진술이 실제 사실과 일치할 때 성립한다"고 말했습니다. 이런 정의에 따르면, 진리는 객관적 사실에 근거합니다. 따라서 우리가 참과 거짓을 판단할 때 개인적 확신이나 종교적 신념, 감정적 정서만으로는 진리를 말할 수 없습니다.

탈진실의 시대가 되었다는 말은, 내가 가진 신념이나 믿음을 결정할 때 더 이상 객관적 사실이 중요하지 않은 시대가 되었다는 뜻입니다. 안타깝게도 이와 같은 흐름은 오늘날 한국 기독교 안에서도 관찰됩니다. 많은 경우, 어떤 사회적 이슈나 논쟁에서 객관적 사실에 대한 탐구 없이 전통적 교리나 집단 기억에만 근거해 "우리는 옳고 저들은 틀렸다"는 식의 이분법적 판단이 이루어지고 있습니다. 프랑스 철학자 미셸 푸코는 이를 가리켜 '진리를 찾으려는 의지'(will to truth)가 사실상 대상을 통제하고 지배하려는 '권력 의지'(will to power)로 전락한 것이라 설명합니다. 이미 근대 초기에 프랜시스 베이컨(Francis Bacon)은 "아는 것이 힘"(*Scientia est potentia*)이라고 말한 바 있습니다. 앎이 곧 권력이 될 수 있다는 말이지요. 이 말은 지식과 진리가 권력과 통제의 도구로 전락할 수 있음을 경고하는 표현이기도 합니다.

오늘날 한국 교회와 신학이 사회 속에서 점점 설득력을 잃어가는 이유도 여기에 있습니다. 기독교의 진리 선포에는 진지한 지적 탐구가 부족하고, 그에 상응하는 윤리적 삶이 뒤따르지 않기 때문입니다. 신학적 주장이나 윤리적 판단이 오히려 기득권을 옹호하는 수사처럼 들릴 때도 있습니다.

우리가 다시 진리란 무엇인가를 묻고자 한다면, 그것은 단순히 정답을 찾는 행위가 아니라, 어떻게 앎을 구성하고, 어떻게 살아가야 하는지를 정직하게 성찰하는 태도에서 출발해야 합니다. 진리는 존재합니다. 그러나 그것은 끊임없는 탐구와 겸손한 자세, 그리고 공동체 속에서의 정직한 대화를 요구합니다. 진리를 말하는 사람은 권력을 탐하는 사람이 아니라, 진리를 따라 살고자 하는 사람이어야 합니다. 이것이야말로 기독교 신앙이 요구하는 윤리적 태도가 아닐까요?

탈진실의 시대 살아가기

최종원 탈진실이 우리가 살아가고 있는 시대의 한 증상이라면, 그리스도인들은 이런 시대에 어떤 태도를 가져야 할까요?

강영안 무엇보다 중요한 것은, 어떤 진술이 유통될 때 그것이 '객관적 사실'인지를 먼저 확인하는 태도를 지니는 것입니다. 어떤 문제에 대해 성급하게 판단하기보다는 유보적이고 비판적인 태도를 갖춰야 하는 것이지요. 여기서 비판적(critical)이라는 말은 단순히 부정한다는 뜻이 아니라, 참과 거짓을 가려낸다는 의미이며, 비판을 하기 위해서는 기존의 것에 대해 회의하는 태도가 필요하다고 제가 앞에서도 말씀드렸습니다. 회의는 어떤 것을 곧장 수용하기보다 유보하는 태도를 의미하지요. '회의적'이란 말의 그리스어 '스켑시스'(σκέψις)는 '의심한다'는 뜻보다 '사실을 찾아간다'는 뜻에 더 가깝습니다. 단정하지 않고 옳고 그름을 더듬어 찾아보는 태도를 말합니다. 앞에서 말했듯이, 고대의 회의론자들이 말한 '에포케'(epoche) 곧 판단을 보류하는 태도는 독단을 막는 중요한 방편이었습니다. 중요한 문제일수록, 더구나 그리스도인들이라면 더욱 이런 태도를 견지해야 합니다. 무엇보다 성경이 말하는 공의와 정의를 내 삶의 태도로 형성하는 것이 중요하지요. 진리는 그저 말로 선포한다고 수용되는 것이 아닙니다. 그 말을 하는 사람이 과연 '정의롭고 정직한 태도를 지니고 있는가' 하는 점이 중요합니다. 이는 그리스도인들이 사회 속에서 신뢰받기 위한 첫걸음입니다. 에베소서 4장을 보면 이런 말씀이 있습니다.

"우리가 다 하나님의 아들을 믿는 것과 아는 일에 하나가 되어 온 전한 사람을 이루어 그리스도의 장성한 분량이 충만한 데까지 이르리니 이는 우리가 이제부터 어린아이가 되지 아니하여 사람의 속임수와 간사한 유혹에 빠져 온갖 교훈의 풍조에 밀려 요동하지 않게 하려 함이라"(엡 4:13-14).

바울은 사람의 속임수, 간사한 유혹, 거짓 가르침에 빠져 흔들리지 않도록 참과 거짓을 분별하라고 권면합니다. 유보적인 태도, 비판적이고 회의적인 사고를 통해서 참과 거짓을 가려내라는 말이지요. 한국 사회는 그 어느 시대보다 정치적, 이념적 분열을 경험하고 있습니다. 그 가운데 그리스도인의 자리는 어디여야 할까요?

그리스도인들마저 편가르기에 나서서는 곤란합니다. 모든 그리스도인에게는 무엇이 사실이고 무엇이 거짓인지를 분별할 수 있는 지혜를 갖추기 위해 힘써야 하는 소명이 있습니다. 탈진실의 시대 속에서 바로 이 지점에 종교의 역할과 그리스도인의 자리가 있습니다.

"그리스도인들마저 편가르기에 나서서는 곤란합니다.
모든 그리스도인에게는 무엇이 사실이고
무엇이 거짓인지를 **분별할 수 있는 지혜**를 갖추기 위해
힘써야 하는 소명이 있습니다."

7

인문학과 반지성주의

삶의 기초로서의 인문학

최종원　만일 삶 자체, 삶 전체가 공부라면, 그 가운데 가장 기초적이고 가장 기본적인 것은 무엇일까요?

강영안　인문학입니다. 그런데 인문학이란 무엇일까요? 인문학이 우리 삶에서 차지하는 자리는 어떤 자리일까요? 오늘날에는 '인문학 열풍'이라 불릴 정도로 사람들의 관심이 높아졌습니다. 스티브 잡스(Steve Jobs)가 애플의 기업 정신을 설명하면서 발언한 것이 상당한 영향을 끼쳤습니다. 이른바 '스티브 잡스 효과'라고 부를 만합니다.

"애플의 DNA는 기술만으로는 충분하지 않습니다. 교양학과 인문학이 결합된 기술이 가슴을 뛰게 하는 결과를 낳은 것입니다"(It is in Apple's DNA that technology alone is not enough it is technology married with liberal arts, married with the humanities, that yields us the results that make our heart sing).

이후 기업인들이 인문학에 관심을 가지게 되면서 사원 연수 과정에 인문학 과정을 넣고, 인문학 특강 강사를 초빙하는 일이 흔해졌습니다. 더 근본적으로 살펴보면, 서구 사회는 지난 400년 동안, 그리고 한국 사회는 지난 60년 동안 치열하게 일구어 온 근대 사회와 근대적 삶의 양식에 대해 성찰해 왔습니다. 이러한 반성이 오늘날 인문학에 대한 관심과도 맞닿아 있다고 생각합니다. 근대적 사고와 문화가 이룬 결과를 한병철은 페터 한트케의 표현을 빌려 '피로사회'(Müdigkeitsgesellschaft)라고 불렀습니다. 성과와 효율성을 최고의 가치로 삼는 '업적사회'(Leistungsgesellschaft)가 결국 지치고 병든 인간을 만들어낸 것이지요.

이제 사람들은 피로사회를 극복할 삶의 대안을 어디서 찾을 수 있을지 고민합니다. 그리고 그 대안을 다른 방식의 사고를 보여주는 인문학적 사유 속에서 발견하려 애쓰고 있습니다. 마치 지치고 병든 영혼들이 치유의 샘터를 찾아 순례길을 나서는 모습과도 같습니다. 인문학이 '힐링'을 말하기 시작하면서 일종의 '유사 종교적'인 색채를 띠게 된 것은 이런 맥락에서일 것입니다.

인문학, 열풍과 거품 사이

최종원 한때 한국 사회에 인문학 열풍이 불었지만, 지금은 많은 대학에서 인문학 관련 학과들이 사라지거나 통폐합되고 있습니다. 더구나 기독교의 맥락에서 인문학, 인문주의는 여러 모로 경계의 대상이 되고 있습니다. 인문 정신의 무시는 한국 교회의 반지성주의적 태도에 크게 일조한다고 생각합니다. 우선 인문학이란 무엇인지에 대해 다시 한번 짚고 넘어가면 좋겠습니다.

강영안 동아시아 전통이든 서양 전통이든, 인문 전통은 굉장히 두텁습니다. 이 땅에 수백, 수천 년 전 살았던 사람들이라고 해서 인문적 전통이 없었던 것은 아니지요. 퇴계나 율곡은 '인문학'이라는 학문 명칭은 몰라도 '인문'이라는 개념은 알고 있었습니다. 『주역』을 공부했으니까요.

　『주역』의 64괘 가운데 '산화비'(山火賁) 괘에 이런 구절이 있습니다. '관호천문 이찰시변, 관호인문 이화성천하'(觀乎天文 以察時變, 觀乎人文 以化成天下). 이 말은 "천문을 통해 때의 변화를 알 수 있고, 인문을 통해 천하를 교화하고 다스릴 수 있다"는 뜻입니다. 여기에서 대구를 이루는 것이 '천문'과 '인문'입니다. 천문은 하늘이 만든 무늬 곧 자연의 질서이고, 인문은 사람이 만들어낸 무늬를 말합니다. 사람의 생각과 고통, 희망과 좌절을 소리로 만들면 음악이 되고, 몸짓으로 표현하면 춤이 되며, 글로 쓰면 문학과 역사, 철학이 되고, 제의적으로 표현하면 종교가 됩니다. 사람이 만들어낸 무늬들을 제대로 파악하고 이해하여 사람들을 교육하면 천하를 사람이 살 만한 세상을 만들 수 있다는 것이지요. 이 모든 표현을 이해하고 교육하는 것이야말로 한 사회를 구축해 나가는 방법이라 여겼습니다. 이처럼 '인문'이란 말 속에는 인간이 만들어낸 문화적 표현 전체가 들어 있습니다.

　서양에서도 '인문학' 전통이 있습니다. 인문학은 라틴어로 '스투디움 후마니타티스'(*studium humanitatis*)라 부릅니다. 최초의 르네상스 인문주의자로 불리는 프란체스코 페트라르카(Francesco

Petrarca)의 이야기가 흥미롭습니다. 페트라르카는 1336년 방투산(Mont Ventoux) 정상에 올라 배낭에서 아우구스티누스의 『고백록』을 꺼내 읽었습니다. 그는 "사람들이 산이나 들에 나가서 자연을 보고 경탄하지만 막상 경탄해야 될 자기 자신은 잊고 있다"는 구절을 보고 뒤통수를 얻어맞은 듯한 깨달음을 얻었습니다. 아우구스티누스가 쓴 『참된 경건』 10권에도 이와 관련된 유명한 구절이 나옵니다. "밖으로 나가지 말라. 너 자신에게로 돌아가라. 진리는 네 속사람 가운데 거한다"(*Noli foras ire, in teipsum redi; in interiore homine habitat veritas*). 자기 자신에 대한 발견, 영혼의 발견을 통해 안에서 스스로를 살피고 자신에게로 복귀하는 데서 르네상스 인문학이 탄생했습니다. 중요한 매개는 '책'이었고, 아우구스티누스의 『고백록』이 그런 역할을 했습니다. 하지만 핵심은 '자기 발견'입니다. 자기 자신을 발견하는 공부에서 페트라르카는 문학, 역사, 철학, 예술, 논리학을 중요하게 생각했습니다. 그렇게 해서 '페트라르카 인문학' 전통이 형성되었습니다. 외부 세계나 자연의 아름다움과 경이로움을 무시하지 않지만, 그 경이로움 못지않게 내 영혼과 자아에게 집중하고 이와 관련해서 타자를 발견하는 것이 인문학의 핵심이며 르네상스 인문학이 가진 강점입니다.

기독교 인문학 전통은 '자신에 대한 인식'과 '하나님에 대한 인식'이라는 두 축이 기본입니다. '나 자신에게로 돌아간다'는 것은 자기 중심성을 의미하기보다 이를 통해 예수 그리스도를 발견하고 하나님께로 돌이키는 것입니다. 이와 관련하여 아우구스티누스, 에라스무스, 칼뱅으로 이어지는 흐름입니다. 에라스무스는 1503년에 쓴 『그리스도인 병사의 교범』(*Enchiridion Militis Christiani*)에서 자기 자신에 대한 지식과 하나님에 대한 지식을 언급하면서 자신에 대한 지식은 성경 말씀을 통해, 하나님에 대한 지식은 기도를 통해 얻을 수 있다고 정리했습니다. 성경 읽기와 기도의 두 축은 에라스무스 인문학의 핵심입니다. 나 자신을 알고 하나님을 아는 것. 이 전통은 칼뱅에게로 이어집니다.

칼뱅은 『기독교 강요』 서두에서 "참된 지혜는 하나님을 아는 지식과 인간을 아는 지식"이라고 했습니다. 그는 하나님을 알면 자신을 더 알게 되고, 자신을 알면 하나님을 더 알게 되는 상호적 관계로 보았습니다. 이 내용은 표현만 약간 바뀔 뿐 『기독교 강요』의 1536년 초판부터 1559년의 최종 라틴어판에 이르기까지 한 번도 삭제되지 않고 그대로 유지된 구절입니다. 만일 서구 인문학을 한마디로 정의한다면, '나에 대한 지식과 하나님에 대한 지식'이라 할 수 있겠지요. 이를 통해 타인을 이해하고 세상을 이해하는 것이 인문학입니다.

그러나 동아시아에서 인문학을 하는 사람들은 이런 방식으로 이해하지 않았습니다. 우리가 서구 인문학을 처음 접한 것은 이미 20세기에 들어섰을 때였습니다. 그래서 20세기 휴머니즘을 통해 이해된 인문학적 관점이 오늘날까지 오해를 낳았습니다.

'휴머니즘'이라는 용어의 등장을 한번 살펴봅시다. 1808년 독일의 니트함머(Friedrich Niethammer)가 독일 교육의 개혁을 이야기할 때 처음 이 말을 사용했습니다. 그가 '후마니스무스'(Humanismus)라는 말을 사용할 때 의도한 것은 라틴어와 그리스어를 중심으로 한 '고전 교육'이었습니다. 라틴어와 그리스어를 공부하는 것이 인간을 계발하고 인성을 발전시키는 데 중요하다고 생각했지요. 고대 문헌 연구, 고전 공부를 통해 인간이 어떻게 인간다운 삶을 살지, 어떻게 인간의 고유한 특성을 함양할 수 있을지를 고민했습니다. 그런데 19세기 중·후반에서 20세기

초, 휴머니즘 곧 인문주의는 점점 '인본주의'의 의미로 전환되었습니다. 교육에서 휴머니즘을 강조한 것이 마치 인본주의의 강조인 것처럼 바뀐 것입니다.

인문학의 역사를 아는 사람이라면 인문학이 반종교적이라거나 반신학적이라고 생각하지 않을 것입니다. 이런 배경을 모르는 한국 교회나 신학계는 인문학이 마치 기독교와 적대적인 것인 양 오해를 했습니다. 그 결과 신학 교육에서 인문학이 배제되고, 성도들의 삶에서도 마땅히 차지해야 할 인문학의 자리가 사라져 버리는 현상이 나타났습니다.

휴매니티스와 리버럴 아츠

최종원 서구에서 쓰는 '후마니티타스'라는 단어가 어째서 동아시아 문화권으로 들어와 인문학이라는 단어로 표현되었을까요? 오늘날 한국에서 흔히 사용되는 인문학(humanities)의 전통은 14세기의 산물이라고 할 수 있을 텐데요. '교양학', '자유 학예'라고 옮길 수 있는 중세 유럽의 'liberal arts'와의 관련도 따져 볼 필요가 있을 것 같습니다.

강영안 우선적으로 기억해야 할 것은, 인문학은 서양 학문을 번역하는 과정에서 생겨난 말이라는 사실입니다. 누가 언제 처음 번역해서 사용했는지 분명하지 않지만, 이것이 번역어라는 점을 의식하는 것은 중요합니다. 그렇다면 인문학은 어떤 용어를 번역한 것일까요? 하나는 '휴매니티스'(the humanities)이고 또 다른 하나는 '리버럴 아츠'(liberal arts)입니다. 그런데 이 두 용어의 전통과 뜻이 각각 다릅니다.

국내 학자들이나 대부분의 사람들은 흔히 인문학을 '휴매니티스'보다는 '리버럴 아츠'로 알고 있는 경우가 더 많습니다. 한국 대학의 '인문 대학' 또는 '문과 대학'을 영어로 "College of Liberal Arts"라고 표기하는 경우가 여전히 많으니까요. 하지만 엄밀히 말해 '리버럴 아츠'는 오늘날 말하는 인문학과는 다릅니다. 인문학과 자연학을 함께 아우르는 개념, 문과적인 학문과 이과적인 학문을 통합한 '문리학'(文理學)에 더 가깝습니다. 이 말을 직관적으로 잘 이해되도록 용어를 만든다면 '문과이과학'(文科理科學) 또는 '문리과학'(文理科學)이라 부를 수도 있겠습니다.

'리버럴 아츠'는 라틴어 '아르테스 리베랄레스'(*artes liberales*)를 영어로 옮긴 것입니다. 문자 그대로 말하면 '자유인의 기술', '자유로운 학문'이라는 뜻입니다. 이해를 돕기 위해 반대말을 보면 더 분명히 알 수 있습니다. 반대말은 영어로 '서바일 아츠'(servile arts), 라틴어로는 '아르테스 세르빌레스'(*artes serviles*)입니다. 세르빌레스는 라틴어 '세르부스'(*servus*) 곧 '종'(從)이라는 말에서 유래했습니다. 그 말을 풀이하면 '종의 기술', '종의 학문'입니다.

그러면 어떤 기술이 '종의 기술'일까요? 옷을 만드는 기술, 빵을 굽는 기술, 농사짓는 기술처럼 어떤 특정 목적을 달성하는 데 유용한 수단이 되는 기술들입니다. '메캐니컬 아츠'(mechanical arts), '기계적 기술'이라고도 합니다. 이것의 가장 큰 특징은 '유용성'입니다. 따라서 이러한 기술은 신체적 존재인 인간이 이 땅을 살아가는 데 필요한 것을 채우는 데는 도움이 되지만, 인간을 정신적, 영적 존재로 성장시키는 데는 직접적인 역할을 하지 않습니다. 사람의 '사람됨'과는 무관한 것이지요.

종의 기술과 반대되는 '리버럴 아츠' 곧 '자유인의 기술'이자 '자유로운 학문'은 외적 목적에서 자유롭습니다. 어떤 필요나 유용성에 종속되지 않고, 오직 인간을 자유로운 인간으로 형성하고 창조하는 데 도움이 되는 기술, 학예, 학문이라 할 수 있지요. '리베랄리스'(*liberalis, liberales*의 복수형)라는 형용사가 붙은 이유는 로마나 그리스 전통에서 자유란 무엇보다 인간다움과 관련된 개념이었기 때문입니다. 스스로 판단하고 생각하며 자기 삶을 성찰할 수 있는 능력을 길러 주는 기술이 바로 자유 학문이었던 것입니다.

트리비움과 쿠아드리비움

최종원 선생님, 그렇다면 고대와 중세의 서양 전통에서 말하는 '리버럴 아츠'란 구체적으로 어떤 내용을 담고 있었습니까? 오늘날 우리가 이해하는 인문학의 내용과는 어떻게 다를까요?

강영안 '리버럴 아츠'의 구체적인 내용을 살펴보면, 트리비움(*trivium*)과 쿠아드리비움(*quadrivium*)으로 구분된다고 말할 수 있습니다. 말 그대로 풀이하면, 각각 '세 가지 길'과 '네 가지 길'이죠. 한국식으로는 흔히 '삼문학'(三文學)과 '사리학'(四理學)이라고 번역합니다. 트리비움은 '소리'(*vox*)와 관련되고, 쿠아드리비움은 '사물'(*res*)과 관련됩니다. 한자로 표현하자면, 트리비움은 '소리'를 통해서 사람이 겉으로 드러내는 무늬 곧 문(文)에 해당하고, 쿠아드리비움은 '사물' 속에 내재된 결 곧 리(理)에 해당하는 것입니다. 따라서 '아르테스 리베랄레스' 또는 '리버럴 아츠'를 '자유 학문'이라고 할 때, 그 내용을 이루는 트리비움과 쿠아드리비움은 각각 '삼문학', '사리학'이라 부르고, 이는 문과와 이과를 모두 아우르는 문리학(文理學)의 토대가 됩니다.

　그 안에 구체적으로 담고 있는 내용은 무엇일까요? 사람이 사람답게 자유롭게 활동하고 교류하려면 먼저 말을 할 줄 알고 글을 읽고 쓸 줄 알아야 합니다. 하지만 그것만으로 충분하지 않습니다. 생각하는 능력 곧 사물의 구조와 이치를 파악할 수 있는 능력이 필요합니다.

고대 그리스와 로마 전통에서는 사람이 말을 하고 글을 쓰고 생각할 수 있다는 사실을 무엇보다 중시했습니다. 또한 사물의 이치와 구조를 파악하고 이해하는 능력을 인간만의 고유한 특징으로 보았지요. 이런 능력이야말로 자신의 욕망이나 주변 세계의 제약에 얽매여 있는 다른 동물과 인간을 구별해 주는 기준이 된다고 생각한 것입니다.

중세 대학 교육도 이러한 전통을 계승하며 문과와 이과 두 영역을 함께 가르쳤습니다. 처음 2-3년 동안에는 삼문학과 사리학 곧 '리버럴 아츠'를 가르치고, 그 후에야 비로소 법학, 신학, 의학 같은 전문 학문으로 진입할 수 있도록 가르쳤습니다. 전반적인 교육을 하는 '리버럴 아츠'가 토대 역할을 하고, 그다음에 더 깊이 전문직과 관련된 공부를 하는 방식이었지요. 그래야 '대학'이라는 이름에 어울리는 조직이 될 수 있었습니다.

오늘날에도 의학과 법학은 여전히 사람들의 각광을 받고 있지요. 그런데 신학은 점점 주변으로 밀려나 쇠퇴했습니다. 미국의 대학들만 보아도 그렇습니다. 몇몇 유명 대학 안에 신학대학원이 존재하지만, 많은 대학들이 과거 신학이 차지하던 자리를 지금은 경영대학원이나 저널리즘 대학원, 디자인 대학원 같은 곳으로 대체했습니다.

또 한 가지 짚고 넘어갈 것은, 어떤 전문 직업을 갖게 되든 자유로운 인격체로서 사람이 성장하려면 문법·수사학·논리학·수학·기하학·천문학·음악을 반드시 공부해야 한다는 생각이 널리 통용되었다는 사실입니다. 여기에 음악이 포함되어 있다는 점을 흥미롭게 보는 분들이 있습니다. 동서고금을 막론하고 음악은 늘 영혼의 안정과 조화를 위한 수단으로 여겨져 왔습니다. 플라톤이나 아리스토텔레스도 음악의 가장 중요한 기능이 영혼을 다스리는 데 있다고 하여 음악의 멜로디를 함부로 바꾸는 것을 경계했지요. 멜로디의 변화가 인간의 도덕적 심성에 큰 영향을 끼친다고 여겼기 때문입니다. 이런 점에서 음악은 단순한 예술을 넘어, 인간의 내면을 형성하고 조화롭게 만드는 힘으로 이해되었습니다.

문과와 이과 구분의 폐해

최종원 문과나 이과 모두 사물의 근본 이치를 궁구한다는 점에서는 같습니다. 예전에는 문리과대학이라고 불리는 곳이 많았는데, 지금은 문과대와 이공대로 나뉘는 것이 자연스러운 현상이 되었습니다. 이과와 공학이 함께 묶였다는 점에서 변화가 있었다고 볼 수 있겠습니다. 그렇다면 우리 인문학 교육에서 핵심은 무엇이 되어야 할까요?

강영안 저는 초·중·고등학교에서부터 학생들을 문과, 이과로 나누는 제도는 문제가 있다고 생각합니다. 어떤 학문을 하든 어떤 전문 분야에서 일하든, 인간다운 삶을 영위하기 위해서는 두 영역이 모두 필요하기 때문입니다. 문과를 공부하는 사람들도 사회과학과 더불어 자연과학을 배워야 하고, 이과나 공학을 공부하는 사람도 인문학과 사회과학 공부를 지금보다 훨씬 더 많이 해야 합니다. 그러나 과목 이기주의 때문에 문과와 이과의 구별을 없애지 못하고 고집하고 있는 것이 현실입니다.

　서양의 중세 '리버럴 아츠' 전통이 우리에게 주는 교훈이 있습니다. 다시 한번 강조하지만, '리버럴 아츠'는 우리가 오늘날 생각하는 '인문학'이 아닙니다. 다만 '리버럴 아츠' 가운데 문과적인 요소 곧 문법과 수사학과 논리학이 인문학과 밀접한 관계가 있었다고 볼 수 있지요.

여기서 중요한 차이가 있습니다. '리버럴 아츠'는 언제나 학교의 교과 과정과 밀접하게 연결되어 있었습니다. 우리가 '인문학'이라 번역하는 '휴매니티스'(the humanities)와의 차이가 여기서 발생합니다. '휴매니티스'는 반드시 학교 제도에 종속되거나 매이지 않았습니다. 그래서 제도 교육을 넘어서도 살아남을 수 있었던 것입니다.

그렇다면 인문 교육의 핵심은 무엇일까요? 결국 읽고 쓰고 토론하는 것입니다. 텍스트를 꼼꼼하게 읽고 분석하고 종합하여 자기 생각을 정리하는 능력과, 토론과 논증을 거쳐 자기 주장을 명료하게 표현할 수 있는 능력을 기르는 것이 인문 교육의 근본입니다. 끊임없이 읽고 쓰고 비평하고 토론하며 말하는 법을 연마하는 것이 서구 인문 교육의 핵심입니다.

교회와 인문학 정신

최종원 저는 한국 교회에서 '인문, 인문주의, 인문학'이라는 단어만큼 맹목적으로 규정되는 단어도 드물다고 생각합니다. 흔히 그리스도인들은 인문학이 하나님을 배제하고 철저히 인간중심주의를 지향하는 가치라고 믿습니다. 개신교 전통에서는 더욱 두드러지는 현상입니다. 하지만 개신교를 만든 종교개혁의 정신이 인문주의에서 태동되었다는 것은 아주 교과서적인 상식입니다. 독일 역사학자 베른트 묄러(Bernd Möller)는 "인문주의가 없었다면, 종교개혁도 없었을 것이다"라는 유명한 말을 남기기도 했지요. 종교적 가치 판단을 배제하고 인문학, 인문주의 자체를 있는 그대로 들여다보는 태도가 필요하지 않나 싶습니다. 좀 더 넓은 인문주의의 지도를 그린다면 어떻게 그리시겠습니까?

강영안 인문 정신이 기독교와 세속 사회에서 다르게 적용될 이유는 없습니다. 교회가 기울여야 할 관심 역시 '어떻게 진정한 인간성을 실현할 것인가'에 관한 것입니다. 인문학 전통의 틀을 통해 신앙 교육과 신학 훈련을 한다면, 한국 교회 내에 있는 반지성적 태도를 조금은 극복할 수 있으리라 생각합니다. 인문학적 태도가 결여된 세계관은 나 자신도 제대로 이해하지 못할 뿐 아니라 타자에 대한 이해도 차단해 버립니다. 자기 중심이 아닌 이웃 중심, 타자 중심의 사는 것이야말로 하나님의 형상대로 지음받은 인간을 존중하는 길입니다.

가령 『논어』를 읽는다고 합시다. 공자의 삶과 가르침, 제자들과의 관계, 인간과 세계를 바라보는 그의 시각을 통해 우리는 인간 이해의 지평을 넓힐 수 있습니다. 공자, 맹자, 노자, 장자를 읽어 보면, 그 안에 놀라운 통찰이 담겨 있음을 깨닫게 됩니다. 이것을 가리켜 하나님께서 모든 인간에게 보편적으로 주신 '공통 은혜'(common grace)라 부르지 않을 이유가 없습니다. 그 지혜를 무시할 권리가 우리에게는 없습니다. 오히려 그런 이해를 바탕으로 복음서를 읽으면, 한편으로는 동양 사상의 전통을 존중하면서, 또 다른 한편으로는 예수 그리스도를 통해 드러난 삶의 길이 어떤 점에서 다른가를 더 깊이 깨달을 수 있습니다. 그 결과, 자기 중심이 아니라 타자 중심과 이웃 중심의 삶을 실천할 가능성이 높아집니다. 나와 우리가 누구인지, 어디로 가고 있는지를 겸손하게 인식하고, 타자를 존중하며 살아가는 삶 말입니다. 우리

인문학적 태도가 결여된 세계관은 나 자신도
제대로 이해하지 못할 뿐 아니라
타자에 대한 이해도 차단해 버립니다.

는 다원화되고 세속화된 사회, 특히 종교가 힘을 잃어가는 사회 속에 살고 있습니다. 이런한 시대일수록 겸손하게 살아가기 위한 지혜로서 보편적 인문학의 통찰은 우리 그리스도인들에게 더욱 절실합니다.

신학은 문서와 역사와 언어를 다루는 학문입니다. 그렇기에 인문학적 토대 없이는 신학 자체가 불가능합니다. 신학의 요체가 '하나님을 하나님 되게 하라'는 고백이지만, 이것이 인간을 깎아내린다는 뜻은 아닙니다. 왜냐하면 인간은 하나님의 형상으로 지어진 귀한 존재이기 때문입니다. 전적 타락, 전적 부패를 이야기한다고 해서 인간의 존엄성이 소멸되는 것이 아닙니다. 인간의 가치를 모르고 전적 부패, 전적 타락을 이야기해 보아야 무슨 소용이 있겠습니까? 하나님은 인간을 자신과 사귈 수 있는 존재, 언약적인 존재로 지었습니다. 그런 의미에서 하나님의 창조와 언약은 뗄 수 없는 관계입니다. 예수의 성육신은 하나님과의 이 관계를 다시 회복시키는 사건 아닌가요? 그렇다면 참된 인간의 회복을 여기서 이야기할 수 있는 것이지요. 이것을 떠나 어떻게 인문학을 제대로 이야기할 수 있겠습니까?

칼 바르트는 기독교가 통상적인 종교가 아니라고 보았습니다. 그가 뜻한 종교는 인간이 신을 찾아가는 과정입니다. 기독교는 오히려 인간을 찾아오시는 하나님의 사건입니다. 그러므로 그의 신학에서 가장 중요한 사건은 성육신(요 1:14) 사건입니다. 이렇게 찾아오시는 하나님을 맞아들이고 그분을 순종하며 살아가는 것이 다름 아니라 '믿음'(Glaube)입니다. 이런 의미에서 기독교는 '참된 종교', '참된 예배'입니다. 일종의 변증법이 여기에 개입합니다. 종교가 아니라는 부정 앞에서 신앙으로서의 기독교가 무엇인지 드러냅니다. 인간의 종교성에 근거한 종교적 욕구를 충족시키는 행위가 아니라, 하나님이 육신을 입고 자신을 드러낸 예수 그리스도를 믿음으로 받아들이고 그분과 함께 삶을 사는 것이 기독교라 본 것입니다. 이것이 바르트가 말하는 참된 종교입니다. 왜냐하면 여기에 참된 인간성의 회복이 있기 때문입니다.

바르트는 히틀러의 전체주의에 저항하고 사회주의와 공산주의를 무조건 배척하기보다 대화하려는 태도를 보였습니다. 그의 태도는 기독교가 추구해야 할 가치의 지향을 잘 보여주었습니다. 그러나 한국 기독교에서는 바르트를 자유주의 신학자, 심지어 용공 신학자로 낙인찍고 아예 읽으려 하지 않는 분위기가 있습니다. 바르트를 수용하지 못하는 한국 교회의 상황은 참 불행하다고 생각합니다. 바르트든, 마르크스든, 우선 읽어야 알고, 알아야 비판하며 넘어서 나아갈 것 아니겠습니까? 그런데 한 줄도 읽지 않으면서 선입견으로 배척해 버리는 사람들이 많아 안타깝습니다.

열린 학문의 태도

최종원 선생님은 한국에서도 가장 보수적인 교단을 배경으로 성장하셨습니다. 그럼에도 사회적 의제에서는 개혁적이고 전향적인 입장을 보이고 계십니다. 공교롭게도 선생님이나 선생님께 영향을 주신 손봉호 선생과 이만열 선생 모두 고신 교단 출신입니다. 어떤 영향을 받으셨나요?

강영안 저의 신앙 배경을 먼저 이야기해야겠군요. 저는 고등학교 2학년 때 고신 교단의 학생신앙운동(SFC) 수련회에 가서 소위 '은혜를 받고' 목사가 되겠다고 결심을 했습니다. 신학을 하기 위해 고신대에 입학을 했지요. 제가 SFC에서 귀에 못이 박히도록 들은 말은 "삶의 모든 영역에서 그리스도의 주권을"이었습니다. 삶의 어떤 자리도 그리스도의 통치에서 벗어날 수 없다는 의미입니다. "모두가 목사가 될 필요는 없으니 정치, 경제, 사회, 문화, 예술, 학문 등 각 분야에서 주님의 일꾼으로 살아가라"는 가르침을 받았습니다. 이는 개혁 신앙의 핵심적인 내용이기도 합니다. 아브라함 카이퍼의 영역주권론이지요. 그리고 고신 교단은 신사참배 반대 운동에서 이어진 '신앙의 정통과 생활의 순교'를 강조했습니다. '코람 데오'(*Coram Deo*, 하나님 앞에서)라는 모토를 중요하게 여기며 이를 정직과 동일시했습니다. 이런 고신 교단에서 자란 학자 가운데 가장 탁월한 두 분을 꼽으라면, 저는 손봉호 선생님과 이만열 선생님을 먼저 떠올립니다. 선생님들은 늘 "신앙은 보수적이어야 하지만, 삶은 진보적이어야 한다"고 말씀하셨지요.

저는 신학대학을 2년만 다니고 중퇴했습니다. 네덜란드로의 유학을 계획하면서 언어를 배우려고 한국외국어대학교로 옮겼습니다. 그 계기는 차영배 교수님이었습니다. 차 교수님은 깜쁜(Kampen)에서 바르트와 틸리히를 연구하셨고, 바빙크의 『개혁교의학』을 번역하여 신학대학원에서 강의를 하고 계셨습니다. 저는 당시 학부 2학년생이었지만 본과 수업을 맨 뒷자리에서 청강하며 그분에게 깊은 인상을 받았지요. 그때 '네덜란드어를 제대로 배워서 저 신학을 공부해야겠다'고 결심했습니다.

서울로 올라온 뒤에는 암스테르담 자유 대학교에서 학업을 마치고 막 귀국하신 손봉호 교수님을 만났습니다. 저는 신학을 위한 발판으로 언어를 배우러 갔지만, 그곳에서 철학자 손봉호 교수님을 만난 것입니다. 손봉호 교수님은 명료하고 열린 사고를 지닌 분이셨지요. 특히 '기독교 철학'을 이해하는 데 깊은 영향을 받았습니다. 저는 고등학교 때부터 파스칼, 키에르케고어, 아우구스티누스를 읽었지만, 그들을 '기독교 철학자'로 인식하지는 않았습니다. 이후 프랜시스 쉐퍼, J. M. 스피르, 헤르만 도이어베이르트, 아브라함 카이퍼, 헨리 미터, 헨리 반틸의 책을 읽어나갔습니다. 저는 도이어베이르트를 통해 본격적으로 기독교 철학이라는 개념을 접했습니다. 제가 그의 철학에 매료된 이유는 아마도 1950-60년대 한국 교회 안에 만연했던 '반지성주의'와 관련이 있을 듯합니다. 삶과 세계를 보는 그의 관점에서 저는 상당한 해방감을 느꼈으니까요. 당시 학교에서 배웠던 철학은 대부분 '불신앙적인 학문'으로 여겨졌기 때문에 사실 철학을 제대로 배울 수는 없었습니다. 그래서 박종홍 선생님의 『현실과 모색』, 『철학개설』을 혼자 읽기 시작했습니다. 논리학 공부의 필요성을 깨닫고 김준섭의 『논리학 개론』을 읽었고, 네덜란드어와 철학사를 한꺼번에 공부할 목적으로 쩨이르트 훅스트라(Tjeerd Hoekstra)의 『철학의 역사』(*Geschiedenis der Philosophie*)를 도서관에서 빌려 여름 내내 읽었습니다.

그 무렵 저에게 도이어베이르트를 가르쳐 줄 만한 분이 없었습니다. 저는 스피르의 책을 통해 스스로 공부했지요. 도이어베이르트는 '칼뱅주의 원리'를 바탕으로 기독교 철학의 체계를 세우려 했습니다. 그는 말년에 '칼뱅주의 철학' 대신 '기독교 철학', 심지어 '기독교-에큐메니칼 철학'이라는 표현을 더 즐겨 썼습니다. 그에게 칼뱅주의 원리는 아브라함 카이퍼의 사상처럼 "하나님은 만물의 창조주이며 주권자"시라는 신념이었습니다. 이 사상은 인간의 타락과 성령 안에서의 회복, 그리스도를 통한 만물의 구속으로 이어집니다. 도이어베이르트의 유명한 명제가 있습니다. "의미는 피조물의 존재요, 또한 우리의 자기성의 존재 방식이다"(De zin is het zijn van alle creatuurlijke zijnde, de zijnswijze ook van onze zelfheid). 여기에서 '의미'가 무엇인지에 대해 여러 논의가 있지만, 단순화하면 '지시'와 '관계'라는 두 측면으로 설명할 수 있습니다. 모든 피조물이 하나님을 향해 '가리키며'(verwijzend) 존재하고, 서로 '관계 속에서' 존재한다는 그의 신학적 세계관을 함축하는 말입니다. 이렇게 해서 이른바 '기독교 세계관', '기독교 문화관', '기독교 철학'을 접했습니다.

한국외대에서 첫 학기를 마칠 즈음, 손봉호 교수님이 저에게 번역을 맡기셨습니다. 당시 암스테르담 자유 대학교 교수로 있던 얍 끌랍베이크(Jaap Klapwijk) 교수가 쓴 「칼뱅의 철학 이해」(Calvijn over de filosofie)라는 네덜란드어 논문이었습니다. 번역을 끝낸 논문은 월간지 『개혁주의』(1973년 9월호)에 게재되었는데, 마지막 부분에 손봉호 교수님이 이렇게 적어두셨습니다. "이 화란어 논문은 현재 한국외국어대학 네덜란드어과에 재학중인 강영안 군이 번역을 하고 본인이 감수하였다. 번역의 책임은 본인에게 있다."

도이어베이르트의 체계적인 기독교 철학을 접하며 그것이 기독교적으로 철학할 수 있는 유일한 길이라 생각했던 저에게 끌랍베이크의 글은 어떤 균열을 일으켰습니다. 그 계기로 칼뱅의 '기독교 철학' 개념을 새롭게 바라보게 되었지요. 끌랍베이크는 칼뱅의 기독교 철학을 이성의 자율성에 기초한 모든 세속 철학을 반대하는 입장으로 이해하고, 그것을 세속 철학을 평가하는 기준 정도로만 해석했습니다. 그러나 저는 오히려 칼뱅이 철학을 '삶의 방식으로서의 철학' 곧 '그리스도를 따르는 철학'으로 더 적극적으로 제시했다고 보았습니다. 이는 에라스무스의 '그리스도의 철학'(*Philosophia Christi*)과도 연결되는 맥락이었습니다.

저는 스스로에게 던지는 질문과 고민으로 기독교 철학에 대해 손봉호 교수님과 자연스럽게 이야기를 나누게 되었습니다. 교수님은 늘 제가 던지는 질문에 대한 답을 제시해 줄 만한 책을 수없이 많이 권해 주시거나 직접 빌려 주셨지요. 그분이 말씀하신 것을 아직도 기억합니다. "기독교 철학은 체계로 존재하는 것이 아니네. 기독교적으로 철학하려는 지속적인 노력일 뿐이야." 이 말은 제가 기독교 철학을 대하는 태도에 결정적인 영향을 주었습니다. 이렇게 학문의 개방성을 저에게 처음으로 보여주고 가르쳐 주신 분이 바로 손봉호 선생님이었습니다.

교회 내의 반지성주의, 어떻게 극복할 것인가?

최종원 신앙이 가지는 특수성이 존재합니다. 이성과 합리로 모든 것이 설명될 수 있다면 더 이상 초월과 신비의 자리는 존재하지 않겠지요. 그렇다고 해서 맹목적인 반이성이 신앙의 이름으로 용인되는 것은 정당화될 수 없다고 봅니다. 한국 교회가 여러 세속 사회의 도전에 응전하는 과정에서 교회 내 반지성주의는 신앙을 수호한다는 명목으로 더욱 심각해진다는 우려가 있습니다. 선생님은 한국 교회의 반지성주의를 어떻게 진단하십니까?

강영안 오늘날 한국 교회 안에 퍼져 있는 반과학적, 반지성적 태도는 염려스럽습니다. 물론 과학도 하나의 이데올로기에 갇힐 위험이 있고 맹목적 측면이 없지 않지만, 그렇다고 반지성주의로 치부할 만큼 허술한 영역은 아닙니다. 다양한 학문적 시도와 연구가 이루어지고 있음에도 교회 안의 지적 분위기는 점점 더 경직되어가는 듯합니다.

창조-진화 논쟁만 보아도 그렇습니다. 카이퍼나 워필드의 논의가 그야말로 오늘날처럼 반지성주의적으로 읽힌 적은 없을 것입니다. 전통적인 창조론에서 진화창조론으로 견해가 바뀐 신학자들의 이야기를 담은 책들이 이제는 많이 번역되고 있고, 이와 관련된 다양한 신학적 견해의 저작들이 소개되고 있습니다. 예전에 비해 훨씬 더 다양한 지식을 접할 수 있는 지적 자원과 환경이 마련되어 있지만 현실은 오히려 거꾸로 가는 듯합니다.

제가 한동대 석좌교수 제안을 받고 총장을 만났을 때 이런 이야기를 했습니다. "예수 그리스도가 우리의 주님이심을 믿는 것이 신앙의 핵심이니, 시작과 끝에 대한 확실하지 않은 부분들에 대해서는 서로 생각의 차이가 있더라도 유연성을 발휘하거나 수용하는 방식을 선택할 수 있습니다"라고요. 어떻게 모든 면에서 다 일치할 수 있겠습니까?

결국 성경 해석의 문제입니다. 저는 성경의 '정확무오성'을 부정하지 않습니다. 다만 문제는 '그것을 어떻게 읽는가'에 있습니다. 성경을 쓴 필자들이 이른바 '창조과학자들'처럼 이해하고 썼을까요? "저녁이 되고 아침이 되니 이는 첫째 날이니라"고 기록하는 창세기 1장은 지구 중심주의로 쓰였습니다. 해와 달을 창조한 것은 첫째 날이 아니라 넷째 날이며, 해와 달이라는 말조차 쓰지 않고 그저 '큰 빛', '작은 빛'이라고 표현합니다. 고대 근동 사람들의 인식, 즉 해와 달을 신으로 생각하던 사람들의 신화를 비튼 것이죠. 창세기의 가르침은 탈신화에 있습니다. 고대 근동 사람들이 해의 신, 달의 신으로 섬기던 것들을 첫째 날도 아닌 넷째 날에 하나님이 만드셨다고 기록합니다. 첫째 날, 둘째 날, 셋째 날에는 생명체들이 위치하고 살 수 있는 공간을 만드셨습니다. 넷째 날 이후, 그 공간을 점유할 사물들을 만듭니다. 해와 달과 별들, 그리고 식물들과 동물들을요. 그리고 마지막 일곱째 날은 안식일입니다. 안식을 하나님 안에서의 신비로 이해하는 관점이 매우 분명하게 드러납니다.

창세기 1장의 목적은 역사적 서술도, 과학적 정보 제공도 아닙니다. 하나님은 천지를 창조하셔서 왕으로서 다스리시고, 모든 만물과 더불어 안식을 누리도록 하시는 분이라는 메시지가 핵심이지요. 이러한 메시지를 자꾸 과학적인 기록으로 보려고 하는데, 그것이 과연 신앙에 도움이 될지 모르겠습니다. 창조 기사는 창세기 1장뿐 아니라 시편 8편이나 19편, 욥기와 이사야 등 다양한 곳에서 언급됩니다. 그렇다면 우리가 굳이 '창조'를 창세기 1장에만 의존할 필요는 없겠지요. 성경 비평학적 관점에서 보는 학자들은 창세기 1장을 바빌로니아 포로기 이후의 기록으로 보기도 합니다. 이렇게 이야기하면, 보수 신학에서는 "성경 비평을 받아들이는 것 아니냐"며 비판할 수도 있습니다.

이스라엘 사람들은 해의 신, 달의 신 등을 섬기던 바빌로니아 신화를 언제 접했을까요? 바빌로니아 포로기 훨씬 이전에 경험했을 가능성도 있습니다. 그러나 분명하게 이야기할 수 있는 것은, 적어도 그들이 기록하고 편집하려면 바빌로니아 포로로 잡혀 와서 몇십 년을 살면서 그 문화를 읽고 익히는 경험이 있어야 할 것입니다. 이런 이유로 포로 생활에서 돌아온 에스라가 구약성경의 대부분을 편집했다는 주장도 수용되고 있습니다. 제사장이면서 서기관 역할을 했던 사람이 바빌로니아의 문화와 언어를 깊숙하게 경험하고, 이스라엘이 보존해 온 과거의 자료들을 토대로 성경을 쓴 것이라 보는 것이지요.

성경을 보면 "어디에 기록되었더라" 하는 자료들이 많이 언급됩니다. 성경은 단일 문서가 아니라, 여러 전승과 축적된 자료들을 편집하여 하나로 만든 결과물입니다. 그래서 벨하우젠 이후에 문서설(J문서, E문서, D문서, P문서)이 제기됩니다. 오늘날 대부분의 구약학자들은 이러한 학문적 성과를 많은 부분 수용합니다. 그 관점에서 보았을 때, 언어 사용이나 역사 서술의 차이 등 그간 풀리지 않았던 수수께끼들이 상당 부분 해소되기 때문입니다. 예컨대 열왕기서는 상당히 많은 과거의 자료를 인용한 문헌이며, 역대기는 이스라엘 북왕국과 남왕국을 하나의 관점에서 전체를 서술하는 사관이 작용하는 것으로 보아 포로기를 겪은 이후에 나온 역사관이라고 합니다. 그렇다면 후기 저작설로 보는 것이 타당합니다. 하지만 이러한 역사 비평 방법에 대해서 한국에서는 진보적인 학자들을 제외하고는 별로 수용하지 않습니다. 공부하면서 배웠더라도 교회 안에서 시비가 붙을까 봐 논란을 우려해 침묵하기도 합니다. 구약을 연구하는 사람들 중에서 창세기가 역사적 기록이라고 생각하는 사람은 거의 없을 것입니다. 그래도 그 "없다"는 소리를 아무도 못합니다. 조금 더 열린 신학을 한다는 신학교의 교수들도 상황은 마찬가지입니다. 알면서도 말하지 못하는 침묵이 반지성주의를 더 공고히 만듭니다.

이는 신학과 교회의 문제도 있지만, 이른바 '세속화의 도전에 대한 잘못된 반응'이기도 합니다. 그러나 이런 식으로는 세속화에 성공적으로 대항할 수 없습니다. 반과학적이고 반문화적인 흐름은 내부적으로는 결속을 강화할 수 있어도, 그 집단을 넘어서는 어떤 유의미한 영향을 미치지는 못합니다. 사회 전체에 미치는 공적 영향은 제한적일 수밖에 없습니다. 오늘을 살아가는 사람들에게 하나님이 "한번에 창조를 끝내셨을까, 점진적으로 창조하셨을까, 지금도 창조하고 계실까?" 하는 물음이 그리 중요한 것은 아닙니다. 어떤 특정한 관점을 취하는 것이 현재 나의 삶을 좌우하지는 않습니다. 다만 성경의 가르침대로 하나님을 사랑하고 이웃을 사랑하는 그 삶을 살아갈 수 있다면 감사하고 만족할 일이죠. 한국 교회가 작은 차이도 용납하지 못하고 획일적인 신앙고백만을 강요하는 것은 무척 안타깝습니다. 반지성주의나 완고한 교리 중심주의의 극복은 예수 그리스도께서 보여주신 지극한 인간애를 우리의 신앙과 신학적 탐구의 중심에 놓을 때 비로소 가능할 것입니다.

8

배움 덜어내기

고전을 통해 삶을 읽다

최종원 선생님은 2022년 귀국 후, 이듬해 2023년 1월부터 한동대 석좌교수로 취임하셨습니다. 또다시 새로운 도전 앞에 서신 것 같습니다. 서강대에서는 철학을, 칼빈에서는 신학을 가르치셨고, 여전히 칼빈에서 강의를 하시지만, 이제는 한동대에서도 학부생들에게 기독교 교양을 강의하십니다. 50년 이상 차이가 나는 학생들과 소통이 될까 싶은데, 선생님의 한동대에서의 한 학기는 어떠셨는지 궁금합니다.

강영안 한동대에서의 첫 학기는 활동을 최소화하며 보냈습니다. 포항에 내려갈 때마다 가능한 몇몇 교수들과 점심 식사를 하며 이야기를 나누곤 했습니다. 당연한 이야기지만, 교수들은 대부분 저를 아는데 학생들은 저를 모릅니다. 지난 몇 년 동안 미국에 나가 있었으니 그럴 만합니다. 모두가 그런 것은 아니지만, 제가 만난 학생들은 대체로 참 순수했습니다. 제가 이야기하는 창조 문제나 사회를 보는 관점, 기독교 신앙에 대한 이해들을 열린 마음으로 수용하는 태도였습니다.

제 수업은 주로 토론 중심으로 진행합니다. "하나의 답만 찾지 말고, 다방면으로 볼 수 있도록 열어두는 것이 중요하다", "쉽게 무언가를 단정하지 말라", "타인에게 자기 생각을 강요하지 않는 것도 중요하다", "다양한 스펙트럼이 있다는 것을 아는 것이 중요하다"는 말을 늘 강조합니다.

아우구스티누스도 성경 해석에 굉장히 열려 있는 사람이었습니다. 『고백록』 12권과 13권을 보면, 창세기 1장과 2장의 내용을 4가지 또는 5가지 방식으로 해석 가능성을 다양하게 열어두고 있음을 알 수 있습니다. 현대 해석학의 관점에서 이야기하자면, 아우구스티누스는 저자의 의도(*intentio autoris*), 텍스트의 의미(*intentio textualis*), 독자의 의도(*intentio lectoris*)의 상호 융합을 강조합니다. 전통적으로는 저자의 의도에만 전적인 의미를 부여했지만, 점점 텍스트 자체가 가지고 있는 의미, 또는 텍스트가 스스로 의미를 생성해낼 가능성에 대해서도 이야기합니다. 최근 몇십 년 사이에는 '독자가 어떻게 텍스트를 이해하느냐' 하는 독자의 반응과 수용 문제도 중요하게 다루기 시작했습니다. 그런데 이미 오래전 아우구스티누스는 창세기 1장을 해석하면서 그 요소들을 모두 다루었지요. 이 이야기를 전하면 학생들이 깜짝 놀랍니다.

한동대 '기독교 고전' 강의에서 아우구스티누스의 『고백록』 전권(1-13권)을 한 학기 동안 다 읽었습니다. 중간고사는 에라스무스의 『우신예찬』, 기말고사는 C. S. 루이스의 『인간 폐지』(*The*

Abolition of Man)로 대체했지요. 한 학기 동안 온전히 고전을 깊이 있게 읽고 그 내용을 다룹니다. 학생들에게 평생 꼭 읽어야 할 책 목록을 소개했는데, 어느 학생이 정리한 것을 보니 모두 35권 정도 되더군요. 그 가운데 하나가 토머스 오든의 『아프리카 기독교 역사』(*How Africa Shaped the Christian Mind*)입니다. 드루 대학교 조직신학 교수의 주장을 담은 책으로, 서양 기독교 지성의 원천이 아프리카 교회에서 나왔다는 내용입니다.

저는 '학생들에게 어떤 책을 읽게 할까? 어떤 책을 다루면 가장 좋을까'를 늘 고민합니다. 평생에 유익이 될 만한 기독교 고전을 뽑아 보려고 노력하지요. 우선적으로 생각할 수 있는 책이 아우구스티누스의 『고백록』이었습니다. C. S. 루이스의 책도 우선순위에 있었지만, 생각해 보니 C. S. 루이스의 책은 다른 곳에서도 쉽게 볼 수 있고 혼자 읽기에도 무리가 없는 책인 듯하여 보류했습니다. 배경 설명이 필요하거나 혼자 읽기 쉽지 않은 고전을 함께 읽는 것이 더 유익하다고 판단했기 때문입니다. 최근에는 안셀무스의 『모놀로기온』과 『프로슬로기온』을 염두에 두고 있습니다. 번역된 지 얼마 되지 않은 파스칼의 『시골 친구에게 보낸 편지』, 조금 어렵긴 하지만 G. K. 체스터턴의 『영원한 인간』(*The Everlasting Man*)도 학생들과 함께 읽고 싶은 책에 포함시켰습니다. 본회퍼의 책들도 참 좋습니다. 『성도의 공동생활』, 『나를 따르라』는 시도해 볼 만한 책입니다. 여기에 『옥중서신』을 읽고 『윤리학』의 한 챕터 정도를 차근차근 해설해 준다면 무리 없이 이해할 수 있을 것입니다. '교회란 무엇인가'에 대한 고민을 하는 것이 매우 중요한 일일 텐데요, 젊은 학생들이 이런 책들을 통해 좋은 자극을 받으면 좋겠습니다.

몇 해 동안 이런 식의 강의를 해왔는데 수업을 들었던 학생들은 좋았던 모양입니다. 아우구스티누스의 『신국론』과 『고백록』을 읽고 나자, 다음 학기에는 그의 『삼위일체』를 읽어 보자고 먼저 요청하더군요. 그 책은 사실 신학 교수들도 잘 읽지 않는, 아우구스티누스의 책 중에서도 어려운 책입니다. 학생들의 관심과 열의가 그 정도로 깊어졌다는 게 놀라우면서도 기뻤습니다.

저는 학생들에게 텍스트를 읽을 때 "자기 삶과의 연결고리를 만들라"고 강조합니다. 텍스트로 자신을 비추어 보거나, 자신의 경험을 통해 텍스트를 읽어내고, 그 텍스트에 다시 질문을 던져 보라고 요구하지요. 질문은 궁금함에서 비롯될 수도 있고, 단순히 딴지를 거는 수단일 수도 있습니다. 어떤 쪽이든, 자기의 삶과 텍스트 사이를 끊임없이 연결하며 읽으라는 뜻입니다. 물론 쉬운 일은 아닙니다. 텍스트의 모든 구절과 단락이 내 삶과 연결되는 것은 아닙니다. 그렇다면 이런 기준을 모든 책에 다 적용할 수는 없겠지요. 심지어 성경조차 마찬가지입니다. 그러나 이런 해석학적 원칙을 어느 정도 가지고 읽으면, 텍스트를 객관화하거나 타자화하지 않고 내 삶과 연관지으며 읽을 수 있습니다.

이런 과정은 기독교 신앙을 이해하는 데도 도움이 된다고 생각합니다. 신앙에서 '무엇을 믿는가', '무엇을 소망하는가', '무엇을 사랑하는가'라는 물음들이 중요할 텐데, 텍스트가 이런 물음을 가지고 씨름할 수 있는 매개체가 되어 주니까요. 나의 삶 또한 텍스트를 이해하는 중요한 매개체가 됩니다. 삶과 텍스트, 텍스트와 삶은 유기적 관계에 있다고 말할 수 있습니다.

배울 수 있는 능력

최종원 선생님, 새로운 기술 문명 앞에서 우리가 공부하는 이유는 무엇이어야 할까요? 클릭 몇 번으로 무수한 지식 앞에 설 수 있게 된 지금, 더디게 읽고 생각하고 쓰는 것이 무슨 의미가 있을까 하는 생각을 피할 수 없습니다. 과학기술 문명이 우리에게 주는 근본적인 도전은 무엇이라고 생각하십니까?

강영안 몇 년 전 챗지피티가 등장한 이후 교육의 방향을 묻는 질문들을 많이 받았습니다. '어떻게 교육할 것인가'를 철학적인 물음으로 바꿔 말하면, '도대체 안다는 것은 무엇인가'로 연결됩니다. '도대체 교육한다는 것, 가르친다는 것, 배운다는 것은 무엇인가?' 이러한 기본적인 질문들을 다시 던져야 합니다.

인공지능을 통한 지식의 발전이 현재 어느 단계에 있든, 우리가 배울 수 있는 능력(teachability)을 스스로 유지한다면 크게 염려할 필요는 없다고 봅니다. 우리의 목표는 스스로를 끊임없이 돌아보고 성찰하며 덜어내고, 새로운 것을 향해 열린 태도를 갖는 것입니다. 그것이 배제가 아닌 환대를 위한 것일 때, 인공지능의 출현도 위협이 아닌 새로운 기회가 될 수 있습니다.

세상은 끊임없이 변하고 있고, 사라지는 일도, 새로 등장하는 일도 무수합니다. 제 어린 시절에는 냄비를 고치던 소위 땜쟁이가 흔했지만 이제는 사라졌습니다. 그런 것이 어디 한두 가지 겠습니까? 앞으로도 이전에 없었던 직업들이 많이 생겨날 것입니다.

'배움이 가능하다'는 것은 단순한 학습이 아니라, 배운 것을 돌아보고 불필요한 것을 덜어내며 다시 새롭게 배울 수 있는 능력을 의미합니다. 이 과정에서 여전히 고민해야 할 지점은 '타자'라는 개념입니다. 낯선 것, 내가 아닌 것, 나와 다른 것, 익숙하지 않은 것에 대해 열린 마음으로 고민하고 받아들이는 것이 필요합니다. 오늘 우리가 발전시킨 기술은 예측 가능하고, 조정할 수 있고, 내 힘의 공간 속에 모든 것이 들어오도록 만드는 것이 목적일 것입니다. 그러나 결국 내 손으로 좌지우지하는 우상을 만드는 일이 될 위험도 있습니다. 그렇기에 우리는 새로운 기술 문명 앞에서 우리 고민의 근본적인 동기가 무엇인지 되돌아볼 필요가 있습니다.

십계명의 제1계명은 "너는 나 외에는 다른 신들을 네게 두지 말라"입니다. 이 계명은 모든 우상숭배에 대한 금지일 수도 있고, 그 어떤 하나님의 형상도 만들지 말라는 뜻도 있습니다. 그런 의미에서 하나님 외의 그 어떤 것이라도 숭배하면 우상숭배가 되지요. 우상은 무속 신앙에서 말하는 바위나 나무가 될 수도 있고, 현대인에게는 돈, 지식, 심지어 국가가 될 수도 있습니다. 내가 절대적 신뢰를 줄 수 있는 대상이 있을 때, 나의 그 신뢰가 우상을 만들어냅니다. 이것이 루터가 이 계명을 해설하는 방식입니다. 현대에 들어 폴 틸리히는 종교를 설명하기 위해 '궁극적 관심'(ultimate concern)이라는 개념을 사용했는데 그 착상이 바로 여기에서 나온 것입니다.

이어지는 계명을 보면, 하늘에 있는 것이나 땅에 있는 것이나 물 속에 있는 것의 어떤 형상도 만들지 말라고 경고합니다. 이를 어긴 대표적인 예가 아론의 금송아지 사건이죠. 저는 그 당시 이스라엘 사람들이 하나님이 아닌 다른 신을 섬길 의도로 그렇게 했다고 보지는 않습니다. 그 맥락을 봅시다. 하나님은 구름기둥과 불기둥으로 이끄는 분이셨으나, 이스라엘 사람들이 직접 볼 수 있는 신은 아니었습니다. 하나님을 대신해서 자신들 앞에 있던 지도자 모세는 산 위에 올라간 뒤 도무지 내려올 기미가 보이지 않았습니다. 그 상황에서 이스라엘 사람들에게 필요한 것은 '눈에 보이는 신'이었지요. 그 앞에 가서 경배할 수 있는 신을 생각해낸 것이 금송아지였습니다.

이것은 기술 의지와 연관이 있습니다. 첫째, 금송아지처럼 신상을 만들어 세워두면 적어도 신이 어디에 있는지를 ‘파악’(localize)할 수 있습니다. 하나님을 눈앞에 가두어 두듯, 기술은 신비를 통제 가능한 자리에 위치시켜 놓으려 합니다. 이것이 우상숭배의 첫 단계입니다. 둘째, ‘간섭’(participate)하는 것입니다. 그 기술을 통해 끊임없이 개입하고 간섭해서 원하는 것을 이루려 합니다. 그런 방식으로 자기와 가까운 관계를 형성합니다. 셋째, 사적 목적으로 ‘조정’(manipulate)하는 것입니다. 내가 좌지우지하고 조정할 수 있는 수단을 만드는 것이지요. 이런 수단이 오늘날의 과학기술 문명입니다.

여기에는 결국 하나님을 통제 가능한 존재로 만드려는 인간의 욕망이 투영되어 있습니다. 인류 역사에서 문명은 결국 대상을 통제하는 방식을 발전시키면서 흘러왔다고 할 수 있습니다. 사회 역시 마찬가지입니다. 선거 전에 하는 통계 조사의 목적은 통제 가능한 사회, 예측 가능한 사회, 지속 가능한 사회를 만들기 위한 기초 자료와 이를 통제할 수 있는 수단을 마련하기 위한 근거 자료를 얻는 데 있습니다. 그것을 할 수 있는 사람에게는 돈도 집중되지만, 결정할 수 있는 권력도 집중되지요. 그렇게 자신에게 유리한 방식으로 무엇이든 조종하고 만들어가는 현실을 방관할 경우 문제가 커집니다. 우리가 스스로 사고하고 성찰하고 결정하고 실행할 능력을 키우지 못한다면, 우리는 객체로 전락할 수밖에 없습니다. 그렇기에 우리의 책 읽기와 세상 읽기는 더욱 치열해져야 합니다.

손학, 배움 덜어내기

최종원 선생님, 지금은 지식 정보 자체보다 '어떻게 지식을 식별하고 나의 것으로 만들 수 있는가'가 훨씬 중요한 과제가 된 것 같습니다. 아마도 지식이 축적되는 것과 인간의 지혜의 자람이나 사회적 성숙이 비례하지 않는다는 반성 때문일 텐데요. 다원화된 사회를 살아가는 우리에게 필요한 지식 추구의 자세는 무엇일까요?

강영안 이제 우리에게는 기존에 알고 있던 것을 내려놓고 새롭게 배울 수 있는 사고방식과 삶의 태도가 필요합니다. 물론 배움은 계속 더해가야 합니다. 이렇게 배움을 쌓아가는 것을 '익학'(益學)이라 할 수 있습니다. 그러나 배움을 제대로 더하기 위해서는 또 하나의 과정이 필요합니다. 바로 배움을 덜어내는 것입니다. 잘못 배운 것, 잘못 알고 있는 것을 걷어내는 작업이 필요합니다. 이를 '손학'(損學, unlearning)이라 부릅니다.

예전에 한 인터뷰에서 저는 '손학'을 위해 필요한 세 가지를 이야기한 적이 있습니다. 첫째, 타자의 사유입니다. 자기 중심적 사고를 넘어 타자를 환대하는 사유 방식입니다. 참된 교육이 일어나려면, 교육 내용에만 몰두하기보다 교사와 학생들이 타자를 환대하고 대접하는 방식의 변화가 수행되어야 합니다.

둘째, 생태학적 사유로의 전환입니다. 살아 있는 것들이 서로서로 이어져 있는 존재라는 인식, 나 홀로 존재하는 개별자가 아니라, 다른 존재들로 인해 나도 존재하고 살아간다는 인식의 변화가 필요합니다. 현재 경험하는 지구의 기후 변화는 그 어떤 것보다 중요한 화두입니다. 나의 윤택을 위해 주어진 대로 살아갈 수 없는 상황입니다. 거창하게 인류의 미래를 이야기하지 않더라도, 더 이상 이런 식으로는 나 자신의 삶조차 지속할 수 없습니다. 그뿐 아니라 교육, 부동산 정책, 유가 문제 등 대부분의 사안이 이제는 개인의 문제가 아니라 '공동선'을 향한 윤리적 과제입니다. 특히 그리스도인이라면 이 현실을 외면해서는 안 됩니다. 우리 배움의 궁극적인 목표는 자신의 안락이 아니라 우리가 살아가는 공동체의 안녕이기 때문입니다.

셋째, 다원적 사유입니다. 현실적으로 우리는 이미 세계관이 다르고 생각이 다른 사람들이 함께 공존하는 세계에 살고 있습니다. 언어나 문화, 인종이 다른 사람들과 함께 살아갑니다. 한국이 단일 민족이라는 말은 이제 신화에 불과합니다. 다른 민족들과 함께 살고 다른 언어와 문화를 경험하는 상황에서 우리는 '다원적 사고'를 지녀야 합니다. 다원적이라는 것은 이것도 옳고 저것도 옳다는 상대주의가 아니라, 서로 다른 길을 진실하게 살아가는 사람들을 존중하는 태도입니다.

한국 교회는 다원적 상황에서 다른 생각을 가진 사람들과 함께 살아가는 훈련을 충분히 받지 못했습니다. 이것은 결국 훈련의 문제이자 교육의 문제, 의식 변화의 문제입니다. 회피할 수 없으며 마땅히 감당해야 할 과제입니다. 자신의 세계관을 타인에게 강요하지 않고, 오히려 '내 삶을 통해' 보여주며 설득하는 방식이어야 합니다. 물론 상대방이 수용하지 않는다고 해서 그 삶을 거짓으로 단정할 수도 없습니다.

유럽에서 다원성에 대한 논의가 시작된 것은 1618년부터 이어진 '30년 전쟁' 이후입니다. 당시 독일 지역의 3분의 2가 초토화될 정도로 참혹한 전쟁을 겪은 사람들은 마침내 깨달았습니다. "생각이 다르다고 서로 죽이거나 배척하지 말자. 서로의 다름을 존중해야 한다." 그때 비로소 등장한 것이 '관용론'입니다. 관용은 "이래도 좋고 저래도 좋다"는 식의 무분별한 인정이 아닙니다. 다원적 상황에서 서로를 존중하되 '무엇이 우리 모두의 삶에 진정 좋은가' 하는 것을 논의할 수 있는 태도입니다.

베드로전서 3장 15절은 "소망에 관한 이유를 묻는 자에게는 대답할 것을 항상 준비하되 온유와 두려움으로" 하라고 권면합니다. 서로 근거 있는 대화와 존중의 태도 속에서 생각을 나누는 훈련이 필요하다는 뜻입니다. 하지만 지금 한국 교회는 여전히 상대주의나 절대주의의 극단을 오가며 온유한 대화의 문화를 이루지 못하고 있습니다.

오늘 우리에게 필요한 것은 '공동선을 향한 배움'입니다. 서로가 용납하고, 서로를 나 자신보다 낮게 여기며 공동의 선을 찾아가는 노력이 어느 때보다 중요합니다. 그동안의 잘못된 배움을 덜어내는 '손학'을 해야 할 때입니다.

대담 III 한국 교회를 말하다

나는 지식인이란 오늘 이 시대의 선지자여야 한다고 믿는다. 한국 교회의 문제 중 하나는 넘치는 학자에 비해 시대를 통찰하는 지식인이 희귀하다는 점이 아닐까 싶다. 여느 조직과 다를 바 없이 대형교회 중심의 자본에 종속되어 독립적인 지식인의 목소리를 잃어버렸다는 점이 안타깝다.

그리스도인 철학자의 관점에서 오늘날 한국 교회를 바라보는 시선이 궁금했다. 강영안 선생은 지난 몇 년간 한국을 떠나 있으면서 거리를 두고 한국 교회를 관찰할 수 있었다. 그동안 전 세계를 멈춰 세운 코로나19 팬데믹이 지나갔다. 선생에게 팬데믹 기간 동안 드러난 한국 교회의 현실과 그 대안에 대해 물었다. 기독교계의 수많은 신학자들과 목회자들이 내놓은 해법과 어떤 유사성과 차별성이 있는지 살펴보는 것도 의미 있는 일이다.

나는 개신교를 근대성의 산물로 평가해 왔다. 근대는 효율성을 최고의 가치 기반으로 한다. 철학자 미셸 푸코가 『감시와 처벌』에서 근대성을 가장 잘 보여주는 공간으로 학교, 병원, 군대, 공장 등을 언급한 것은 그곳들이 규율 기반으로 작동하기 때문이다. 훈육과 규칙, 그에 따른 상벌이 명확한 공간이기에 어떤 조직보다 체계적이고 신속하게 주어진 역할을 수행할 수 있었다. 푸코에게 이 모든 공간은 감옥과 맞닿아 있었다. 제레미 벤담이 고안한 것으로 알려진 원형감옥 파놉티콘panopticon은 이러한 효율성의 극치다. 이 구조에서는 최소 인원의 간수가 모든 죄수를 감시할 수 있고, 모든 죄수는 자신이 항상 감시받고 있다고 인식하게 된다. 나는 개신교가 만든 방사형의 대형교회 공간이 파놉티콘과 늘 오버랩된다. 이 구조 속에서 양방향의 소통이나 관계성은 형성되지 못하고, 오직 강단 위의 한 사람에게만 집중되는 한계는 분명하다.

내가 선생의 인문학적 관점의 분석을 들으며 공감한 지점이 여기에 있다. 선생 역시도 코로나19를 통과하며 한국 교회가 보여준 공간 구조의 문제를 지적했다. 그 구조는 일방향의 전달과 수용이 가장 잘 이루어지는 획일성과 효율성을 추구하지만, 기독교가 지향하는 진정한 공동체의 모습은 보이지 않는다. 그래서 선생은 공동체성이 실현될 수 있는 공간 구조의 변화를 제시한다. 그리고 그 안에서 교회가 추구해야 할 핵심 가치는 환대라고 강조한다.

선생은 청소년기부터 지금까지 오랫동안 삶의 모든 영역에서 그리스도의 주권을 강조하는 기독교 세계관과 연결되어 왔다. 기독교 세계관이 한국 교회에 어떤 의미를 지니는지, 그 가능성과 한계는 무엇인지 세밀하게 따져 보았다.

9
근대와 교회

예배 중심, 설교 중심의 교회를 넘어서

최종원 선생님은 코로나19 시기에 미국 그랜드래피즈에서 오래 고립된 생활을 하셨습니다. 그 기간 동안 언론보도를 통해 한국 사회와 교회에 대한 뉴스를 많이 접하셨을 텐데요. 인문학자의 시각에서 코로나19를 보내며 진단한 한국 교회의 과제는 무엇입니까?

201

강영안 코로나19가 우리 교회에 남긴 여러 영향 가운데 하나는 교회가 그동안 얼마나 설교 중심, 예배 중심으로만 흘러왔는가 하는 사실이 분명하게 드러났다는 점입니다. 그동안 많은 성도들은 교회에 와서 설교 한 편을 듣고 "아멘" 하며 은혜를 받았습니다. 그리고 그것으로 신앙생활을 충분히 했다고 여기기도 했지요. 그러나 코로나19는 이런 습관적인 예배의 참석을 한순간에 멈추게 만들었습니다. 이전에는 수천 명, 수만 명이 모이던 예배가 온라인으로 전환되면서 실제 참여 인원은 얼마 되지 않는 현실을 마주하게 되었습니다.

팬데믹 이후 교회로 돌아온 교인 수도 예전에 비해 크게 감소했습니다. 더 큰 문제는 이후에도 목회 방식이 크게 달라지지 않았다는 점입니다. 여전히 예배 중심, 그중에서도 '설교 중심'의 구조가 반복되고 있지요. 그러나 이제는 교회 공동체 안에서 함께 성경을 읽고 나누고 서로를 돌아보며 신앙과 삶을 연결하는 새로운 방식을 모색해야 합니다. 팬데믹이 남긴 교훈을 살리지 못한 채 교회가 다시 예전 방식으로 돌아가는 것은 안타까운 일입니다.

한국 교회의 주류를 이루는 것은 여전히 소위 '복음주의' 교회들입니다. 대부분의 교회는 '모이는 교회'로서의 열심을 보여 왔습니다. 교회에 나와 모임에 참석하는 것이 곧 신앙생활이고, 목회자 입장에서는 예배를 인도하고 설교하는 일이 가장 핵심적인 사역이었습니다. 예배에는 찬양과 기도도 포함되지만, 실제로는 설교가 예배의 중심을 차지하며 예배 전체가 설교로 환원되는 듯한 분위기가 있었지요. 그래서 예배 자체가 신앙생활의 전체인 것처럼 인식되곤 했습니다.

예배를 드리면서 말씀을 듣는다 해도, 그것이 실제 삶으로 이어지기는 쉽지 않습니다. "오늘 은혜 많이 받았다"는 말로 신앙생활이 그 자리에서 마무리되는 경우가 대부분이었습니다. 조금 더 헌신적인 분들은 교회 내 부서에서 봉사하거나 다양한 교회 활동에 참여하는 정도였지요. 다시 말해, 교회생활이 곧 신앙생활의 전부로 여겨지는 경우가 많았습니다.

그러나 코로나19를 지나면서 많은 이들이 이런 생각을 하셨을 것 같습니다. "내가 하나님의 자녀로 이 세상을 살아간다는 것은 단지 교회 안에서의 활동만으로 설명되지는 않는다." 예배 속에서 하나님을 만나고 찬양하고 감사드리며 말씀을 배우는 경험은 여전히 소중합니다. 하지만 그것이 일상으로 이어질 때 비로소 예배는 완성됩니다. 밥을 먹고 일하고 사람들을 만나는 가운데 삶의 자리를 살아가는 그 모든 순간 속에서 신앙이 드러날 때, 그 삶 전체가 하나님께 드려지는 예배가 됩니다. 이번 팬데믹을 통해 이 사실을 깊이 경험하셨으리라 생각합니다.

일상과 신학, 신학의 일상화

최종원 선생님이 늘 강조하시던 일상의 중요성이 팬데믹을 겪으며 누구나 공감하는 주제가 된 것 같습니다. 신앙도 교회라는 공간보다는 일상이 중심이 되어야 하는 것 아닐까요?

강영안 그렇습니다. 일상은 신앙의 삶을 살아가는 자리입니다. 코로나19의 시기를 지나면서 많은 분들이 일상의 삶의 자리가 얼마나 소중한지를 깨닫게 된 것 같습니다. 교회에 모여야만 신앙생활이 가능한 게 아니잖습니까? 가정이든 직장이든 학교이든, 내가 살아가는 일상의 자리가 곧 하나님을 만나는 자리이자 이웃을 만나는 자리입니다.

어찌 보면 팬데믹을 통해 한국 교회가 가르쳐 온 신앙 방식의 취약함이 여실히 드러났죠. 교회 밖으로 흩어져 각자의 삶의 자리에서 복음을 살아내는 법을 고민하거나 부지런히 가르치지 않았으니까요. 교회 생활이 그리스도인의 삶에 중요하지만, 이보다 더 중요한 것은 우리가 살아가는 삶의 자리에서 삼위 한분이신 하나님을 믿고 신뢰하며 하나님 안에서 사는 것입니다. 많은 분들이 신앙의 일상성에 대해 깨달으신 것 같습니다. 그런데도 한국 교회들은 여전히 예배 중심의 '모이는 교회'로 돌아가는 데 급급한 듯해서 안타깝습니다.

코로나19 기간에 오히려 더 단단해진 교회 공동체들이 있었습니다. 구역이든 목장이든 몇 가정이 함께 모여 말씀을 나누고 삶을 나누고 서로 격려하고 돌보았던 교회들은 팬데믹 이후 더욱 결속력이 깊어지고 친밀한 공동체를 이루었습니다. 서로의 삶을 지지하고 신앙을 함께 실천하는 경험을 한 것이죠. 반면 목회자 중심, 설교 중심으로만 운영되던 교회는 성도의 30퍼센트 이상이 떠났다는 이야기도 들었습니다. 공동체성과 관계 맺음이 그만큼 약했다는 의미입니다.

그렇다고 해서 교회로 모이지 말아야 한다는 것은 아닙니다. 성경도 "모이기를 힘쓰라"고 권면하고 있습니다(히 10:25). 그러나 중요한 것은 '왜 모이는가'입니다. '무엇을 위해 모이고, 모인 후에는 무엇이 이어져야 하는가'라는 물음이 여전히 우리 앞에 놓여 있습니다. 단순히 예배 참석에 그치지 않고, 공동체로서 깊은 결속과 일상의 신앙으로 이어지는 교회 갱신이 필요합니다.

과연 대면한 적이 있는가?

최종원 한국 교회에서는 이른바 대면 예배를 금지하면서 많은 혼란을 경험했습니다. 일부 교회는 종교 탄압이라는 프레임으로 정부에 맞서기도 했는데요. 인문학자의 시각에서 이 상황을 어떻게 바라보셨는지 궁금합니다.

강영안 최 교수도 그렇고, 저 역시 외국에 있었으니 팬데믹 기간에 국내에서 벌어지는 상황을 직접 겪지는 못했습니다. 그 시기에 저는 낯선 표현을 접했지요. 바로 '대면 예배'와 '비대면 예배'라는 표현입니다. 이 말을 처음 들었을 때 문득 이런 질문이 떠올랐습니다. '도대체 누구를 대면한다는 말인가? 하나님을 대면한다는 뜻인가?' 물론 그것이 의미하는 바는 알지요. 같은 공간에 모여 예배드리는 것을 '대면 예배'라 부르고, 모이지 않고 각자 흩어진 채 온라인으로 예배드리는 것을 '비대면 예배'라고 말합니다. 그런데 저는 대면이라는 말이 우리에게 어떤 의미였는지를 다시 묻게 됩니다. 이전의 예배가 정말 서로의 얼굴을 마주하는 자리, 얼굴과 얼굴을 맞대는 자리였을까요?

작은 교회에서는 예배 후 교인들이 잠시 머물며 담소를 나누거나 식사 교제를 하기도 합니다. 그러나 규모가 큰 교회에서는 예배가 끝나면 서로 인사 한마디 나누지 못한 채 곧바로 흩어지는 경우가 많습니다. 그런 의미에서 본다면, 교회는 어쩌면 예전부터 이미 '비대면 예배'를 드려 오고 있었는지도 모르겠습니다.

공동체 안에서 중요한 것은 '페이스 투 페이스'(face to face) 곧 서로의 얼굴을 마주하는 일이 아닐까요? 하지만 예배의 시선을 따라가 보면 대부분 앞쪽 강단에 고정되어 있습니다. 모두가 예배 진행자나 설교자를 바라보고 있지요. 물론 설교를 듣는 것은 중요합니다. 그러나 그 구조는 본질적으로 일방향적입니다. '대면'이라는 말 자체가 양방향성을 전제하지만, 우리의 예배에는 그 양방향성이 거의 사라져 있습니다. 설교자가 일방적으로 전하고 회중은 듣기만 하는 구조이기 때문입니다. 이런 구조에서는 서로의 얼굴을 마주하며 하나님께 예배드리기가 쉽지 않습니다. 이것은 예배 공간의 좌석 배치에서도 분명하게 드러납니다. 대부분 교회의 좌석은 앞을 향해 일렬로 놓여 있고, 회중의 시선은 자연스럽게 설교자에게만 향합니다. 이렇게 구성된 공간에서

205

과연 서로 사귐과 교제가 가능할까요? 쉽지 않습니다. 그런 구조는 많은 인원을 한자리에 모으는 데 효율적일 수 있지만, 공동체적인 소통이나 상호작용의 측면에서는 분명한 한계를 드러냅니다.

이는 학교 교실에서도 마찬가지입니다. 그래서 저는 강의를 할 때, 가능하면 둘러앉아서 학생들이 서로 마주 보도록 합니다. 저는 원 안의 학생들 사이에 끼어 앉거나 그 사이를 걸으며 토론을 이끌지요. 이것이 '서로를 환대하는 방식'이라 생각합니다. 이렇게 않으면 '가르치는 사람'과 '배우는 사람'으로 나뉘는 게 아니라, 함께 묻고 듣고 나누며 새로운 형태의 배움이 이루어집니다. 전통적인 교실 배치는 말하는 사람과 듣는 사람을 구분하고 평등한 참여를 어렵게 만듭니다. 설령 발언 기회를 얻더라도 대부분 선생님에게 말하는 것으로 한정되고 다른 학생들은 그 말을 구경하는 입장이 되기 쉽습니다. 서로 눈을 마주 보고 이야기를 나눌 때, 비로소 공동체도 배움도 신앙도 깊어질 수 있지 않을까요?

대면의 가장 중요한 본질은 '환대'(hospitality)입니다. 우리가 하나님을 대면할 때, 먼저 하나님이 우리를 환대해 주시고, 우리는 찾아오신 그 하나님을 다시 환대합니다. 이 상호 환대 가운데 예배에 참여하는 하나님의 백성들도 서로를 주 안에서 한 형제자매로 환대할 수 있습니다.

성찬은 이러한 환대를 가장 잘 드러내는 자리입니다. 환대를 표현하는 최상의 방식이죠. 주님의 살과 피에 함께 참여함으로 모든 차별과 배제를 넘어 서로를 환영하고 받아들이며 주 안에서 평화를 누릴 수 있기 때문입니다. 이러한 은혜를 충분히 살려내지 못하고 누리지 못하는 것은 현행 예배의 비극입니다.

얼굴을 마주하는 공동체

최종원 수십 년간 한 공간 안에서 예배를 드렸지만, 실제로는 대면한 적이 없을 수 있다는 선생님의 통찰이 크게 다가옵니다. 그렇다면, 어떻게 서로 마주 보는 대면 공동체를 만들 수 있을까요?

강영안 원으로 둘러앉아 함께 이야기를 나누어 본 적이 있으신가요? 이런 방식으로 앉게 되면 말하던 이가 어느 순간 듣는 이가 되고, 듣고 있던 이가 자연스럽게 말을 이어갈 수 있습니다. 서로가 서로에게 동등한 입장으로 마주하는 공간이 되는 것이지요. 그래서 저는 교실이나 예배 공간에서 자리 배치의 방식이 매우 중요하다고 생각합니다.

제가 그랜드래피즈에서 방문했던 어느 교회는 강대상이 따로 없었습니다. 성도들이 원형으로 둘러앉아 예배에 참여했고, 설교자는 그 한가운데 서서 말씀을 전했습니다. 모두가 비슷한 거리에서 서로의 얼굴을 바라보며 예배를 드렸습니다. 효율적인 방식은 아니었지만, 설교자와 회중이 가까워지고 공동체적 친밀감을 경험할 수 있는 구조였습니다.

왜 이런 이야기를 꺼내는가 하면, 이것은 '우리의 신앙과 신앙 교육에 어떤 철학이 담겨 있는가'의 문제와 직결되기 때문입니다. 만일 신앙이 단순히 어떤 정보를 일방적으로 전달하고 전달받는 것이라면, 지금의 전통적인 예배 구조에도 큰 문제가 없을지 모릅니다. 하지만 정말 그렇습니까? 하나님에 관해서, 성경과 믿음에 관해서 정보를 잘 얻고 잘 기억하는 것이 진짜 믿음, 진짜 예배는 아니잖습니까? 현재 방식이 익숙하고 당연하게 여겨진다고 해서 그것이 옳은 방식이라 단정할 수는 없습니다.

돌이켜 보면, 한국 교회는 그동안 자신이 속한 지역 사회와 마을 공동체 속에서 어떻게 관계를 맺고 살아야 하는지, 어떻게 복음을 살아내야 하는지에 대한 훈련을 거의 받지 못했습니다. 예배당 안에서의 신앙에는 익숙하지만, 세상 속에서 믿음을 실천하는 삶을 몸소 배우거나 경험해 본 적은 많지 않습니다. 한국 교회의 위기는 바로 여기, 곧 '삶과 신앙의 분리'에 있지 않을까 생각합니다.

사실 유럽 교회도 크게 다르지 않습니다. 유럽 교회의 형태가 미국으로 건너갔고, 미국 교회가 다시 한국으로 이식되었으니까요. 2011년 어느 강연 모임에서 저는 선교학자 브라이언 스탠리(Brian Stanley) 교수에게 이렇게 물은 적이 있습니다. "지금의 영국에 한국 선교사가 필요합니까?" 그는 필요하다고 대답하면서도 한 가지 조건을 덧붙였습니다. "단, 미셔널해야 합니다."

그가 말한 '미셔널'(missional)이라는 개념은 주로 레슬리 뉴비긴의 영향을 받은 이들이 전개한 운동과 관련이 있습니다. 이 개념의 중요한 핵심은 교회를 단순히 마을 한가운데 우뚝 선 건물로 보지 않고, 신자와 비신자가 함께 삶을 나누며 복음을 삶으로 실천하는 '삶의 선교'에 두는 것입니다. 물론 완전한 실현은 어렵지만 세상 속에서 그리스도인의 존재 방식을 생각한다면 분명 추구해야 할 올바른 방향이라 생각합니다.

제 어린 시절의 교회는 동네 한가운데 위치해 있었지만 마을 사람들의 삶과는 동떨어져 있었던 기억이 납니다. 그래서 묻게 되는 것이 '지역성'입니다. 성도들도 예배 시간에는 하나가 되었지만, 일상에서는 서로 간에 관계성이 별로 없었습니다. 그때 사람들에게 각인된 교회의 이미지는 아마도 '구원의 방주'였을 것입니다. 세상은 결국 물에 잠겨 떠내려갈 것이고, 교회는 구원받을 사람들이 모이는 안전한 방주의 공간이었던 셈이지요. 그래서 방주 안에 모인 사람들은 방주 밖의 사람들과는 무관한 듯, 더 큰 방주를 만들어 더 많은 사람들로 채우는 것이 교회의 사명이라고 여겼습니다. 이런 모습은 오늘날에도 여전히 계속되고 있습니다.

그러나 노아의 가족과 짐승들은 방주 안에서만 영원히 머물지 않았습니다. 그들은 방주에서 나와 다시 세상으로 나갔습니다. 그렇게 흩어진 목적은 하나님이 주신 생명과 삶을 누리며 이 땅을 가꾸고 평화를 구축하기 위해서였습니다. 하지만 대부분의 교회는 구원의 방주를 통해 '구원'받은 것에 방점을 찍을 뿐, 방주에서 나와 다시 세상으로 가는 '보냄받은 삶'을 잊곤 합니다. 요한복음 17장에 등장하는 예수님의 기도처럼 "세상에 있으나 세상에 속하지 않는" 것에 만족하고 삶을 살아가는 것은 아닐까요? 예수님이 원하신 뜻은 단지 세상과 분리된 존재로 남는 것이 아니라, 제자들과 그들로 인해 믿게 된 이들이 삼위 하나님 안에서 하나되어 다시 세상으로 보냄받는 것이었는데도 말이지요.

저는 아브라함 카이퍼와 헤르만 바빙크의 신학 전통을 통해 이 '보냄받은 삶'의 중요성을 배웠습니다. 오늘날의 용어로 말하자면 '선교적 삶'이라고 할까요? 그리스도인으로서 자신이 부름받은 삶의 영역에서 보냄받은 이의 삶을 온전히 살아가도록 격려하는 신학입니다. '어떻게 구원받을 수 있는가'에 머물지 않고, '구원받은 성도로서 마땅한 삶'에 관심을 두는 것입니다.

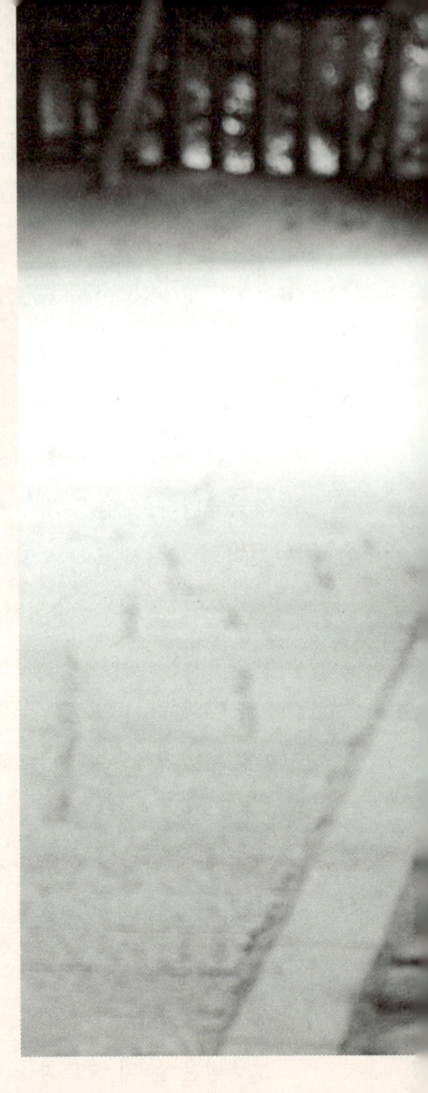

한국 교회는 예배당 안에서의 신앙에는 익숙하지만,
세상 속에서 **믿음**을 실천하는 삶을
몸소 배우거나 경험해 본 적은 많지 않습니다.

한국 교회의 위기는 바로 여기,
곧 '**삶과 신앙**의 분리'에 있지 않을까 생각합니다.

10

덕과 성품의 공동체

전통과 전통주의

최종원 교회의 회복이 곧 공동체성의 회복이라는 관점에서 좀 더 이야기를 이어가 보겠습니다. 앞서 말씀하신 대로, 한국 교회는 전통을 강조하다 보니 변화가 필요한 시점에서 머뭇거리는 경향도 없지 않습니다. 한국 기독교 전통 속에 형성되어 온 교회가 공동체성에 대한 숙제를 안고 있다면 원점에서 다시 출발할 용기가 필요해 보입니다.

강영안 독일 철학자 한스-게오르크 가다머(Hans-Georg Gadamer)는 『진리와 방법』(*Wahrheit und Methode*, 1960)에서 계몽주의가 축출한 세 가지—전통, 권위, 선입견(편견)—를 복권시키려 했습니다. 반면 하버마스(Jürgen Habermas)는 계몽의 기획이 여전히 유효하다고 보았습니다. 그는 과학, 도덕, 종교, 예술의 구획 속에서도 '의사소통적 이성'이 여전히 작동할 수 있다고 믿었습니다. 종교와 미신은 구별해야 하지만, 세속화된 오늘의 시대에도 종교가 여전히 필요하다는 점에서 하버마스는 찰스 테일러(Charles Taylor)와 견해를 같이합니다. 이런 맥락에서 하버마스는 여전히 모더니스트이고, 가다머는 포스트모더니스트라 부를 수 있을 듯합니다.

흔히 그리스도인들은 '포스트모던'이라는 말을 들으면 무조건 비판하거나 배척해야 한다고 생각하지만, 반드시 그렇지는 않습니다. 푸코나 라캉, 로티와 같은 포스트모더니스트들은 기독교 신앙에 대해서 비판적이지만, 가다머나 찰스 테일러처럼 기독교 신앙 안에서 사유를 전개한 학자들도 있습니다. 가다머는 루터교 신자였고 테일러는 가톨릭 안에서 활발히 활동하는 철학자입니다.

전통을 말하기 전에, '전통'과 '전통주의'는 구별할 필요가 있습니다. 예일대 역사학자 야로슬라프 펠리칸(Jaroslav Pelikan)은 『전통을 옹호하다』(*The Vindication of Tradition*)에서 이렇게 말했습니다. "전통은 죽은 사람들의 산 신앙이며, 전통주의는 살아 있는 사람들의 죽은 신앙이다"(Tradition is the living faith of the dead and traditionalism is the dead faith of the living).

성경 속 바리새인들은 대표적인 전통주의자들입니다. 조상으로부터 물려받은 신앙이 사실은 '죽은 신앙'이 되어 버렸지요. 반면 예수님은 전통을 존중하셨지만 전통주의자는 아니셨습니다. 예수님은 유월절을 지키셨으나 그 의미를 완전히 새롭게 해석하셨습니다.

여기서 핵심은 '우리가 물려받은 전통을 어떻게 다루느냐'에 달려 있습니다. 단순히 보존하는 것이 아니라, 그것을 살아 있는

213

신앙으로, 삶을 살리는 방향으로 전환해야 합니다. 전통이 공동체의 삶을 형성하는 원천과 기반으로 작용할 때, 전통주의자가 되지 않으면서도 죽은 자들의 산 신앙을 이어갈 수 있습니다. 반대로 전통을 내세우면서도 그것이 개인과 공동체를 세우지 못하고, 막힌 벽을 뚫어내 새로운 차원을 열어 주지 못하면, 살아 있는 사람들에게 죽은 전통이 되고 맙니다.

괴테의 『파우스트』에 이런 구절이 있습니다. "그대가 조상으로부터 물려받은 것은, 그대가 얻어내야 비로소 그대의 것이 된다"(Was du ererbt von deinen Vätern hast, Erwirb es, um es zu besitzen). 괴테가 말하고자 한 것은 전통이나 유산은 그냥 계승되는 것이 아니라, 그것의 가치를 이해하고 씨름하며 능동적으로 다시 살아내는 과정을 통해 비로소 '자기 것'이 된다는 뜻입니다. 그렇지 않으면, 아무리 귀한 유산이라도 '죽은 전통'으로 남습니다. 오히려 정통을 자처하는 교회나 개인일수록 이 위험에 노출되기 쉽습니다. 전통은 단지 보관하고 보존하는 것이 아니라, 해석하고 갱신하며 다듬어야 합니다. 그래야만 다음 세대에게 공동체의 살아 있는 전통과 그것을 만들 수 있는 소재, 정신, 태도를 물려줄 수 있습니다.

진정한 덕을 찾아서

최종원 전통에 대해 말씀하시니, "살아 있는 전통은 역사적으로 확장되고 사회적으로 구현되는 합리성을 지니고 있다"는 매킨타이어의 평가가 떠오릅니다. 매킨타이어는 서로마 멸망 후 야만과 암흑의 시대에 도덕성과 시민성을 지켜 준 새로운 공동체로 베네딕트 수도회를 언급했습니다. 그리고 그는 근대성이 무너져 내린 또 다른 형태의 야만의 공간에 부조리한 세상 속에서 오

지 않을 고도(Godot)를 기다리는 것이 아닌, 성 베네딕트를 기다
린다고 했습니다. 매킨타이어는 다시 현대의 계몽의 문화를 덕
을 상실한 문화로 보고, 다시 덕을 회복할 수 있는 사회를 상상합
니다. 매킨타이어를 매개로 공동체 문제를 이어가 보면 좋겠습
니다.

강영안 스코틀랜드 출신의 철학자 알래스데어 매킨타이어
(Alasdair MacIntyre)는 20세기 후반 철학에서 매우 중요한 역할을
한 인물입니다. 그의 철학 여정을 짧게 이야기하자면, 프로테스
탄트 신자에서 마르크스주의자를 거쳐 가톨릭 신자가 되었습니
다. 미국 노트르담 대학에서 오랫동안 가르쳤고, 1981년에 초판
을 찍은 『덕의 상실』(*After Virtue*)이 대표작입니다. 방금 최 교수가
언급한 대로, 그 책은 "우리는 [아무리 기다려도 오지 않는] 고도
가 아니라, 또 다른 성 베네딕트를 기다리고 있다"는 문장으로 끝
납니다. 몬테 카지노에 수도원을 시작하여 중세를 밝혔던 성 베
네딕트와 같은 존재가 출현하기를, 새로운 암흑기에 들어선 오늘
의 사회와 문화 속에서 덕의 공동체가 다시 세워지기를 바라는
선언이었습니다.

　흥미로운 점은, 『*After Virtue*』라는 책 제목이 이중적 의미를 지
닌다는 사실입니다. 하나는 '덕 이후' 곧 '덕을 상실한 시대 이후
어떻게 회복할 것인가'라는 물음이고, 다른 하나는 '덕을 찾아서'
라는 긍정적 지향의 뜻입니다. 매킨타이어의 핵심은 덕을 상실
했다는 진단에 머무는 것이 아니라, 다시 덕을 회복하고 찾아야
한다는 요청에 있습니다. 덕을 회복해야만 새로운 암흑시대에
들어선 현재의 문명에 미래가 있다는 것을 강조합니다. 그는 미
래의 문명은 오히려 오랜 과거에서 다시 길어 와 새롭게 공동체

를 구축할 수 있어야 한다고 역설하지요. 토마스 아퀴나스, 누르시아의 성 베네딕트, 아리스토텔레스에게서 다시 샘물을 길어 와야 한다고 보았던 점에서 과거로 회귀하자는 의도로 의심을 받기도 했습니다.

이 책이 출간된 후 미국에서는 '덕 윤리'(virtue ethics)에 대한 논의가 활성화되었습니다. '덕 윤리'를 존중하는 데에는 두 가지의 중요한 통찰이 있습니다. 첫째, 인간은 결코 홀로 인간이 되는 존재가 아니라, 공동체의 일원으로 인간이 된다. 둘째, 덕은 단순한 규범 암송이 아니라, 성품 형성(character formation)과 직결된다는 것입니다. 도덕 규범을 배우는 것에 그치지 않고, 공동체 속에서 살아내는 것이 중요하다는 의미입니다. 좋은 공동체 안에서 성품이 형성되고 빚어져야 인간이 비로소 인간답게 살 수 있다고 보는 것이지요.

그리스 전통에는 네 가지 '덕'이 있습니다. 용기, 절제, 지혜, 정의입니다. 기독교는 여기에 이른바 '신학적 미덕'이라는 믿음, 소망, 사랑을 더했습니다. 그래서 서양의 윤리 전통은 7가지 덕을 말하게 되었지요. 교회가 이러한 덕의 공동체, 성품의 공동체가 되어야 한다고 주장하는 것이 스탠리 하우어워스(Stanley Hauerwas)의 기독교 윤리학입니다. 하우어워스는 매킨타이어의 덕 윤리 복원 논의와 요더(John Howard Yoder)의 평화주의 신학의 영향을 받아 교회를 성품의 공동체, 덕의 공동체로 이해하며 윤리적 상상력을 발전시켰습니다. 그는 교회가 단순히 올바른 교리를 지닌 집단이 아니라, 예수 그리스도의 삶과 죽음과 부활의 이야기를 함께 실천하며 살아내는 공동체라고 강조합니다. 하우어워스는 기독교 윤리는 '우리가 누구인가'라는 질문을 통해 형성되며, 그 정체성은 교회의 이야기를 살아가는 방식 속에서 구체화된다고 보았습니다. 윤리라는 것이 어떤 행위의 결과를 따져 묻는 것보다 '어떤 사람이 되어야 하는가'에 대한 질문에서 시작된다는 점을 강조했지요. 그리고 사람됨은 교회 공동체 안에서 형성된다고 보았습니다. 교회는 그리스도를 따르는 삶을 배워가는 훈련의 장이고, 이 안에서 우리는 용서, 진실함, 인내, 평화, 환대와 같은 덕을 실천하며 함께 형성되어 간다고 여겼습니다. 이 점에서 덕의 형성은 제도나 정책보다 공동체의 실천과 이야기를 통해 가능하다고 생각했습니다. 그는 아리스토텔레스를 따라 "성품은 반복되는 행위의 습관을 통해 형성된다"고 말하며, 기독교적 삶은 예배와 성례, 공동체적 양육, 일상 속의 충실한 실천을 통해 빚어진다고 보았습니다. 여기서 교회는 단지 개인의 신앙을 강화하는 공간이 아니라, 새로운 사회의 모델 곧 하나님 나라의 윤리를 미리 살아내는 공동체가 됩니다.

하우어워스가 말하는 윤리 공동체로서의 교회는 세상과 구별되지만 그럼에도 세상을 위해 존재합니다. 그는 이것을 "교회는 사회 윤리를 가지고 있지 않다. 교회가 곧 사회 윤리다"(The church does not have a social ethic. The church is a social ethic)라는 말로 표현합니다. 예수의 십자가와 부활에 참여하는 교회는 그 자체가 윤리적 증언이자 실천이라는 뜻입니다. 하우어워스의 윤리관은 그리스도인이 신앙과 삶, 교회와 사회 사이에서 어떤 방식으로 살아가야 하는지를 깊이 성찰하게 만듭니다.

하우어워스는 오늘 우리에게도 묻습니다. 우리는 어떤 사람으로 빚어져가고 있는가? 우리가 속한 교회 공동체가 종으로 오신 예수를 진정으로 따라 살고 있는가?

최종원 앞에서도 질문드렸지만, 한국 교회는 윤리를 신학적 당위의 영역으로 보는 경향이 있습니다. 이 부분이 한편으로는 이해가 되기도 하지만, 여전히 동의하기는 어렵습니다. 한국 교회가 자신들의 교리적 범주 안에 들어올 수 있는 사람만을 윤리 실천의 대상으로 한정한다는 느낌이 듭니다. 제가 너무 과도하게 보는 걸까요?

강영안 그리스도인들의 윤리적 삶을 이야기할 때, 한국 교회 안에서 강조되어 온 방식은 어느 쪽일까요? 하나님의 말씀대로 살라는 규범적 명령일까요, 공동체에 기반을 둔 성품 형성일까요? 아무래도 전자를 훨씬 더 강조해 왔다고 봅니다. '-하라' 또는 '-하지 마라'는 식의 도덕적 명령은 설교에서도, 학교나 가정의 도덕 교육에서도 크게 다르지 않을 것 같습니다.

이 지점에서 니콜라스 월터스토프(Nicholas Wolterstorff)의 윤리 교육 철학을 살펴볼 필요가 있습니다. 『책임 있는 실천을 위해 교육하기』(*Educating for Responsible Action*)에서 그는 도덕 교육의 본질을 '모델링'(modelling education)에 있다고 보았습니다. 그는 "설교는 설교를 유도한다"(preaching induces preaching)는 말을 남겼습니다. 부모가 자녀에게 "이렇게 해라, 저렇게 해라"고 명령하면, 아이는 자신의 인형에게 똑같이 명령을 한다는 것이지요. 반대로 부모나 교사, 공동체가 모범을 보이면, 그 속에서 자라는 이들은 그것을 보고 배웁니다. 그래서 월터스토프는 바로 이 점에서 성품 윤리도 중요하지만 모델이 될 수 있는 어른이나 공동체가 있어야 도덕 교육이 가능하다고 보았습니다. 말에는 말로 반응하고, 삶에는 삶으로 응답한다는 것입니다. 모델링 에듀케이션은 부모나 교사, 목사 같은 어른이 언행일치를 보이고 마땅히 살아야 할 방식대로 살아갈 때 실현됩니다. 스탠리 하우어워스가 감리교 전통에서 재세례파 사상까지 흡수하며 공동체론을 펼쳤다면, 월터스토프는 개혁신앙과 기독교 철학 전통에서 공동체를 위한 성품 형성의 중요성을 강조했습니다.

월터스토프는 학교와 교회를 포함한 모든 공동체가 '올바르게 믿는 것'에 머물지 않고 '책임 있는 삶'으로 나아가기 위해 필요한 세 가지 모델을 제시합니다. 첫째, 인지 모델(cognitive model)입니다. 기독교 전통에서 가장 보편적으로 채택된 모델이었습니다. '바른 사고가 바른 삶을 낳는다'는 전제 아래, 성경을 올바르게 이해하고 바른 신학을 배우며 도덕적 판단력을 기르면, 그렇게 행동하며 살게 될 것이라는 기대가 깔려 있습니다. 물론 인지 형성이 중요합니다. 하지만 지식만으로는 책임 있는 행동을 담보할 수 없지요. 도덕적인 참여와 영적 실천이 없는 지적 지식은, 기독교 신앙에 대해서 아는 것은 많지만 실제 삶에서는 방관자에 머무르는 수동적인 신자를 만들어내기 때문입니다. 예수님도 말만 하고 행하지 않는 자들을 경고하지 않았습니까?(마 23장 참조) 월터스토프가 말한 기독교적인 앎은 정보 전달(informative)을 넘어 정체성과 실천을 빚어내는 '형성적(formative) 지식'입니다.

둘째, 성숙 모델(maturation model)입니다. 책임 있는 행동은 지식 습득에서 끝나지 않고 윤리적, 영적으로 '자라가는 과정' 속에서 형성된다는 뜻입니다. 이 모델은 교육을 지식 전달이 아니라 형성의 여정으로 봅니다. 습관화, 반복적 실천, 도덕적 도제 과정을 통해 삶 속에서 길러져야 한다는 것이지요. 따라서 도덕 교육 또는 삶의 교육은 한순간의 변화가 아니라 인내를 요하는 "되어감의 순례"(pilgrimage of becoming)라고 강조합니다. 이는 아리스토텔레스가 말한 "덕은 습관을 통해 형성된다"는 주장과 기독교의 '성화' 개념, 그리고 하우어워스의 '덕의 공동체' 개념과도 맞닿아 있습니다. 어린아이가 어른의 인도를 통해 책임감을 배우듯, 그리스도인도 정의와 자비, 신실함의 삶으로 점점 자라가야 합니다. 이 모델은 인내, 공동체에 대한 장기적인 헌신, 도덕적 회복 탄력성의 중요성을 강조하지요.

셋째는 모범 모델(modeling model)입니다. 유교 전통의 『논어』에 주희가 붙인 주를 보면, '학자효야'(學者效也)라는 말이 있습니다. "배우는 것은 곧 모방하고 흉내내는 것"이라는 말과 통합니다. 월터스토프 역시 교육의 본질을 '모방'(imitation)으로 보며 본보기의 힘을 중시합니다. 교사, 멘토, 공동체 지도자는 단순한 지식 전달자가 아니라, 하나의 삶의 방식을 몸소 살아내는 사람들입니다. 가장 강력한 도덕 교육은 말이 아니라 삶으로 구현됩니다. 설교가 사람을 변화시키는 것이 아니라, 설교자의 삶의 진정성과 공동체의 도덕적 상상력, 그 관계 속에서 살아내는 신앙이 사람을 변화시킵니다. 따라서 학생들이 정의롭고 자비롭고 믿음이 있는 궁극적으로 평화를 지향하는 사람이 되려면, 그들과 함께 살아가는 사람들의 삶 속에서 이런 삶을 목격하고 체험해야 합니다. 사도 바울의 말처럼 "내가 그리스도를 본받는 자가 된 것 같이 너희는 나를 본받는 자가 되라"(고전 11:1)는 정신입니다.

방금 언급한 '학자효야'라는 말은 동아시아 유교 전통에서 교육의 본질을 단적으로 보여주는 말입니다. 주희와 월터스토프가 교육을 모방과 인격 형성의 관점에서 바라보며 배움이 삶으로 드러나야 한다고 주장한다는 점에서는 서로 일치합니다. 그러나 주희는 전통과 위계를 중시한 반면, 월터스토프는 공동체의 살아 있는 본보기를 통해 성숙해가는 윤리적 여정을 강조했습니다. 그는 '모방'이 단순한 '복제'가 아니라 책임 있는 응답(responsible action)을 위한 내면화된 형성이라 보았습니다. 이는 교육이 단지 '배운 것을 따라 함'에 그치는 것이 아니라, '무엇을 위해, 누구를 위해, 어떻게 살아야 하는가'라는 도덕적 감수성과 목적 의식까지 형성해야 한다는 것을 의미합니다. 이러한 점에서 그의 모델링 모델은 단순한 윤리 교육을 넘어서 '참여적 인격 교육'으로 이해될 수 있습니다. 이것을 오늘날 윤리와 도덕 교육에 창조적으로 통합한다면, 전통에 뿌리를 두되 살아 있는 공동체와 책임 윤리를 실천하는 통합적 교육의 방향이 마련될 수 있을 것입니다.

월터스토프의 세 가지 모델은 상호 보완적입니다. 세 가지를 통합적으로 다루어야 한다는 것이 월터스토프의 강조점이고 우리가 배울 수 있는 내용입니다. 인지 모델은 신앙의 내용과 일관성을 부여하고, 성숙 모델은 그것을 인격적 덕으로 뿌리내리게 하며, 모범 모델은 공동체의 증언과 삶 속에서 신앙을 살아 있게 만듭니다.

지식이 파편화되고 소비주의와 윤리적 혼란이 심화된 시대 속에서, 교회 공동체는 사람을 올바르게 믿게 하는 데 그치지 않고 '정의롭게 행동하는 사람'으로 세우는 일에 주력해야 합니다. 교육은 중립적인 활동일 수 없습니다. 교육은 본질적으로 윤리적이며, 동시에 신학적인 소명입니다. 많이 아는 사람, 생각하는 사람, 정보가 많은 사람을 양성하는 데 그쳐서는 안 됩니다. 교육의 목표는 결국 지혜와 용기, 겸손과 사랑의 덕을 지닌 사람, 공동선의 실현을 꿈꾸며 진실과 정의와 평화를 실천하는 '제자들'(disciples)을 세우는 데 있습니다. 교회나 학교, 가정이 이 일을 함께 이루어나가기 위해 하나가 되어야겠지요.

기독교 윤리의 본질

최종원 월터스토프가 강조하는 부분에 대해 저도 고개가 끄덕여집니다. 한국 교회와 윤리적인 삶에 대한 논의를 하는 이 지점에서 '기독교 윤리'에 대해 좀 더 생각해 보면 좋겠습니다.

강영안 누가복음 10장에 등장하는 예수님과 율법교사의 대화를 기억하실 것입니다. 인간이 살아가며 실천해야 할 두 가지 곧 '하나님 사랑'과 '이웃 사랑'을 예수님은 명확히 제시하셨습니다. 그리고 그 말씀을 구체적으로 보여주는 비유가 바로 '선한 사마리아인'입니다. 기독교 윤리의 본질적인 면모가 이 내용에 응축되어 있다고 생각합니다.

이런 질문을 한번 던져 보지요. 사마리아인이 강도 만난 사람을 도울 수 있었던 이유는 무엇일까요? 월터스토프의 세 가지 윤리 모델에서 본다면, 그런 행동을 '해야 한다'는 인지 교육의 결과일까요? 아니면 성숙 모델에 따라 공동체 속에서 교육을 받았기 때문일까요? 그것도 아니면 모범 모델을 보았기 때문일까요? 어떤 모델로 설명하든 한 가지 분명한 사실은 '강도 만난 사람을 도왔다'는 것입니다.

본문을 살펴보면, 사마리아인은 '도덕적'이라 부를 수 있는 행위를 하기 전에 먼저 '상황'을 인식했습니다. 제사장과 레위인도 사람이 쓰러져 있는 것을 보았습니다. 보았으나 그냥 곁을 지나갔지요. 그리스어 성경에는 '안티파르엘텐'(ἀντιπαρῆλθεν)이라 기록되어 있는데, 이것은 등을 완전히 돌려 옆으로 지나갔다는 뜻입니다. 그런데 사마리아인은 어떻게 했습니까? 그도 보았지요. 에마뉘엘 레비나스(Emmanuel Levinas)는 "윤리란 곧 보는 것"이라고 했습니다. 그런데 그는 보는 데 그치지 않았고, 쓰러져 있는 사람을 향해 가까이 다가갔습니다. 그리스어로 '프로스엘톤'(προσελθών)이라고 기록하고 있습니다. 그런데 '보는 것'과 '가까이 다가감' 사이에 '에스프랑크니스테'(ἐσπλαγχνίσθη)라는 단어가 들어 있습니다. 이것은 '애간장이 타서 도무지 견딜 수 없는 마음'을 뜻합니다. 앞에서 '배움'에 대해 이야기할 때 제가 말했던 바로 그 '감'입니다. 사마리아인은 단순히 알았을 뿐 아니라, 같이 아파하는 마음을 가졌습니다. 제사장과 레위인은 등을 돌려 가버렸지만, 사마리아인은 애간장이 뒤틀려 견딜 수 없는 마음에 강도 만난 사람이 있는 곳으로 갔습니다. 상처를 치료해 주고, 나귀에 태워 인근 주막으로 데려가서 끝까지 돌보아 주었습니다. 여기에서 우리는 '윤리'라고 부를 수 있는 모든 요소를 발견할 수 있습니다. 보고, 마음 아파하고, 행동으로 조치를 취하는 것 곧 인식, 공감, 실천의 결합입니다.

오늘의 한국 교회를 돌아보면, 이 세 요소가 점점 희미해지고 있는 듯합니다. 교회가 외부의 시선과 이웃을 향해 벽을 세우고 있는 현실이 저는 우려스럽습니다. 진화론, 동성애, 이슬람 등의 문제가 교회 입장에서는 중요한 문제일 수도 있습니다. 경계가 필요하다면 해야겠지요. 그러나 이에 앞서 한국 교회가 스스로 벽을 세우고 스스로를 고립시키고 있지 않은지 먼저 성찰해야 합니다. 또한 한국 교회의 적은 외부에 있는 것이 아니라 오히려 내부에 있지 않은지 생각해 보아야 합니다. 현재 한국 교회의 위기는 복음의 능력을 삶으로 드러내지 못하는 데서 비롯된 위기입니다. 반지성주의, 세속주의보다 더 세속적인 교회 문화, 세상의 도덕적 기준에도 미치지 못하는 신앙의 삶이 우리의 자화상입니다. 이와 같은 현실을 직시하고 스스로를 새롭게 수정하지 않는 한, 한국 교회가 살아날 가능성은 미비합니다.

대부분의 한국 교회는 공적 담론에 참여할 준비가 되어 있지 않은 것 같습니다. 서양에서 시작한 근대 사회가 공적 영역과 사적 영역을 구분하면서 교회는 사적 공간으로 밀려났습니다. 그러나 오늘날 두 영역은 다시 서로 맞물리고 있습니다. 교회가 다시 자신만의 고유한 목소리와 삶을 보여줄 것을 요구받고 있습니다. 이러한 현상은 단순히 사회 구조의 변화가 아니라 삶과 문화, 사고와 체제의 다원화와 연결됩니다. 문제는 교회가 여전히 폐쇄적 보수의 틀 안에 머물러 있다는 점입니다. 그 안에만 머문다면, 예수 그리스도를 믿는 이들의 복음적 정체성 곧 세상 속에서 다른 방식으로 존재하는 삶의 증언이 드러나기란 쉽지 않습니다.

오늘 우리는 근본적인 질문 앞에 서 있습니다. '교회가 이 세상에 존재하는 이유는 무엇인가?', '기독교 윤리의 본질적 요소인 인식, 공감, 실천을 하고 있는가?' 다시 묻고 답을 찾아가는 노력을 해야 할 때입니다.

같은 눈높이의 공동체

최종원 선생님이 말씀하신 공동체란 위계 질서가 아닌 같은 눈높이에서 얼굴과 얼굴을 마주하는 사람들로 구성된 조직체라는 생각이 듭니다. 그렇다면 여기서 간과할 수 없는 질문은 '과연 교회의 모든 구성원이 평등하게 마주 바라보는 관계인가' 하는 것입니다. 유교적 전통이 남아 있는 많은 한국 교회에서는 직책이나 호칭이 계급처럼 작동하곤 합니다. 사람을 직책에 따라 구별하는 계급주의의 문제를 지적하지 않을 수 없습니다.

강영안 맞습니다. 한국 사회에는 여전히 유교적 질서와 전통이 강하게 남아 있습니다. 최 교수가 속한 밴쿠버의 교회에서는 직분이나 직책 없이 서로를 영어 이름으로 부른다지요? 그러나 한국은 호칭 사회입니다. 저만 해도 사회에서는 '교수님', 교회에서는 '장로님'이라 불립니다. 영어와 달리 우리말에는 경어법이 있으니 위계 문화가 쉽게 깨어지지 않습니다.

경희대의 한 교수는 말의 평등함을 추구하자는 의미로 수업 시간에 학생들과 서로 '평어'를 사용한다고 합니다. 평어는 이름 호칭과 반말로 구성된 말입니다. 하지만 이것을 교실 밖까지 연결하여 실천하기란 어렵습니다. 교실은 하나의 규칙이 작동하는 제한된 공간이기 때문입니다. 요한 하위징아는 놀이를 가리켜 "특별한 목적 없이, 일정한 공간과 시간 안에서, 규칙을 따르면서 자유롭게 행하는 행위"라고 정의했습니다. 교실 안에서만 가능한 그 '놀이의 규칙'이 교실 밖으로 나오는 순간, 다시 기존의 위계 질서가 작동합니다. 그렇기 때문에 학교나 사회, 문화의 언어에서 비롯되는 불평등을 없애기란 쉽지 않습니다. 한국 사회 전반에서 언어적 위계를 근본적으로 바꾸려면, 마치 주소 체계나 차량 번호판을 전면 개편하듯 사회적 합의가 필요할 것입니다. "이제부터 경어를 없애고 모두 평어를 씁시다!" 하고 약속이라도 하면 가능할까요?

일본 메이지 유신 때 결성된 메이로쿠사(明六社, Meirokusha)는 1873년 모리 아리노리(森有礼)를 중심으로 문명과 계몽을 촉진하려는 목표로 생긴 지식인들의 모임입니다. 후쿠자와 유키치(福澤諭吉), 니시 아마네(西周), 니시무라 시게키(西村茂樹), 가토 히로유키(加藤弘之) 등이 참여했지요. 이들은 『메이로큐 사시』(明六雜誌, *Meiroku Sassi*)라는 잡지를 발간했습니다. 그중에 흥미로웠던

글이 하나 있었는데, 모리 아리노리가 "영어 동사 변화를 규칙적
으로 만들자"고 제안한 글이었습니다. 예를 들어, go의 동사 변화
는 go-went-gone인데, 이를 규칙 동사처럼 go-goed-goed로 바꾸
자는 것이었습니다. 그는 일본어의 문어체와 구어체 통일을 주
장하기도 했지만, 경어체와 평어체의 구분을 없애자는 논의는 하
지 않았습니다. 우리 사회의 현실을 고려하면, 모두 평어체를 쓰
자는 제안보다는 차라리 "모두가 경어체를 쓰자"는 제안이 더 현
실적일지도 모릅니다.

호칭 문제는 교회 문화에도 큰 영향을 끼칩니다. 이를 의식한
일부 교회는 직분을 생략하고 서로 "형제님", "자매님" 하고 부릅
니다. 그러나 엄밀히 말하면, 형제자매는 호칭이라기보다 관계를
나타내는 말입니다. 형제는 형과 아우, 자매는 누이와 누이 동생
의 관계를 뜻하지요. 이름 뒤에 '님'을 붙여 부르는 시도도 있으
나 여전히 어색하게 느껴집니다. 그럼에도 같은 눈높이의 공동
체를 이루려면 결국 인식의 변화가 필요하고, 이는 언어 변화로
시작될 수 있습니다.

성직주의

최종원 평등의 문제는 우리의 언어, 전통, 문화에서 비롯된 측면
도 있겠지만, 교회 안의 '성직주의'(clericalism)와도 관련이 있지
않을까요? 목회자 중심의 구조나 권위주의적 문화가 교회 안에
여전히 강한데요, 이런 성직주의를 어떻게 극복할 수 있을까요?

강영안 중요한 질문입니다. 성직주의는 단순히 목회자 중심 구조
이상의 문제를 안고 있습니다. 이 문제는 '누가 하나님의 일을 하
는가'라는 근본적인 질문과 연결됩니다. 우리는 흔히 "목사님이

하셔야죠", "우리는 그냥 따라가기만 하면 되죠?"라는 말을 합니다. 그러나 이러한 태도는 하나님의 백성 전체가 부르심을 받았다는 성경의 가르침과 어긋납니다.

베드로전서는 "너희는 왕 같은 제사장들이요"(벧전 2:9)라고 선포합니다. 하나님 앞에 설 권위와 사명은 목회자에게만 주어진 것이 아니라 모든 신자에게 주어졌습니다. 예배뿐 아니라 말씀을 붙들고 삶 속에서 살아내는 일, 심지어 가르치는 일까지도 믿는 이들이 모두 함께 감당해야 합니다.

성직주의는 결국 교회를 특권 구조로 만들고 맙니다. 그러나 교회는 특권을 나누는 곳이 아니라 믿는 사람들이 책임을 함께 짊어지는 공동체입니다. 목회자의 역할은 위에서 통제하는 자리가 아니라, 먼저 섬기고 먼저 듣는 자리입니다. 그 사명은 성도들을 '훈련시키고 세우는 역할' 곧 성도를 "온전하게 하여" 그들이 사역을 감당하게 하는 것(엡 4:12)에 있습니다. 개혁교회의 전통은 이 점을 매우 분명히 했습니다.

몇 년 전, 칼빈 신학교에서 동료 교수들과 함께 '칼빈 신학교의 개혁파적 정체성'이라는 연구 그룹을 꾸린 적이 있습니다. 그 모임에서 북미개혁교회(CRC) 전통 속에서 자란 여러 교수들이 자신이 체득한 교회 문화를 하나씩 이야기했습니다. 설교학자 스캇 호지(Scott Hoezee) 교수가 그러더군요. "우리 전통에서는 절대 혼자서 결정하지 않습니다. 모든 일은 공동의 회의를 통해 결정합니다." 이 말은 무엇을 의미합니까? 목사와 장로, 집사가 교회 안에서 중요한 직분자로 세워졌더라도, 교회의 모든 일은 공동의 분별과 회의를 통해 함께 결정한다는 의식이 자리 잡고 있다는 것이지요. 개신교 전통의 핵심은 바로 '함께 한다'는 의식 곧 모든 신자가 왕적, 제사장적, 선지자적 사명을 수행한다는 인식에 있습니다.

성직주의를 실질적으로 극복하기 위해 몇 가지 제안을 해봅니다. 첫째, 평신도 교육이 중요합니다. 가톨릭에서는 일반화되었지만, '평신도'라는 표현을 저는 사실 별로 좋아하지 않습니다. '성도'라고 부르는 것이 적절할 듯합니다. 목사와 장로, 집사 모두가 성도 곧 하나님의 거룩한 백성이잖습니까. 신학은 목회자를 위한 학문이 아니라, 모든 성도가 삶의 자리에서 신앙을 분별하고 실천하기 위해 필요한 지혜입니다. 일터, 가정, 학교, 사회 속에서 그리스도인으로 살아가는 것이 무엇인지를 묻고 고민할 수 있어야 하지요. 저는 기초신학, 일상신학, 심지어 기본적인 정치신학까지도 성도들에게 필요하다고 생각합니다. 그래야만 신앙이 사적 영역에만 머물지 않고, 성도가 무엇을 믿어야 할지, 어떻게 살아야 할지, 무엇에 소망을 두어야 할지 공적 삶 속에서도 제대로 인식하고 빛을 발하며 살 수 있지 않겠어요? 그 이유로 신학 교육의 보편화가 필요합니다.

둘째, 교회 운영이나 의사결정 구조의 변화가 필요합니다. 공동의회나 당회가 단순히 형식적인 장치가 아니라, 서로의 의견을 듣고 분별하며 기도하는 과정이어야 합니다. 목회자 개인이 하나님의 음성을 들을 뿐 아니라, 공동체 전체에 들리는 하나님의 음성이 있음을 신뢰하는 것이 중요합니다. 공동선을 위해서 각 지체들이 받은 은사를 고르게 활용할 수 있어야겠지요.

셋째, 우리 안에 있는 권위에 대한 잘못된 이해를 바꾸어야 합니다. 예수님은 "너희 중에 누구든지 크고자 하는 자는 너희를 섬기는 자가 되라"(마 20:26)고 하셨습니다. 리더십은 권위에 서는 것이 아니라 무릎 꿇고 발을 씻는 데서 나옵니다. 목회자의 권위는 명령하고 지시하는 데서 오는 것이 아니라, 사랑으로 섬기고 말씀으로 돌보는 데서 비롯됩니다.

성직주의를 넘어서기 위한 길은 단순한 제도 개혁이나 프로그램의 변화만으로는 부족합니다. 교회론에 대한 신학적 회복, 서로를 믿고 함께 사역하려는 공동체적 훈련이 병행되어야 합니다. 우리가 진정 하나님의 백성이라는 정체성을 회복할 때, 교회는 더 이상 위계적 구조가 아니라 함께 걷는 순례자의 공동체로 살아날 수 있습니다.

각자도생, 각자도사

최종원 저의 경우, 매년 한 차례 한국을 방문하고 있습니다. 그때마다 느끼는 것은, 교회 안팎의 많은 분들이 지쳐 있다는 사실입니다. 번아웃을 경험하는 목회자들이 적지 않더군요. 그만큼 열심히 일을 했다는 말일 텐데, 정작 무엇을 위해서 그렇게 했는지, 어떤 결과를 낳았는지에 대해 허무함과 무력감을 호소합니다. 주류 교회나 대형 교회들은 사회적 이슈나 요구에 아랑곳하지 않고 자기들만의 울타리에서 잘 지내는 듯 보이는데, 그렇지 않은 교회나 목회자들은 갈수록 한국 교회 전반의 침체된 분위기 속에서 힘겹게 버티고 있는 듯합니다. 한국 교회에 필요한 공동체성에 대해서 좀 더 나누어 주시면 어떨까요?

강영안 제가 미국 생활을 마치고 한국으로 돌아왔을 때 가장 강하게 다가온 단어가 '각자도생'(各自圖生)입니다. 사실 오래된 말이지만, 오늘의 한국 사회 현실을 정확하게 드러내는 표현인 것 같습니다. 여기서 파생된 말로 '각자도사'(各自圖死), '고독사'(孤獨死)라는 말도 있지요. 혼자 삶을 도모해야 할 뿐 아니라, 아무도 곁에 없이 홀로 죽음을 맞이하는 현실은 서글픕니다. 물론 죽음 자체는 누구나 홀로 겪어야 하지만, 아무도 옆에 없다는 사실, 혼자 알아서 살고 알아서 죽는 것은 얼마나 슬픈 일인가요?

이 지점에서 다시 떠오르는 개념이 '공동선'입니다. 플라톤과 아리스토텔레스, 아우구스티누스, 그리고 중세의 토마스 아퀴나스에 이르기까지, 서양 정치철학과 정치신학에서는 줄곧 공동선을 중요한 가치로 삼아 왔습니다. 우리가 무엇을 위해 사느냐고 할 때, 삶의 목적이 개인의 이익이 아니라 함께 누리는 공공의 선, 공공의 이익을 위해 산다는 개념이지요.

공동선을 '전체의 이익'이란 이름으로 지나치게 강조하면, 전체주의로 흐를 위험이 있습니다. 그러나 오늘의 사회 모습에서 우리가 더 경계해야 할 것은 무한히 팽창하고 있는 '개인주의'입니다. 여기에 제동을 걸려면 공동선의 가치를 최우선에 두어야 합니다. 따라서 우리가 지향해야 할 사회는 집단주의도 아니고 개인주의도 아닙니다. 개인의 고유함을 충분히 존중하면서도 공동체성이 강조되는 사회, 공동체 안에 개인이 존재하면서도 개인의 은사가 공동체의 유익을 위해 드러나는 사회입니다.

고린도전서에서 바울은 성령께서 각 사람에게 다양한 은사를 주시는 이유는 '공동의 이익'(συμφέρον, 숨페론, 고전 12:7)을 위함이라고 했습니다. 각자의 은사와 개별성은 존중되지만, 개인의 만족을 위해서가 아니라 공동체의 유익을 위해 주어진 것입니다. 이것이야말로 성경이 말하는 공동체성입니다.

사실 동아시아 전통에서도 공동체를 강조하는 사상은 존재해 왔습니다. 유교의 '대동사회', 불교의 '연기론'(緣起論)이 대표적이겠지요. 하지만 제가 이해하기로는, 공동선이라는 개념을 직접적으로 내세우지는 않습니다. 불교의 연기론은 만물이 홀로 존재하는 것이 아니라, 살아 있는 다른 모든 것과 서로 연결되어 있다는 점을 강조합니다. 이러한 의식은 공동선을 위한 좋은 기초가 될 수는 있겠지요. 그러나 상호 연결을 강조하다 보니 개체의 고유성과 인격성이 다소 희미해지는 측면도 있습니다. 반면 기독교는 인간의 개별성과 인격성을 강하게 드러냅니다. 물론 이것이 극단으로 흐르면 개인주의에 빠질 위험이 있습니다. 그러나 기독교 신앙이 제대로 균형을 잡는다면, 개인성과 공동체성을 동시에 붙드는 가운데 공동선을 지향하는 사회적 기초를 마련해 줄 수 있을 것입니다.

공동선을 위한 학습

최종원 일전에 선생님이 한국에 오신 이후 우리 사회의 공동선을 위한 학습 모임을 시작했다고 하셨는데, 평소 문제의식 속에서 시작된 일이시군요.

강영안 그렇습니다. 2022년 5월부터 '공동선 공부 모임'을 시작해서 정기적으로 이어오고 있습니다. 이 모임에 참여하면서 철학의 근본을 다시 생각하게 되었습니다. 생각해 보십시오. '각자도생'이라는 말 속에는 '인간이 본질적으로 고립된 존재'라는 전제가 깔려 있습니다. 모든 생존이 개인의 노력과 능력에 달려 있고 타인은 함께 살아가는 동반자가 아니라, 경쟁자이거나 때로는 짐이 됩니다. 이런 구조 속에서 인간은 마치 혼자 모든 것을 감당해야만 하는 존재처럼 살아가게 됩니다. 그러나 인간은 원래 분리된 존재가 아닙니다. 인간은 관계 속에서, 관계적 존재로 지음받은 존재입니다. '각자도사'라는 표현은 고립된 삶이 끝내 의미 없는 죽음으로 귀결될 수 있음을 보여줍니다. 누구의 기억에도 남지 않고 누구의 애도도 받지 못한 채 홀로 죽음을 맞이한다면, 그

"우리가 지향해야 할 사회는
개인의 **고유함**을 충분히 존중하면서도
공동체성이 강조되는 사회,

공동체 안에 개인이 존재하면서도 개인의 은사가
공동체의 유익을 위해 드러나는 사회입니다."

것은 단순히 생명이 멈추는 사건이 아니라 존재가 사라지는 사건이라 할 수 있지 않을까요? 레비나스는 인간이 '타자의 얼굴'을 마주할 때 비로소 도덕적 주체가 된다고 보았습니다. 그렇다면 '각자도사'란 '타자의 얼굴'이 사라진 자리에서 벌어지는 존재의 침묵이라 할 수 있습니다.

성경은 하나님이 인간을 하나님의 형상대로 창조하시되 남자와 여자를 창조하셨다고 말합니다(창 1:27). 다시 말해, 인간이 처음부터 관계적 존재라는 뜻입니다. "사람이 혼자 사는 것이 좋지 않다"(창 2:18)는 말씀도 단순히 결혼 제도의 근거가 아니라, 인간 존재 자체가 고립되어서는 안 된다는 선언으로 들립니다.

C. S. 루이스의 『스크루테이프의 편지』에서 스크루테이프가 조카 웜우드에게 말합니다. "지옥의 철학은 '하나의 사물은 다른 것과 별개'이고, 내 것은 내 것이고, 네 것은 네 것이라는 공리의 인정에 근거한다." 그렇다면 지옥의 철학을 뒤집어 보면, 온전한 철학, 온전한 존재론이 되지 않겠습니까? "나에게 좋은 것은 너에게도 좋고, 너에게 좋은 것은 나에게도 좋다. 좋은 것은 우리 모두에게 '공통으로 좋은 것'(common good)이다." 이것이 스크루테이프가 말하는 '원수의 철학' 곧 '그리스도의 철학'입니다. 그리스도의 철학이 말하는 존재론은 '관계 존재론'이고 '공동선의 존재론'입니다.

각자도생의 사회에서는 타자가 지워져 버립니다. 타인에 대한 인식, 타인에 대한 지식이 있을 수 없습니다. 왜냐하면 앎이란 관계를 통해서, 무엇보다 사랑을 통해서 얻을 수 있을 텐데, 바쁜 일상, 촘촘하게 계산된 효율의 논리 속에서는 사랑이 존재할 수 없기 때문입니다. 사람들은 타인을 하나의 인격, 하나의 생명으로 보기보다는 나의 생존과 이익에 도움이 되는 존재인지 아닌

지 관심을 둘 뿐입니다. 타인은 여기서 경쟁자이거나 장애물이죠. 타인의 죽음은 애도되거나 기억되지 않습니다. 예수님은 "이 지극히 작은 자 하나에게 하지 아니한 것이 곧 내게 하지 아니한 것이니라"(마 25:45)고 말씀하셨습니다. 타자를 향한 무관심은 곧 하나님에 대한 무관심이 될 수 있다는 경고입니다. 타인을 바라보는 시선과 태도 속에, 타인을 애도하고 기억하는 존중 속에 하나님을 향한 우리의 신앙이 드러납니다.

성경이 기록한 최초의 살인에서 책임 회피가 일어났습니다. 아벨을 죽인 가인이 하나님께 "내가 내 아우를 지키는 자니이까"(창 4:9)라고 반문하지요. 이는 단순한 반문이 아니라, 우리가 얼마나 세상을 자주 외면하며 살아가는지를 되돌아보게 하는 장면입니다. '각자도생'은 타인에 대한 책임 회피가 구조화된 사회에서의 삶의 방식이라 할 수 있습니다. "나는 내 삶만 잘 꾸려가면 된다"며 스스로를 위로하고, 타인에게는 "너는 너의 길을 잘 가"라고 말하며 타인에 대한 책임을 외면하곤 합니다. 필연적으로 그 결과는 '각자도사'일 수밖에 없습니다. 공동체가 무너지고 책임이 사라진 자리에서, 혼자서 생을 마감하는 이들의 현실이 펼쳐지는 것이죠.

신약의 교회가 꿈꾸던 것은 무엇입니까? 공동의 선이 실현되는 사회, 서로가 서로를 돌아보는 돌봄의 공동체입니다. 신약의 교회를 한마디로 말하면 '서로 돌아보는 공동체'일 것입니다. 히브리서 10장 24-25절에서는 서로 돌아보아 사랑과 선행을 격려하며 모이기를 힘쓰라고 권면하고 있습니다. 이것은 단순한 도덕적 권유가 아니라, 신앙 공동체의 존재 방식이고 행동 양식이며 인식의 태도입니다. 예수 그리스도의 자기비움의 사랑 곧 케노시스의 태도가 중심에 자리할 때, 교회는 더 이상 "나만 살겠다”는 각자도생의 공동체가 아니라 “너를 위해 내가 죽겠다”는 사랑의 공동체로 세워집니다.

‘각자도생’의 삶은 결국 ‘각자도사’의 현실로 이어집니다. 우리가 마주하고 있는 현실의 기독교 신앙은 혼자 살아남는 기술을 가르치지 않습니다. 복음은 언제나 함께 살아가는 생명, 함께 책임지는 공동체, 함께 부활에 이르는 삶을 가리킵니다. 교회는 각자도생의 전략이 아니라 서로 사랑의 실천, 각자도사의 침묵이 아니라 함께 울고 함께 사는 부활 공동체여야 합니다. ‘오늘의 교회가 “네 주님, 우리는 우리 형제와 자매를 지키는 자입니다”라고 고백할 수 있는가?’ 그 물음 앞에서 교회는 진정성을 시험받습니다. 이것이 하나님 앞에서 우리가 살아가야 할 윤리이고 존재 방식이며 신앙의 길이 아닐까요?

<u>11</u>
환대와 타자성

환대는 왜 중요한가?

최종원 선생님은 오랫동안 '환대'에 대해 천착해 오셨습니다. 에마뉘엘 레비나스를 한국에 소개한 분이시기도 하고요. 오늘날처럼 환대라는 단어가 어떤 이유로든 이렇게 많이 회자된 적도 없었던 것 같습니다. 선생님은 이 시대에 왜 환대가 중요하다고 생각하십니까?

강영안 제 어린 시절의 기억에서 출발해야 할 것 같습니다. 제가 너댓 살쯤이었을 때는 전쟁이 끝난 지 얼마 되지 않아 살기 어려운 시절이었습니다. 거리에는 팔과 다리를 잃은 사람들이 많았고, 밥이나 돈을 구하러 집으로 찾아오는 이들도 적지 않았습니다. 그럴 때마다 아버지는 그들을 집 안으로 들여 함께 식사하곤 하셨습니다.

어느 날 누군가가 밥을 달라고 찾아왔을 때, 큰누나가 양재기에 밥을 담아 내어주었습니다. 그 모습을 보신 아버지는 "밥을 그렇게 주면 어떡하느냐"며 호되게 꾸짖으셨습니다. 양재기에 그냥 내어줄 게 아니라 상에 받쳐 드리라는 것이었습니다. 그 장면은 지금도 기억 속에 강하게 남아 있습니다. 아무리 가난하고 비천한 사람이라도 손님으로 맞을 때는 상에다 밥을 대접하는 것, 그것이 우리의 전통저 환대의 모습이 아닌가 생각해 봅니다. 철학적인 환대를 사유할 때마다 그때의 아버지 모습이 떠오릅니다.

이러한 환대 문화의 기저에는 한마디로 '풍성함'이 있습니다. 물질적 풍성함뿐 아니라 내면의 넉넉함 말입니다. '쌀독에서 인심 나온다'는 말처럼, 마음이 넉넉할 때 참된 환대가 가능하지요. 타자를 향한 환대는 결핍에서 나오지 않습니다. 충만함과 풍요, 넘침이 우리 존재를 채울 때 비로소 가능한 일입니다.

성경에서 환대를 말할 때 가장 자주 언급되는 장면은 창세기 18장의 아브라함 이야기입니다. 아브라함은 세 명의 낯선 이가 자기 장막 근처에 서 있는 것을 보고 달려가 그들을 맞이합니다. 그는 땅에 엎드려 절을 하고 쉴 자리와 발 씻을 물과 음식을 정성껏 마련합니다. 더 놀라운 점은, 그들이 누구인지도 모른 채 최상의 예우로 대접했다는 사실입니다. 곧이어 그 세 인물이 여호와를 대표한다는 사실이 드러납니다. 낯선 이를 환대하는 일은 곧 하나님을 맞이하는 일이었던 것입니다. 아브라함의 환대는 초월하신 하나님이 인간의 삶 속에 현존하시는 자리로 이해됩니다.

러시아 화가 안드레이 루블레프(Andrei Rublev)는 이 장면을 「성삼위일체」(Trinity) 또는 「아브라함의 환대」(Hospitality of Abraham)라는 제목의 이콘으로 그렸습니다. 서구의 전통적 삼위일체 묘사가 아버지를 늙은이, 아들을 청년, 성령을 비둘기로 형상화했다면, 루블레프는 세 천사를 평등한 인격체로서 서로 마주보며 원을 이루는 모습으로 그렸습니다. 이는 영적 통일성과 사랑, 겸손을 시각화한 것입니다. 보는 이들이 원형의 공동체 안으로 초대받는 듯한 느낌을 받게 하지요.

예수님의 삶 또한 환대의 연속이었습니다. 예수님은 환대를 받으셨고(눅 7:36-50, 10:38-42), "지극히 작은 자 하나에게 한 것이 곧 내게 한 것"이라고 가르치며(마 25:40) 가장 낮은 자들을 위한 환대의 윤리를 몸소 보여주셨지요. 식탁 교제는 그분의 사역 방식이었고, 초대 교회 역시 식사와 돌봄, 나눔의 공동체였습니다(행 2:42-47). 이러한 맥락에서 보면 아브라함의 환대는 단순히 탁월한 대접의 표시일 뿐 아니라, 신적 생명에 참여하는 성찬의 영성을 예표한 사건이 됩니다.

세계 어느 문화에나 환대가 존재하지만, 우리 문화에는 특별히 '정'(情)이 있습니다. 함께 시간을 보내고, 관계를 쌓고, 깊이 나눈 감정적 유대가 '정'으로 표현됩니다. 이것은 계약적이지도 계산적이지도 않습니다. 자연스럽게 무르익은 사랑, 온정, 배려의 감정입니다. '정'에 기반한 환대는 단지 식사를 대접하고 잠자리를 제공하는 수준을 넘어, 손님을 가족처럼 여기는 태도로 드러납니다. 좋은 방을 내어주고, 함께 식사하며, 빈손으로 돌려보내지 않는 전통은 아브라함이 세 사람에게 가장 좋은 음식을 준비하고 직접 달려가 맞이하며 "내 주여"라고 불렀던 모습과도 공명합니다.

아브라함의 사례, 예수의 가르침, 그리고 손님을 대접하는 '정'의 문화는 한목소리로 말합니다. 진정한 환대는 단순한 예절이 아니라, 인간의 존엄과 공동체를 세우는 삶의 방식이라는 것을

239

"타자를 향한 환대는 결핍에서 나오지 않습니다.
충만함과 풍요, 넘침이 우리 존재를 채울 때만
가능한 일입니다."

말입니다.

환대에는 종말론적 지평이 있습니다. 누가복음 14장의 하나님 나라의 잔치 비유처럼, 하나님께서 마련하신 잔치에는 모든 민족과 모든 사람이 초대됩니다. 우리가 낯선 이를 환영하고, 식사를 함께하며, 삶을 나눌 때마다 우리는 하나님 나라의 도래를 미리 맛보는 셈입니다. 따라서 아브라함의 환대는 과거의 사건이 아닙니다. 오늘의 신앙 공동체가 따라야 할 영적 언어이자 삶의 형태입니다. 예수님의 급진적 환대와 세계 문화 속에서 발견되는 환대의 지혜들이 서로 만날 때, 우리는 새로운 신학적 상상력을 얻게 됩니다.

강대국이 앞장서서 국경의 벽을 높이고 있는 이 시대에, 낯선이들, 외국인, 생각과 삶의 방식이 다른 타자를 환대하는 일은 아브라함처럼 하나님을 환대하는 일이 될 것입니다. 그 안에서 우리 삶의 변화를 경험할 수 있겠지요.

오늘날처럼 자본주의화되고 산업화된 사회는 환대 문화 면에서 과거의 농경 사회나 유목 사회보다 훨씬 척박합니다. 사람들은 문을 걸어 잠그고, 나의 공간과 타인의 공간을 철저히 구분합니다. 배타주의와 외국인 혐오가 팽배한 세계에서 환대의 실천은 사실상 급진적 행위입니다.

18, 19세기 서구에서 민족주의가 형성되면서 '국가'와 '경계'의 개념이 확립되었습니다. 철학자 피히테가 민족주의 출현에 결정적인 역할을 했지요. 제1차 세계대전 이후 1920년경, 지금 우리에게 익숙한 여권 제도가 생기며 국경이 통제되었습니다. 나라와 나라 사이에 서로 배타적으로 구역을 나누고, 자국인과 타국인을 구별하며, 자국인은 수용하고 타국인은 배제하는 관습이 형성되고 제도화되었습니다.

비록 소수이긴 하지만 우리 그리스도인들이 오늘 이 배타의 시대에 감당해야 할 역할이 있다면, 바로 배제와 혐오의 문화에 '저항하는 힘'으로 삶의 자리에서 현존하는 것입니다. 환대의 방식으로 그리스도인의 존재 방식을 실천하는 것입니다. 하나님께서 아무런 조건 없이 자녀로, 백성으로 삼아 주신 수용의 경험과 환대받은 경험을 한 사람들이 바로 그리스도인입니다. 그럼에도 타자에 대해 배타적인 모습을 보이는 것은 사실상 신앙인의 자기모순입니다. 마치 예수님의 비유에 등장하는 큰 빚을 탕감 받은 사람이 조그마한 빚을 용서하지 못하는 경우와 같습니다.

탈종교화되고 탈기독교화된 시대에 그리스도를 따르는 이들이 할 수 있는 일은 포용과 수용의 삶에 참여하는 것이 아닐까 싶습니다. 하나님 나라의 환대를 이 땅에 드러내는 증인으로 말입니다.

환대, 몸으로 하는 변증

최종원 말씀을 듣고 보니, 한국 교회에 그 어느 때보다 필요한 가치가 환대라는 생각이 듭니다. 그렇지만 우리는 혐오와 배제라는 단어가 한국 교회를 수식하는 단어가 된 슬픈 현실을 마주하고 있습니다. 위기 의식을 느낀 교회가 더욱 반지성적이고 배타적인 방식으로 다름을 '틀림'으로 규정하고 있는데, 그 변증 방식은 효과적이지 않은 것 같습니다. 선생님은 칼빈 신학교에서 변증학을 가르치기도 하시는데 변증과 환대가 과연 만날 수 있을까요?

강영안 초대 교회 그리스도인들은 '환대'를 통해 기독교를 변증한 사람들이었습니다. 저는 짐 월리스(Jim Wallis)의 『회심』(*The Call to*

Conversion)을 목회학 과정 학생들에게 필수적으로 권합니다. 월리스는 아테네의 아리스티데스가 로마 황제 하드리아누스에게 보낸 편지를 소개하며 초기 그리스도인들을 이렇게 묘사합니다.

> "그들은 서로 사랑합니다. 과부들을 반드시 돕습니다. 고아들을 해치려는 사람들로부터 건져냅니다. 가진 것이 조금이라도 있으면 없는 사람들에게 거저 나누어 줍니다. 외국인을 보면 집으로 데려갑니다. 마치 친형제·자매처럼 행복해합니다. 그들은 서로를 통상적인 형제자매가 아니라 성령을 통하여 하나님 안에서 형제자매가 된 사람들로 생각합니다."

아리스티데스의 눈에 비친 초대 교회의 특징은 '자기 존재 유지'가 아니라 '환대'였습니다. 마태복음 25장 36절에서 예수님이 "헐벗었을 때에 옷을 입혔고 병들었을 때에 돌보았고 옥에 갇혔을 때에 와서 보았느니라"고 한 사람들이 바로 초대 교회의 그리스도인들이었습니다. 이방인들의 눈에도 자신들과는 다른 삶의 가치와 방향으로 걸어가는 그들의 모습이 보였을 것입니다. 이런 삶의 증거가 복음을 빠르게 확산시키는 발판이 되었습니다.

오늘날 한국 교회가 회복을 원한다면, 그 근거를 다른 데서 찾을 것이 아니라 바로 여기 곧 예수의 환대를 따라 사는 삶에서 찾아야 합니다. 예수를 따라 사는 실천 없이 성경과 교리를 입으로만 말하는 것으로는 희망이 없습니다. 예수를 따라, 그를 닮아 살아가는 삶으로의 급진적 회심은 '환대의 삶'으로 열매를 맺습니다. 회심했다고 하면서 타자에 대한 환대가 없다면, 오직 예수를 통해 삼위 한분 하나님께로 진정한 회심을 했는지 심각하게 생각해 보아야 합니다. 많은 바리새인들을 확대 재생산하는 종교는 환대의 문화를 만들어내지 못합니다.

사람은 생각하고 말하는 존재입니다. 더구나 자신이 믿고 있는 신앙이 참인 것을 안다면, 그것을 말이나 논리로 설명하려는 열망은 자연스럽습니다. 머리로 수긍이 되어야 가슴으로 수긍할 가능성이 높으니까요. 그래서 치밀한 논리와 언어로 변증하는 일이 필요합니다. 신자들이 무엇을 믿어야 하는지(*credenda*), 무엇을 행해야 하는지(*agenda*), 무엇에 소망을 두고 살아야 하는지(*speranda*)를 점검하는 과정에서 교리 공부(catechism)와 더불어 변증학은 반드시 필요하고 유익합니다. 저는 증거주의(evidentialism)나 전제주의(presuppositionalism) 방식보다는 삼위일체론 신앙과 관련된 물음에서 변증학의 논의를 진행하고 있습니다. 저의 변증학을 '삼위일체론적 변증학'(Trinitarian Apologetics)이라 이름 붙입니다.

이해를 위해 설명이 좀 필요할 듯합니다. '증거주의'는 비기독교인과의 일정한 공유 영역 곧 중립적이거나 공유가 되는 근거 위에서 논의를 시작합니다. 역사적, 과학적, 철학적 사실 등을 통해 먼저 유신론을 공유하고, 이어서 기독교적인 주장까지 증명하려고 하지요. 이때 논증을 누적적으로 사용하고, 역사적 사실들을 객관적 증거로 제시합니다. 모든 사람이 기독교적 전제를 갖지 않아도 합리적으로 평가할 수 있는 데이터를 바탕으로 기독교 진리가 타당함을 나타내려는 것입니다. 신의 존재를 먼저 방어한 뒤 기독교 특유의 진리들을 변증하는 방식이라 할 수 있습니다.

'전제주의'는 증거주의가 출발점으로 수용하는 어떤 '중립적 기반'이 존재하지 않는다고 주장합니다. 어떤 이성적 사고라도 궁극적 전제에 기반해 있다고 보며, 그리스도인은 성경과 삼위일체 하나님을 기초 전제로 삼아야 한다고 봅니다. 예컨대 반틸(Cornelius Van Til)의 전제주의적 변증학은 '초월론적 논변'(transcendental argument)을 사용합니다. 논리, 도덕, 지식 등은 기독교 세계관이 참일 때만 가능하다고 주장하지요. 하나님의 존재에 대한 유일한 증거는 하나님 없이는 그 어떤 것도 증명할 수 없다는 사실이라고 봅니다. 반틸은 삼위일체를 자신의 변증 체계의 근간으로 봤지만, 묵시적으로 전제할 뿐 논의의 중심으로 부각시키지는 않습니다.

변증학을 삼위일체론적으로 접근한다는 것은 그리스도인의 신앙고백이 '삼위일체 하나님에 대한 신앙고백'에서 출발한다는 사실을 전제로 합니다. 그리고 신앙고백의 내용을 깊이 묻고 이해하고 그것을 삶 속에서 믿고 따르며 실천하는 과정과도 연결됩니다. 삼위일체 신앙을 고백할 때 그와 관련하여 안팎으로 제기되는 질문이나 도전에 응답해 나가는 것이 이 변증의 중요한 방식입니다. 따라서 삼위일체 신앙에 대한 고백과 더불어 삶 속에서의 실천도 중요하게 여기지요.

증거주의가 중립적 증거와 논증을 통해 단계적으로 기독교 진리를 세우는 방식이라면, 전제주의는 모든 사고와 대화가 세계관에 뿌리내리고 있어서 기독교 세계관만이 철저하게 일관성 있고 타당하다고 주장합니다. 이에 반해 삼위일체 변증학은 '오직 삼위일체 하나님만이 현실의 궁극적 조건과 의미를 부여한다'는 점을 변증의 시작과 과정과 결론에 명확히 담는 방향으로 나아갑니다. 그러므로 기독교 신앙을 이해하고 삶으로 살아내려는 노력과 '그리스도에게 둔 소망의 근거와 이유를 묻는 사람들에게 대답을 준비하는 작업'(벧전 3:15)이 함께 갈 수밖에 없습니다. 따라서 변증학은 삼위일체 하나님의 삶을 이해하는 것과 동떨어질 수 없는 것이지요. 그래서 한편으로는 조직신학(교의학), 또 다른 한편으로는 윤리학과 밀접한 관계를 가질 수밖에 없습니다.

칼빈에서 5년 넘게 변증학을 가르치며 깨달은 점이 있습니다. 처음에는 배우는 이들이 신학대학원 학생들이었기 때문에 모두 교회에서 사역을 할 사람들이라는 가정 아래 가르쳤습니다. 그래서 우리가 믿고 있는 기독교 신앙이 논리적으로 참되다는 점을 입증하도록 훈련시키는 데 애를 썼지요. 신 존재 증명, 하나님의 창조, 인간의 고통 문제, 종교 다원주의, 예수 그리스도의 십자가와 구속의 범위와 그 효력에 대한 문제, 역사적 예수와 그리스도 신앙고백, 성령의 사역과 관련한 진리의 문제, 기독교 신앙과 과학, 삶의 의미에 대한 문제 등이 주제였습니다. 그러나 같은 주제를 다룬다 하더라도 학생들의 진로와 배경이 다양하다는 사실을 알게 된 뒤로는 초점이 바뀌었습니다. 학생들 모두가 교회에서 목회를 할 사람들은 아니라는 사실을 알게 되었기 때문입니다. 군대나 병원, 학교에서 군목이나 원목, 교목으로 섬기거나 선교단체의 간사로 사역하려는 이들이 많았습니다. 어떤 학생은 기독교가 무엇인지 제대로 알아보고 싶어서 수강을 하기도 했습니다.

예를 들면, '예수의 부활이 믿을 만한 사실인가'에 대한 논증을 하기에 앞서, '부활이 우리에게 어떤 의미를 갖는가'를 충분히 묻고 숙고하는 것이 우선순위라고 생각하게 되었습니다. 믿는 바를 논쟁자의 시선에서 보기보다는 '증인'의 관점에서 바라보는 것이 중요하다고 여긴 것이지요. '마르투스'(μάρτυς) 곧 진정한 증인이 되려면 문자 그대로 '목격자'가 되어야 합니다. 자신의 신앙 내용을 단순히 머리로만 이해하는 것이 아니라, 개인적, 실존적, 공동체적으로 경험하고 실제로 자신의 삶 속에서 변화를 체험해야 합니다. 직접 보고 만지고 느끼며 그로 인한 삶의 변화를 경험하는 '살아 있는 신앙'이 되어야 한다는 의미입니다.

세상 사람들은 오늘날 그리스도인에게서 무엇을 보고 듣고 싶어 할까요? 그리스도인이 믿고 있는 신앙이 진짜인지 알고 싶어 합니다. 그것은 무엇으로 판단할까요? 삶의 열매로 알 수 있습니다. 입으로만 참을 말하면서 실제 삶에서는 진리에 무관심하다면, 소망을 이야기하면서 절망 가운데 불행하게 산다면, 하나님은 사랑이라고 말하면서 타인을 혐오하고 배타적으로 여기며 이기적으로 행동한다면 어떨까요? 말로만 떠드는 신앙은 진실하지 않다고 볼 것입니다.

이런 점에서 제가 변증학을 가르치면서 배운 사실은, 논증 자체보다는 먼저 자신의 믿음에 대해 스스로 증인이 될 수 있는가를 점검하고 숙고해야 한다는 사실입니다. 우리가 살아가는 시대를 흔히 '포스트모던 시대'라 부릅니다. 이 시기에는 진정성이 더욱 강조됩니다. 객관적 진리를 설득력 있게 제시하는 것보다 '내가 믿을 만한 것인가', '내가 이 믿음을 따를 수 있는가' 하는 질문이 중요하게 대두됩니다. 자신의 삶과 연결되는 의미가 있는지, 실존적 관련성이 있는지를 사람들은 궁금해하니까요. 이는 자칫 신앙을 지나치게 주관화할 위험이 있지만, 문제를 관계와 맥락을 통해 이해하려는 적극적 시도이기도 합니다.

변증학을 가르치면서 제가 배운 또 하나는, 논리적 논증도 중요하지만 신뢰할 수 있는 '내러티브'를 들려주는 것이 더 중요하다는 사실입니다. 삼위일체론 역시 거대한 내러티브입니다. 아버지께서 아들을 세상에 보내시고 아버지와 아들이 성령을 보내신 이야기는 그 자체로 하나의 거대한 '선교적 내러티브'입니다. 하나님이 세상에 생명을 주시고 세상을 회복하시는 이야기이지요.

기독교 신앙은 이 생명의 이야기와 결코 분리될 수 없습니다. 그
것은 하나님이 그리스도를 통해 우리를 받아 주시고 환대하시며
새로운 생명을 주셨기 때문에 가능한 일입니다.

이런 관점에서 보면, 참된 변증은 단순한 논증이 아니라, 아
들과 성령을 보내어 세상에 생명을 주신 하나님의 환대를 증언
하는 일입니다. 또한 우리가 삶에서 받은 사랑과 은혜를 드러내
는 실천과도 분리되지 않습니다. 결국 변증학을 공부한다는 것
은 외인이고 객이며 하나님 밖에 있던 우리를 받아 주시고 자녀
로 삼아 주신 하나님의 환대를 배우고 익히는 과정입니다. 초대
교회가 환대로 복음을 변증했듯, 오늘의 교회도 환대의 증언으로
복음을 변증해야 합니다.

배움은 환대다

최종원 선생님 말씀을 듣고 보니 배움과 환대도 충분히 연결 가능
할 것 같습니다.

강영안 가르치는 사람과 배우는 사람 사이에는 반드시 환대가 필
요합니다. 가르침과 배움은 어느 한쪽이 일방적으로 주도하는
행위가 아니라 주고받는 상호 행위입니다. 가르치는 이는 가르
치며 배우고, 배우는 이는 배움을 통해 스스로 가르칩니다. 이렇
듯 가르치고 배우는 행위 자체가 환대입니다. 만일 교육을 인격
적 사건으로 본다면, 환대를 배제한 교육은 불가능합니다. 교육
에 개입되는 환대가 가르치는 사람과 배우는 사람 사이에만 있
을까요? 배우는 내용, 가르치는 내용도 타자로서 환대의 대상입
니다. '가르치다', '배우다'는 타동사입니다. 타동사에는 목적어
곧 가르치거나 배우는 '내용'이 있습니다. 그 내용은 지식일 수도

있고 기술이나 통찰력일 수도 있습니다. 그런데 그것들은 나에게 낯설고 내가 모르는 '타자'에 속합니다.

이를테면 칸트 철학을 배운다고 합시다. 이때 배움의 대상, 배우는 내용은 나에게 타자입니다. 배움은 곧 내가 아닌 존재, 낯선 대상을 내 인식과 삶의 공간으로 초대하고 받아들이는 과정이지요. 열린 마음과 기쁨과 즐거움으로 이 타자를 환대하지 않는다면, 진정한 배움은 일어날 수 없습니다. 그렇기에 학생과 교사가 함께하는 교육의 공간은 곧 환대의 공간입니다. 서로를 받아들이고 존중하며 인격적으로 만날 때 비로소 참된 가르침과 배움이 가능합니다.

우리의 삶은 수많은 타자와의 만남으로 이루어집니다. 수많은 낯선 존재들 속에 놓여 있지요. 사람들뿐 아니라, 사물과 개념과 경험 모두가 타자입니다. 그런데 우리가 이미 알고 있고 익숙한 것만 고집하고 그 안전한 울타리 안에만 머물고자 한다면, 새로운 배움은 일어날 수 없습니다. 어떤 새로움도 받아들일 수 없는 '학습 불가능' 상태에 갇힙니다. 그래서 진정한 배움을 위해서는 '배울 수 있는 마음'(teachability)이 필요합니다. 때로는 망설여지고 두렵고 낯설더라도, 나와 다른 것, 아직 모르는 것, 경험해보지 않은 것에 마음을 열어야 합니다. 그렇지 않으면 우리는 새롭게 배울 수 없고 새로운 방식의 세계를 만날 수 없습니다. 따라서 배움과 환대는 긴밀하게 연결되어 있으며 본질적으로 하나입니다. 배움 자체가 곧 환대 행위입니다.

배움은 단순히 정보를 습득하는 것을 넘어섭니다. 언제나 다른 사람, 다른 사건, 낯선 것들과의 만남에서 비롯되며, 그 만남을 받아들이고 환대하며 머물게 하는 여정입니다. 다시 말해, 낯섦과 친숙해지는 여정, 타자와 가까워지고 마음을 여는 훈련이지요. 그래서 배움은 결코 소유가 아닙니다. 모두가 함께 참여할 수 있는 공동의 공간을 여는 행위입니다. 어떤 대상을 소유한다는 것을 흔히 내 마음대로 할 권리를 가진다는 의미로 이해하는 경우가 많습니다. 하지만 진정한 배움의 세계에서는 오히려 그런 통제 개념이 배움을 가로막습니다. 역사나 철학을 배울 때 내가 이해하고 싶은 방식으로 철저히 수용한다고 해봅시다. 그러면 '타자성'은 소멸되고 배운 내용은 내 안에 갇힌 대상이 되어 버립니다. 그렇게 되면 타자는 나와 함께할 수 있는 공간을 잃게 되는 것이죠.

많은 이들이 배움이나 지식을 '내 것으로 만드는 과정'이라고 생각하는 경향이 있지만, 사실 지식은 본질적으로 공유 가능한 것입니다. 내가 어떤 개념을 이해하고 알게 되었다고 해서 다른 사람이 접근하지 못하는 것이 아닙니다. 오히려 그 앎의 공간에 참여하게 된 것이고, 그것을 통해 다른 사람들과 나눌 수 있는 자리에 선 것입니다. 배움은 독점이 아니라 참여이고, 경쟁이 아니라 공존입니다. 그래서 배움의 과정에서 타자성을 존중하는 태도가 반드시 필요합니다. 나와 다른 존재를 받아들이는 태도를 끝까지 지켜야 합니다. 이것이 진정한 의미에서의 배움이고 지혜이며, 우리가 교육과 학문의 자리에서 늘 새겨야 할 기본 자세입니다.

개신교 예배를 예로 들어 봅시다. 예배의 중심에 설교가 있습니다. 이때 선포된 말씀은 단순한 정보 전달이 아니라, 성경에서 말하듯 "먹으라"는 생명의 양식으로 우리 모두에게 주어집니다. 여기서 말씀의 본질은 소유가 아니라 공유에 있습니다. 선포된 말씀은 누구나 함께 받는 것이지 특정인의 소유가 될 수 없습니다. 설교자 또한 말씀의 청지기로서 그 말씀을 필요한 사람에게 나누는 역할에 머물 뿐 결코 자기 소유물로 삼을 수 없습니다. 이러한 관점은 설교자가 자신도 하나님의 말씀을 '타자'로 인정할 때, 온전히 자신의 통제 아래 둘 수 없는 대상임을 인정할 때 더욱 분명해집니다. 설교자가 말씀을 자기 뜻대로 조작하거나, 기대하는 효과를 위해 오용할 때 문제가 발생합니다. 그 문제는 말씀의 타자성을 망각했을 때 발생하지요. 말씀은 씨앗처럼 우리의 삶과 공동체에 뿌려지고, 하나님의 일하심으로 자라 열매를 맺습니다. 그 자람은 말씀을 맡은 자의 능력이나 의도가 아니라 하나님께서 이루시는 일입니다. 설교자는 그저 농부처럼 말씀을 정직하게 뿌리는 자라는 사실을 기억해야 합니다. 이것이 말씀을 환대하는 태도입니다. 따라서 환대는 단지 인간 관계에만 적용되는 덕목이 아니라, 말씀과 진리에 대한 태도이기도 합니다.

오늘날의 교육 공동체로 확대해 보아도 마찬가지입니다. 참된 환대는 지식의 본질과 밀접하게 연결됩니다. 지식이 지닌 타자성과, 내가 온전히 장악할 수 없는 우연성과 신비를 인정하는 겸손이 있을 때, 우리는 그 속에서 함께 배우고 나눌 수 있습니다. 환대가 살아 있는 교육 공동체는 지식을 소유가 아니라 공유로 여기고, 서로의 존재와 배움의 과정을 존중하며, 타자를 통제하지 않으려 애씁니다. 또한 모든 만남과 배움의 순간에 스스로를 열어 보이며, 나와 다른 것, 내 통제 밖의 것들을 존중합니다. 그것이 이웃이든, 말씀이든, 학생이든, 지식이든 마찬가지입니다. 이러한 환대는 진정한 배움과 참된 교육의 토양이 됩니다.

환대와 타자의 사유

최종원 그렇다면 환대가 가지는 타자성을 짚어 보는 것도 의미가 있을 듯합니다. 기독교의 핵심인 절대 타자, 하나님의 성육신이 인간에게는 환대의 경험이라고 할 수 있으니까요.

강영안 환대와 '타자의 사유'는 본질적으로 깊이 연결됩니다. 익숙한 사고방식과 삶의 패턴 곧 자기만의 공간에만 머문다면, 외부에서 오는 다름이나 낯섦 곧 '타자성'이 들어올 여지가 없습니다. 반대로 타자의 사유, 나와 본질적으로 다른 생각과 존재방식이 내 삶과 공동체에 들어올 때 비로소 변화와 성장이 시작됩니다. 만일 익숙함만 고수하고 다름을 배제한다면 내 사유 속의 타자성 곧 다름, 다양성, 열린 사고는 구조적으로 차단됩니다. 그러한 자기 안에서의 닫힘(closedness)과 동일성의 독점은 사고의 정체를 낳습니다.

배움과 인간 관계의 진정한 변화는 낯섦을 허용할 때 시작됩니다. 타자의 생각과 시선이 내 사고의 틀에서 경계를 흔들 때 나 자신도 변화를 경험할 수 있지요. 이때 중요한 것은 수동적인 흡수나 전면적 배제가 아니라, 대화를 시도하고 그 차이를 존중하며 주고받는 관계(topos of reciprocity)를 형성하는 일입니다. 그럴 때 '너와 나'가 마주하는 참된 대면 곧 타자성이 근본적으로 존중되는 만남이 가능합니다.

우리의 신앙도 마찬가지입니다. 하나님은 궁극적으로 '전적 타자'(totaliter aliter)로서 인간이 온전히 파악하거나 조작할 수 없는 분이십니다. 신학에서 전적 타자란 우리가 익숙하거나 친근하게 여기는 것 너머에 있는 전적인 다름, 낯섦, 불가해함을 뜻합니다. 그러나 하나님은 멀리 떨어진 닫힌 타자로만 머물지 않고, 인간에게 먼저 자신을 열고 찾아오셨습니다. 이것이 말씀이 육신이 되신 성육신 사건, 예수 그리스도가 이 땅에 오셔서 하나님을 계시한 독특하고도 유일무이한 사건입니다. 예수님을 통해 우리는 하나님이 어떤 분인지, 하나님께 어떻게 말을 걸고, 하나님과 어떤 관계를 맺을 수 있는지를 배웁니다. 그런데 예수님은 우리가 마음대로 소유하거나 조작할 수 있는 익숙한 인격이 아니라, 본질적으로 낯섦(타자성)을 간직하신 분입니다. 예수님은 우리 안에 머물면서도 끊임없이 우리 바깥에 계신 분, 우리가 붙잡으려는 순간 우리 손을 빠져나가 버리는 신비한 존재이십니다. 이처럼 참된 환대와 참된 만남이 가능하려면 나와 다른 타자를 나의 틀로 지배하거나 동일화하려 들지 않고 낯섦과 차이를 있는 그대로 인정하고 존중해야 합니다. 내 안의 익숙함이 깨어질 때 '타자의 사유'를 통해 내 삶이 확장되고 단단해지며, 공동체와 나 자신의 존재도 성숙하고 풍부해질 수 있습니다.

신앙에서도 하나님을 전적 타자로 맞이하는 것이 환대의 시작입니다. 하나님을 내 마음대로 좌지우지할 수 있는 존재로 전락시키는 순간 신앙은 왜곡되지요. 하나님은 친근함과 함께 절대적인 타자성을 동시에 지니신 분이기에, 그분의 자기계시에 나 자신을 열어두는 태도가 필요합니다. 이것은 곧 말씀에 대한 환대, 나와 다른 이웃에 대한 참된 환대로 확장될 수 있습니다.

결국 환대와 타자에 대한 사유는 닫힌 자기 동일성의 틀을 깨어내는 힘입니다. 거듭 말하지만 익숙한 것에만 머무르는 신앙과 사고, 삶의 태도를 벗어나야 합니다. 나와 본질적으로 다른 '타자'의 목소리와 존재, 그리고 하나님의 낯섦까지도 기쁘게 받아들이고, 그 속에서 진실한 관계와 대화를 시도할 필요가 있습니다. 그것이야말로 개인과 공동체가 더 깊이 성숙하고 변화할 수 있는 지름길입니다.

예수님은 '타자를 위한 존재'로 자신을 내어주셨고, 동시에 '자신의 타자성'을 우리를 위해 드러내셨습니다. 여기에 매우 중요한 신학적 통찰이 담겨 있지요. 그러나 이것은 우리가 예수님을 통제할 수 있다는 뜻은 아닙니다. 오히려 기독교 신앙의 핵심은 하나님과 예수님에 대한 '타자성' 곧 하나님을 절대적이고 초월적인 타자로 인정하고 존중하는 데 있습니다.

예수님의 삶은 처음부터 끝까지 타자를 환대하는 삶이었습니다. 누가복음 7장에서 사람들은 예수님을 "먹기를 탐하고 포도주를 즐기는 사람", "세리와 죄인들의 친구"라 비난합니다. 누가복음 15장에서도 죄인과 세리들이 그분께 나아오자, 서기관과 바리새인들이 수근거립니다. 그때 예수님은 잃어버린 한 데나리온을 찾아 나선 사람의 이야기와 잃어버린 양 한 마리를 찾아 나선 목자의 이야기를 들려주시지요. 그리고 집 나간 둘째아들을 기다리는 아버지의 이야기도 들려주십니다. 목자의 심정과 아버지의 심정이 얼마나 절실하고 절박했는지 우리는 알 수 있습니다. 집 나간 둘째아들이 돌아왔을 때 아버지는 문자 그대로 환대하지 않았습니까? 이 아버지의 방식은 고대 근동의 전통 속에서는 대단히 낯선 행위였습니다. 고대 근동 사회에서는 이방 나라에서 재산을 탕진하고 돌아온 자에게 성문 밖에서 곡식을 넣은 도자기를 깨뜨렸다고 합니다. 이런 절차를 통해 일단 받아들이긴 하지만, 그 대신 탕진한 재물을 완전히 갚기 전까지는 집으로 수용하지 않았다고 합니다. 그런데 이 아버지는 아들을 보고 달려가 껴안고, 신을 신기고, 반지를 끼우고, 옷을 입혀 주며 아들의 신분을 회복시켜 줍니다. 파격적인 환대였습니다.

탕자의 비유는 하나님의 자비롭고 은혜로운 마음의 넓이와 깊이를 보여줍니다. 하지만 단순히 하나님이 어떤 분이신 것을 보여주는 데 그치지 않고, 동시에 우리의 삶이 어떠해야 하는지를 보여줍니다. 잃어버린 양을 찾은 목자도, 잃어버린 동전을 찾은 여인도, 동네 사람들을 불러 모아 잔치를 벌였지요. 환대의 결과는 결국 '잔치'입니다. 잔치는 혼자 벌이는 게 아니라 더불어 함께하는 공동체적인 일입니다. 나 혼자 잘 먹고 잘 사는 것이 아니라, 공동체가 함께하는 것이지요. 잔치에서는 손님으로 부름받은 사람들이 마치 주인인 것처럼 주인과 더불어 즐깁니다. 자기를 환대해 주는 주인과 함께 즐거워하고 기뻐하며 모두가 주인으로 참여하는 삶의 모양을 만드는 것이 공동체입니다. 여기에 환대가 핵심으로 자리 잡고 있다고 볼 수 있습니다.

오늘날 교회의 모습이나 학교 현장의 모습을 보면, 오히려 반대의 길을 가고 있는 것 같습니다. 학교는 경쟁을 기본 질서로 삼고, 교회에서는 배제와 차별이 익숙한 일상이 되었습니다. 이런 상황은 교회의 한 일원이 되는 사람이나 학교 공동체에 속한 사람에게는 사실상 개인의 존재 의미 자체를 소멸해버리는 치명적인 결과를 낳습니다. 교회가 환대의 공동체라면, 하나님 말씀을 환대해야 하고, 예배의 일원으로 참여하는 형제와 자매, 말씀을 전하는 이나 듣는 이 모두를 환대해야 합니다. 모두가 환대의 대상이면서 환대의 주체입니다.

지금 교회와 학교를 보면, '과연 그런 환대가 일어나는가' 하는 심각한 의문이 생깁니다. 저는 대학에 와서야 비로소 배우는 사람으로 존경받고 받아들여졌으며, 배움의 공간 속에서 환대의 느낌을 받기 시작했습니다. 하지만 현재의 일반적인 교육 상황을 보면 많이 아쉽습니다.

반복해서 말하지만, 지금은 이미 배운 것을 덜어낼 때입니다. 무언가를 더 많이 배우기보다 끊임없이 성찰하며 덜어내는 과정이 필요합니다. 배우고 덜어내고 다시 배우는 세 단계가 서로 맞물려 돌아갈 때 진정한 배움이 일어나지요. 한 방향이 아니라 사방으로 돌면서 우리의 삶의 방식과 생각의 방식을 바꾸어, 현재 고착되어 있는 삶의 질서를 깨어야만 가능성이 있습니다.

최 교수와 저는 교회는 물론 학교라는 육성 공간에 있지 않습니까? 이 공간에서 우리가 실험하고 구현할 것은 이런 '손학'입니다. 익숙한 공간 안에서 기존의 방식을 덜어내는 변화가 없으면, 아무리 좋은 성경 해석이 있고 달변의 설교가 있다 하더라도, 또 아무리 새로운 지식을 전파하고 탁월한 도구나 기자재를 사용하여 가르친다 하더라도 우리의 삶에 변화를 줄 수 없습니다. 때로는 낯설고 때로는 불편하더라도 우리에게 익숙한 공간에 타자의 삶을 받아들일 때 비로소 진정한 변화가 시작됩니다.

나와 타인의 관계

최종원 그렇다면 우리는 일상 속에서 어떻게 타인과 상호 관계를 맺는 타자성을 길러갈 수 있을까요?

강영안 인간에게 주어진 삶의 일차적 조건은 시간과 공간이라고 생각합니다. 시간축과 공간축을 중심으로 우리는 타자와 상호 관계를 맺으며 이 땅을 살아갑니다. 따라서 '나와 타인의 관계를 어떻게 볼 것인가' 하는 문제가 매우 중요합니다. 현대 철학자들은 이 문제를 크게 두 가지 방향에서 논의했습니다.

첫째, 나와 타인 사이에 본질적인 관계가 없다고 보는 철학입니다. '나는 나, 타인은 타인일 뿐'이라는 전제이지요. 그렇다면 각자 자기 삶을 살면서 왜 타인에게 관심을 가져야 할까요? 이것은 내가 타인에게 관심을 기울이지 않고 타인의 억울함과 잔인함을 외면한다면 언젠가 그 일이 나에게도 닥칠 수 있다고 여기는 인식에서 출발합니다. 그런 일을 방지하기 위해 타인에게 관심을 두어야 한다는 것입니다.

대표적으로 미국의 철학자 리처드 로티가 있습니다. 로티는 무엇보다 나와 타인 사이의 '연대'(solidarity)의 필요성을 강조합니다. 다만 그는 타인에 대한 배려와 관심이 나의 나됨 곧 '자기 창조'(self-creation)와는 무관하다고 봅니다. 다시 말해, 나의 삶에 대한 관심과 타인의 삶에 대한 관심은 별개라는 것입니다. 별개라고 해서 무관심해도 좋다는 말은 아닙니다. 타인의 삶에 대해 무관심할 수 없을뿐더러, 타인의 고통과 고통을 야기하는 잔인성에 대해 방관할 수 없다고 봅니다. 타인에 대해 잔인하지 않도록, 또 타인에게 잔인한 일이 일어나지 않도록 최선을 다해 노력해야 할 의무가 나에게 있다고 주장합니다.

하지만 그는 '자기 창조'와 '연대' 사이를 연결하거나 통합할 수 있는 길은 없다고 보았습니다. 로티가 생각하는 연대는 이성적 반성에서 나오는 것이 아니라, 오히려 낯선 사람을 고통받는 타인으로 바라보는 상상력에서 출발합니다. 즉 다른 사람이 겪는 구체적인 고통과 굴욕의 세부적인 모습들에 민감해지고, 그들의 아픔에 공감할 수 있는 감수성을 키워가는 과정 속에서 연대가 만들어진다는 것입니다. 따라서 자연법 전통에서 말하는 '공통의 본성', 칸트 윤리학에서 강조하는 '이성의 명령'이나 '정언명법' 같은 개념은 로티의 연대 개념 안에서는 자리를 차지하지 못합니다.

둘째, 로티와 대조되는 입장으로 마르틴 부버와 에마뉘엘 레비나스의 철학이 있습니다. 나와 타인의 관계를 '존재의 본질'로 이해하는 입장입니다. 레비나스는 전통 형이상학과 본질주의에 대해 매우 비판적이지만, 나와 타인의 관계를 단지 우연이나 선택이 아니라 인간 존재의 본질적 조건으로 봅니다. '나'는 무엇보다 나의 신체성을 통해 타인과 구별됩니다. 예컨대 내가 목마를 때, 배가 고플 때, 졸릴 때, 누구도 나를 대신해서 물을 마셔 줄 수 없고, 대신 음식을 먹거나 잠을 잘 수가 없습니다. 먹고 마시고 잠을 자는 신체적 경험을 통해 나의 '자기됨'(ipseity)을 확인하지만, 동시에 내가 향유하던 세계로 느닷없이 불청객처럼 끼어드는 타자를 만나게 된다고 말합니다. 나의 삶의 영역으로 침투해 오는 그 타자 존재의 출현을 그는 "얼굴의 현현"이라 부릅니다.

이 지점에서 인문학의 의미가 드러납니다. 인문학은 수많은 것들 가운데서 나를 발견하고, 타자와의 만남과 긴장을 통해 나와 타인 그리고 세계를 이해하고 발견해가는 지적인 노력입니다. 타자는 결코 내가 통제하거나 소유할 수 없는 존재이며, 그 낯섦을 존중하고 받아들일 때 비로소 나는 더 깊은 성찰과 성숙에 이르게 되는 것입니다.

12

기독교 세계관

세계관이라는 낯선 용어

최종원 선생님, 한국 교회에서 세계관 운동은 신학 서클 바깥에서 한때 활발했던 기독교 지성 운동이라고 평가됩니다. 지금은 흐름이 한풀 꺾인 듯 보입니다. 선생님도 아시겠지만, 몇 해 전에는 세계관 운동의 우경화 논란도 있었고, 이 용어를 용도 폐기해야 한다는 주장도 더 이상 낯설지 않습니다. 하지만 여전히 몇 가지 질문이 남아 있습니다. 제가 속해 있는 학교가 기독교 세계관 운동의 결과로 만들어졌지만, 저는 세계관 운동의 세례를 받았거나 참여했던 적은 없습니다. 단순히 신학이 아닌 기독교 인문학의 시각으로 세상과 교회를 조망하는 시도 정도로 이해하고 있습니다. 이 기회에 좀 더 세부적으로 세계관의 용어 정의부터 다양하게 배울 수 있으면 좋겠습니다. 세계관이란 무엇이며, 그것이 등장한 컨텍스트는 어떻게 그릴 수 있을까요?

강영안 1985년 한국으로 돌아왔을 때, 저는 '기독교 세계관'이라는 용어를 사용하는 것이 망설여졌습니다. '세계관'이라는 용어를 만들어낸 인물이 제가 깊고 넓게 공부하느라 많은 시간을 보냈던 칸트였으니까요. 훗날 독일 철학자들이 이 개념을 사용하기 시작했는데, 본격적으로 철학적 논의를 전개한 사람은 빌헬름 딜타이(Wilhelm Dilthey)였습니다. 딜타이를 계기로 독일의 철학자들과 역사학자들 사이에서 '세계관'이라는 말이 널리 통용되기 시작했습니다.

카이퍼와 바빙크 같은 네덜란드 신학자들도 독일 철학의 흐름을 통해 '세계관' 혹은 '인생관'이라는 개념을 받아들였습니다. 이 용어에는 기본적으로 관점주의적 사고 곧 '내가 어떤 관점으로 세상을 바라보는가'에 대한 문제의식이 깔려 있습니다. 이런 관점주의의 기원을 거슬러 올라가면, 라이프니츠까지 이어집니다. 그러나 철학사적으로 보면, '세계관 철학'(Weltanschauungsphilosophie)은 일찍부터 비판의 대상이었습니다. 1911년 에드문트 후설은 역사주의와 세계관 철학이 "가치를 상대화하는 전형적인 철학"이라고 비판했습니다. 그는 절대적인 출발점과 토대, 절대적인 인식의 가능성을 추구했던 사람이었기 때문에 자연주의와 함께 역사주의 및 세계관 철학을 모두 비판했지요. 자연주의가 인간의 의식을 단순히 자연 현상으로 환원시켜 인간을 물질적인 존재로만 보는 데 문제가 있다고 한다면, 세계관 철학은 인간에게 의미 있고 가치 있는 모든 것을 역사적이고 상대적인 것으로만 한정짓는다는 것이 그의 비판의 핵심이었습니다.

하이데거 역시 1924년 '시간 개념의 역사'를 다룬 강의에서 세계관 철학을 비판했습니다. 후설과 하이데거에게 19세기 후반의 딜타이, 신칸트주의자와 신헤겔주의자들은 상대주의적 역사주의 철학 범주에 속한 인물들이었습니다. 그래서 이들을 세계관 철학이라는 이름 아래 비판했습니다. 저 역시 이런 철학사적 배경을 이미 알고 있었기 때문에 세계관이라는 단어 자체에 불편함을 느꼈습니다. 아무리 기독교라는 수식어가 붙는다 해도 말입니다.

1980년대 후반부터 1990년대 말까지 저는 여러 기관의 요청으로 '기독교 세계관' 강의를 맡았습니다. 강의를 시작할 때마다 '세계관'이라는 용어 자체에 대한 비판부터 시작한 뒤 본격적인 강의에 들어갔습니다. 그러나 문제는 이 말을 대체할 만한 표현이 마땅치 않다는 점입니다. '기독교 지성', '기독교적 사고', '기독교적 관점' 등의 표현이 시도되었고, 존 스토트(John Stott)가 사용한 '마인드셋'(mindset)도 대안으로 제시되곤 했으나, 어느 것도 세계관이라는 말을 완전히 대신하지 못했습니다. 결국 늘 고민하면서도 세계관이라는 말을 잠정적으로 계속 쓸 수밖에 없었습니다.

저에게 중요한 것은 용어보다는 그 안에 담긴 '비전'입니다. 기독교 신앙은 하나의 관점이나 삶의 어떤 파편적인 생각이 아니라, 삶 전체를 아우르는 총체적 이해를 지향합니다. 하나님과 세계, 학문과 신앙, 교회와 사회, 복음과 문화를 따로 나누지 않고 유기적이고 통합적으로 이해하려는 것이 중요하다는 점에 저도 깊이 공감해 왔습니다. 그 지점에서 '세계관'이라는 말은 여러 비판을 받을 여지가 있지만, 그 안에 담긴 의미를 살려 지금까지 사용한 셈입니다.

저의 이런 생각의 뿌리는 제가 자라며 경험했던 1960-70년대의 고신 교회 전통과, 암스테르담 자유 대학교에서 공부하신

이근삼 박사님의 영향을 많이 받았기 때문입니다. 한국에서는 1980년대 들어 기독교 세계관 담론이 본격적으로 확산되었지만, 사실 네덜란드 신학 전통에 익숙한 사람들에게는 이미 낯설지 않은 개념이었습니다.

세계관 논의는 단순한 개념 논쟁이 아니라, 보수적인 신앙 안에 내재된 이원론을 넘어서려는 시도와 관련되어 있습니다. 실제로 기독교학문연구회, 기독교세계관동역회 같은 단체들이 1980년대 초에 생겨났고, 1987년에는 기독교윤리실천운동(기윤실)이 출범했습니다. 이후 기독교사운동, 기독경영연구원, 기독의사모임, 기독법률가모임 등 다양한 단체들의 연대가 형성되기 시작했지요.

세계관이라는 개념에는 '토털 비전'(total vision)의 의미가 담겨 있습니다. 낸시 피어시(Nancy Pearcey)가 프랜시스 쉐퍼의 사상을 정리하며 사용했던 표현처럼, 기독교 신앙은 '토털 트루스'(total truth), 즉 '총체적 진리'를 지향합니다. 여기서 '세계'는 지리적 의미의 개념이 아니라, 철학적인 의미에서의 '총체성'(totality) 곧 시간과 공간, 인간과 역사, 영혼과 물질 등 존재하는 모든 것을 통틀어 조망하는 개념입니다. 이런 의미에서 '세계관'은 하나님과 인간과 세계를 파편적, 이원론적, 기계적으로 나누어 바라보는 시각을 넘어, 총체적이고 통합적인 신앙 이해를 담아내려는 시도라고 볼 수 있습니다.

세계관이라는 용어를 쓰면서 기독교 신앙을 이해하려는 노력은 어떤 점에서는 긍정적입니다. 기독교 신앙을 영적인 것, 종교적인 것에만 국한시키지 않고, 삶의 모든 영역, 모든 측면과 연결하는 것을 의식하게 만든다는 점에서 그렇습니다.

알버트 월터스(Albert Wolters)의 『창조 타락 구속』(*Creation*

Regained)에서 월터스는 창조, 타락, 구속의 보편성을 강조합니다. 그는 하나님이 지으신 세계도, 죄의 침투와 영향도, 예수 그리스도를 통한 구속도 모두 보편적이라고 주장합니다. 그리스도의 구속을 통해 하나님의 창조 세계가 모두 새롭게 회복되리라는 전망을 열어 주고 있지요. 하나님의 창조와 새 창조를 포괄적으로 이해하는 신앙의 틀로서 세계관을 이해할 수 있습니다.

앞에서도 이야기 했지만, 기독교 신앙은 인간의 영혼뿐 아니라 육체와 물질 세계, 역사와 문화, 자연과 정신에 이르기까지 모든 것을 포함합니다. 다시 말해, 예수 그리스도를 주님으로 고백한다는 것은 단순히 '내 영혼이 죄에서 구원받아 천국에 간다'는 데 그치지 않습니다. 내가 숨 쉬고 먹고 마시고 관계를 맺는 모든 활동은 물론, 정치와 경제, 예술과 학문 활동에 참여하는 모든 삶이 그리스도의 주권 아래 있다는 것을 인정하는 것이지요. 결국 '내 인생과 내가 살아가는 이 세상 전체를 어떻게 바라볼 것인가?' 그것이 중요합니다.

아브라함 카이퍼와 세계관

최종원 선생님, 세계관 운동을 기독교의 영역으로 끌어들인 인물 중에 대표적으로 네덜란드 신학자이자 정치가인 아브라함 카이퍼를 떠올리게 됩니다. 흔히 그의 세계관을 '변혁주의적 세계관'이라고 부르는데, 카이퍼가 제시한 세계관의 핵심은 무엇입니까?

강영안 1898년 프린스턴 신학교에서 아브라함 카이퍼가 '칼뱅주의 강연'을 했습니다. 첫 강연은 '칼뱅주의와 역사'였습니다. 그는 칼뱅주의를 단순한 교파나 분파의 이름으로 보지 않았습니다. 루터교나 다른 교파들과 구별되는 개념으로 사용할 수는 있지만, 학문적 관점에서 볼 때 칼뱅주의는 "보편적인 기독교 신앙을 표현하는 세계관이요 인생관"이라는 것입니다. 카이퍼는 다른 전통은 틀렸고 칼뱅주의만 옳다고 주장하기보다, 다양한 기독교 전통 속에 담긴 진리를 칼뱅주의적 틀 안에서 총체적으로 재해석하고 종합하려는 시도를 했습니다.

카이퍼가 두 번째 강연 '칼뱅주의와 종교'에서 중요하게 논의한 것은 칼뱅주의에서 보는 기독교 신앙은 종교적 차원에만 머무르지 않는다는 점입니다. 기독교 신앙은 정치, 경제, 사회, 문화, 예술, 학문, 교육 등 삶의 모든 영역을 포괄한다고 강조했지요. 국가, 가정, 교회, 학교, 기업까지 포함한 인간의 모든 활동이 그리스도의 주권과 연결되어 있다는 것입니다. 먹고 자고 일하고 사람들과 관계 맺는 모든 활동도 그리스도를 주로 고백하는 신앙과 유기적으로 연결되어 있다고 보았습니다. 이러한 총체적 신앙을 설명하기 위해 사용된 개념이 바로 '세계관'입니다. 카이퍼는 "하나님은 만물을 통치하는 분이시며, 우리 삶의 어떤 영역이라도 하나님의 주권에 기인하여 그분의 통치에서 벗어날 수 없다"고 주장했습니다. 그는 1880년 암스테르담 자유 대학교 설립 특별 강연에서 '영역 주권'(Souvereiniteit in eigen kring)의 개념을 제시했습니다.

이어서 '칼뱅주의 강연' 세 번째 강의에서 "국민이 가지는 파생적 주권은 인정하지만, 그럼에도 원천적, 근원적 주권은 오직 하나님께 있다"고 밝혔습니다. 일부 사람들은 카이퍼에게 '크리스텐덤'(Christendom, 기독교제국)의 향수가 있었다고 의심하지만 저는 그렇게 생각하지 않습니다. 왜냐하면 그는 자신이 살고 있는 세계가 이미 세계관의 다원성이 현실화된 사회라고 인정하는 데서 출발했기 때문입니다. 세속적인 세계관, 개신교적 세계관, 로마 가톨릭적 세계관이 공존하던 네덜란드 정치 상황 속에서 그는 개신교 정당을 이끌며 기독교적 세계관에 입각한 정책적 대안을 모색한 지도자였습니다.

그리스도인의 정치 참여와 관련하여 중요한 점은 이것입니다. 정치 참여의 주체는 교황이나 추기경, 주교 같은 교회의 위계 질서가 아닙니다. 또한 개신교회의 당회나 노회, 총회 같은 조직도 아닙니다. 카이퍼는 그리스도인 각자가 부름받은 삶의 자리에서 자신의 기독교 신앙에 합당하다고 생각하는 정당에 가입하여 정치에 참여해야 한다고 보았습니다. 학문이나 예술, 교육이나 상업의 영역에서도 마찬가지입니다. 카이퍼는 교회 조직이 관여하는 것이 아니라, 신자들이 자신의 삶의 영역에서 신앙 양심의 자유에 따라 살아감을 삶의 원칙으로 삼아야 한다고 보았습니다. 이는 콘스탄티누스 황제 이후 형성된 크리스텐덤의 구조와는 분명히 구별되는 지점입니다.

미국 학자들이 카이퍼를 해석할 때, 그를 소위 '문화 변혁주의자'라고 규정합니다. 하지만 카이퍼를 읽어 보면, 변혁주의자의 면모보다는 그리스도인들이 각각의 삶의 자리에서 부름받은 책임을 다해야 한다는 점을 오히려 강조하고 있다는 것을 알 수 있습니다. 이 땅의 순례자로 사는 그리스도인들은 잠시 잠깐 머무는 나그네의 삶이지만, 그 삶의 자리가 부름받은 곳이기에 최선을 다해 신실하고 충성스럽게 살아야 한다는 것이 그의 사상의 핵심입니다. 농부, 학자, 예술가, 목회자 등 각자의 소명지에서 자신에게 맡겨진 삶을 신실하게 살아내는 것이 그리스도인의 삶이라 본 것입니다. 이것을 '변혁'이라는 단어로 표현할 수도 있겠지만, 저는 제임스 데이비슨 헌터가 말한 '신실한 현존'(faithful presence)이라는 표현이 더 적절하다고 생각합니다.

카이퍼를 변혁론자로 규정할 경우, 그의 주장은 마치 '그리스도인이 세상을 바꾸어야 한다'거나 '세상을 지배해야 한다'는 식으로 오해될 위험이 있습니다. 그러나 원전을 직접 읽어 보면 그런 주장의 흔적은 없습니다. 그의 사상이 미국으로 전해지면서 '문화 변혁주의'로 재해석된 측면이 있는 것 같습니다. 그래서 사상을 평가할 때, 원전을 읽는 것과 2차 자료를 읽는 것 사이에는 큰 차이가 있습니다.

리처드 니부어(Richard Niebuhr)가 기독교와 문화를 5개의 범주(typology)로 나누면서 아우구스티누스와 칼뱅을 '변혁론'의 범주에 넣었습니다. 19세기 영국 신학자 모리스(F. D. Maurice)도 변혁주의자의 대표적 인물로 삼았지요. 그런데 니부어는 정작 카이퍼에 대해서는 언급하지 않았습니다. 이 점을 주목할 만합니다. 프린스턴 강연이 널리 알려져 있었던 상황에서 '칼뱅주의 강연'을 미국의 학자들이 모를 리 없었습니다. 니부어처럼 문화 유형을 연구하는 사람이라면 더욱 그랬겠지요.

하지만 오늘날 제가 가르치고 있는 칼빈 신학교에서도 카이퍼를 쉽게 문화 변혁주의자로 분류합니다. 북미 기독교개혁교회(Christian Reformed Church of North America)의 신학적 스펙트럼을 규정하는 문서에서도 카이퍼를 문화 변혁 노선에 넣더군요. 이 문서는 세 가지 전통을 수용합니다. 하나는 예배를 중심으로 개인과 가정의 경건을 강조하는 경건주의 전통, 두 번째는 하이델베르크 교리문답 등 개혁교회 전통의 신앙고백 문서 학습을 강조하는 교리 전통입니다. 세 번째는 문화 참여를 강조하는 전통입니다. 여기 세 번째 전통의 주요 인물로 아브라함 카이퍼를 언급합니다. 그러나 카이퍼의 삶과 저작을 살펴보면, 세 전통의 흐름이 그에게 하나로 통합되어 나타나는 것을 볼 수 있습니다. 그는 매우 철저한 경건주의자였습니다. 서재에서 무릎을 꿇고 매일 2시간씩 기도했다는 기록이 있으며, 어려운 정치 상황 속에서도 묵상을 통해 방향을 모색했다고 전해집니다. 주일에는 거의 묵상에만 전념했는데, 그가 남긴 신앙 묵상 기록이 3천 편이 넘습니다. 그의 묵상은 자신이 경험하는 현실과 무관하지 않았으며 단순히 개인적인 경건에만 머물지도 않았습니다. 월터스토프가 '사회적 경건'(social piety)이라 부른 차원이 그의 개인 경건과 밀접하게 연결되어 있습니다. 교리적 측면에서도 카이퍼는 신앙고백을 매우 강조했습니다. 하이델베르크 교리문답, 도르트 신조, 네덜란드 신앙고백을 직접 편집하고 여러 차례 출판했습니다. 그는 하이델베르크 교리문답에 대한 네 권의 주석서를 남기기도 했지요. 세 번째로 언급된 사회 변혁적인 부분에서는 특별히 이야기하지 않아도 카이퍼에게서 분명히 발견되는 흐름입니다. 그리스도인들에게 문화적, 사회적, 정치적 책임이 있다고 보았고 정치, 경제, 사회, 문화, 예술 등 모든 학문 분야에 적극적으로 참여하도록 권장했으니까요.

네덜란드 신학 지형 속에서 카이퍼와 바빙크는 비주류에 가까웠습니다. 대다수의 주류 신학자들과 달리 카이퍼는 그리스도인이 다원주의적 상황에 처해 있다는 것을 분명히 인정했습니다. 무신론이나 가톨릭 등 '다양한 세계관 속에서 그리스도인이 어떻게 자리매김할 것인가'를 고민했지요. 그러나 카이퍼에게는 분명히 대립적인 세계관이 있었습니다. 한편으로는 믿는 사람이나 믿지 않는 사람 모두에게 하나님이 공통의 은혜를 주셨다고 하는 '공통 은혜'(common grace)를 주장합니다. 공통으로 주신 은혜로 인해 죄가 억제되고 선이 산출될 수 있다고 믿었습니다. 또 다른 한편으로는 기독교 신앙과 하나님을 믿지 않는 세속 문화나 사고 방식 사이의 대립을 강조하는 '안티테제'(*antithesis*)를 주장합니다. 그래서 세상과 구별되는 정치 이념과 정강 정책을 만들어야 하고, 세상과 구별되는 학문과 예술을 해야 한다고 생각하면서 기독교 대학, 기독교 학문, 기독교 예술, 기독교 정치를 말한 것이지요. 결국 그의 세계관 이해에는 공통 은혜와 안티테제라는 긴장 구조가 공존합니다. 이 점이 카이퍼가 속한 시대나 그 이후의 네덜란드 개혁교회의 신학 전통과 구별되는 지점입니다.

주류 개혁교회의 시각

최종원 카이퍼와 바빙크가 비주류라고 하셨는데, 그렇다면 네덜란드 주류 신학자들은 카이퍼 전통, 특히 안티테제와 기독교 세계관에 대해 어떤 평가를 내렸을까요?

강영안 카이퍼와 달리 주류 개혁신학자들은 세상과 교회가 서로 대립하기보다는 '연대' 속에 있다는 점을 강조했습니다. 미스코트(Cornelis Heiko Miskotte)는 안티테제의 정신으로 그리스도인들이 학문과 정치와 예술을 하는 것보다, 세상과 더불어 연대하면서 하나님이 주신 창조의 가능성을 드러내며 하나님 사랑과 이웃 사랑을 실천하는 것이 우선되어야 한다고 강조했습니다. 이것이 주류 개혁 전통의 사고였습니다.

　이 전통에 속한 신학자들은 '세계관'이라는 표현을 사용하지 않았습니다. 한국이나 미국 일각에서는 네덜란드 개혁교회의 세계관 전통이 곧 카이퍼와 바빙크의 노선 전체라고 생각하지만 실제로는 그렇지 않습니다. 영향력 면에서 따지더라도, 이들이 속한 교회는 그리 크지 않은 소수파였습니다. 주류 개혁교회 안

에는 교리와 경건을 중시하는 보수적 분파도 있고, 상당히 자유
주의적이고 진보적인 분파도 존재합니다. 그 가운데 중도적 입
장에 서면서 카이퍼를 비판적으로 계승한 인물들이 있었는데, 대
표적으로 미스코트, 웁끄 노르드만스(Oepke Noordmans), 그리고
헨드리쿠스 베르코프(Hendricus Berkhof)입니다.

베르코프의 비판적 관점을 두 가지만 이야기해 볼까요? 베르
코프는 카이퍼 전통이 강하게 주장하는 '안티테제'를 문제 삼았
습니다. 기독교 학교, 기독교 정당, 기독교 예술 등의 강조가 기
독교 정체성을 분명히 해주는 장점은 있지만, 자칫하면 양극화
와 신앙의 폐쇄성, 세상과의 연대 결핍으로 이어질 수 있다고 보
았지요. 카이퍼가 공통 은혜를 강조함에도 불구하고 안티테제를
지나치게 강조하면, 신앙 공동체 밖에서 역사하는 하나님의 특별
한 은혜와 진리의 흔적을 인식하지 못할 위험이 있다고 지적했
습니다. 그래서 베르코프는 모든 인간이 창조 질서 안에 속하고,
하나님의 사랑과 관심의 대상임을 강조합니다. 이념적 대결보다
는 오히려 연대와 책임의 공유가 기독교적인 참여의 핵심이어야
한다는 것이지요. 카이퍼가 안티테제로 인해 세상을 빛과 어둠
으로 너무 명확하게 구분짓는다고 비판하면서, 실제 현실은 도덕
적으로나 영적으로 매우 복합적이고 모호성이 가득한 영역이라
보았습니다. 그렇기에 세상은 전면적인 대결보다 구속의 임재와
섬김을 필요로 한다고 그는 역설했습니다.

다른 주류 신학자들과 마찬가지로 베르코프도 '세계관'이란
용어를 기피했습니다. 세계관의 틀로 삶의 현실과 신앙을 보면,
삶의 구체성과 신앙의 관계성이 추상화될 위험이 있기 때문입니
다. 기독교 신앙과 관련해서 철학과 세계관을 구축하려고 애쓰
다 보면, 복음의 우선성과 인격적 만남의 본질이 흐려질 위험이

있다고 본 것이지요. 베르코프는 "복음은 세계관이 아니라 우리에게 말을 거는 이야기다"(Het evangelie is geen wereldbeschouwing maar een verhaal dat ons aanspreekt)라는 말을 남겼습니다. 그는 어떤 철학적 구조를 구축하기보다 예수 그리스도의 인격과 성경의 이야기를 중심으로 신학을 전개해야 한다고 주장했습니다. 흥미롭게도 베르코프는 어린 시절 카이퍼의 교회에서 세운 중·고등학교를 다녔다고 합니다. 그 덕분인지 카이퍼 개인에 대해서는 일정 부분 우호적 이해를 가지고 있었지만, 그의 후예들의 신학과 운동은 보다 성경적이고 인격적이며 교회 중심의 방향으로 나가야 한다고 강조했습니다.

카이퍼의 빛과 그림자

최종원 아브라함 카이퍼의 영역주권론을 정치학에서 남아프리카 아파르트헤이트와 연결시켜 보는 연구들이 적잖이 있더군요. 선생님은 이를 어떻게 평가하십니까?

강영안 1985년 3월말 스위스에서 레슬리 뉴비긴(Lesslie Newbigin)을 만난 적이 있습니다. 아침 식사 자리에서 그 당시 암스테르담 자유 대학교에서 마무리하고 있던 저의 박사 논문 이야기를 나누다가, 자연스럽게 자유 대학교 설립자인 아브라함 카이퍼가 화제로 떠올랐습니다. 그때 뉴비긴이 묻더군요. "카이퍼의 신학은 아프리카 아파르트헤이트를 지지하는 신학 아닙니까?" 저도 그런 말을 들은 적이 있었기에, 그렇지 않다고, 분명 오해일 것이라고 대답했습니다. 카이퍼의 영역주권론은 정치나 학문, 가정과 교회 등 삶의 여러 활동과 영역이 서로 구별되고 다양하지만, 각 영역의 독립성과 고유성이 존중될 뿐, 다양성의 이름으로 차별을 옹호하는 것은 아니라고 설명해 드렸습니다.

카이퍼의 '영역주권' 개념은 근대 정치철학의 '국가주권'이나 '국민주권'과는 구별되는 신학적 사회이론입니다. 각 사회 제도가 하나님 앞에서 고유한 책임과 권위를 지닌다는 점을 강조하지요. 핵심은 두 가지입니다.

첫째, '모든 주권의 궁극적 근원은 하나님께 있다'는 신학적 전제입니다. 루소(Jean-Jacques Rousseau)의 국민주권론이나 헤겔(G. W. F. Hegel)을 중심으로 독일에서 발전한 국가주권론은 모두 2차적인 파생적 권위에 불과하며, 하나님으로부터 나오지 않은 주권은 없다고 보았습니다.

둘째는 각 영역의 유한 규범성, 권위와 관련됩니다. 사회를 구성하는 제도들은 하나님 앞에서 독립적인 규범과 권위를 가진다는 원리지요. 그는 가정, 교회, 학교, 국가, 경제, 학문, 예술 등은 중앙집권적 지배가 아니라 하나님께로부터 부여받은 권위 속에서 존립해야 한다고 보았습니다. 이러한 원리로 인해 카이퍼는 교회가 학교를 지배하거나, 국가가 교회를 통제하거나, 기업이 가정을 침해하는 등 영역 간의 간섭은 하나님이 허락하신 창조 질서를 어기는 일이라고 여겼습니다. 이러한 관점은 한편으로는 전체주의에 대한 비판, 다른 한편으로는 극단적인 개인주의에 대한 비판으로 이어집니다. 각 영역은 상대적 자율성과 독립성을 가지되, 모두 하나님의 주권 아래에서 서로 책임 있게 존재하며 조화를 이루어야 합니다. 그러나 영역 간 충돌이 생길 경우, 국가는 지배자가 아니라 '조정자'로서 공공 질서를 유지할 수 있는 보충적 역할을 담당해야 합니다. 카이퍼의 이러한 견해는 가톨릭의 사회교리인 '보충성 원리'와도 맞닿아 있습니다. 국가는 '하나님의 정의를 공적으로 드러내는 질서의 수호자'로서 기능해야 한다고 보는 것이지요.

카이퍼의 영역주권 사상은 19세기 네덜란드에만 국한된 것이 아닙니다. 시민 사회의 자율성과 다양성을 존중하는 정치 질서의 이론적 기초가 될 수도 있고, 정교 분리의 오용이나 전체주의적 통제에 대한 신학적 견제로도 기능합니다. 기독교 대학, 기독교 학교, 기독교 사회운동 등 다양한 형태의 기독교 공공 참여에 대한 신학적 근거가 되며, 단순한 교회 중심주의와 이념적 대결 구도를 넘어 하나님의 주권 아래 다양한 제도와 조직이 공존하는 구조를 상상하게 합니다.

요컨대 영역주권 사상은 신학적 토대 위에서 사회 질서를 재구성하려는 시도로 이해할 수 있습니다. 모든 영역이 하나님 앞에서 고유한 소명과 권위를 지닌다는 인식, 그리고 그로부터 파생되는 다원적 공존과 공적 책임의 윤리가 담겨 있습니다. '기독교 공동체가 세속 권력과 문화의 복잡한 관계 속에서 어떻게 정체성과 사명을 감당할 것인가'에 대한 지혜를 제공해 줍니다. 그러나 '공통 은혜와 안티테제 사이의 긴장과 갈등을 얼마나 강조하며 어떻게 이해할 것인가' 하는 신학적 과제가 여전히 남아 있습니다.

그렇다고 해서 카이퍼의 사상을 아파르트헤이트와 연결하는 것은 왜곡입니다. 인종을 구분하고 차별을 정당화하려는 성경 해석은 근거가 없습니다. 예컨대 노아의 세 아들 가운데 야벳은 서양인, 셋은 아시아인, 함은 아프리카인의 조상이며, 함이 다른 형제들의 지배 아래 놓이게 된 것은 성경의 예언의 결과라는 주장은 성립될 수 없습니다. 물론 카이퍼 역시 19세기 유럽인으로서 유럽 우월주의와 식민주의적 세계관, 남성 중심적 사고의 한계를 지니고 있었습니다. 그가 네덜란드 수상으로 재임하던 시절에 식민지 전쟁이 있었고, 남아프리카 정치와 관련된 사안에도 연루되어 있었지요. 그러나 이는 단순히 개인적인 문제뿐만 아니라, 당시 유럽 문명과 팽창주의가 지닌 시대적 어두움과 맞물려 있던 문제였습니다. 복음 전파든 문명의 진보든, 어떤 명목을 내세운다 할지라도 식민주의를 정당화할 수 없습니다. 분파주의도 비판받아 마땅합니다. 참다운 교회를 세운다는 명분 아래 교회 분열을 주도했으니까요. 분명히 카이퍼는 빛과 그림자를 동시에 지닌 사람입니다. 그러나 그가 강조한 '기독교 신앙의 총체성'은 오늘날에도 여전히 배울 만합니다. 저 역시 고신 교단의 신앙 전통과 카이퍼의 사상에서 신앙의 깊이를 배웠습니다.

카이퍼의 사상은 아직 한국에 제대로 소개되지 않았습니다. 그의 저작이 영어로는 꽤 번역되어 있지만 대부분 공공신학 분야에 한정되어 있는 상황이며, 국내에서는 이 영역의 번역조차 충분히 연구되지 못한 상황입니다. 그러나 카이퍼가 노동과 가난 문제, 사회 구조 문제에 얼마나 깊은 관심을 가졌는지를 주목할 필요가 있습니다. 그는 가난한 사람, 배우지 못한 사람, 척박한 환경에서도 경건하게 살고자 했던 사람들의 삶에 관심을 기울였습니다. 그를 지지했던 사람들은 네덜란드어로 '끌레인 뢰이든'(kleine luyden) 곧 '민초들'이었습니다. 대부분이 소상공인, 농부, 노동자 계층이었습니다. 따라서 우리는 카이퍼를 비판적 관점에서 다시 읽을 필요가 있습니다.

저는 카이퍼를 탁월한 학자로 인정하지만, 개인적으로 그의 장군 같은 성격이나 과격한 정치 방식은 좋아하지 않습니다. 그럼에도 카이퍼가 던진 질문들, '하나님이 살아 계시고 그리스도가 우리의 주가 되신다면, 그리스도인은 각자의 자리에서 어떻게 순례의 길을 걸어야 하는가', '이 땅에서 개인과 공동체로 어떻게 살아야 하는가'를 함께 고민합니다.

　만약 그리스도인 학자라면, 권력이나 돈과 같은 세속적 가치에 봉사하기보다 비록 주류에서 외면받더라도 사람을 살리고 세상을 더욱 정의롭고 평화롭게 만드는 연구를 용기 있게 선택해야 합니다. 우리가 딛고 있는 삶의 자리에 생명의 꽃을 피울 수 있도록 이웃을 돕고 사회 성장에 기여하는 신앙의 실천이 필요하지요. 힘없는 사람, 가지지 못한 사람, 배우지 못한 사람이 억울함을 당하지 않고 어깨를 펴고 살아갈 수 있는 사회를 만드는 것이 카이퍼가 강조한 세상입니다. 성령 하나님께서 공동체에 역사한다고 믿고, 치열하게 사고한 믿음의 선배가 남긴 메시지를 다시 읽고 들어 보는 것은 분명 의미 있는 일입니다.

세계관의 기여, 이원론의 극복

최종원　선생님은 여전히 카이퍼의 가르침이 우리 신학이나 한국 교회에 유의미한 지점이 있다고 판단하시는 것 같습니다. 선생님께서 바라보실 때 기독교 세계관 운동이 남긴 유산 중 여전히 간직하고 발전시켜 나가야 할 것이 있다면 어떤 것이 있을까요?

강영안　카이퍼의 가르침은 오늘날에도 여전히 유의미합니다. 그렇다고 무비판적으로 받아들여야 한다는 뜻은 아닙니다. 유산 속에 담긴 긴장과 한계를 인식하면서도 여전히 우리가 붙잡아야 할 통찰이 있다는 말이지요. 무엇보다 높이 평가하는 카이퍼의 유산은, "기독교 신앙은 단지 개인 구원에 그치는 것이 아니라, 삶의 모든 영역을 포괄하는 전인적 진리"라는 통합적 비전입니다. 신학, 정치, 교육, 예술, 학문, 노동 등 우리 삶의 다양한 영역이 하나님 앞에서 고유한 소명을 지니며, 그 안에서 하나님 나라의 질서가 드러나야 한다는 관점입니다. 저는 이것을 단순히 '기독교 세계관'이라는 하나의 개념으로 좁히기보다 '그리스도를 주로 고백하는 전 존재적 삶의 방식'으로 이해해야 한다고 생각합니다.

카이퍼가 강조한 '하나님 주권'과 '영역주권'은 오늘날 한국 사회에서도 여전히 빛을 발합니다. 교회가 국가를 지배하거나 국가가 교회를 통제하는 것이 아니라, 각각의 영역이 하나님 앞에서 질서와 책임을 지닌다는 시각은 세속화와 전체주의적 문화 속에서도 기독교 공동체가 건강하게 참여할 길을 열어 줍니다.

다만 기독교 세계관 운동이 때때로 지나치게 이념화되거나 하나의 사상 체계로만 굳어졌던 점은 반성할 필요가 있습니다. 세계관은 머리로만 이해되는 인식의 틀이 아니라, 마음과 몸으로 살아내는 실존의 방식이어야 하며, 예수 그리스도의 삶과 죽음과 부활 안에서 끊임없이 새로워져야 합니다. 우리가 계속 이어가야 할 것은 단순한 명제나 제도가 아니라, 그리스도 중심의 삶 전체를 통해 하나님 나라를 향하는 실천적 비전이라 생각합니다. 그것은 신학적 사유와 문화 참여, 공동체의 윤리와 일상의 행위가 일치되도록 부름받은 우리의 과제를 다시 묻는 일입니다.

제가 개인적으로 카이퍼의 신학에서 무엇보다 감동받는 지점이 있다면, 신앙이 일상과 분리되지 않는다는 통찰입니다. 밥을 먹고, 잠을 자고, 아이를 키우고, 친구와 대화하고, 심지어 오락하고 노는 것까지 모든 일상이 하나님의 선물로 주어진 삶의 일부이며, 그 속에서 신앙이 실현된다는 사실입니다. 사도 바울은 "너희가 먹든지 마시든지 무엇을 하든지 다 하나님의 영광을 위하여 하라"(고전 10:31)고 했습니다. 신앙이 단지 교회 안의 종교 행위나 고차원적 담론에 머무르지 않고, 몸과 관계, 시간과 공간 전체를 관통하는 존재 방식임을 보여주는 말씀입니다.

저는 카이퍼나 바빙크에게서 신앙과 삶과 학문을 분리하지 않고 하나로 통합하는 태도를 배웠습니다. 그리스도의 주되심이 특정 영역에만 머물지 않고 삶 전체에 영향을 미쳐야 한다는 통합적 비전은 오늘날에도 유효합니다. 모든 것이 하나님의 것이라고 하면, 우리의 삶은 통치자의 자리가 아니라 섬김의 자리가 되어야 하며, 이는 오늘날 종종 등장하는 '고지론'이나 '정복주의적 기독교 정치관'과는 반대의 길을 가리키는 것입니다.

저는 이것이 콘스탄티누스 황제 시대 이후 이어져 온 '승리주의적 기독교 사상'에 대한 신학적 비판이라 생각합니다. 그리스도인의 사명은 지상의 제국을 건설하는 것이 아니라, 이미 임했으나 아직 완성되지 않은 하나님 나라를 기다리며 현재 속에서 증언하는 일에 있습니다. 그런 맥락에서 바빙크가 "이 땅은 하나님의 백성들의 거주지"라고 말했을 때, 그것은 정복이 아니라 창조 안에서의 잠정적이고 책임 있는 거주를 의미한다는 것을 알아야 합니다. 새 하늘과 새 땅이 임할 때 이 세상의 질서는 사라지겠지만, 하나님은 이 땅을 버리지 않으십니다. 카이퍼와 바빙크는 이 관점을 분명히 견지했습니다. 하나님께서는 이 땅 안에 여전히 보존할 가치가 있는 것들을 간직하시며, 새 창조는 옛 창조를 무효화하는 것이 아니라 그 속에서 이어지는 구속의 완성이라 보았습니다.

세속화된 세상 속 그리스도인

최종원 그리스도인이 살아가는 일상의 중요성을 강조할 때, 우리가 마주하고 살아가는 삶의 모든 영역 곧 정치, 경제, 사회, 교육, 문화, 예술 등 모든 영역에서 '어떻게 살 것인가'에 대한 고민은 자연스럽고 당위적인 숙제로 다가옵니다. 단순히 정복적이고 변혁적인 가치에 초점을 둔 것이 아니라면, 세속의 일상 속에서 그리스도인은 어떻게 살아가야 할까요?

강영안 우리가 사는 시대는 분명 세속화된 사회입니다. 종교의 흔적과 신앙을 고백하는 사람들은 여전히 존재하지만, 문화와 정치 전반은 탈종교화된 방향으로 흘러가고 있습니다. 이런 현실에서 그리스도인으로 살아간다는 것은 '어떤 태도로 세상을 대할 것인가'라는 물음과 맞닿아 있습니다. 사람마다 다르겠지만, 일반적으로 세속화된 사회에 대한 그리스도인의 태도는 세 가지 유형으로 나타납니다.

첫째, 세상을 '정복'의 대상으로 보는 관점 곧 변혁주의적 시각입니다. 정치, 교육, 문화 전반을 기독교적으로 변화시키고 장악하려는 확신으로, 미국 일부 보수 기독교 진영이나 한국 교회 일각에서는 '기독교 대통령', '기독교 총장', '기독교 기업인' 등의 지도자를 세우거나 '성시화 운동'을 전개하는 형태로 나타났습니다. 둘째, 진보적 그리스도인들이 보이는 적극적 '수용'입니다. 이들은 전통적 교회의 언어와 방식을 시대에 뒤떨어진 것으로 보고, 사회적 가치와 흐름을 교회 안으로 끌어들이려 합니다. 신앙을 사회적으로 진보된 삶의 형태로 구현하려는 시도를 하지요. 셋째, 세상으로부터의 '도피'입니다. 세상 자체에 희망이 없다고 판단하고, 자신들만의 대안 공동체를 형성하려는 흐름을 보입니다. 재세례파(anabaptists) 전통이나 베네딕트 옵션(The Benedict Option), 역사적 수도원 운동이 이런 모델에 해당한다고 볼 수 있습니다.

정복, 수용, 도피, 이 세 가지 태도는 모두 기본적으로 세속화된 현실에 대한 해석과 응답입니다. 중요한 것은 더 이상 종교가 중심을 차지하는 사회에 살고 있지 않다는 인식입니다. 그 위에서 우리가 던져야 할 물음은 분명합니다. '그렇다면 그리스도인은 세상 속에서 어떻게 살아야 하는가?'

이 질문에 대한 신학적 실마리를 요한복음 17장 예수님의 '대제사장적 기도'에서 찾을 수 있습니다. 예수님은 십자가의 고난을 앞두고 하나님께 기도하실 때, 제자들을 세상에서 건져 달라고 기도하지 않으셨습니다. 오히려 그들이 세상에 남아 있으면서 악에 빠지지 않도록 보호해 달라고 간구하셨습니다. 또한 아버지와 아들이 하나가 된 것같이 제자들도 하나가 되어 세상으로 아버지께서 자신을 보내신 것을 믿게 해달라고 기도하셨습니다. 여기서 우리는 그리스도인의 정체성이 단지 세상과 구별된 존재가 아니라, 세상 속으로 보내진 존재라는 사실을 확인할 수 있습니다. 그리스도인은 세상을 지배하거나 떠나는 존재가 아니라, 세상 속에서, 세상으로 보냄받아, 하나님과 이웃과 진리 안에서 하나되어 살아가는 사람입니다. 이 삶을 저는 '보냄받은 삶', '선교적 삶'이라고 부릅니다.

부활하신 예수님이 제자들에게 "아버지께서 나를 보내신 것같이 나도 너희를 보내노라"(요 20:21)고 말씀하셨습니다. '보냄받은 삶'이 분명히 드러납니다. '보냄'은 성령의 능력 안에서 일어납니다(요 20:22). '보냄받았다'는 말에는 사명과 연대, 존재의 방향성이 내포되어 있습니다. 우리는 이 세상 속에서 이웃과 함께, 그러나 또 다른 방식으로 살아가야 하는 사람들입니다. 수도원 운동을 하더라도 세상을 떠난 수도원이 아니라 세상 속에서, 세상 사람들이 사는 방식과는 다르게 살아가는 공동체가 되어야 합니다. 예수님이 제자들의 거룩함을 위해서 기도했을 때 그 '거룩'은 세상과 단절된 고립이나 분리가 아니라, 세상 속에서 다른 방식으로 살아가는 것을 뜻했습니다. 사랑하고 용서하며 화해하고 책임지는 관계 속에서 드러나는 삶이 곧 진리 안에서 거룩해진 삶입니다. 하지만 삶의 공간은 여전히 세상이지요. 예수님의 기도처럼 우리는 이 세상으로 보냄을 받았기 때문입니다. 이러한 시각에서 본다면, 세상을 정복하거나 교회 밖에서 대안 공동체를 세우는 방식으로는 충분하지 않다는 것을 확인하게 됩니다.

우리가 진정 추구해야 할 방향은 세상 한복판으로 더 깊숙이 들어가면서도, 그곳에 그리스도의 방식으로 살아가는 공동체를 이루는 일입니다. 세상을 떠나 도피하는 것이 아니라, 그 안에서 하나님 나라의 증거가 되는 방식으로 존재하는 것이야말로 오늘날 우리에게 주어진 신앙의 과제입니다.

물론 이것이 말처럼 쉬운 일은 아닙니다. 우리가 사는 '세상'은 단지 물리적 공간이 아니라, 가치와 관계, 제도와 문화로 얽힌 삶의 구조이기 때문입니다. 그 안에서 악의 영향력에 굴하지 않고 그리스도 안에서 하나되어 살아가는 것은 공동체가 함께 배우고 실천해야 할 영적 싸움이며 과제입니다. 이를 위해서는 먼저 예수 그리스도와 하나되는 것이 먼저입니다. 그리스도와 하나되어 성령 안에서 아버지와 연합하여 하나님의 생명을 누리는 '신비적 삶'이 없이는 '선교적 삶'을 살아낼 수 없습니다. 그래서 예수님의 기도에는 "아버지께서 내 안에, 내가 아버지 안에 있는 것같이 그들도 다 하나가 되어 우리 안에 있게"(요 17:21) 해달라는 간구가 담겨 있습니다. 성부, 성자, 성령의 연합 안에 거할 때 보냄받은 자로서의 삶을 살 수 있지요.

카이퍼의 시대에 자의식을 갖춘 그리스도인 교사들은 교사

279

노조를 통해, 언론인들은 언론 노조를 통해 직업 현장에서 신앙을 드러냈고, 주중에도 매일같이 공동체 모임을 이어가며 삶과 신앙을 나누었습니다. 주일에만 신자가 아니라 삶의 자리에서 어떻게 그리스도인으로 신실하게 살아갈 것인가를 고민하고 실천했던 이들이었습니다. 이를 단순히 '변혁 모델'이라 부르기보다는 앞에서 언급했듯 자신의 자리에서 '신실하게 현존하는 삶'이라 표현하는 것이 적절합니다.

물론 카이퍼에게는 '안티테제' 곧 신앙과 세상의 대조라는 개념이 존재했습니다. 그러나 오늘날의 맥락에서는 시민 사회 속에서 비신자들과 연대하며 공동선을 추구하는 방식 곧 공감과 책임의 신앙 모델이 더욱 요구됩니다. 시민 운동, 환경 운동, 소비자 운동 등 다양한 영역에서 신앙을 기반으로 한 연대와 실천이 필요하다는 뜻입니다.

우리는 정복도 도피도 아닌 제3의 길을 걸어야 합니다. 세상 속에 깊이 뿌리내리되, 그 안에서 그리스도의 방식으로 살아가는 공동체를 일구는 것입니다. 이것이 바로 세속화된 시대를 살아가는 그리스도인의 진정한 소명이 아닐까 생각합니다.

“세속화된 오늘의 사회에서 그리스도인은
세상을 정복하거나 세상으로부터 도피하는 삶이 아니라,
보냄받은 존재로서 세상 한복판에서 신실하게 현존하며
하나님 나라의 증거가 되고
공동선을 추구하는 삶으로 부름받고 있습니다.”

대담 IV **강영안의 공부를 말하다**

꽤 오래전 밴쿠버를 방문하신 손봉호 선생을 뵙고 식사할 기회가
있었다. 그때 선생은 주변의 요구와 필요 때문에 공부하는 학자의
자리를 충분히 지키지 못한다는 아쉬움이 있다고 하시며 자신의
제자인 강영안 선생이 부럽다고 넌지시 말씀하셨다. 내가 강영안
선생에 대해서 잘 알지 못했을 때에도 그가 전설 같은 인물이라는
것 정도는 알고 있었다. 실제로 전설 같은 이야기들이 들려오곤
했다. 구사할 수 있는 외국어가 10개 이상 되며, 철학책을 읽다가
머리를 식히기 위해 칼 바르트를 읽었다는 이야기는 이미 많은
사람들에게 회자되고 있다.

강영안 선생은 스스로를 공부에서 쾌락을 느끼는 쾌락주의자로
칭할 정도로 지금도 그 학문의 기쁨에 빠져 헤어나지 못하는 천상
학자의 모습을 유지하고 있다. 그래서인지 공부법에 대해서 책 한
권 쓰시라는 권유도 많이 받는다고 한다.

유럽과 한국, 미국에까지 이르는 선생의 공부 여정을 살펴보자면,
그는 그 어느 학자보다 국제적인 경험을 쌓아 왔다고 할 수 있겠다.
선생의 공부에 대한 갈망과 열정은 공부를 업으로 삼고자 하는
후학들에게 자극과 도전이 된다. 더불어 그리스도인 학자로서
어떠한 정체성을 갖고 한국 사회와 교회 안에 자리매김해야
하는지에 대한 고민도 엿볼 수 있지 않을까 싶다.

이어지는 대담은 그가 어떻게 공부해 왔는지에 대한 궁금증에서
출발하지만, 나의 질문은 거기서 그치지 않는다. 나는 그리스도인
지식인은 교회를 '위하여' 존재해야 하지만, 교회를 올바르게
'이끌어갈' 역할과 책임이 있다고 본다. 또한 외국 명망가
신학자들이나 목회자들을 소개하고 소화하는데 머물기보다, 우리네
우물에서 한국의 상황에 부합하는 자신만의 사상을 길어 올릴 수
있어야 한다.

학자는 많지만, 한국이라는 맥락에서 지식인은 희귀하다. 한국 교회에 깊이 뿌리내린 반지성주의와 그와 무관할 수 없는 혐오와 배제의 모습은 다시금 현재 너머를 읽고 길을 안내할 지식인을 바라고 있다. 나는 한국 교회에 필요한 이가 신학적 틀을 넘어서는 경계 없는 지식인이자, 현실을 냉철하게 직시하되 현상에 매몰되지 않는 선지자적 지식인이라고 믿는다. 이들은 우리만의 언어와 사유, 우리네 살아가는 삶의 맥락 속에서만 양성될 수 있다. 나만이 아니라, 한국의 많은 그리스도인들이 강영안 선생에게 기대하는 바가 그런 것이 아닐까? 그 길을 함께 모색해 본다.

13

나의 공부 여정

공부에 대한 갈증

최종원 지금까지 다소 무거운 거대 담론에 대해 대화를 나누었습니다. 선생님은 서강대에서 은퇴하기 전까지 논문 110편, 저서 15권, 공동저술 40권 정도를 내셨다고 알고 있습니다. 그 이후에도 꽤 여러 편의 단행본이 출간되었습니다. 저는 공부가 선생님께 어떤 구도의 과정 혹은 책임이라는 생각이 들기도 합니다. 이제 조금은 가볍게 선생님의 개인적인 배움의 여정에 대한 이야기를 나누면 좋을 것 같습니다. 물론 가볍게 이야기하시더라도 저 같은 후학들에게는 무거운 숙제로 다가오지 않을까 염려도 됩니다. 선생님은 언제 학문을 시작하셨습니까?

강영안 언제 학문을 시작했는지 묻는다면, 시점의 기준에 따라 답이 달라집니다. 체계적인 배움을 기준으로 한다면, 1958년 초등

285

학교 입학이 출발점이 되겠지요. 학문적 사고를 본격적으로 훈련받기 시작한 시점을 묻는다면, 1971년 대학 입학 때입니다. 막스 베버의 표현을 빌려 학문을 단지 배우기만 하는 것이 아니라 직업(Beruf)으로 삼을 결심을 하고 길을 떠난 때를 묻는다면, 1978년 벨기에 루뱅(Louvain) 대학으로 유학을 떠난 시점입니다. 그때부터 철학을 본격적으로 공부하면서 기독교 신앙과 철학적 사유의 접점을 진지하게 고민했고, 학문을 제 인생의 과업으로 받아들이게 되었으니까요. 또 하나의 전환점은 1985년 암스테르담에서 칸트 철학을 다룬 논문으로 박사 학위를 받은 때입니다. 이미 1982년 가을에 레이든 대학교 철학부 전임강사로 임용되어 형이상학과 인식론 강의를 맡았는데, 배우는 자리에서 가르치는 자리로 옮겨 선 경험은 또 다른 변곡점이었습니다.

이렇게 보면 저의 공부 여정은 하나의 시점으로 고정되지 않고 배우는 자로서, 탐구하는 자로서, 또 가르치는 자로서 각각의 시기마다 다른 의미로 확장되어 온 길입니다. 저는 오늘도 여전히 그 여정 위에 서 있습니다.

제 인생에서 공부에 대한 허기를 느낀 시기가 두 번 있었습니다. 첫 번째는 초등학교를 졸업하고 중학교 진학을 하지 못한 채 집안일과 농사일을 돕던 시절이었습니다. 그 시기에 아버지가 돌아가셨습니다. 형들과 누나는 이미 외지에서 공부 중이었고, 아랫동생은 초등학교에 다녔고, 막내는 더욱 어렸습니다. 한마디로 집안에 일손이 필요한 상황에서 가장 적합한 자로 제가 거기 있었던 셈이지요. 거의 1년 동안 할아버지의 농사일을 돕고 어머니의 살림을 거들며 집안일을 도왔습니다. 그 시절의 기억은 희미하지만, 나중에 큰형님에게 들은 이야기로는 할아버지가 저를 위해 지게를 짜셨다고 합니다. 셋째손자인 저를 농사꾼으로 키우려 하셨던 것이지요. 어느 날 할아버지가 저를 데리고 지게를 지워서 밭에 데려가셨는데 쓸 만한 농사꾼감이 아니라 판단하셨는지 곧 포기하셨다더군요. 그 무렵 다행히 작은삼촌께서 "아이를 이렇게 두면 안 된다"며 할아버지와 어머니를 설득해 저를 중학교로 데리고 가셨습니다. 학교를 가지 못한 채 보낸 그 한 해는 단순한 공백이 아니었습니다. 제 안에서 공부에 대한 갈망, 다시 말해 허기를 만들어낸 시간이었습니다.

두 번째는 군 복무 시절입니다. 가장 머리가 잘 돌아가던 때였고 박사 논문을 한 편쯤 쓸 수 있을 정도의 시간이었는데 마음대로 하지 못하니 얼마나 갈급했겠습니까. 3년의 복무 동안 책을 읽을 기회는 있었으나 본격적인 학문에서는 손을 놓을 수밖에 없었으니, 그 갈증은 제 평생 공부를 멈추지 않는 원동력이 되었습니다.

지적 자극 요인

최종원 공부하고 싶어도 할 수 없는 상황이 갈증과 허기가 되어 오히려 평생 학문의 원동력이 된 셈이군요. 선생님의 공부 여정을 돌아볼 때, 배움에 지적인 자극을 준 사람들이나 요인이 있을 것 같습니다.

강영안 제 삶에서 중요한 지적 자극은 대부분 교회에서 얻었습니다. 고등학교 시절, 저는 입시에는 별로 관심이 없었고 성경 읽기에 주로 몰두했습니다. 역사, 문학, 철학이 모두 담긴 성경을 거의 외우다시피 읽으며 사고의 폭을 넓히고 언어 감각을 키웠습니다.

중·고등부 시절, 교회에서는 다양한 주제로 토론회를 자주 열었습니다. 한쪽 입장에서 열띤 토론을 벌이다가, 다시 반대편에 서서 반론을 펼치기도 했고, 토론 중 말이 막히면 학교 도서관에서 책을 찾아 읽고 다시 만나 토론을 이어갔지요. 그 시절의 토론 문화와 배움의 경험은 이추경 선생님을 만났기에 가능한 일이었습니다. 선생님은 신앙을 비판적으로 성찰하는 습관을 길러 주셨고, 공부에 필요한 도구를 익히도록 도와주셨습니다. 예컨대 속기법을 배우게 된 것도 그 덕분이었습니다. 그래서 중학교 시절 일기와 학교 필기를 모두 속기로 썼습니다. 또한 선생님 덕분에 일본어 성경을 접하며 일본어를 배우게 되었고, 『신동아』 같은 잡지를 통해 시사와 사상, 현대 사조에도 눈을 떴습니다. 학교에서 배울 수 없던 것들을 교회에서 배우며 지적 성장을 했던 셈입니다.

저의 지적 성장에는 작은삼촌과 큰형님의 영향도 컸습니다. 삼촌은 시와 소설을 쓰던 문학 청년이었습니다. 덕분에 저도 자연스럽게 『현대문학』과 『사상계』를 읽게 되었지요. 집에 없는 호수를 찾아 모아 읽는 것이 취미였습니다. 『세계사상전집』과 『세계문학전집』을 탐독하는 재미도 컸습니다. 입시와 무관한 독서와 성찰, 감성적인 글쓰기는 기독교 신앙과 더불어 저의 내면에 깊은 자양분이 되어 주었습니다.

고등학교 때는 시를 많이 썼습니다. 그때 쓴 글을 찾아보니 꽤 감상적인 시와 수필이 많더군요. 언어를 감성과 상상으로 다루었던 그 시기가 저에게는 학문과 글쓰기의 출발점이 되었다고 할 수 있습니다. 고등학교 2학년 때는 파스칼의 『팡세』를 읽고 '파스칼의 신앙관'이라는 글을 학교 교우지에 기고했습니다. 지금 생각해 보면 그것이 제가 처음으로 시도한 논리적인 '철학적 글쓰기'였던 듯합니다.

앞서 말씀드린 대로, 신학대학 시절 차영배 교수님의 강의를 계기로 네덜란드 개혁신학에 관심을 갖게 되었고, 언어를 공부하기 위해 한국외국어대학교로 옮겼습니다. 그곳에서 손봉호 선생님을 만나 평생의 스승으로 모시게 되었고, 네덜란드어뿐 아니라 라틴어, 독일어, 프랑스어까지 공부할 수 있었습니다. 언어 공부에 몰두하다 보니 나중에는 산스크리트어를 포함해 11개의 언어를 최소한 문법을 공부할 수 있는 수준까지 익히게 되었지요. 그러나 저를 사로잡은 것은 단순한 언어 습득이 아니라 그 뿌리가 되는 언어학이었습니다. 언어학 시간에 스와힐리어 분석 과제를 제출한 적이 있는데, 교수님이 저를 부르셨습니다. 전공이 무엇이고 어떤 계획이 있는지 물으시더니, 저에게 언어학을 해보라며 진지하게 권하시더군요. 아무튼 그 당시 저는 언어학에 깊이 빠져들어 블룸필드, 촘스키, 레이코프의 저작을 탐독하며 20세기 미국 언어학의 역사를 익혔습니다.

지적 체력을 키우는 시기

최종원 언어학에 대한 선생님의 관심이 어떻게 철학과 신학으로 연결되었는지 그 과정도 궁금합니다. 언어학 공부에서 철학과 유학 시절의 공부까지 이야기해 주시면 좋겠습니다. 선생님이 전공 분야를 바꾸거나 학문적 방향을 조정하게 된 계기는 무엇이었을까요? 유학 시절 가장 깊이 몰입했던 연구 주제와 그것을 선택한 이유도 궁금합니다. 여러 분야를 넘나든 경험이 현재의 시야나 연구 방식에 어떤 영향을 주었습니까?

강영안 입대 전, 언어학에 깊이 빠져 있던 제 모습을 지켜보신 손봉호 선생님께서 어느 날 조용히 말씀하셨습니다. "언어학은 너무 좁아. 신학을 놓지 말고 계속 걸어가 봐." 철학을 더 깊이 공부하되, 신학적 시야를 잃지 말라는 당부였습니다. 그럼에도 입대 전까지는 언어학 공부를 멈추지 않았고, 심리학, 사회학, 과학사, 종교학으로까지 사고의 지평을 넓혔습니다.

군 복무 시절은 철학적 기반을 다지는 시간이었습니다. 입대하면서 네덜란드어 성경책을 한 권 들고 들어갔습니다. 내무반장이 영어를 가르쳐 줄 수 있냐고 하길래, 저도 책을 좀 부쳐 받을 수 있는지 물어봤지요. 그 덕에 손봉호 선생님의 박사 논문을 비롯해 여러 권의 책을 우편으로 받아 읽을 수 있었습니다. 자대 배치를 받은 뒤에는 칸트, 후설, 데카르트, 라이프니츠, 비트겐슈타인, 삐아제, 부버, 틸리히 등 철학과 신학 고전들을 대부분 독일어 원서로 읽을 수 있었습니다. 군 말년에는 판 쁘을슨 교수님의 책을 한 달 만에 번역해 손봉호 선생님께 드리기도 했습니다. 판 쁘을슨은 훗날 제 지도교수가 되셨습니다.

제대 후 복학하고 여름에 졸업을 했습니다. 그 후 벨기에 정부 장학생으로 루뱅 대학교에 유학을 갔지요. 루뱅의 철학과는 하나의 학과라기보다 독립된 건물과 도서관을 갖춘 단과대학이었습니다. 철학과 교무처장을 만나 학점 이수와 관련해 의논하며 "네덜란드어 언어 실습을 해야 할까요?" 하고 물었더니 이렇게 답하더군요. "그렇게 했으면 됐지 무얼 또 하겠다는 건가요? 내일부터 바로 강의실로 들어가세요." 그렇게 해서 본격적으로 철학을 공부하게 되었습니다.

루뱅에서 학부 과정을 마치고 철학 석사 2년차에 들어설 때 논문 주제를 정해서 제출해야 했습니다. 처음에는 후설(Edmund Husserl)을 전공할 생각이었지만, 지도교수님과의 대화 끝에 칸트로 방향을 바꾸게 되었습니다. 후설학계에서 연구가 가장 미진

한 부분이 신칸트학파와의 관계라고 하면서, 이런 주제를 다루려면 칸트를 제대로 알아야 하고 그러자면 후설보다는 칸트를 쓰는 것이 더 낫다고 조언해 주셨습니다. 당시 저는 현상학뿐 아니라 자연철학과 과학철학에도 관심이 많았습니다. 그래서 '이왕 칸트 논문을 쓰기로 했으니 과학철학 관련 논문을 쓰면 어떨까' 하는 생각을 했지요. 이후 과학철학 교수님과 두어 시간 이야기한 끝에 그 주제를 포기하게 되었습니다. 대신 칸트의 도식 이론을 공부하기로 마음먹었습니다. 결정적인 계기는 지도교수인 판 쁘을슨 교수님의 「철학의 관점에서 본 모델 개념」이라는 논문 때문이었습니다.

그때부터 칸트의 『순수이성비판』을 본격적으로 공부하기 시작했습니다. 한 달가량 '연역' 부분을 파고들었는데, 페이튼의 말처럼 마치 사하라 사막을 지나는 것 같았지만, 그럼에도 매우 흥미로웠습니다. 석사 논문에서는 『순수이성비판』의 도식론 장을 다루었습니다. 표상할 수 없는 것을 표상하기 위해 칸트가 사용하는 수단인 '도식'을 다루었죠. 당시 저의 칸트 이해는 하이데거의 『칸트와 형이상학의 문제』에 전개된 칸트 해석의 영향을 많이 받았습니다.

루뱅에서의 마지막 6개월은 오롯이 칸트를 읽고 생각하고 쓰는 데 보냈습니다. 그렇지만 루뱅에서의 공부는 칸트에만 머물지 않았습니다. 아우구스티누스, 안셀무스, 토마스 아퀴나스에서 플라톤과 아리스토텔레스, 니체, 하이데거, 프로이트, 푸코, 라캉에 이르기까지, 여느 철학자들보다 훨씬 폭넓게 많이 읽었던 시기입니다. 그때의 저의 관심은 형이상학, 인식론, 과학철학이었고, 조금 더 확대하면 철학적 인간학이었습니다. 철학 사조로 말하자면, 역시 '현상학'에 있었지요. 칸트도 이 맥락 가운데 한 부

분을 차지했으니까요. 그 시절 루뱅에서의 공부를 저는 유격훈
련에 비유합니다. 저에게는 지적 체력을 키우는 시기였지요.

유학 시절의 경험

최종원 루뱅에서 시작해서 암스테르담 자유 대학교 유학 시절의
이야기를 조금 더 해볼까요? 루뱅에서 공부하시면서 경험했던
특징적인 점들을 몇 가지 말씀해 주시지요.

강영안 루뱅에서의 수업은 형식만 보면 다소 수동적인 공부에 속
합니다. 토론식 수업이라기보다 교수가 철저하게 준비한 내용을
정교하게 강의하는 방식이었으니까요. 형이상학을 가르치던 교
수님이 수업 중에 "알아듣습니까?"(Versta je wat ik zeg)라는 말을
자주 반복했던 기억이 납니다. 그렇지만 1차 텍스트를 읽는 훈련
만큼은 매우 엄격했습니다. 고대부터 현대까지 어떤 철학 개념
이나 사상, 철학자를 다루더라도 결코 2차, 3차 문헌으로 이야기
하지 않았습니다. 언제나 원전(1차 문헌)으로 논의했지요. 희랍
어, 라틴어, 독일어, 프랑스어, 영어, 네덜란드어 등 언어의 제약도
없었습니다. 제가 지금도 일상에서 여러 언어로 철학 텍스트를
자연스럽게 읽고 쓰는 습관은 바로 루뱅에서 형성된 것입니다.
　　제가 경험했던 또 하나의 특징은 시험의 독특성입니다. 학부
과정에서 13과목의 시험을 포함하여 철학 석사를 마칠 때까지
구두 시험만 36번을 치렀습니다. 물론 과제도 내고 논문도 썼지
만 학과목의 시험은 모두 구두로 보았습니다. 강의를 듣고 스스
로 읽고 생각한 것을 충분히 소화하지 못하면 사실 한 문장도 답
하지 못하는 것이 구두 시험입니다. 수업 진행 방식은 비록 수동
적으로 보이지만, 스스로 글을 읽고 결국 완전히 소화하도록 만

드는 방향으로 이끌어가지 않았나 싶습니다.

루뱅에서 기억나는 것 가운데 하나는 대가들의 특강입니다. 제가 머물렀던 시기에 레비나스와 리꾀르가 와서 강연을 했고, 과정철학과 신학으로 유명한 찰스 하트숀(Charles Hartshorne), 그와 같은 노선에 있던 존 콥(John Cobb)의 강의도 들었습니다. 일본 가고시마에서 어린 시절을 보낸 존 콥은 동양인인 저를 유독 각별하게 대해 주셨던 기억이 납니다. 또한 비트겐슈타인 연구와 영화철학으로 유명한 스탠리 카벨(Stanley Cavell), 프랑스 가톨릭 철학계의 영향력이 큰 장 라드리에르(Jean Ladrière), 혁신적인 교육 운동가 이반 일리치(Ivan Illich)의 강의도 깊은 인상을 남겼습니다. 시기는 달랐지만, 찰스 테일러, 장-뤽 마리옹, 자끄 데리다의 강의도 매우 인상적이었습니다. 그들의 강의 방식과 문제를 다루는 방식, 서로 다른 전통을 가로지르는 넓은 시각이 저에게 충분한 자극이 되었습니다.

루뱅에서 철학 석사 과정을 마친 뒤 저는 네덜란드 암스테르담 자유 대학교로 갔습니다. 자유 대학교의 학풍은 루뱅과 사뭇 달랐습니다. 저는 논문을 집필하는 단계였기 때문에 강의와 세미나 참석을 많이 하지는 않았지만, 지도교수 판 쁘을슨의 강의는 대부분 빼놓지 않고 들었습니다. 그는 텍스트를 붙들고 씨름하기보다 문제를 놓고 다각도로 조망하고 질문하며 길을 찾아가는 방식을 택하였습니다. 저는 그에게서 학문적 개방성과 함께, 무엇보다 기독교 철학을 대하는 태도를 배웠습니다. 하나의 체계로서의 기독교 철학보다는 기독교적으로 철학하려는 노력의 훈련이랄까요?

스승의 철학

최종원 암스테르담 자유 대학교에서의 철학 수업 경험은 어떠셨는지 궁금합니다. 지도교수이신 판 쁘을슨 교수님은 어떤 분이셨는지요?

강영안 군 복무 시절부터 판 쁘을슨 교수님과 서신 교환을 했지만, 무엇보다 제가 손봉호 교수님의 제자였던 인연 덕에 각별한 지도를 받을 수 있었습니다. 루뱅에 있을 때, 네덜란드에 계시던 교수님은 저를 종종 덴하흐(Den Haag)로 초대하셨습니다. 1년에 두어 차례 방문하면서, 식사 후 저녁 내내 앉아 이야기를 하다 보면, 소파 앞 테이블에 책이 최소한 20권씩 쌓이는 경험을 했습니다. 이야기를 하다가 서재로 가서 책을 한 권 뽑아 오고, 연결되는 또 다른 책을 뽑아 오는 방식으로 책과 함께 이야기를 이어나갔지요. 한번은 저의 석사 논문 주제로 이야기를 나누다가 칸트 원문을 한 줄 한 줄 꼼꼼하게 읽으며 같이 공부를 한 적도 있습니다.

판 쁘을슨은 도이어베이르트 철학을 누구보다 잘 아는 분이었습니다. 도이어베이르트는 기독교적 사유와 비기독교적 사유 사이의 '안티테제'를 강조했으며, 카이퍼처럼 마음(het hart)을 강조했습니다. 어떤 철학이라도 마음에서 출발한다고 생각했고, 이 전제는 드러나지 않지만 철학의 배후에서 철학적 사유를 이끌어 주는 동인으로 나타납니다. 그래서 도이어베이르트는 그리스 사유에서는 질료와 형상을, 중세 스콜라 철학에서는 자연과 은총을, 근대 사유에서는 자연과 자유를 그 사상적 동인으로 지목합니다. 이 동인들은 피조 세계 안에서 그 근거를 찾거나, 아니면 스콜라 철학에서 말하듯 내적인 것에 뿌리를 둔 사상과 종합을 시도하는 결과를 불러옵니다. 그래서 '기독교 철학'을 표방하는 도이어베이르트는 성경의 동인이라고 보는 창조-타락-구속에서 출발하지요. 이 관점에서 보면 모든 비기독교 사상은 배교적이고 타락한 철학이 됩니다.

판 쁘을슨은 기독교 철학을 어떻게 보고 있을까요? 그는 비기독교 철학이 피조 세계 곧 질료와 형상, 자연, 이성 등에 뿌리를 두고 있다는 견해에 동의하지 않습니다. 비기독교 철학 사상을 움직이는 근본적인 힘도 기독교 사상과 마찬가지로 하나님께 근원을 둔다고 보았습니다. 인간의 의식과 문화는 절대적인 것을 찾으며 불안하게 움직이는 존재의 방식을 드러냅니다. 하나님은 '숨어 현존'하시는 분이기 때문에 인간은 타인과 더불어 양심을 따라 행동할 수 있고, 땅을 경작하며 살아가고, 문화를 만들고, 예배하는 삶이 가능합니다. 하나님을 향한 열망과 추구 속에서 인간은 때로 자기 자신을 주인으로 삼거나, 이성을 숭배하거나, 자연을 절대화하기도 합니다. 그러나 이러한 사상 체계를 실제로 추동하는 가장 깊은 동인은 바로 하나님과의 씨름이며, 그것은 인간 자신도 자각하지 못한 채 작용한다고 그는 말합니다. 그는 기독교 입장에 서 있는 사람은 비기독교 사상에 대해 '예'와 '아니요'의 입장을 동시에 보일 수 있다고 말하지요. 끌랍베이크는 이러한 판 쁘을슨의 견해가 교의학자 헤르만 바빙크의 입장에 더 가깝다고 지적합니다. 실제로 바빙크의 『계시철학』을 면밀히 읽어 보면 그 말에 수긍할 수 있습니다.

열린 체계 속으로

최종원 아무래도 지도교수의 철학 사상에 영향을 많이 받으셨을 텐데요, 판 쁘을슨 교수님께 받은 영향 혹은 배움에 대한 이야기를 듣고 싶습니다.

강영안 무엇보다 제가 판 쁘을슨에게 배운 것은 앞에서 언급했듯이 '기독교적으로 철학하기'(Christelijk filosoferen)를 이해하는 방식입니다. 이를 테면 이런 것이지요.

기독교적으로 철학을 하려면 첫째, 철학적 사유를 성실하고 정직하게 펼치는 철학을 깊이 있게 읽어내는 일부터 시작해야 합니다. 안티테제를 설정하는 것보다는 테제를 찾아내고 긍정적으로 공감하는 방식의 철학이 무엇보다 중요합니다. 그래야만 하나의 체계가 스스로 절대화하려고 할 때 비판할 수 있습니다. 둘째, 자신의 사유도 성경으로부터 비판받을 수 있도록 내어놓아야 합니다. 비기독교적 사상가를 다룰 때는 더욱 신중해야 하며, 비판을 할 때는 이야기하려는 의도가 상대방이 충분히 이해되는 방식으로 제시되어야 하지요. 그러기 위해서는 당연히 비기독교적 사상가와 소통할 수 있어야 하고, 입장을 바꾸어 생각할 수 있어야 합니다. 셋째, 자신의 철학 체계에도 죄의 요소가 침투해 있음을 의식해야 합니다. 스위스 철학자 삐에르 테브나즈는 기독교적으로 철학하는 것을 가리켜 '절대화하지 않는 철학'이라고 말한 바 있습니다. 이때 철학은 비로소 사변에서 자유로울 수 있으며 진정한 의미에서 자립적일 수 있습니다. 이런 철학은 열려 있는 철학일 수밖에 없지요. 넷째, 체계를 추구할 수 있습니다. 본성상 광범위한 영역을 포괄하며, 특히 여러 과학이 탐구한 결과를 전체적으로 조망하고 이해해야 할 과제가 철학에 있기 때문입니다. 여기서의 체계는 '열려 있는 체계'입니다.

판 쁘을슨 교수님과 처음 대면하던 날의 추억을 떠올려 보는 것도 의미가 있겠습니다. 제가 유럽에 간 지 두 달 정도 되었던

1978년 크리스마스 즈음, 교수님의 엽서를 받고 루뱅에서 기차를 타고 덴하흐로 갔습니다. 교수님은 이튿날 저를 시립 미술관(Gemeentemuseum)으로 데리고 가셨습니다. 그곳에는 몬드리안의 초기 풍경화부터 파리 시절의 구성 작품까지 즐비했지요. 교수님은 작품을 보면서 "초기 작품은 현상학적이고 후기 작품은 분석철학적이야"라고 평가하시더군요. 참고로 제가 군대에서 번역한 판 쁘을슨 교수님의 책 제목이 『현상학과 분석철학』이었습니다. 교수님은 저에게 몬드리안의 구성 작품에서 무엇이 보이는지 자세히 보라고 말씀하셨습니다. 저를 현상학적으로 훈련시켜 보려는 의도였을 것입니다. 미술 교과서에서 자주 보았던 몬드리안의 '구성' 작품이 여러 점 보였습니다. 수평과 수직의 네모 칸 안에 하얀 색, 노란 색, 빨강색, 파란 색으로 채색된 그림 말입니다. 자세히 보느라 뜸을 들이니, 그림 전체를 에워싸고 있는 사각선을 다시 한번 자세히 보라고 하시더군요. 대부분의 그림에는 일종의 검정색 네모 프레임이 보였습니다. 제 눈에는 그것만 보였지요. 하지만 판 쁘을슨 교수님은 그림의 바깥을 에워싼 굵은 검정선에 1-2센티미터 정도 하얗게 덧칠해 놓은 부분을 가리켰습니다. 그림 전체를 다 막아두지 않고, 그런 방식으로 조금 열어둔 것이 보이더군요. 사물의 형체를 지우고 모든 존재를 선과 평면과 색깔로 환원하려 했을지라도, 몬드리안은 모든 것을 닫힌 공간에 집어넣지 않고 약간은 열어두는 방식으로 표현한 것입니다. 닫힌 체계가 아니라 열린 체계를 상상한 셈입니다.

판 쁘을슨이 그의 초기 작품을 현상학적이라고 평가한 까닭은 화가의 눈에 비친 세계와 그의 체험을 작품에 담아내었다는 뜻입니다. 물론 평범한 사람의 눈에는 보이지 않는 것들이 있지요. 눈에 보이지 않는 삶의 차원을 보고 그것을 드러내는 작업이

현상학자의 일이거든요. 철학자는 이런 의미에서 현상학자여야
합니다.

분석철학은 이와 반대로, 드러난 사물의 현상보다는 사물 자
체의 구조와 형식, 논리를 서술해 보고자 하는 시도입니다. 흔히
추상화가라 불리는 칸딘스키와 마찬가지로 몬드리안의 중·후기
작품들은 존재하는 사물이나 인간의 드러난 형체를 지우고 선과
평면과 색깔로 환원하려고 했습니다. 그렇게 탄생한 작품이 이
른바 '구성'(composition)입니다. 몬드리안은 자신의 작업에 대해
"자연의 겉모습을 파괴하고 순수 요소들의 연속적인 대립을 통
해 사물이 지닌 역동적 리듬을 구축하는 것"이라고 서술한 적이
있습니다. 그는 눈에 보이는 외양을 파괴하고 수평과 수직, 원색
(빨강, 파랑, 노랑)과 중간색(흰색, 회색, 검정색)이 서로 만나면서 만
들어내는 역동적인 리듬을 구축해 보려고 했지요.

몬드리안 이야기를 하다 보니 네덜란드 작가 시몬 카르미헬
트(Simon Carmiggelt)의 짧은 소설이 떠오릅니다. 어느 날 암스테
르담 시립 미술관에 젊은 아빠와 예닐곱살 된 아이가 몬드리안
의 전시실에 들어왔습니다. 선, 면, 색의 엄격한 구성들로 만들어
진 '드 스떼일'(De Stijl) 디자인의 의자가 놓여 있습니다. 아이가
곧장 그 의자에 앉으려 하자 아빠가 급히 말립니다.

"안 돼."

"왜 안 돼요?"

"그건 앉으라고 만든 게 아니란다. 그냥 보기 위한 거야."

카르미헬트는 그 장면이 어딘가 어색했다고 합니다. '앉지 못
하는 의자가 과연 의자인가?' 그는 네덜란드의 유명한 시인 롤
랑 홀스트(A. Roland Holst)가 들려준 일화를 덧붙입니다. 롤랑 홀
스트가 젊었을 때 파리에 머물면서 몬드리안과 가까이 지냈다고

합니다. 몬드리안은 자신이 머물던 방도 선, 면, 색을 이용해 기하학적으로 정교하게 꾸며 놓았습니다. 어느 날, 호감을 지닌 여인이 몬드리안의 방을 방문했습니다. 한참 이야기를 나누다가 여인이 떠나면서 그 '추상적인' 방을 보며 말했답니다. "정말 흥미롭군요. 하지만 여기서는 도저히 사랑을 나눌 수가 없어요"(C'est très intéressant, mais c'est complètement impossible de faire l'amour ici). 카르미헬트는 이렇게 덧붙입니다. "다시 말해, 그 방도 역시 '앉는 용도'는 아니었다"라고요.

앉을 수 없는 의자는 사실 의자가 아니지요. 자신만의 멋진 방을 만들어놓고도 그 안에서 고독하게 세월을 보내는 예술가처럼, 학자나 철학자도 그런 학문을 해야 할까요? 진정한 철학, 진정한 학문이 대체 무엇이길래 말입니다.

체계라는 것은 단단하고 때로 눈부시지만, 삶을 통과시키지 못하면 소용이 없습니다. 현실을 설명해 주지도 못한 채, 현실 속에서 우리가 어디에 있는지, 어디로 가야 하는지 길을 가리키지 못하는 철학과 학문이 무슨 소용이 있을까요? 판 쁘을슨 선생님은 마치 몬드리안이 체계적으로 사물을 표현하려 하면서도 살짝 여백을 마련했듯, 진정한 삶을 위해 문을 열어 주는 철학을 지향하셨습니다. 완벽한 체계로서의 기독교 철학이 아니라, 삶의 현장에서 숨 쉬는 '열린 체계'로서의 철학을 꿈꾸셨던 것입니다. 저 역시 그 길을 따르고자 합니다.

성경이 보여주는 철학

최종원 판 쁘을슨 교수님이 말씀하시는 열린 체계로서의 기독교 철학을 구체적으로 이해하려면, 성경 속에 드러나는 철학적 내용이나 의미가 무엇인지 살펴보고 넘어가는 것도 좋겠습니다.

강영안　판 쁘을슨은 도이어베이르트가 시도한 것과 같은 완벽한 체계로서의 기독교 철학은 존재하지 않는다고 보았습니다. 성경은 철학적 사고를 포함한 인간의 모든 생각 자체를 비판하는 책이지, 특정한 철학적 틀로 해석하거나 이해할 수 있는 책이 아니기 때문입니다. 물론 그렇게 해서도 안 되고요. 오히려 성경은 인간이 만든 체계로부터 우리를 해방시킵니다. 그래서 그는 철학의 기본 개념인 '인식', '존재', '세계', '인간'을 성경의 관점에서 새롭게 조명했습니다.

첫째, '인식'(앎)은 성경 안에서 보면 단순한 지식이나 정보가 아니라 만남, 사귐, 나눔을 의미하는 사건입니다. 예컨대 "남자를 안다"는 표현은 남자와의 성적 결합을 뜻하고, "질고를 안다"는 말씀은 의학적 지식이 있다는 뜻이 아니라 고통의 체험을 가리키지요. "하나님을 안다"는 말 역시 하나님에 대한 객관적이고 이론적인 지식이 아니라, 하나님과의 사귐과 삶의 실천을 말합니다. 시편 1편 6절의 "의인들의 길은 여호와께서 인정하시나"에서 '인정'은 곧 '아신다'는 말이고, 이 말의 의미는 '하나님이 지켜 주시고 돌보신다'는 뜻입니다. 이때 '의인'은 자신에게 의로움이 있다기보다 하나님과의 언약적 관계 속에 머무르는 것으로 인해 붙여진 술어라고 이해할 수 있습니다. 따라서 앎이란 주객 관계에서 주체가 객체를 아는 방식이 아니라, '관계'를 통해 주체와 객체가 함께 형성되는 사건으로 이해할 수 있지요.

둘째, '존재'의 문제에서도 마찬가지입니다. 성경에 나타나는 존재는 서양 전통에서 이해하는 철학의 '최고 존재자' 개념과는 다릅니다. 하나님은 고립된 자존자가 아니라, 찾아오셔서 불러 주시고, 관계를 맺어 주시는 분입니다. 예컨대 출애굽기 3장 14절의 "나는 스스로 있는 자"는 독립적 존재를 뜻하기보다 '누구에게 무엇이 되어 주시는 분'(iets voor iemand zijn) 곧 '자신의 백성과 함께하고 자신의 백성을 위해 계신 분'이라는 말로 이해할 수 있습니다. 이것이 성경 속 하나님의 존재를 잘 이해하는 길이라고 판 쁘을슨은 말했지요. '있는 자', '존재하는 자'는 종종 '언약'과 '신실함'과 더불어 등장합니다. 하나님은 홀로 계신 분이 아니라, 찾아오시고 해방시키시며 교제하시는 분입니다. 관계와 언약 속에 현존하시는 하나님을 드러내고 있습니다.

셋째, '세계'(wereld) 또는 '현실'(werkelijkheid)은 그 자체로 고정된 실체가 아니라, 언제나 '무엇을 향한 것'(waartoe)으로 존재합니다. 다시 말해, 추상적 개념이 아니라 관계 속에서 구체적으로 현존하는 사건으로 이해해야 한다고 강조했습니다. 하나님의 창조는 바로 그 '관계'를 보여주는 사건이며, 이 세계가 현존하도록 '부르셨기' 때문입니다. 그래서 과거, 현재, 미래는 모두 하나님의 부르심에 대한 '응답'으로 존재하는 것이지요. 판 쁘을슨은 "현실은 철저한 의존이며 비독립성이다. 하나님과 관계하면 할수록 현실은 더욱 자신이 된다"고 말했습니다. 풀 한 포기, 인간, 우주 자체가 하나님으로 인해, 하나님 안에서, 하나님을 향해 존재하고 움직이며 살아 있습니다. 이러한 세계(현실)는 하나님이 쓴 시(詩)요, 하나님이 만든 작품(de gedicht Gods)입니다.

넷째, 이러한 현실 속에서 '인간'이란 세계의 목소리이며 세계를 해석하는 존재입니다. 인간은 하나님과 특별한 관계에 있지요. 인간은 하나님의 '호흡', 하나님의 '숨'으로 존재하고, 하나님을 통해서 비로소 자신이 누구인지를 압니다. 인간은 하나님의 질문을 통해 자기 자신을 비로소 알게 되는데, 하나님의 질문은 고발이자 자유 선언입니다. 죄로 인해 하나님을 떠나 세상에 빠져 있고 묶여 있으니 고발이요, 동시에 자신의 모습을 보게 되고,

자기 속에 갇혀 있던 사유 세계가 무너질 때 하나님 앞에 있는 자신을 의식하면서 비로소 자기 자신이 됩니다. 그래서 자유 선언이 되지요. 하나님 앞에서 새로운 존재로 서게 되는 것입니다. 하나님의 영 안에서 다시 자신을 발견할 때 비로소 몸과 혼, 살과 뼈를 지닌 전인적 존재이자 '영적' 존재로 거듭납니다. 이제는 영을 따라 사는 존재로 삶의 방향이 바뀝니다. 이렇게 새롭게 형성된 인간은 세계를 다르게 보고, 하나님과 교제하면서 구체적인 인간 공동체 속에서 타인과 함께 살아가는 존재로 나타납니다. 이때 비로소 윤리적 삶이 가능해집니다.

학문적인 만남 1: 세미나

최종원 암스테르담 자유 대학교에서 공부하던 시절, 학문을 매개로 사람을 만날 기회가 많으셨을 것 같습니다. 학문적인 만남으로서 기억에 남는 세미나가 있었을까요?

강영안 가장 기억에 남는 세미나 중 하나는 토마스 아퀴나스 전문가 얀 아르쯘(Jan Aertsen)이 이끈 세미나입니다. 1982년 제가 자유 대학교에서 논문을 쓰고 있을 때, 그분은 막 자신의 논문을 완성해 발표했습니다. 그 기본 논제가 인상적이었습니다. 도이어베이르트가 중세 사상을 추동한 근본 동인을 '자연과 은혜의 이원론'이라고 했던 주장에 대해 많은 사람들이 따랐습니다. 영미권에서는 기독교인들에게 대중적으로 잘 알려진 프랜시스 쉐퍼가 그 가운데 한 사람입니다. 그러나 얀 아르쯘은 이것이 잘못된 주장이라고 논문에서 명확히 지적했습니다. 토마스 아퀴나스가 이해한 '자연'(natura, 나투라)은 이미 하나님의 창조물(creatura, 크레아투라)이자 하나님이 지으신 피조물이고, 그 피조물은 하나님이 주신 '은혜'로 존재하는 것이지 은혜와 분리된 자립적 존재가 아니라는 점을 밝혔습니다. 이로써 쉐퍼가 말한 이층 구조론의 한계를 드러냈지요.

아르쯘은 철학사의 오독을 텍스트를 통해 세밀하고 명료하게 바로잡는 작업을 했습니다. 오죽했으면 그를 독일 쾰른 대학교 중세철학 교수 겸 토마스 아퀴나스 연구소장으로 모셔갔겠습니까? 제 기억 속의 아르쯘은 매우 관대하면서도 철학적으로 예리한 분이었습니다. 특히 '초월'의 문제에 대해 관심이 많았고, 토마스 아퀴나스와 칸트의 관계를 두고 저와 종종 토론하기도 했습니다. 손봉호 선생님과 동년배로 같은 시기에 공부하셨던 분이라 더 친근합니다.

토마스 아퀴나스는 저에게도 루뱅 시절에 매 학기 다루던 익숙한 철학자이자 신학자였습니다. 중세철학사 강의를 하시던 까를로스 스떼일(Carlos Steel) 교수님은 저에게 이렇게 설득한 적도 있습니다. "라틴어나 독일어 독해 실력이 비슷한데, 이왕이면 칸트보다 토마스 아퀴나스를 전공해 보면 어떻겠는가?" 만약 그 설득에 넘어갔다면, 저는 지금 중세철학 전문가가 되어 있겠지요?

두 번째로 기억에 남는 세미나는 현상학자 테오 드 부르(Theo de Boer)가 이끈 레비나스 세미나입니다. 그는 당시 암스테르담 시립대학의 '철학적 인간학' 교수였지만, 자유 대학교 대학원 과정의 세미나를 가끔 이끌었습니다. 뒤늦게 레비나스 철학에 관심을 갖고 공부하면서 『철학과 예언 사이』(*Tussen filosofie en profetie*)라는 책을 출판했지요. 매우 예리하고 민감한 성품을 지닌 분으로 기억합니다. 이 세미나에서 저는 『전체성과 무한』(*Totalité et infini*)을 맡아 발표했습니다. 이전까지는 주로 2차 문헌과 소논문으로 접했던 레비나스를 본격적으로 그의 주저를 붙들고 씨름할 수 있는 시간이었습니다. 사실 학위 논문 주제로 레비나스나 비트겐슈타인을 다루고 싶은 생각이 있었습니다. 그런데 판 쁘을슨 교수님이 말리시더군요. "그건 나중에 공부하면 돼. 칸트를 먼저 씨름해 봐!" 지금 생각해 보면 참 고맙고 현명한 조언이었습니다. 칸트를 공부한 뒤 칸트 이후의 철학자들을 읽기는 쉽지만, 현대 철학자들을 먼저 읽고 칸트를 읽기는 쉽지 않기 때문입니다.

드 부르는 말년으로 가면서 시의 중요성을 훨씬 많이 강조했습니다. "시는 유일한 것, 단 한 번만 있는 것의 학문이다"라는 말을 남겼습니다. 그는 철학을 할 수 있는 네 가지의 기둥으로 영감(inspiration), 체험(experience), 상상(imagination), 추론(reason)을 제시했습니다.

세 번째로 기억나는 세미나는 헹크 헤이르쯔마(Henk Geertsema)와 함께했던 '도이어베이르트 이론 사유의 새 비판 읽기'입니다. 다른 국립대학에는 도이어베이르트와 폴른호븐의 기독교 철학을 가르치는 특별 강좌가 있었습니다. 헹크 헤이르쯔마도 당시 레이든과 흐로닝은에서 특별 강사로 가르치고 있었지요. 그러나 정작 발상지라 할 수 있는 자유 대학교 철학과에는 그런 수업이 없었습니다. 이를 이상하게 여긴 저와 뜻이 맞는 친구들 5명이 모여 함께 공부하기로 했습니다. 도이어베이르트의 생각을 꼼꼼하게 비판적으로 읽어나갔지요. 이 경험은 도이어베이르트 철학에 대한 균형 있는 이해와 비판적 시각을 갖는 데 도움이 되었습니다.

제가 암스테르담을 떠난 이듬해인 1986년, 자유 대학교에도 도이어베이르트를 비롯한 기독교 철학자들을 다루는 특별 강좌가 신설되었습니다. 헹크 헤이르쯔마가 이 자리를 맡아 2006년까지 가르쳤습니다. 그는 매우 명민하고 깊이 있는 학자였으며, 네덜란드 에켄 빌에 있는 라브리에 살면서 많은 젊은이들에게 영향을 주었습니다. 깜쁜에서 신학을 했다가 나중에 자유 대학교에서 철학을 하셨는데, 손봉호 선생님과는 공부할 때부터 절친한 사이였고 한국에도 여러 차례 다녀갔습니다. '그리스도인으로 철학하기'와 관련해 저와 이야기를 많이 나눈 분 가운데 한 사람입니다.

학문적인 만남 2: 월터스토프, 뉴비긴, 멜바

최종원 언젠가 학자들과의 만남에 대해 이야기하면서 월터스토프나 뉴비긴을 언급하신 적이 있습니다. 그분들은 선생님의 학문적 여정에 어떤 의미를 주었는지요? 또한 학회나 국제 모임에서의 경험은 선생님의 연구 방향과 관점에 어떤 변화를 가져왔습니까?

강영안 저에게 인상 깊었던 만남 가운데 하나는 월터스토프와의 만남입니다. 1981년 가을, 암스테르담에서 그가 '아브라함 카이퍼' 강의를 연속으로 진행할 때였습니다. 이 강의 내용은 『정의와 평화가 입맞출 때까지』(*Until Justice and Peace Embrace*)라는 책으로 출간되었지요. 저는 강의보다 이후에 출판된 책과 참고문헌들을 따라 읽으며 더 많은 공부를 했습니다. 당시 그의 나이는 49세였습니다.

월터스토프는 1932년 미국 미네소타의 네덜란드 이민자 가정에서 태어나, 네덜란드 이민자들이 세운 칼빈 칼리지를 거쳐, 하버드 대학교에서 단 3년 만에 박사 학위를 받았습니다. 24살에 철학 박사가 된 그는 케임브리지로 가서 브로드를 만나 분석철학에 입문했고, 그의 스승이자 친구였던 루이스 스미드스의 권유로 암스테르담 자유 대학교에 와서 신학 강의를 듣기도 했지요. 철학 학위를 마쳤으니 '신학의 길을 걸어 볼까' 생각했던 것 같습니다. 그러나 월터스토프는 자신의 경험에 대해 단호하게 말합니다. "저게 신학이면 나는 저 길을 가지 않겠다." 결국 그는 철학자의 길을 계속 걷습니다. 미국 예일대 철학 강사를 거쳐, 27살 되던 1959년부터 30년간 모교인 칼빈 칼리지 교수로 지냈습니다. 1986년 자유 대학교로 와서 저의 지도교수인 판 쁘을슨 교수님의 후임으로 매년 한 학기씩 강의를 하시기도 했지요. 훗날 예일대 신학대학원의 석좌교수로 2002년까지 재직하셨는데, 은퇴 후에도 연구를 이어가며 여러 곳에서 명예 박사 학위를 받으셨습니다.

월터스토프의 학문적 여정은 폭이 넓고도 깊었습니다. 분석철학과 기독교철학을 비롯해 윤리학과 정치신학, 인식론과 존재론, 미학과 예배철학에 이르기까지 그의 연구는 창의적이고 탁월했습니다. 암스테르담에서의 인연은 제가 미국으로 간 뒤에도 이어졌지요. 저에게 손봉호 선생님이나 판 쁘을슨 선생님만큼은 아니더라도 좋은 멘토로 함께해 주신 분입니다. 무엇보다 그리스도인 학자가 세속 대학과 다원 사회 속에서 어떻게 학문과 문화와 대화하며 의미 있게 참여할 수 있는지를 몸소 보여준 탁월한 모범이라 할 수 있습니다.

네덜란드에서는 강의와 논문 외에도 여러 학회에 참여했던 경험이 저를 그리스도인 학자로 성장시키는 데 많은 영향을 주었습니다. 그중 하나가 기독교 학문과 기독교 대학에 대해 함께 고민하는 IAPCHE(International Association for the Promotion of Christian Higher Education) 모임입니다. 현재는 INCHE(International Network for Christian Higher Education)로 명칭이 바뀌었습니다. 이 모임에서 산드르 흐리피운(Sander Griffioen), 리처드 마우(Richard Mouw), 월터스토프를 만났고, 토론토 기독학문연구원(ICS, Institute for Christian Studies) 설립에 깊이 관여한 에반 러너(H. Evan Runner) 교수의 논문 발표를 듣기도 했습니다. 세계기독교철학심포지엄(International Symposium for Christian Philosophy)에 참여해 영국, 북미, 남아공의 학자들과 기독교 신앙과 철학에 관련된 고뇌들을 서로 나누기도 했지요. 2005년에는 저도 초청을 받아 '세계 윤리와 공통 도덕'(Global Ethics and Common Morality)이란 주제로 기조강연을 했습니다. 강연의 요지가 네덜란드 신문에 거의 3분의 1면을 차지할 정도로 기사화되기도 했습니다.

세기가 바뀌던 2000년 모임에서 필리핀 학자 멜바 메가이(Melba Maggay)와 나눈 대화가 여전히 기억에 남습니다. 제가 한 세션에서 '한국 문화와 기독교 신앙'이라는 논문을 발표했습니다. 네덜란드 측의 요청으로 준비한 논문이었지요. 제가 다룬 주제는 '이 땅에 기독교 복음이 들어올 때 사람들이 어떤 방식으로 반응하며 복음을 수용했는가' 하는 물음에서 시작되었습니다. 역사적 관점이 아니라, 기존 배경의 신앙 유형에 따라 보이는 '반응'을 들여다보는 방식이었습니다. 일종의 '현상학'을 적용해 본 셈이지요. 예를 들어, 유교적 배경의 윤치호는 책을 통해 신앙을 받아들였고, 도교적 배경의 길선주는 신앙의 영적인 힘에 관심을 두었으며, 불교적 배경의 조용기는 삶의 문제를 해결하는 방식으로 신앙을 수용했다는 내용을 나누었습니다. 발표 후에 멜바가 "잠시 이야기를 나눌 수 있습니까?"라고 요청하더군요. 그분은 필리핀에서 활동하는 한국 선교사들과 관련된 문제를 이야기했습니다. 그런데 멜바의 이야기는 저에게 충격적이었습니다.

멜바는 필리핀에서 활동하는 한국 선교사들의 문제를 세 가지로 지적했습니다. 첫째, 언어가 통하지 않는다는 것입니다. 영어를 잘하지 못하는 것은 물론이고 지역 토속어를 제대로 익히지 못한다는 문제였습니다. 둘째, 한국의 신앙 방식을 그대로 강요한다는 것입니다. 예컨대 통성기도와 새벽기도를 필리핀 사람들에게도 요구한다는 것이지요. 셋째, 감정 처리가 미숙하다는 것입니다. 어떤 문제를 의논하거나 풀어갈 때 차근차근 논리적으로 문제를 접근하지 못하고 권위적으로 대하다가, 자신의 의견이 관철되지 않으면 화를 내는 경우가 많다고 했습니다. 이것이 단지 선교 현장의 문제인지, 아니면 한국 교회 안에서 통상 일어나는 문제인지를 생각해 보지 않을 수 없었습니다. 제가 아는 선교사에게 이 지적사항을 이야기했더니 대부분 동의하더군요. 한국 교회 안에 있는 성도로서 저도 깊이 성찰하게 되었습니다.

또 하나 잊지 못할 경험은 1985년 스위스 제네바에서 열린 모임에서 레슬리 뉴비긴을 만난 일입니다. 제가 만난 뉴비긴은 작은 체구에 온화한 분이었습니다. 뉴비긴은 세계교회협의회(WCC)에서 부총무(Deputy General Secretary)까지 지냈으나, 종교 다원주의나 해방신학에 대해서는 부정적인 반면, 그리스도의 복음과 복음이 가진 능력의 중요성에 대해서는 매우 강조하는 편이었습니다. 그래서 제가 질문했습니다. "목사님은 복음주의자입니까?" 답이 의외였습니다. "아니요, 저는 복음주의자가 아닙니다." 왜 그렇게 생각하는지를 물었더니, "복음주의자들은 성경을 보고 외우고 또 인용을 하지만, 성경을 제대로 읽지 않습니다"라고 하시더군요.

뉴비긴은 지식과 정치에서 복음이 가진 힘을 매우 강조했습니다. 그래서 제가 질문했습니다. "목사님처럼 생각하는 분들이 세계교회협의회 안에 얼마나 있습니까?" 그랬더니 이렇게 답했습니다. "세계교회협의회 안에는 언제나 복음에 대한 열정이 있었습니다. 주도적인 흐름에 브레이크를 거는 목소리가 언제나 있었지요. 이런 목소리를 내는 사람들은 대부분 선교 현장에서 일하는 분들이었습니다." 그러면서 자신을 포함하여 "특히 칼 바르트 같은 분은 세계교회협의회가 지나치게 곁길로 가지 않고 복음에 머물도록 촉구하는 역할을 했다"고 말씀하셨습니다.

뉴비긴은 여전히 선교사였습니다. 근대과학과 계몽주의의 영향을 받은 유럽 문화를 선교적으로 접근하며, 인도에서 선교활동을 했던 것처럼 여전히 영국 버밍엄을 기지로 저술 활동과 강연을 하고 있었습니다. 그는 철학자 마이클 폴라니(Michael Polanyi)의 '인격적 지식 이론'에 주목했습니다. 지식은 믿음에서 출발하며, 공동체 안에서 가르치는 자와 교과서의 권위를 수용할 때 비로소 성립한다는 통찰이었습니다. 드러난 차원보다 드러나지 않은 암묵적 차원이 더 중요하다고 보는데, 여기에는 인격적 참여와 헌신을 전제로 한다고 보았습니다. 뉴비긴은 기독교 신앙도 이와 비슷한 구조를 지녔다고 생각했습니다. 그는 복음주의와 자유주의를 뛰어넘어 양 진영을 포괄한 20세기의 드문 신학자이자, 근대과학적 사고와 상대주의에 사로잡힌 현대에 복음의 능력을 드러낸 귀한 선교사였습니다. 짧은 만남이었지만 그분과의 만남은 저에게 좋은 추억으로 남아 있습니다.

나의 논문 여정

최종원 선생님의 공부 여정에서 논문을 빼놓을 수 없을 것 같습니다. 박사 논문 주제를 정하고 연구를 하는 과정에서 어떤 기준을 세웠고 어떤 여정을 거쳤는지 궁금합니다.

강영안 루뱅에서 공부하던 때, 박사 논문 주제로 '레비나스'를 다루고 싶다는 생각을 한 적이 있습니다. 아마 루뱅에 계속 머물렀다면 그럴 가능성이 높았겠지요. 1979년 봄, 루뱅 대학교 강당에서 레비나스의 '책임'이라는 제목의 강연을 직접 들은 것도 인상적이었고, 늘 마음속에 언젠가는 한번 깊이 파고들고 싶은 철학자로 숙제처럼 남아 있기도 했습니다.

하지만 루뱅에서는 후설과 하이데거, 푸코와 라캉, 니체와 프로이트에 대한 공부를 더 많이 했고, 근대철학자(데카르트, 스피노자, 흄, 칸트, 헤겔)와 고대철학자(플라톤, 아리스토텔레스), 중세철학자(아우구스티누스, 안셀무스, 토마스 아퀴나스)에 대해서도 폭넓게 다루었습니다.

1981년 10월 암스테르담 자유 대학교로 옮긴 다음, 지도교수와 박사 학위 논문 주제에 대해 의논했습니다. 판 쁘을슨 교수님은 "석사 논문의 주제로 '칸트'를 다루었으니 박사 논문도 칸트와 관련된 것을 계속 쓰는 게 좋겠다"고 권하시더군요. 첫 3개월은 논문 주제 탐색 기간으로 보내면서 4가지의 주제로 추렸습니다. 칸트와 비트겐슈타인(이성의 한계와 언어의 한계), 칸트와 카시러(도식과 상징), 칸트와 레비나스(지식과 윤리), 칸트와 삐아제(지식과 구조). 박사 논문에 적합한 것을 뽑는 주제 선정 기준은 4가지였습니다.

첫째, 주제가 현재 철학적 논의에서 중요한 역할을 하고 있는가? 둘째, 새로운가?(Novum) 셋째, 주어진 시간 안에 해낼 수 있는가? 넷째, 앞으로 할 공부에 바탕이 될 수 있는가? 결국 이 기준에 가장 적합하다고 여긴 것은 칸트와 삐아제였습니다. 군 복무 시절, 종로서적 영어 원서 코너에서 발견하여 흥미롭게 읽었던 삐아제의 『발생인식론 원리』(*The Principles of Genetic Epistemology*)를 떠올리며 1년 반 정도 삐아제를 파고들었습니다. 레이든 대학에서 전임 강의를 하면서도 칸트와 삐아제를 다루었지요. 그런데 결과적으로는 삐아제를 내려놓았습니다. 처음 공부할 때는 재미있었는데, 사상과 내용을 깊이 파고든 뒤에는 논문 주제로서의 가치를 발견할 수가 없었습니다. 그래서 논문 내용을 '칸트'로 한정시켰습니다.

석사 논문에서는 '도식과 상징'이라는 양 축을 하나의 배경으로 깔고 진리 문제에 초점을 맞추면서 상상력과 시간의 관계, 상상력과 도식, 도식과 범주의 관계 등 세밀한 부분에 초점을 맞췄습니다. 반면 박사 논문은 형이상학과 칸트 고유의 초월철학의 성격에 대해 더 무게를 두었습니다. 말하자면 조금 더 큰 틀에서 칸트의 도식론을 이해해 보고자 했지요.

칸트를 연구하면서 철학적 방법과 수학적 방법의 차이를 검토한 뒤, 『순수이성비판』 도식론 장을 정밀하게 다시 읽었습니다. 상상력이 종합에서 하는 기능, 시간과 공간을 구성하는 방식, 수학적 도식의 문제, 그리고 상상력과 내감과 초월적 도식에 관한 논의, 칸트의 의미론, 매개 사상 등을 집중적으로 다루었습니다. 이 작업을 통해 '칸트가 표상적 사유를 어떻게 근거짓는지'를 드러내고자 했습니다.

여기까지 진행되었을 때, 교수님은 논문을 제출하고 심사를 받자고 제안하셨습니다. 그런데 저는 동의하지 않았습니다. 이념의 도식 문제 곧 경험의 체계화와 한계를 벗어나, 종교와 도덕의 영역에서 '표상할 수 없는 것을 어떻게 표상할 수 있는가' 하는 과제를 다루어야만 제가 염두에 둔 목표에 이른다고 생각했기 때문입니다. 약 6개월을 더 진행한 다음, 1985년 2월쯤 결론을 제외한 논문을 지도교수님께 드렸습니다. 그 무렵 지도교수 내외분이 제 아내와 아들을 데리고 스위스로 여행을 갔습니다. 교수님이 저에게 늘 하시던 말씀이 "제발 공부 좀 하지 마라, 좀 쉬어라!"였거든요. 저도 일주일가량 스위스에 머물면서 교수님과 함께 컨퍼런스에 참여했습니다. 여기에서 앞서 이야기했던 레슬리 뉴비긴을 만난 것입니다.

생각해 보면, 저의 논문 완성 방식은 좀 특이했습니다. 지도교수님이 논문 진행에 대해 확인을 하시면, 제가 한 챕터씩 전해드리는 방식이었습니다. 첫 챕터를 '칸트의 초월철학과 형이상학의 관계'에 대해 썼습니다. 첫 장을 쓰고 나서는 한참 다른 공부에 빠져 있었지요. 그리고 몇 달이 지난 후 다음 챕터가 어떻게 되었는지 교수님이 확인하시자, '철학적 방법과 수학적 방법의 문제'를 써서 전해드렸습니다. 그리고 저는 또 다른 공부를 했지요. 이렇게 지도교수님이 한 번씩 저를 챙겨 주지 않으셨다면, 저는 아마 다른 공부에 빠져 있느라 논문을 제대로 쓰지 못했을지도 모릅니다.

또 하나 특이한 점은 논문을 쓰는 동안에도 논문과 관련이 있든 없든 여러 학자들의 책을 폭넓게 찾아 읽은 것입니다. 그때 집중해서 읽은 철학자들은 가다머, 포퍼, 쿤, 라카토스, 폴라니, 레비나스, 리꾀르, 테브나즈, 로젠츠바이크, 도이어베이르트, 월터스토프, 플랜팅가였습니다. 신학자들은 카이퍼, 바빙크, 바르트, 베르코프, 구티에레즈, 판넨베르크, 폰 라트, 베스터만, 한스 볼프, 요아킴 예레미아스, 앙드레 비엘레, 미스코트, 아브라함 헤셸 등입니다. 종교사회학자는 에른스트 트뢸취, 막스 베버, 로버트 벨라를 읽었고, 그 외 아서 케스틀러, 주카프, 곰브리치, 판놉스키를 읽었습니다. 그리고 무엇보다 요한 하위징아를 열심히 읽었던 때였습니다. 네덜란드 회화에 대한 저작뿐 아니라 20세기 문명 비판에 관한 여러 저작들을 읽었지요. 이렇듯 논문과 직접적인 관련은 없었지만, 저의 지적 관심을 따라 흘러갔던 독서는 저의 문제의식을 다듬고 폭을 넓히는 데 큰 도움이 되었습니다.

스위스에서 암스테르담으로 돌아온 뒤 1주일 동안 병원 신세를 졌습니다. 9차례나 재발했던 편도선을 수술하기 위해서였지요. 퇴원 후 1주일을 빈둥거리다가 학교 연구실에 나가서 이틀 만에 결론 부분을 완성하여 지도교수님께 제출했습니다. 그리고 1985년 10월 3일, 자유 대학교 소강당에서 철학대 학장과 철학과 교수들, 심사위원과 청중들, 가족과 친지들이 보는 앞에서 논문 심사를 받고 드디어 학위를 받았습니다. 제가 제출한 논문은 곧 자유 대학교 출판부를 통해 『도식과 상징: 칸트의 도식론 연구』(*Schema and Symbol: A Study on Kant's Doctrine of Schematism*)라는 책으로 출간되었습니다. 이 책은 독일의 칸트 연구지 「Kant-Studien」를 비롯해 네덜란드의 철학 전문지, 프랑스의 철학 잡지 등 여러 학술지에 서평이 실렸습니다.

학문의 갈림길에서

최종원 선생님은 네덜란드에서 박사 학위를 마치기 전에 이미 전임강사로 강의를 시작하실 정도로 학문성을 높이 인정받은 것으로 압니다. 그곳에서 학자의 삶을 이어갈 수도 있었을 텐데 귀국하신 이유가 있으신가요?

강영안 학위 논문을 쓰고 있던 중이던 1982년 레이든 대학에서 첫 강의를 시작했습니다. 학부 강의와 대학원 강의 하나씩을 맡았는데, 월급도 넉넉해서 장학금을 반환하고도 생활을 유지할 수 있었지요. 학부에서는 인식론을 영어로 가르쳤고, 대학원에서는 칸트와 형이상학 문제를 다루며 하이데거의 칸트 해석과 씨름했습니다. 대학원 학생들과는 자유로운 대화 형식의 수업이었기 때문에 네덜란드어로 강의를 했습니다. 그때 저는 만 30세였습니다. 강의도 해야 했지만, 근대·현대철학사, 인식론, 철학적 인간학, 형이상학 시험을 학생 신청에 따라 시험 범위를 정한 뒤 개별적으로 치르고 평가 점수를 학교에 제출해야 했습니다.

가끔 이런 생각을 합니다. '그때 내가 왜 사표를 냈을까? 계속 강의를 이어가면서 논문을 제출하고, 네덜란드에 눌러앉아 학문을 이어갈 수도 있었을 텐데.' 그랬다면 유럽에서 한 분야의 학자로 계속 성장했을지도 모릅니다. 하지만 당시에는 고국에 대한 향수가 너무 컸습니다. 이유를 알 수 없지만, 학위를 마치고 하루라도 빨리 귀국하고 싶은 마음뿐이었지요.

1985년 11월, 고국을 떠난 지 만 7년 만에 서울로 돌아왔습니다. 한 달쯤 지났을 때, 계명대에서 강의했던 옛 친구를 통해 '서양철학'(영미철학분야) 초빙공고 소식을 들었습니다. 그리고 우여곡절 끝에 철학과에 임용되었습니다. 그 후 학부에서는 주로 영미철학, 분석철학, 언어철학, 논리학. 과학철학을 가르치고, 부수적으로 중세철학과 프랑스철학, 현상학을 가르쳤습니다. 대학원에서는 칸트와 후설을 중심으로 독일철학 강의를 했지요. 대구는 독일철학, 특히 칸트 철학 전통이 강한 지역이었습니다. 그곳에서 한국칸트학회(이후 대한철학회)의 학자들을 많이 만났습니다. 대구에서 활동하던 시기에 칸트의 이론철학을 계속 공부하며 논문으로 발표했지만, 그때 저는 이미 실천철학으로 관심과 작업이 전환되고 있던 때였습니다. 수업 시간에는 칸트를 많이 다루었지만, 칸트 연구에 머물지 않고 독일 관념론으로 연구 범위가 넓어졌지요.

1989년 여름에는 셸링 연구에 집중했습니다. 그의 후기 철학은 틸리히를 통해 신학에서 중요해졌지만, 저는 초기 철학부터 작업을 시작했습니다. 피히테를 집중적으로 읽었던 시기이기도 합니다. 셸링에 대한 공부는 1990년 서강대로 옮긴 뒤에도 계속되었고, 이것은 스피노자 공부로 자연스럽게 이어졌습니다. 1991년 여름, 오랜만에 루뱅 도서관에서 한 달 반을 머물며 데카르트, 홉스, 스피노자를 집중적으로 읽었습니다. 대구에서는 주로 대한철학회를 중심으로 활동했지만, 가끔 영남철학회에도 참여해 자유와 자연의 문제를 다루었습니다. 이 주제에 대한 관심은 이후 스피노자, 칸트, 셸링 세 철학자들의 사상에서 자유와 자연 사이의 문제를 다루는 『자연과 자유 사이』(1998)라는 책으로 발전했습니다.

대구 시절의 삶은 비교적 단순했습니다. 학교, 집, 교회가 생활의 중심축으로 돌아갔습니다. 일종의 과외 활동이 있었다면 불문과, 중문과 교수들과 『논어』를 주자집주로 읽는 모임에 참여하는 일이었습니다. 저는 후설, 하이데거, 푸코, 라캉, 레비나스 철학을 그들에게 강의해 주었지요. 이 모임은 제가 서울에 올라가서도 서강대 교수와 이화여대 교수 몇 분과 함께 계속되었습니다. 이는 훗날 2002-2004년 미국 칼빈 칼리지에서 중국 고대철학을 가르칠 수 있는 밑바탕이 되었습니다.

최종원 주변에서는 선생님을 '칸트 학자'로 기억하는 이도 있지만, '레비나스 학자'로 기억하는 이도 있습니다. 그 전환에는 어떤 배경이 있었는지 궁금합니다. 어떻게 담론을 넓히셨는지요?

강영안　제가 대구를 떠나기 직전에 레비나스에 관한 첫 논문을 발표했습니다. 1990년 2월 한국현상학회가 수안보에서 열렸는데, 연구이사를 맡고 있던 교수님이 저에게 '현상학과 포스트모더니즘'을 주제로 레비나스 철학 발표를 부탁하셨기 때문입니다. 포스트모더니즘이 철학계에서 본격적으로 거론되기 시작할 때였지요. 저는 레비나스에 대해서 이미 오래전부터 관심이 있었습니다. 게다가 암스테르담에서 진행된 테오 드 부르 교수 세미나에서 이미 『전체성과 무한』(*Totalite et infini*)을 읽고 발표한 적이 있었기 때문에 준비하는 데 큰 어려움이 없었습니다. 그때 다루었던 주제가 '레비나스에서 주체성과 타자 문제'였습니다.

　그 후 서울로 올라온 뒤에도 여러 문예지에서 레비나스를 소개해 달라는 요청을 받았습니다. 『예술과 비평』에는 「레비나스의 인간론」을, 『세계의 문학』에는 「레비나스의 초기 철학에서 펼친 존재론적 모험」을, 『철학과 현실』에는 「레비나스의 타자성의 철학」을 실었습니다. 이로 인해 저는 칸트 학자라기보다 레비나스 학자로 알려지게 되었습니다. 그 배경에는 처음 레비나스 발표를 부탁했던 백종현 선생의 영향이 컸다고 봅니다.

　그러고 나서 1996년 1년 동안 루뱅대 철학과 초빙교수로 지내면서 레비나스를 본격적으로 더 깊이 읽을 기회를 얻었습니다. '고통과 연대'에 관한 레비나스의 철학을 논의하는 논문으로 연구를 마무리지었는데, 그 연구는 2005년에 『타인의 얼굴』이라는 제목으로 출간되었습니다.

공부 여정의 변화

최종원　레비나스에 대한 연구와 더불어, 서울로 올라온 뒤로 선생님의 공부 여정에는 어떤 변화가 있었는지요?

강영안 1990년 3월, 대부분의 이별이 그러하듯 무거운 마음으로 서강대학교로 옮겨왔습니다. 그리고 제 공부 여정에도 중요한 변화가 생겼습니다. 첫째, 강의 과목의 전환이었습니다. 계명대에서는 영미철학 위주로 강의했지만, 서강대에서는 독일철학 교수로 임용되었기 때문에 독일철학, 특히 근대철학을 중심으로 강의했습니다. 초기에는 서양근대철학사를 비롯해서 독일관념론, 대륙합리론, 칸트철학, 현상학과 해석학, 일반논리학과 기호논리학 등을 강의했고, 문화철학이나 일상생활의 철학 같은 과목도 개설했지요. 대학원에서는 시기에 따라 달랐지만, 초기에는 주로 칸트, 셸링, 후설, 하이데거, 가다머(독일관념론, 현상학, 해석학)를 다루었고, 중기에는 데카르트, 스피노자, 레비나스, 리꾀르(근대철학과 '주체와 타자 문제 중심'의 프랑스철학)를, 그리고 후반부로 갈수록 장-뤽 마리옹, 앨빈 플랜팅가, 리처드 스윈번, 존 헤어 등 철학신학에 가까운 철학자들을 다루되, 분석철학 전통의 철학자들을 많이 읽었습니다. 그러면서 칸트도 몇 년마다 한 번씩 빼놓지 않고 다루었지요.

1995년까지는 주로 독일어 원전으로 대학원 강의를 했습니다. 그런데 2001년을 마지막으로 프랑스어 텍스트를 읽은 뒤로는 독일 철학이든 프랑스 철학이든 모두 영어 텍스트로 읽었습니다. 제2외국어 교육의 쇠퇴가 대학원 교육에 미친 영향을 몸소 체험한 셈입니다. 특히 미셸 앙리(Michel Henry)를 서강대 대학원에서 철저하게 읽지 못했던 것은 지금도 아쉬움으로 남습니다.

두 번째 변화는 학회 활동의 확장이었습니다. 대구에서는 대한철학회와 영남철학회에 참여하며 논문을 발표했지만, 서울로 옮긴 뒤에는 한국철학회와 철학연구회 활동에 더 적극적으로 참여했습니다. 연구이사, 섭외이사, 부회장을 거쳐 제44대 한국철학회 회장을 맡기도 했습니다. 서울대 출신들이 주로 회장을 맡아 온 전례 속에서 제가 회장을 맡았더니 손봉호 선생님께서 그러시더군요. "외대 출신으로는 첫 회장일 걸세."

1990년 12월에는 백종현, 김혜숙 선생과 함께 한국칸트철학회를 창립(1994년 한국칸트학회로 개명)했고, 손봉호 선생님이 회장, 제가 총무로서 벨기에 루뱅에 안식년으로 가기 전까지 5년간 학회에 참여했습니다. 같은 해에 기독교철학회도 출범했지요. 기독교 철학에 관심을 둔 몇몇 분들이 손봉호 선생님 댁에서 한 달에 한 번 모임을 했던 작은 독회가 학회로 발전해서 한국철학회 산하 학회로 등록하게 되었습니다. 처음에는 도이어베이르트의 저작을 읽기 시작하다가, 이후에는 리꾀르와 레비나스의 논문을 주로 읽었습니다. 당시 강의실에서는 레비나스를 가르치지 않았을 때였지만, 이 모임을 통해 강의실 밖에서 레비나스를 읽고 토론하며 사유를 확장할 수 있었습니다. 90년대 초반 레비나스 관련 글을 비교적 많이 쓸 수 있었던 배경이 바로 이 독회 모임이었습니다. 또한 기독교학문학회와 기독교철학회를 통해서 일반 철학회에서는 다루기 어려운 주제의 글을 쓰고 발표하고 토론하는 기회를 얻었지요.

1990년대 중반에는 한국기호학회 활동에도 관여했습니다. 예컨대 이탈리아의 기호학자 움베르토 에코가 쓴 『장미의 이름』에 관한 글, 박완서의 『한 말씀만 하소서』를 토대로 고통의 문제를 다룬 글, 철학이 지닌 텍스트적인 성격을 다룬 글들을 발표했습니다. 학문과 삶을 잇는 실천적 강연도 이어졌지요. 일상사역연구소의 초대로 「일상 묵상」을 6년간 한 해 두 차례씩 연재하며 '일상의 철학'을 구체화했습니다. 시튼 수녀회 초청으로 다룬 '우정론', 프랑스문화예술학회의 초청으로 '얼굴과 일상'을 주제로 한 기조강연, 간호학회의 초청으로 다룬 '고통과 보살핌의 의미', 기독의사모임의 의료와 관련된 철학적 성찰 등은 저에게 삶의 문제를 인문학적으로, 철학적으로 다룰 수 있는 좋은 기회가 되었습니다. 그 결과물 가운데 일부는 훗날 『철학은 어디에 있는가』(2012년)에 실렸습니다.

세 번째 변화는 공동 연구의 활성화였습니다. 대구에서는 대부분 개인 연구에 집중했는데, 서강대로 옮긴 뒤로는 인문과학연구소를 통한 공동 연구 프로젝트 기회가 여러 번 있었습니다. '인문학의 위기'와 관련된 문제를 다루거나, '한국 현대철학사'를 주제로 함께 연구하기도 했지요. 그 성과로 『인간의 얼굴을 가진 지식』(2002), 『우리에게 철학은 무엇인가』(2002)가 출간되었습니다. 저는 인문학의 위기를 근대 인문학 자체의 한계에서 기인한 구조적 문제로 보고, 근대 지식 이념의 극복을 통해 인문학 고유의 가치를 회복해야 한다는 관점을 제시했습니다. 정대현 선생님은 저의 관점을 '윤리적 주체의 인문학'이라 부르셨습니다. 『우리에게 철학은 무엇인가』는 근대성과 주체성, 합리성의 문제를 중심으로 한국 현대철학을 들여다본 책입니다. 한국 철학용어의 배경 연구도 함께 실린 이 책은 프랑크푸르트 도서전 '한국의 책 100'에 선정되었고, 정부 지원을 받아 일본어로 번역되어 『한국 근대 철학의 성립과 전개』(韓國近代哲學の成立と展開, 2005)라는 제목으로 출판되기도 했습니다.

공동 연구에서 흥미롭게 참여했던 경험은 칸트학회 회원들과 2005년부터 2년간 진행했던 '갈등'에 관한 연구였습니다. 매달 한 번씩 모여 워킹 페이퍼를 검토하며 토론했습니다. 두 편의 글을 썼는데, 하나는 철학에서 발생하는 갈등을 해결하는 칸트의 방식을 다루는 글이었고, 다른 하나는 칸트의 『학부 간의 갈등』

을 통해 철학자의 소명을 확인하는 것에 대한 글이었습니다. 칸트는 갈등을 단순히 부정적으로 보지 않고, 인간 사회의 역사를 발전시키는 원동력으로 보았지요.

저는 대학을 중심으로 살아온 학자지만, 시민 운동에도 참여했습니다. 학자 이전에 그리스도인이라는 의식이 있었기 때문입니다. 제가 참여한 단체는 손봉호 선생님과 이만열 선생님이 시작한 기독교윤리실천운동(기윤실)입니다. 기윤실은 말 그대로 '기독교 윤리'를 실천하자는 운동입니다. 정직, 검소, 절제, 나눔을 기치로 소형차 타기 운동, 공명선거 운동, 음란물과 폭력물 배제 운동, 건강한 교회 운동, 생활 신앙 운동 등을 펼쳤습니다. 저는 발기인으로 참여하다가 1990년 서울로 올라온 뒤 기획위원장에서 집행위원장, 공동대표에 이르기까지 이 운동에 오랫동안 참여했습니다. 목회자들에게는 다소 불편한 지점이 있을 수도 있으나, 성도들로부터는 지지를 받았습니다. 이 운동을 통해 문화와 윤리, 교회 현실과 관련된 문제의식을 갖고 종종 강연을 하며 글을 쓸 수 있었습니다. 그중 일부가 『어떻게 참된 그리스도인이될 것인가』(2012)에 실려 있습니다.

기윤실은 기독교학문연구회와 기독교철학회와 더불어 제 삶의 중반기에 중요한 단체였습니다. 학문과 사회적 실천이 연결될 수 있다는 것을 배웠습니다. 건강 문제로 2007년 활동을 중단한 이후로 다시 돌아가지 못했습니다만, 마음만은 여전히 기독운동가들과 학자들에게 동료의식을 가지고 있습니다.

기독교적으로 철학하기

최종원 그리스도인으로서 교수님의 독자적인 기여는 아마 기독교적 철학이 아닐까 싶은데요. 그 연구 여정이 어떠했는지 궁금합니다.

강영안 첫 강의를 시작한 이후 지금까지 '기독교적으로 철학하기'
는 늘 제 학문적 여정과 함께 있었습니다. 모든 연구가 기독교와
관련된 것으로 산출되지는 않지만, 기독교 학문과 기독교 세계
관, 기독교 문화, 기독교 사회는 철학과 더불어 저에게 늘 중요한
주제였습니다.

　그리스도인 철학자로서 제가 할 수 있는 일 중 하나가 '일상의
철학'이라 생각합니다. 도이어베이르트나 앨빈 플랜팅가처럼 기
독교 신앙을 학문적으로 정교하게 이론화하는 철학의 길도 있을
것입니다. 그러나 저는 먹고, 자고, 일하고, 쉬고, 함께 살고, 늙고,
병들고, 죽는 인간의 삶을 그려 보며, 어떻게 살아야 일상을 의미
있게 살 수 있는지 묻는 철학을 하고 싶습니다. 우리는 모두 일상
의 삶의 조건 속에서 울고 웃으며, 절망과 희망을 오가며, 믿거나
혹은 믿지 않으면서 삶을 살아갑니다. 이 삶이 무엇이며 어떤 것
인지를 따져 묻는 것이 지금도 저에게는 주요한 과제입니다. 이
작업의 사유적 뿌리는 신학 공부 시절부터 읽어 온 도이어베이
르트와 그 후에 만난 레비나스에게 있습니다.

　도이어베이르트는 이론적 사유의 특성을 '대상화'에 있다고
보았습니다. 대상화를 위해서는 대상을 다른 사물들과의 연관성
에서 분리해 보는 것이 필요합니다. 예를 들어, 우리가 앉아 있는
의자와 앉은 사람, 그들이 쓰고 있는 안경이 있다고 합시다. 이것
을 '수'의 관점에서 본다면, 의자의 재질이나 질감, 사람의 인격
이나 생각 같은 요소들은 전혀 고려하지 않습니다. 오직 단위를
통해서만 서술이 가능합니다. 예컨대 의자 50개, 사람 50명, 안
경 30개와 같은 식이지요. 이는 일상 속에서도 마찬가지입니다.

그러나 실제 세계의 사물과 인간은 현실적으로 떨어져 있지 않고 서로 얽혀 있습니다. 이를테면 물은 단순히 화학적인 요소로만 분석되는 존재가 아니라, 재화의 대상일 수도 있고, 세례에서는 종교적 의미를 지니는 씻음의 상징일 수도 있습니다. 이러한 관찰을 통해 도이어베이르트는 실재하는 현실 세계를 하나의 양상으로 떼어내어 절대화하지 않고 전체적으로 파악하고 관계하는 방식으로 설명했는데, 이를 '소박 경험'(naive ervaring)이라 부릅니다. 소박 경험의 특성은 '충만함', '온전함' 또는 '풍부함'입니다. 우리가 살고 있는 세계는 이미 부족함이 없이 주어져 있다는 것입니다. 장-뤽 마리옹이 이와 관련하여 '포화 현상'(saturated phenomena)이란 용어를 사용했지만, 저는 도이어베이르트의 '소박 경험'이 우리의 일상 경험을 지칭한다고 생각합니다.

저는 일상 경험을 이론적 사유 이전에 시간과 공간 속에서 나와 타인이 사물과 인간을 매개로 얽혀 빚어내는 구체적 사건들의 연속으로 이해합니다. 이러한 삶은 먹고, 자고, 일하고, 쉬고, 집을 짓고, 거주하고, 생각하고, 듣고, 말하고, 쓰고, 읽고, 사랑하고, 싸우고, 희망하고, 때로는 절망하는 삶입니다. 우리의 일상에는 몇 가지 특징이 있습니다. 누구도 벗어날 수 없는 '필연성', 누구나 비슷하게 겪는 '유사성', 날마다 되풀이되는 '반복성', 특별한 것 없는 '평범성', 아무리 애써도 흘러가 버리는 '덧없음'이 그것입니다. 그런데 이런 일상에는 예기치 못한 사건 곧 '비일상'이 찾아오지요. 때때로 비일상의 돌발로 우리는 놀라기도 하고, 깨닫게 되기도 하고, 새로운 현실을 보고 듣게 됩니다. 저는 이러한 일상의 현상에 주목하는 법을 레비나스에게서 배웠습니다.

레비나스의 철학적 탁월성은 『전체성과 무한』 2부에서 잘 드러나고 있습니다. 그는 향유, 거주, 노동, 타인과의 관계에 대한 분석을 통해 하이데거보다 더 근원적인 층위를 드러냈습니다. 하이데거는 『존재와 시간』에서 인간을 '세계 안의 존재'(In-der-Welt-sein)로 분석하며, 특히 '도구 분석'(Zeuganalyse)과 관련하여 인간의 실존 방식을 '불안'(Angst)으로 규정했습니다. 그에 비해 레비나스는 인간 존재의 근원은 불안 이전에 주어진 세계를 즐기고 누리는 '향유'(jouissance)라고 보았습니다. 인간은 눈앞에 펼쳐진 경치를 보고, 백사장에서 햇볕을 쬐고, 물을 마시고, 공기를 들이마시며 잠을 자는 등 자신에게 주어진 것들을 향유하는 가운데 '나 자신'이 됩니다. 레비나스는 '나의 나됨'(ipseité) 곧 나의 주체성은 이런 일차적 경험 속에서 형성된다고 보았지요. 누군가 나에게 물을 가져다줄 수 있고, 잠자리를 마련해 줄 수 있지만, 그 누구도 나를 대신해서 먹을 수 없고, 대신해서 잘 수 없습니다. 그러므로 일상은 '나의 나됨'을 구성하는 일차적 조건입니다. 노동과 거주는 세계 안의 나의 존재가 미래의 불안에 대비하는 방식이며, 이때 타인은 얼굴과 얼굴을 마주하는 상대라기보다 어깨를 나란히 하는 타인으로 나타납니다. 다시 말해, 같이 노동하고 같이 거주하는 타인이죠. 그런데 이러한 일상은 예기치 않은 타인의 개입으로 깨어지는데, 이를 레비나스는 '얼굴의 현현'이라 불렀습니다. 마치 불청객이 찾아오듯 나의 현실 속에 타인이 개입하여 나의 자유를 문제 삼는 것이지요. 저는 이러한 레비나스의 통찰을 따라 일상을 분석하고, 구체적 삶의 국면마다 어떻게 살아야 할지를 철학적으로 묻고자 했습니다. 레비나스는 제 일상철학의 출발점이자 생각을 이어나가는 사유의 동반자입니다.

최종원 레비나스가 일상철학의 출발점이자 생각을 이어나가는

"그리스도인 철학자로서 제가 할 수 있는 일 중 하나가
'일상의 철학'이라 생각합니다.

먹고, 자고, 일하고, 쉬고, 함께 살고, 늙고, 병들고, 죽는
인간의 삶을 그려 보며,
어떻게 살아야 일상을 **의미 있게** 살 수 있는지 묻는
철학을 하고 싶습니다."

'사유의 동반자'라면, 오랫동안 공부 여정 가운데 함께해 왔던 칸트는 선생님에게 어떤 철학자입니까?

강영안 칸트는 후설과 더불어 신학에서 철학으로 저의 지적 관심을 전환시켜 준 철학자입니다. 만약 아우구스티누스나 파스칼, 키에르케고어를 전공했다면, 훨씬 더 제 삶과 신앙에 밀착된 철학을 할 수 있지 않았을까 하는 생각을 할 수도 있겠지요. 그러나 저는 여전히 칸트를 통해 철학 속에 깊이 들어올 수 있었던 것에 대해 감사하게 생각합니다. 칸트는 형이상학과 인식론, 윤리학과 미학, 논리학, 자연철학, 종교철학, 역사철학, 교육철학을 두루 공부할 수 있는 통로가 되어 주었기 때문입니다. 저는 제자들에게 가능하면 '걸출한' 철학자를 공부하라고 권합니다. 그런 철학자를 통해 철학이 다룰 수 있는 여러 문제를 함께 생각해 볼 수 있는 기회를 더 많이 얻기 때문입니다.

칸트 철학으로 들어가는 문은 다양합니다. 저는 칸트의 『순수이성비판』을 통해 들어왔지만, 어떤 이는 『실천이성비판』이나 『이성의 한계 내에서의 종교』를 통해 접근하기도 하고, 또 어떤 이는 『판단력비판』을 통해 칸트로 들어옵니다. 그런데 이러한 입구의 차이는 곧 칸트 해석의 차이를 낳습니다. 예컨대 어떤 텍스트를 출발점으로 삼느냐에 따라 자유, 신, 악과 고통의 문제를 보는 눈이 다를 수 있습니다. 1990년 이후 특히 칸트의 종교철학과 철학적 신학에 관한 해석에 새로운 전환이 온 것을 보면 알 수 있습니다. 가령 기독교 철학자 가운데 플랜팅가나 월터스토프는 칸트 철학이 신학과 신앙에 부정적인 영향을 주었다고 생각합니다. 하나님에 대해 생각하고 말하기 전에 먼저 개념화와 발화의 가능조건을 제시해야 한다는 요청이 칸트를 통해서 비롯되었다고 생각하기 때문입니다. 존 헤어나 팜퀴스트는 이와 반대로 생각합니다. 오히려 칸트를 기독교적 사유의 철학자로 보고 훨씬 긍정적으로 해석하지요. 플랜팅가와 월터스토프는 『순수이성비판』을 통해 칸트 철학 안으로 들어왔고, 헤어와 팜퀴스트는 『실천이성비판』과 『이성의 한계 안에서의 종교』를 통해서 칸트 안으로 들어왔기 때문입니다.

저는 인간학적, 종교적 관점에서 칸트의 중요한 물음을 새롭게 묻고 답하는 작업을 이어가고 싶습니다. 칸트는 일상을 살아가는 인간의 이중성을 누구보다 깊이 통찰한 철학자입니다. 우리는 칸트와 더불어 인간의 앎과 무지, 선과 악, 희망과 절망을 논할 수 있고, 일상의 삶을 이야기할 수 있습니다. 칸트 철학에서 논의된 신의 문제와 기독교 신앙의 문제를 새롭게 다시 읽어 보는 것도 저의 관심 가운데 하나입니다. 칸트를 어릴 때부터 읽었지만, 저에게는 여전히 물리지 않는 철학자, 지루하지 않은 철학자, 싫증나지 않는 철학자, 읽을 때마다 새로운 것을 발견하도록 해주는 비옥한 철학자로 남아 있습니다.

새롭게 찾아온 배움의 길

최종원 칼빈 신학교는 어떤 인연으로 가시게 되었습니까? 한국에서 줄곧 학자로 활동하셨던 분이 미국의 신학대학 교수로 초빙되는 경우는 흔치 않은데요.

강영안 2010년 안식년을 칼빈 칼리지에서 보내면서 칼빈 신학교와의 인연이 시작되었습니다. 사실 2002-2004년에도 칼빈 칼리지에 머물렀지만, 당시에는 강의를 맡았던 터라 다른 일을 자유롭게 할 수 없었습니다. 반면 2010년에는 어떤 직책도 맡지 않고 공부에만 전념했으니 비교적 자유로웠지요. 마침 로널드 핀스트라(Ronald Feenstra) 교수가 '속죄론'을 주제로 박사 과정 세미나를 개설했는데, 흔쾌히 참여를 환영해 주었습니다. 매주 책을 한 권씩 읽고 토론했지요. 강의실 밖에서도 교류가 이어졌으며, 그 과정에서 종교개혁 전후 연구에 세계적으로 명성이 있는 리처드 멀러(Richard Muller)와도 가까워졌습니다. 두 분은 지금까지 미국 칼빈에서 가장 친한 동료로 남아 있습니다. 2011년 여름, 귀국을 앞두고 핀스트라 교수와 라일 비에르마 교수의 연락을 받고 학교 근처에 있는 식당에서 만났습니다. 은퇴 후 칼빈 신학교로 와서 강의를 할 생각이 없느냐고 제안하더군요. 그 자리에서는 기회가 되면 가겠다는 정도로 답을 했습니다. 귀국 후 저는 서강대 문과대 학장과 교회에서 말씀 봉사도 하며 바쁘게 2년 반을 지냈습니다. 그러던 중 2014년에 당시 칼빈의 교무처장이던 핀스트라로부터 이메일을 받았습니다. 윤리학을 맡은 밴레켄(Calvin Van Reken) 교수가 2016년에 은퇴하고, 철학신학을 맡은 존 쿠퍼(John Cooper) 교수가 2017년에 퇴임하는데, 어느 자리에든 후임으로 오면 좋겠다는 내용이었습니다. 2017년이라면, 서강대에서는 한 학기 미리 은퇴하면 되고, 그때쯤이면 당시 수행하던 연구과제도 마무리 지을 수 있을 것 같아서 존 쿠퍼의 후임으로 가는 게 좋겠다는 판단을 했지요. 시점과는 별개로, 오랫동안 관심을 두어 온 철학신학 분야인 데다가 당시 하고 있던 연구과제와도 맞닿아 있어 "쿠퍼 교수의 후임 자리로 가겠다"는 답장을 보냈습니다.

시간이 조금 흐른 다음 서강대에 명예퇴직을 신청했는데 반대가 컸습니다. 동료 교수, 학장, 부총장, 총장을 차례로 설득하는 동안에도 칼빈 측의 결정은 확정되지 않은 상태였습니다. 이듬해 칼빈 신학교 줄 메이든블릭(Jul Medenblik) 총장이 한국을 방문하여 저에게 칼빈으로 꼭 와 달라고 부탁했습니다. 같은 해 10월, 저는 필라델피아 3개 교회 연합 집회에 강사로 초청을 받아 갔습니다. 이때 칼빈 신학교의 요청으로 일주일간 학교에 머물며 강의와 소그룹 모임을 진행했지요. 미국 대학에서 교수를 뽑을 때 밟는 절차입니다. 박사 과정 학생들과 한 시간 반 토론을 하고, '타운 홀 미팅'이라는 전체 교직원과 학생들의 모임에도 참여했습니다. 일상의 철학에 대해 묻고 답하는 방식으로 대화를 나누었지요. 직원들이나 교수들과 함께하는 식사 자리를 비롯해 따로 다섯 번 이상 만났고, 교수 전체와는 두 시간 정도 이야기를 주고받았던 것 같습니다. 제가 떠난 뒤에 투표 절차를 거쳐 만장일치로 통과되었다는 소식을 들었습니다. 그리고 2016년 2월 이사회 안건으로 상정된 다음, 5월 졸업식 직전에 사흘간 열리는 이사회에서 화상 면접으로 최종 질의응답을 했습니다. 잠시 후 스카이프로 재접속하니, 이사 23명이 기립하고 가운데 서 있는 이사장이 감사인사를 전하며 임용을 확정했습니다. 저는 약 1년 후인 2017년 7월 17일에 미국으로 건너갔습니다. 2014년 가을 첫 제안을 받은 시점부터 임용이 확정된 2016년 봄까지 거의 3년이 걸린 셈입니다.

칼빈 신학교로 옮기며 제 강의의 폭은 달라졌습니다. 한편으로는 좁아지고, 다른 한편으로는 넓어졌지요. 철학신학(Philosophical Theology) 교수로 수렴되었지만, 그 안에서 변증학, 기독교철학 등 서강대에서 다루지 않았던 내용들을 강의했습니다. 위-디오니시우스, 토마스 아퀴나스, 스피노자, 칸트, 헤겔, 셸링, 슐라이어마허, 플란팅가, 월터스토프, 몰트만의 1차 텍스트들을 석사 과정과 박사 과정에서 모두 읽었습니다. 아브라함 카이퍼와 바빙크의 신학 개념에 관한 강의를 하고, '현대 네덜란드 개혁신학'을 개설해, 네덜란드 개혁교회 주류 신학자들의 저작들을 다루었습니다. 노르드만스(Oepke Noordmans), 미스코트(Cornelis Heiko Miskotte), 판 룰러(Albert van Ruler), 베르코프(Hendricus Berkhof), 판 드르 베이크(Abraham van der Beek) 같은 신학자들이지요. 아브라함 카이퍼와 바빙크의 전통에서 교육 받은 베르까우워(Gerrit Berkouwer)와 꽈위뜨르뜨(Harry Kuitert), 얀 페인호프(Jan Veenhof), 께이스 판 드르 꼬이(Cornelis van der Kooi)의 저작들을 한 학기 동안 집중적으로 다루기도 했습니다.

'계몽주의 이후의 종교 비판' 강의에서는 슐라이마허의 『종교론』, 포이어바흐의 『기독교의 본질』, 막스 슈티르너의 『유일자와 그의 소유』, 마르크스의 『헤겔의 법철학 비판』, 『독일 이데올로기』, 니체의 『도덕의 계보』, 프로이트의 『환상의 미래』, 바르트의 『종교의 지양으로서의 하나님의 계시』를 읽고 토론했습니다. 최근에는 예일대에서 은퇴한 존 헤어(John E. Hare)의 저작 5권으로 '삼위일체론적 윤리학'을 신학 박사 과정에서 다루었습니다. 가르치는 이 모든 과정이 저에게는 여전히 배움의 길입니다.

최종원 그렇게 7년간의 미국 생활을 마치고 다시 한국으로 돌아오셨습니다. 귀국은 오래 고민하시고 내린 결정이었나요? 미국 다녀오신 후 삶의 패턴이 달라진 점이 있다면요?

강영안 코로나 팬데믹의 경험이 생각보다 큰 타격이었나 봅니다. 체중이 약 8킬로그램 정도 줄면서 혹시 건강에 이상이 있는 것은 아닌지 염려가 되었습니다. 한국으로 돌아와야겠다고 결심한 결정적인 이유이기도 합니다. 몇 해 전 잠시 한국에 들어와 건강검

진을 받았는데, 한국 음식을 먹으며 지냈더니 눈에 띄게 몸이 회복되더군요. 그때는 아직 칼빈 신학교와의 계약이 남아 있던 상태였습니다. 총장이 "한국으로 귀국하더라도 계속 강의를 해주십시오. 온라인 강의든 일시적인 방문 강의든 상관없으니 가능한 방법으로 부탁합니다"라고 요청했습니다.

그렇게 저는 한국으로 돌아왔고 귀국 후 한동대에서 석좌교수 제안도 받게 되었습니다. 칼빈 신학교 측은 "두 곳 모두 맡아주십시오. 저희가 파송한 것으로 하겠습니다"라고 허락해 주었습니다. 그래서 지금은 두 학교에서 함께 강의하고 있습니다.

미국에 다녀온 뒤 제 삶의 패턴에도 약간의 변화가 생겼습니다. 예전에는 전화를 자주 했지만, 이제는 휴대폰을 가지고 있어도 조용히 문자로 소통합니다. 생활도 단순해졌습니다. 두 학교에서 강의하는 일 외에는 카페에서 커피를 마시며 책을 읽고 글을 쓰고, 근처 식당에서 식사하고, 다시 돌아와 책을 읽고 글을 쓰는 일상의 반복입니다. 글을 더 많이 써야 하는데 여전히 저는 읽는 것을 더 좋아하네요.

14

학문한다는 것

현상을 뚫어지게 관찰하기

최종원 40년 이상 동안 선생님의 철학 연구는 성경과 언어, 문학을 통한 상상력이 큰 영향을 끼쳤을 것 같습니다. 이제는 좀 더 심도 있게 선생님의 학문하는 방법에 대해서 이야기를 나누면 좋겠습니다. 철학자로서 선생님은 일상철학이라는 분야를 독보적으로 연구하시고 여러 결과물도 내셨는데 그 부분부터 시작해 보면 어떨까요?

강영안 저는 철학자의 기본 요건 중 하나가 현상을 관찰하는 눈 곧 현상학적 감수성이라 생각합니다. 철학자뿐 아니라 학문을 하는 사람이라면 누구나 먼저 현상학자여야 합니다. 루뱅에서 공부할 때 인연을 맺었던 루돌프 베르넷, 클라우스 헬트 교수가 한국을 방문하신 적이 있습니다. 두 분 모두 독일 현상학회 회장을 지낸 분들입니다. 두 분을 모시고 국립박물관을 방문했지요. 제가 음성 안내기가 필요한지 물었더니, 두 분이 동시에 "우리가 현상학자들인데 무슨 안내기가 필요하겠습니까?"라며 웃으시더라고요. 현상학자는 무엇보다 '보는 사람'입니다. 다른 사람들이 지나치거나 놓쳐서 보지 못하는 것들을 포착하고 보이지 않는 것마저 보는 사람들이죠.

프랑스 시인이며 과학자이자 철학자인 가스통 바슐라르(Gaston Bachelard)는 『공간의 시학』(*La poétique de l'espace*)에서 "시인은 현상학자다"(Le poète est un phénoménologue)라고 말했습니다. 여기서 말하는 시인은 그리스어로 포이에테스(ποιητής) 곧 만드는 사람, 짓는 사람, 창조하는 사람, 작가를 뜻합니다. 다르게 말하면, "작가는 현상학자다"라고 할 수 있겠지요. 여기서 작가는 언어, 음악, 건축, 예술 등을 통해 세계를 새롭게 드러내는 모든 창조자를 뜻합니다. 바슐라르는 집, 방, 서랍, 벽난로 같은 일상적 공간이나 사물이 단순한 물리적 구조물이 아니라, 기억과 정서가 깃든 친밀한 존재의 장소라고 주장합니다. 이를 가리켜 '친밀성의 현상학'(phénoménologie de l'intime)이라 불렀습니다.

이런 관찰의 힘은 문학에서도 드러납니다. 하나의 예를 박완서 작가의 『한 말씀만 하소서』에서 찾아보겠습니다. 이 책은 박 선생이 아들의 갑작스러운 죽음 이후에 쓴 일기입니다. 아들을 잃은 고통에 제대로 먹지 못하는 그녀를 부산에 사는 큰딸이 모셔와 수녀원에 머물게 합니다. 그러던 어느 날, 박 선생은 아이들이 타는 코끼리 미끄럼틀을 바라보다가 문득 생각합니다. '그 앞에서 손자들과 사진을 찍으면 재미있는 사진이 되겠다'라고요. 그 순간 박 선생은 화들짝 놀랍니다. 왜일까요? 저는 이 장면을 보고 '역시 작가이자 현상학자구나'라는 생각을 했습니다. 자신도 모르게 '계획'이란 걸 세웠잖습니까? 계획을 세운다는 것은 미래와 관계를 맺는 것이고, 고통에만 갇혀 있던 현재에서 이미 빠져나오기 시작했다는 뜻입니다. 아들을 잃은 어미가 밥조차 입에 대지 못하고 스스로를 가두어 두던 시간을 지나 문득 미래를 향한 생각을 하게 되자 스스로 놀란 것이지요. '어미가 어떻게 이럴 수 있나!' 하는 내적 탄식이 뒤따릅니다. 여기서 고통의 본질을 생각해 볼 수 있습니다. 고통이 왜 고통스러운가요? 빠져나올 구멍이 없기 때문입니다. C. S. 루이스는 이를 '덫에 갇힌 쥐'에 비유했습니다. 그는 말년에 아내 조이를 만나 짧지만 깊은 사랑을 나누었으나, 암투병 중이던 그녀를 먼저 떠나보내야 했습니다. 마치 하나님이 그녀를 '낚아채어 간' 듯한 상실을 경험합니다. 그때 루이스는 자신의 고통을 이렇게 표현합니다. "벗어나려 해도 벗어날 수 없고, 자신을 잊으려 해도 오히려 더 깊이 자신에게 사로잡혀 있는 상태"가 고통이라고요.

레비나스는 같은 현상을 보다 개념적인 언어로 설명합니다. 그는 고통을 "존재로부터 면제받을 수 없는 상황"이라고 불렀습니다. 여기서 '존재'란 자기 자신입니다. 자신으로부터 벗어나고 싶지만 도저히 벗어날 수 없는 상태, 그것이 바로 '고통'이라는 것이죠. 루이스와 레비나스가 묘사한 이 '덫 같은 상황' 속에서 박완서 선생이 손자들과의 미래를 순간적으로나마 계획한 것은 바로 그 갇힘으로부터 빠져나가는 첫걸음이었습니다. 저는 이것이 작가의 예민한 눈 곧 현상학자의 눈이라고 생각합니다. 현상학자는 이런 의미에서 보고 들을 수 있는 사람입니다. 논리적 사고 이전에 감성과 상상력이 먼저 작동하지요. 여기에 지성이 결합되어 언어와 예술로 표현될 때, 비로소 표상할 수 없던 것이 드러나고 볼 수 없던 것이 보이게 됩니다.

　　그래서 저는 어떤 학문을 하든지 학자에게는 이런 의미의 감
수성이 무엇보다 필요하다고 생각합니다. 아니, 시인이나 학자뿐
아니라, 설교자나 교사, 정치가, 사람이라면 누구든 이런 현상학
적인 눈이 있어야 하지 않을까요? 이러한 상상력으로 존재를 듣
고, 존재와 만나야 하지 않을까요? 이러한 '현상화'가 레비나스에
게 가면 '고통에 대한 감수성'으로 연결됩니다. 바슐라르는 세계
와의 친밀함을 상상력으로 체험하지만, 레비나스는 타자 앞에서
나의 주체성이 무너지는 체험을 강조했습니다. 결국 시인은 눈
에 보이지 않는 것을 볼 뿐 아니라 다른 이들도 보게 만드는 사람
입니다. 철학자 역시 마찬가지입니다. 일상의 삶을 뚫어지게 보
고 듣고 서술하는 활동, 이것이 현상학적 태도입니다. 앞에서 이
야기한 '감'과 '느낌'이 바로 이런 차원과 이어져 있다고 할 수 있
겠습니다.

읽기의 실천

최종원　그렇다면 구체적으로, 학자로서 선생님의 학문의 방법론
이 궁금합니다. 대개 선생님처럼 인문학을 연구하는 학자는 자
기 전문 분야의 관련된 내용을 읽고, 논문이나 저술을 쓰고, 강의
하는 삶을 살아가는 것이 보편적입니다. 학자에 따라 연구 중심
이냐 강의 중심이냐의 차이는 있습니다만, 큰 틀은 비슷할 텐데
요. 우선 선생님에게 읽기란 무엇입니까? 그것을 어떻게 실천하
고 계신지요?

강영안　저에게 학문한다는 것은 무엇보다 읽기입니다. 군대에서
도 책을 놓지 않았던 이야기를 앞에서 했습니다만, 지금도 읽기
는 제 연구의 맨 앞자리에 있습니다. 무엇을 읽느냐, 어떤 책, 어

떤 글을 읽느냐의 문제는 관심 주제와 강의, 집필 과제에 따라 달라집니다.

사실 저에게 가장 재미없는 읽기는 논문을 쓰기 위한 읽기입니다. 업(業)이 되어서 그럴까요? 저는 교수가 된 뒤로 지금까지 120여 편의 논문과 25권 남짓 책을 냈습니다. 대부분 내적 욕구에서 비롯된 글이라기보다 소위 '주문생산'으로 쓰여진 결과물입니다. 아이러니하게도, 이런 글을 쓸 때 가장 집중해서 읽게 됩니다. 재미는 덜해도 가장 생산적인 읽기입니다.

때로는 읽기에 집중이 안 되는 때도 있었습니다. 도무지 하나의 책을 집중하여 읽을 수 없어서 이 책 조금 읽다가 덮고, 저 책을 읽고, 다시 다른 책을 집어들어 읽었지요. 이런 책이 동시에 10권이 넘는 경우도 있었습니다. 저는 이를 '메뚜기 읽기'라 부릅니다. 마치 메뚜기가 이 벼 저 벼로 옮겨다니며 벼의 단맛만 빼먹듯, 필요한 책의 단맛만 조금씩 맛보는 독서지요. 특별한 목적이 아니라면 권할 수 없지만 제게도 그런 시기가 있었습니다.

한껏 몰입해서 읽었던 경험도 있습니다. 1980년대 말과 1990년대 초, 셸링의 철학 개념과 자아 개념, 그리고 자연철학에 대해 세 편의 글을 쓴 적이 있습니다. 아시다시피 저는 박사학위 논문 주제로 칸트를 다루었기 때문에 유학 시절에는 셸링을 읽을 겨를이 없었지요. 1989년 경북대학교에서 열린 제2회 전국철학자대회에서 독일 관념론을 다루게 되었고 제가 셸링을 맡게 되었습니다. 그 계기로 셸링의 초기 저작부터 자아철학 관련 초기 문헌들, 그리고 당시 구할 수 있었던 2차 문헌들까지 모조리 읽었습니다. 방학 두 달을 거의 셸링 읽기에 보낸 셈이죠. 1990년 서강대로 옮긴 뒤에도 셸링의 자연철학과 초월철학에 대해 쓰게 되었습니다. 자연철학은 학회 발표와 관련이 있었고, 초월철학은 교내 연구비와 관련이 있었습니다. 각각 한 달의 시간과 정성을 온전히 쏟아부어 작업했습니다. 마치 목수가 설계도를 그리고, 나무를 다듬고, 대패질로 집을 짓는 과정처럼, 저도 텍스트를 읽고, 문제를 발견하고, 질문을 만들고, 글의 구조를 짜면서 쓰는 작업을 했습니다. 재료와 방식에는 차이가 있지만, 몸과 마음을 고단하게 땀 흘려 일하는 노동이라는 점에서, 그리고 어떤 결과물이 산출된다는 점에서 학자의 작업과 목수의 일은 크게 다르지 않습니다.

두 번째 몰입 경험은 1991년 루뱅에서였습니다. 철학연구회의 발표 주제로 '근대성과 포스트모더니즘' 문제를 준비하면서 그해 여름 루뱅에 가서 한 달 반가량 머물렀습니다. 그때 데카르트와 홉스, 스피노자, 라이프니츠를 집중해서 읽었습니다. 그해에만 여러 학회에서 5편의 논문을 발표해야 했으니, 아퀴나스, 라이프니츠, 칸트, 셸링, 데카르트를 동시에 붙들었던 셈입니다. 그때 쓴 글이 아퀴나스와 라이프니츠, 칸트를 다룬 「악의 형이상학은 가능한가?」, 「레비나스의 존재, 주체, 타자」, 「칸트와 근본악의 문제」, 「셸링의 자연철학」, 「데카르트의 코기토와 현대성」이었습니다. 이 글들을 준비하느라 밤낮을 읽고 또 읽으며 생각을 이어 나갔습니다. 읽은 것들을 두고 저와 종종 토론을 해주셨던 헤르만 드 데인(Herman De Dijn) 교수님은 저녁을 먹기 위해 도서관에서 나오는 저를 볼 때마다 "오늘은 좀 더 지혜로워졌는가?" 하고 묻곤 했습니다. 그렇게 매일 쉼 없이 읽고 또 읽고 공부를 해나가다 보니 머리에 열이 나고 온몸에서 힘이 빠졌습니다. 체온계로 열이 잘 잡히지 않는 상황이었지요. 나중에 알고 보니, 한의학에서는 이를 '허열'이라 부르더군요. 유학 생활에서 돌아온 지 만 6년 만에 다시 유럽에서 집중 읽기를 경험하고 많은 것을 배웠던 시간이었습니다. 훗날 필요했던 근대철학 영역에 대한 철저한 공부와 이후의 논문을 준비하는 일에 크게 도움이 된 것은 두말할 필요가 없습니다.

무엇 때문에 그렇게 했느냐고 묻는다면, 결국 맡은 일을 책임감 있게 잘 해내야 했기 때문이라고 답할 수밖에 없습니다. 주어진 일을 책임감으로 성실하게 수행하는 일은 논밭에서 일하는 농부나 연구실에서 텍스트와 씨름하는 학자나 본질적으로 다르지 않습니다. 다만, 드 데인 교수의 말처럼 그렇게 읽으면서 정말 좀 더 지혜로워졌는지 묻는다면, 자신 있게 말하기 어렵습니다.

읽기와 관련하여 좋지 않은 습관이 하나 있습니다. 한번 책을 잡으면 쉬지 않고 끝까지 밀어붙이는 것입니다. 잠도 자지 않고 며칠 동안 집중해서 읽으며 온전히 시간을 들입니다. 학위 논문을 쓸 때만 해도 그렇지 않았지만, 학회 발표 날짜가 정해진 상황에서 마감시간을 맞춰서 써야 하는 논문은 집중해서 읽지 않고는 해낼 수 없는 경우가 허다했습니다.

1991년 봄이었습니다. 라이프니츠 강의를 앞두고 준비를 하다가 하이데거가 라이프니츠에 관해서 쓴 『논리학의 형이상학적 원리』(*Metaphysische Anfangsgründe der Logik*)를 밤 11시에 집어들었습니다. 시간이 어떻게 흘렀는지 전혀 의식하지 못한 채 책을 읽다가 정신을 차려 보니 아침이 되어 있었습니다. 루뱅에서 유학하던 시절에는 하이데거를 읽느라 거의 48시간을 깨어 있었던 적도 있습니다. 밤을 새워 책을 읽는 것은 몸을 상하게 하는 해로운 독서법인지 알면서도, 저에게 아직 남아 있는 습관의 일부입니다.

가장 즐겁게 하고 있는 '읽기'는 따로 있습니다. 목적이 있는 읽기가 아니라 논문이나 강의와는 무관하게 그냥 좋아서, 재미있어서 읽는 것입니다. 저에게는 그것이 학자로서 얻는 즐거움 가운데 하나입니다. 칸트나 레비나스, 스피노자, 셸링, 심지어 후설, 마리옹, 리꾀르도 저에게는 이제 업(業)이 되어 버렸습니다. 오히려 제가 글로 다루지 않은 부버나 로젠츠바이크, 하이데거, 한나 아렌트, 키에르케고어, 시몬 베유, 퍼트남, 토마스 아퀴나스, 플라톤, 아우구스티누스를 읽는 것이 참 좋습니다. 사실, 이보다 더할 나위 없이 휴식과 즐거움을 느끼는 일은 바르트나 틸리히, 아브라함 헤셸 그리고 최근에 나온 신학자들의 글을 읽는 것입니다. 무엇보다 히브리어와 그리스어를 찾아가며 성경을 읽는 것, 때로는 주석서를 참고하여 살펴보는 일도 제게는 큰 즐거움입니다.

이러한 읽기는 제 자신을 돌아보게 하고, 타인을 바라보게 하며, 기도의 마음을 품게 합니다. 논문과 강의를 위해 읽는 글은 아무리 내용이 훌륭해도 읽기의 동기 때문에 결국 남에게 보이기 위한 공부가 되기 쉽습니다. 하지만 칸트나 레비나스가 어찌 '위인지학'의 자료에 그칠 수 있겠습니까? 그러나 순수하게 좋아서 즐거운 마음으로 읽는 철학과 신학, 문학은 오히려 자신을 세우는 공부 곧 '위기지학'이 됩니다. 그 과정에서 다른 이들에게 유익을 줄 수 있겠지만, 가장 큰 혜택을 받는 사람은 결국 저 자신입니다. 이러한 읽기의 호사를 누릴 수 있음에 늘 감사하지요.

339

나의 글쓰기

최종원 선생님은 학문 활동 초기부터 지금까지 끊임없이 쏟아내듯 논문을 발표하고 글을 써 오셨습니다. 철학과 신학을 포괄하며 다양한 분야의 주제를 다루셨는데요, 글쓰기에 대한 선생님의 관심 분야와 글쓰기 방식이 궁금합니다.

강영안 쓰기는 읽기 못지않게 학자에게 중요한 작업입니다. 요즘은 읽기보다 쓰기, 특히 논문 쓰기가 학자에게 중요한 일이 되었습니다. "publish or perish"(발표하라, 그렇지 않으면 사라질 것이다)라는 말은 이제 단순한 구호가 아니라 학문 세계의 현실이 되었지요. 학자들은 연구 업적을 통해 평가받고, 그 평가는 대부분 글쓰기를 통해 이루어집니다. 그러니 학문적 환경에서 쓰기만큼 중요한 일이 또 어디 있겠습니까?

하지만 저에게 글쓰기는 늘 고역이었습니다. 쓰고 나면 성취감이 따르지만, 그 과정만큼은 언제나 고통스럽습니다. 그래서 저는 전도서 12장 12절, "많은 책들을 짓는 것은 끝이 없고 많이 공부하는 것은 몸을 피곤하게 하느니라"는 말씀을 자주 되뇌곤 합니다. 학자의 고역을 너무도 잘 그려냈기에 제 인생 성구라 할 수 있습니다.

학자로서 저의 글쓰기가 그동안 어떤 의미였는지를 한번 생각해 보았습니다. 크게 세 가지로 나누어지더군요. 학회 발표를 위한 논문 쓰기, 일상의 삶을 관조하면서 쓰는 철학적 성찰, 그리고 기독교 신앙과 관련된 글쓰기입니다.

유학을 마치고 돌아온 뒤 약 20년간 거의 철학 분야의 글을 썼습니다. 당시에는 기독교학문연구회나 기독교윤리실천운동에 관여하고 있었기 때문에 시기에 맞춰 발표를 해야 했고, 주로 논문을 쓰느라 시간을 많이 들였습니다. 앞에서 말했지만, 대부분 외부 요청에 의한 글들이었지요. 학술 발표나 기관의 청탁이 들어오면 거의 거절하지 않고 수락했습니다. 그게 주제 발표거나 심지어 논평이라 하더라도 말이죠. 한편으로는 이런 과정이 생산적으로 논문을 쓰게 된 계기가 되기도 합니다.

'내가 왜 거절하지 못했을까'를 생각해 보면, 세 가지의 이유로 정리됩니다. 첫째, 주제가 흥미로웠을 때입니다. 주제에 대해 읽고 생각하며 따져 보다가 조금 분명한 그림을 얻으면, 제대로 알아보고 싶은 갈망에 그만 발목이 잡히고 맙니다. 그러면 거절하지 못하지요. 둘째, 일종의 의무감 때문입니다. 제가 속한 단체나 꼭 참여해야 한다고 생각하는 자리에서 부탁이 들어오면, 어떤 방식으로든 돕거나 연대해야겠다는 생각이 듭니다. 셋째, 부탁하는 사람이 가까운 지인일 때입니다. 꽤 오래전에 『들숨날숨』이란 잡지에서 '죽음'에 관한 글을 청탁받은 적이 있었습니다. 아무리 생각해도 잠을 줄이지 않고서는 글을 쓸 틈이 없는 상황이라 거절했는데, 다음 날 제가 아는 교수님으로부터 다시 같은 부탁이 들어왔습니다. 도무지 거절할 수 없었지요. 그런데 레비나스에 관한 발표를 수락했을 때에는 앞서 말한 세 가지의 이유가 모두 작용했습니다. 관련된 텍스트를 거의 읽기는 했지만 아직 글을 써 보지 못했던 주제였고, 지난 30년간 레비나스를 국내에 소개하는 일에 관여하고 있었으며, 제가 잘 아는 분이 기획하여 부탁했기 때문이었습니다. 이런 이유로 많은 글을 써 왔지만 그 과정은 늘 고단했습니다. 만약 학자들이 모든 청탁과 발표와 쓰기를 거절한다면, 아마 조금은 더 편하고 여유롭게 주말마다 산을 오르고 영화도 보고 친구들과 담소를 나눌 수 있겠지요. 그러나 현실은 언제나 마감에 쫓기며 허덕였습니다. "오직 여가(scholē)를 누리는 자만이 제대로 지성(nous)을 통한 관조가 가능하다"고 생각했던 아리스토텔레스의 정신과는 얼마나 먼 학자들의 생활인가요? 그럼에도 정말 한가한 시간을 누리지 못한다면 또 어떻게 읽고 생각하고 추구하고 글을 쓸 수 있겠습니까?

두 번째 종류의 글쓰기는 일상에 대한 묵상입니다. 저는 오래전부터 일상에 대해 관심을 두었습니다. 대학 시절 읽었던 네덜란드 철학자 도이어베이르트와 프랑스 철학자 레비나스가 사유의 통로였습니다. 앞에서 말했듯이, 도이어베이르트에 따르면 이론적 사유란 현실의 한 측면을 떼어내어 대상화하는 사고 방식입니다. 예컨대 수학적 사고는 수적인 측면을, 생물학적 사고는 생명적인 측면을, 심리학적 사고는 심리적인 측면을, 역사적인 사고는 역사의 한 측면만을 분리해 추상하는 탐구입니다. 따라서 도이어베이르트는 어떤 학문이라도 현실의 한 측면만을 볼 수밖에 없으며, 그로 인해 환원주의의 위험을 안고 있다고 보았습니다. 반면, 이론적 사유 이전에 이루어지는 우리의 생생하고 자연스러운 일상의 경험은 현실 전체와의 충만한 만남입니다. 그는 현실을 추상화하는 이론보다, 충만하게 마주하는 구체적인 일상의 경험이 우리의 사유와 삶에 더 근본적이며 중요하다고 보았습니다.

레비나스 역시 일상 속의 인간을 주목했습니다. 삶의 즐김과 누림을 의미하는 그의 '주이상스'(jouissance) 사상은 저에게 일상의 의미를 다시 보게 만들었지요. 이러한 계기로 서강대에서 '일상생활의 철학'이라는 과목을 개설해 후설과 하이데거, 레비나스를 중심으로 '일상성'을 다룬 적이 있습니다. 그리고 2009년부터는 일상에 관한 글쓰기를 시작했습니다. 일상의 성격을 다룬 서론적인 글에서부터, '먹는다는 것', '잔다는 것', '거주한다는 것', '일한다는 것', '쉰다는 것', '신뢰한다는 것' 등 구체적인 주제를 다루었습니다.

일상에 관한 글을 쓸 때는 연구 논문처럼 각주를 달지 않고 장이나 절을 나누지도 않습니다. 철학적 사유의 일관성을 유지하려 노력했고, 무엇보다 일상의 현상을 충실히 드러내고자 했습니다. 이를 위해서는 우선 '자세히 보는 것'이 필요합니다. 비트겐슈타인이 말했듯 "생각하지 마라, 다만 보아라"(Denk nicht, sondern schau)는 태도로 일상을 세밀하게 관찰하는 것이 필요합니다. 저는 이를 '일상의 현상학'이라 부릅니다. 일상의 의미를 이해하고 탐구하며 해석해 보는 시도를 하는 것은 '일상의 해석학'입니다. 그리고 '우리가 어떻게 살아야 하는가, 어떻게 행동해야 하는가'라는 삶의 방향을 묻는 작업을 '일상의 윤리학'이라 부르고 있습니다.

우리는 흔히 먹고 자고 사랑하는 문제에 대해 굳이 깊이 생각하거나 글로 쓰지 않습니다. 그냥 일상 속에서 먹고 마시며 사랑하는 게 더 쉽다고 여깁니다. 그런데 곰곰이 따져 보면 사실 먹고 마시고 자고 사랑하는 일은 결코 쉽지 않을뿐더러, 그리 단순하지도 사소하지도 않다는 사실을 깨닫게 됩니다. 우리는 "인간은 생각하는 것을 통해 자기 자신이 된다"(Mensch ist was er denkt)고 말하곤 하지만, 포이어바하가 말했듯 "자신이 먹는 것을 통해서 우리 자신이 된다"(Mensch ist was er ißt)고도 말할 수 있습니다.

세 번째 종류의 글쓰기는 기독교와 예수 그리스도에 관한 것입니다. 복음서를 읽어 보면, 예수님은 직접 답을 하기보다는 오히려 새로운 질문을 던지시는 경우가 많습니다. 이런 점에서는 소크라테스와 별 차이가 없지요. 다만, 소크라테스는 아테네 시민을 위해 신으로부터 받은 소명에 충실했고, 예수님은 '아버지'에게서 받은 소명에 충실하셨습니다. 두 사람 모두 당시 사회를 지배하던 종교와 정치 권력에 의해 죽음을 맞이했습니다. 또한 예수님과 소크라테스는 공통적으로 우리에게 "찾으라"고 권고합니다. 찾음 곧 탐구(zētesis)는 주어진 상황에 안주하지 않고 끊임없이 묻고 더듬으며 찾아 나서는 행위입니다. 특히 예수님은 "찾으라", "구하라", "두드리라"고 말씀하셨지요. 이것은 한편으로는 기도의 모습으로, 다른 한편으로는 지적 탐구의 모습으로 드러날 수 있습니다. 중세 수도원 전통은 기도를 통해 참되고 선하며 아름다운 것을 추구했고, 그 뒤에 형성된 대학 전통은 이성적이고 지적인 탐구를 통해 동일한 것을 찾으려 했습니다. 이 두 전통의 긴장과 대결은 움베르토 에코의 소설 『장미의 이름』에서도 잘 드러납니다.

그러나 소크라테스에게서는 발견할 수 없고 예수님에게서만 특별히 드러나는 점이 있습니다. 그것은 고통받는 타자에 대한 무한한 연대와 공감입니다. 예수님은 자신의 삶과 가르침을 통해 '결국 사랑이 죽음보다 강하다'는 사실을 보여주셨습니다. 레비나스의 표현을 빌리자면, '지혜의 사랑'이 가능하려면 먼저 '사랑의 지혜'가 있어야 함을 예수님이 몸소 보여주신 것입니다. 예수님의 지혜는 추상적인 개념이 아니라 비유와 이야기 곧 상상력과 감수성을 일깨우는 그림 속에 담겨 있습니다. 그 그림은 가슴을 열어 주고, 마음을 움직이며, 보지 못한 것을 보게 하지요. 그 중심에는 언제나 '사랑'이 있습니다. 사랑은 세상의 고통을 볼 수 있게 합니다. 사랑 없이 세상을 보면 모든 것이 제자리에 있고 평온해 보이지만, 사랑의 눈으로 보면 세상은 아픔과 슬픔으로 가득 차 있음을 깨닫게 되며 우리를 목 놓아 울게 합니다. 복음서에서 예수님은 실제로 두 번 우셨습니다. 예수님의 눈물의 이유도 바로 사랑 때문입니다. 소크라테스가 개념을 정확히 정의하고자 했다면, 예수님은 '선한 사마리아인의 비유'처럼 누구나 머릿속에 그릴 수 있는 이야기를 통해 진리를 전하셨습니다. 철학을 업으로 삼고 있는 저 역시, 예수님을 통해 이미 왔고 또 오고 있는 하나님 나라의 의미를 다시 생각하게 되지요. 그래서 그에 관한 것을 글과 말로 되새기게 됩니다.

학자는 공부한 것을 글로 옮겨 쓰면서 자신의 작업을 완성합니다. 저 역시 쓰지 않고서는 학문을 할 수 없습니다. 물론 학문이 글쓰기로만 환원되는 것은 아닙니다. 문제를 발견하고 탐구하며, 그것을 일정한 문장으로 진술해 출판이라는 물질적 형식으로 전환시켜 글과 책으로 만들 때 비로소 완결됩니다. 대학과 연구소라는 제도와 조직, 출판사의 유통 구조, 책을 만드는 종이와 인쇄 등 사회·경제적인 연관성도 배제할 수 없겠지요. 그럼에도 학문에서 가장 핵심적인 요소를 묻는다면, 저는 배움과 가르침 그리고 그 속에서 매개되는 앎이라고 생각합니다. 우리는 읽고 듣고 묻고 토론하는 과정에서 다시금 의문을 가지며 탐구하는 것으로 많은 것을 배웁니다. 가르침에도 동일한 과정이 개입됩니다. 아리스토텔레스가 말했듯이, 앎이 없다면 배움도 가르침도 없습니다.

저의 글쓰기 원칙 중 하나는 모든 저술에서 '직접 읽지 않은 원문은 인용하지 않는다'는 것입니다. 그래서 사람들이 저를 '원전주의자'라 부르기도 합니다. 여기서 한 가지 짚어야 할 점이 있습니다. 앞에서 제 글의 상당수가 소위 주문생산된 것이라고 했지요? 대학의 학위 과정 이수나 학회 발표와 무관했고, 연구비 지원을 받지 않았거나, 원고 청탁 요청도 받지 않았다면 어땠을까요? 단순히 읽고 흥미로워하는 데 그쳤을 것입니다. 써야 하기 때문에 더 치밀하게 읽고 묻고 따졌습니다. 그냥 읽기만 했을 때에는 찾을 수 없었던 새로운 주장이나 사실을 발견하게 되는 것은 물론, 이를 통해 더 큰 질문을 던지게 됩니다. 이것이 논문이라는 형식의 글을 쓰며 얻게 되는 소득이 아닐까 생각합니다.

최종원 읽기에 몰두하느라 48시간 깨어 있는 날도 있다고 하셨는데, 혹시 쓰기에 몰두하느라 과부하를 겪은 적은 없으신가요?

강영안 물론 있습니다. 1991년 서강대에 부임한 지 2년째 되던 해였습니다. 그해에 발표해야 할 논문이 한꺼번에 5편이나 몰려 있었지요. 발표 날짜에 맞춰 원고를 보내야 하니, 기한을 맞추느라 나흘 밤을 꼬박 새웠습니다. 그때 '데카르트와 코기토'를 주제로 하이데거의 니체 해석과 데카르트 해석을 다룬 논문을 썼는데, 이 논문을 쓰느라 하이데거의 근대성 문제에 대해 다룬 글들을 많이 읽었지요. 아침에 강의를 하고 돌아와 잠시 눈을 붙였다가 다시 날밤을 새우는 날들의 연속이었습니다. 한창때는 논문을 1년에 네다섯 편, 어떤 해에는 여섯 편까지 발표했으니 평균 두 달에 한 편을 쓴 셈입니다.

집에서는 집중하기가 어려워 종종 가평 광성교회 기도원에 올라가 글을 썼습니다. 서강대에서는 시험 감독을 하지 않아도 되었기 때문에 시험 주간이면 월요일 아침에 필요한 책을 차에 가득 싣고 기도원으로 올라갔습니다. 마무리가 되면 금요일에 내려오고, 완성되지 않으면 토요일까지 머물러서 논문 한 편을 써서 내려오는 패턴이지요. 월요일과 화요일에는 우선 책을 집중적으로 읽습니다. 주로 새로 읽는 책이나 다시 확인해야 할 책을 집중적으로 읽었습니다. 수요일 오전까지는 그렇게 꼼꼼히 읽고, 오후에는 산책을 하면서 생각을 가다듬었습니다. 그리고 목요일부터 본격적으로 글을 써나가는 것이지요. 이 과정을 수도 없이 반복했습니다. 그렇게 탄생한 글들이 상당수입니다.

2000년에 출간된 『도덕은 무엇으로부터 오는가』는 원래 대학원 강의를 바탕으로 한 책입니다. 당시 대학원 학생들에게 매주 원고를 나누어 주고, 칸트의 저작을 독일어 원문으로 읽으며 번역과 토론을 병행하여 수업을 진행했습니다. 그때 수업했던 자료를 들고 월요일 아침에 기도원으로 올라가 토요일까지 내내 집중 작업을 해서 200자 원고지 약 1,000매 분량의 원고를 완성했습니다. 책 한 권 분량의 원고를 작업한 셈이지요.

금요일 밤 1시쯤이었을까요? 갑자기 가슴에 이상한 느낌이 들었는데, 나중에야 그게 부정맥이었다는 사실을 알았습니다. 당시에는 하루 10-12시간, 집중이 잘 될 때는 13시간씩 책상 앞에 앉아 원고를 썼습니다. 잠시 홀로 산책을 하는 시간도 있었지만, 새벽기도에 참여하면서까지 작업을 했지요. 기도원 식당의 2,500원짜리 미역국으로 끼니를 해결하며 글을 쓰던 기억이 아직도 선명합니다. 1998년에 학교에서 연구 업적이 많은 5퍼센트의 교수를 뽑아 상을 준 적이 있습니다. 상금 500만 원을 받아서 아내에게 주었더니 '생과부 위자료'라고 농담을 하더군요. 아이들을 집에 두고 혼자 기도원에 올라가기를 수없이 반복했으니 그럴 법도 하지요.

예술과 쾌락 사이에서

최종원 저는 학자가 예술가라는 생각을 크게 해본 적이 없는데 선생님 말씀을 듣고 보니 연주자와 크게 다르지 않다는 생각이 듭니다. 연주자가 수없이 반복된 연습으로 곡을 완성하고 아름다운 선율을 만들어내는 것처럼, 학자도 반복된 글쓰기를 통해 학문적으로 여물어지고 다듬어진다고 할까요. 벌써 40년 넘게 강단에 서 계신데, 선생님에게 학자로 산다는 것은 어떤 의미가 있습니까?

강영안 읽기, 쓰기, 말하기, 그리고 이 세 가지에 언제나 수반되는

347

생각하기와 듣기는 현대의 학문 체계 속에서 학자의 삶을 지탱하는 본질적인 요소입니다. 저에게 학자의 삶에서 중요한 부분은 '강의'입니다. 여기에는 규칙적으로 대학에서 맡는 정규 강의뿐 아니라, 요청에 따라 외부에서 진행하는 강연과 발표도 포함됩니다. 학자에게 '말한다'는 것은 미리 준비된 원고를 바탕으로 하지만, 단순히 읽거나 쓰는 일과는 전혀 다른 차원의 행위입니다. 여기서 말하기란 상점 주인과의 일상적 대화나 가족, 친구, 교우들과 나누는 사적인 담소를 뜻하지 않습니다. 다만, 학생들과 수업 외에 교실 안팎에서 나누는 대화와 토론은 포함될 수 있겠지요. 왜냐하면 이런 방식의 말하기는 '학문하는 활동'에 포함되기 때문입니다.

칼빈 신학교에 있을 때, 제 강의 원칙은 '한 번 다루었던 주제는 더 이상 다루지 않는다'는 것이었습니다. 늘 새로운 교재를 선택하여 새로운 주제를 가르쳤습니다. 저도 익숙하지 않은 주제를 밤새 공부해가면서 강의를 하지요.

돌이켜 보면, 제가 다루는 주제나 선택하는 책은 '읽고 싶지만 혼자 읽기 어려운 책' 혹은 '읽을 여유가 없어 미루어둔 책'이 대부분입니다. 그러다 보니 이미 잘 아는 주제나 많은 연구가 축적된 영역을 선택하는 경우는 별로 없습니다. 그래서 학생들은 제가 가르치는 대상이라기보다, 저와 함께 읽고 생각하며 토론하는 동료에 가깝습니다. 강의 시간 전까지 열심히 읽고 준비하고, 강의 시간에는 함께 읽으면서 더 명료하게 텍스트를 이해하는 경험을 합니다.

저는 공부가 여전히 재미있습니다. 그래서 공부하는 사람에게는 쾌락주의자(hedonist)의 기질이 있을 것이라 생각합니다. 공부를 통해 타인에게 나누는 기쁨이 있지만, 그 이전에 텍스트를 붙잡고 씨름하며 스스로 누리는 내적 기쁨이 있습니다. 잘 몰랐던 부분을 새롭게 발견하고 이해할 때의 즐거움, 생각이 확장될 때의 쾌감, 때로는 끝내 모른 채 남더라도 탐구 자체에서 오는 즐거움이 분명히 있습니다. 보편화할 수는 없겠지만, 대부분의 학자들이 그런 기쁨과 쾌락을 느끼지 않을까요? 본질적으로 그런 기쁨을 스스로 누리지 못한다면, 학자의 삶을 지속하기 어려울지도 모릅니다.

저는 교수직을 얻기 위해 공부한 것이 아니라, 공부가 즐거워서 계속하다 보니 교수도 되고 학자도 된 셈입니다. 그렇기에 지금껏 공부를 게을리하지 않았습니다. 교수직은 은퇴할 수 있어도 공부는 죽을 때까지 멈출 수 없습니다. 강의실에 들어가기 전에는 피곤하고 지쳐서 '오늘 강의 잘할 수 있을까' 하는 걱정이 들지만, 막상 강의를 시작하면 금세 몰입하여 즐기고 있는 제 자신을 발견합니다. 그 순간 경험할 수 있는 즐거움이 있지요. 마치 연주자가 악기와 혼연일체가 되어 음악에 빠져드는 것처럼, 저도 주제와 하나가 되어 몰두할 때 전율을 느낍니다. 몰두함으로 대상과 주체가 하나되어 그 속에서 얻는 즐거움이지요. 결국 어떤 일이든 몰두하고 성취하려면 그 사람 안에 쾌락주의적인 요소가 필요하다고 생각합니다.

여기서 한 가지 질문이 생기지요. 만약 그 즐거움이 '여호와'로 인한 것이 아니라 자신이 하는 일로 인한 즐거움이라면, 그것은 '우상숭배가 아닐까' 하는 것입니다. 물론 그럴 위험이 있습니다. 피아니스트가 피아노를 칠 때 느끼는 기쁨과 학자가 텍스트를 읽으며 얻는 기쁨이 도둑이 도둑질로 얻는 쾌감과는 다르지요. 하지만 공통적으로 내재된 위험이 있습니다. 이러한 즐거움을 누리느라 이 모든 것을 주신 분을 잊을 수 있다는 사실입니다.

정말 그렇다면, 그것은 우상이 되고 죄가 되겠지요. 죄와 죄가 아닌 것의 경계가 모호한 상황이 나타날 수 있습니다.

아우구스티누스의 『그리스도교 교양』(*De doctrina Christiana*) 1권에는 사용하는 것(usus)과 즐거워하는 것(frui)에 대해 구별하는 이야기가 나옵니다. 모든 피조물은 우리가 사용해야 될 대상이지만, 기쁨으로 향유해야 할 대상은 오직 삼위일체 하나님밖에 없다고 말합니다. 따라서 우리가 하는 학문과 예술을 하나님 안에서 누리는 것이라 믿을 수 있다면, 그것은 우상이 아니라 하나님이 주신 선물을 향유하는 것입니다. 그러나 하나님을 잊은 채 행위 그 자체에 머문다면 우상숭배에 빠질 위험이 있습니다. 어떤 분야에서든 무엇을 하든, 인간이 몰두의 절정에 이를 때는 언제나 이런 위험이 도사리고 있습니다.

학문은 역사적 서술의 대상이든 철학적 논쟁의 주제이든 사회학적 조사의 대상이든, 주체와 대상이 분명히 구분된 상태에서 진행이 됩니다. 하지만 주체와 대상이 일치하는 순간이 없다면 몰두에서 오는 기쁨을 경험하기가 어렵습니다. 예컨대 어떤 텍스트를 읽을 때, 읽는 '나'는 '주체'이고 텍스트는 읽음의 '대상'입니다. 그것을 읽다가 절로 웃음이 나고 즐거움이 솟아오른다면, 주체인 나와 대상인 텍스트는 서로 분리되지 않고 일시적으로 하나가 됩니다. 중세 신비주의가 바로 이런 경우라 할 수 있겠죠.

중세의 학문은 크게 수도원과 대학이라는 두 흐름에서 발전했습니다. 교회는 중세를 생산적인 지식의 시대로 만드는 데 기여했습니다. 토마스 아퀴나스와 보나벤투라는 신학이 실천적 학문인지 이론적 학문인지를 놓고 대립했습니다. 신학을 '학문의 여왕'(regina scientiarum)이라 부른 토마스 아퀴나스에게 신학의 궁극은 '하나님을 보는 것'이었고, 신학을 이론적인 학문으로 보았습니다. 반면 보나벤투라는 신학을 실천적 학문으로 이해했고, 그 목적은 사랑으로 드러난다고 보았습니다. 사랑으로 드러나야 신학 지식이 열매를 맺기 때문에 신학의 궁극적인 목적은 '하나님 사랑'과 '이웃 사랑'이라고 이야기할 수 있습니다. 아퀴나스도 결국 신학의 목적은 사랑으로 드러난다는 것을 부인하지 않았지만, 하나님을 '보는 것'을 신학의 지향으로 설정했다는 점에서 차이가 있지요.

당연한 이야기지만 저도 공부하면서 좌절한 적이 있습니다. 박사 논문을 쓰면서 잘 풀리지 않아서 포기할 생각까지 했습니다. 며칠 동안 붙들고 고민했지만 아무 진전이 없을 때는 다 내려놓고 한국으로 돌아가는 상상을 하기도 했습니다. 그래서 저는 학위 논문을 쓰는 학생들에게 종종 묻습니다. "절망을 해본 적이 있는가?", "거의 포기하는 상황까지 이르러 본 경험이 있는가?" 왜냐하면 그런 경험을 통해서 다음 단계로 나아갈 힘이 생긴다고 믿기 때문입니다. 한 단계씩 넘어갈 때마다 그것을 거쳐가는 경험이 결국 저에게 큰 자산이 되었습니다. 그 위기의 순간은 학문적 성숙의 중요한 변곡점이 됩니다.

신학을 포함하여 한국에서 인문학을 하는 학자들을 전반적으로 평가해 보자면, 유럽이나 미국의 학자들보다 공부의 깊이나 길이 면에서 얕고 짧은 편입니다. 한국의 학자들은 원전을 깊이 읽고 파고드는 경우가 드뭅니다. 철학, 신학, 고전학 등은 원전주의가 강하지만 문헌의 수가 한정되어 있고, 원전을 연구한 2차 문헌까지 제대로 섭렵하려면 엄청난 노력과 시간이 필요하기 때문입니다.

신학생들에게 제가 자주 하는 말이 있습니다. "좋은 신학을 하려면 좋은 철학이 필요하다." 신학에도 좋은 신학과 나쁜 신학이 있습니다. 급변하는 시대에 우리가 길러야 할 중요한 능력은 어떤 상황에서도 새롭게 배울 수 있는 '배움의 자세'입니다. 그래서 저는 늘 '살아 있는 신학'을 강조합니다. "전통이란 죽은 자들의 살아 있는 신앙이지만, 전통주의는 살아 있는 자들의 죽은 신앙"이라는 말처럼, 전통에 기대되 전통주의에 빠져서는 안 됩니다. 신학은 오랜 전통을 따라 내려오지만, 그것이 전통주의로 굳어 버리면 살아 있는 신앙이 아니라 '죽은 신앙'이 됩니다. 산 사람의 죽은 신학은 다른 사람을 죽이고 결국 자신까지 죽이는 신학이 되고 맙니다.

지금 한국 교회에서 드러나는 여러 문제들을 보고 있노라면, '많은 신학자들과 목회자들이 전통주의의 덫에 걸려 있는 것은 아닐까' 하는 생각이 듭니다. 그래서 저는 목회자들에게 질문을 하곤 합니다. "요즘 무슨 책을 읽고 있습니까?", "그 책이 재미있습니까?" 십중팔구 "재미없다"는 답이 돌아옵니다. 그러면 저는 이렇게 말합니다. "그냥 던져 버리십시오!" 책이나 읽을거리를 통해 스스로 힘을 얻고 살아나는 체험을 하는 것이 중요하기 때문입니다.

학자는 무엇으로 사는가

최종원 그렇다면 한국에서 학자로서 살아가고자 하는 후학들에게 들려주고 싶은 이야기가 있을까요?

강영안 학자는 가끔 스스로에게 이렇게 물어야 한다고 생각합니다. '학자로서 나는 무엇으로 사는가?' 저의 학문적 관심은 처음부터 삶의 양식의 변화와 맞닿아 있었고, 언제나 이 땅의 현실과 함께해 왔습니다. 우리는 탈근대를 살아가는 한국 사회의 일원으로, 어떤 방식으로든 서로 영향을 주고받으며 존재합니다. "이 땅의 현실이 전통과 근대, 탈근대와 무슨 상관이 있느냐"고 묻는 사람도 있겠지만, 우리가 더 이상 전통적 삶의 양식 속에 살고 있지 않다는 사실만은 분명합니다. 오늘날 우리의 교육, 정치, 경제, 종교 등 삶의 핵심적 영역은 이미 세계화의 흐름 속에서 미국이나 유럽의 양식과 크게 다르지 않습니다. 물론 서구에서 볼 수 있는 극단적 개인주의의 형태를 그대로 경험하고 있는 것은 아니지만, 그렇다고 우리가 여전히 전통적인 공동체 속에 살고 있다고 말하기도 어렵습니다.

제가 공부해 온 서양의 학문 전통은 이제 우리 모두에게 중요한 현실이 되었습니다. 좋든 싫든 세계화 시대를 사는 우리는 서로 다른 전통과 마주하고, 동일성과 차이를 의식하며, 그 속에서 존중하거나 충돌하며 살아갑니다. 따라서 동양과 서양을 단순히 분리하거나 비교하는 단계의 연구를 넘어서야 합니다. 같은 학문적, 철학적, 실존적 질문을 품고, 더 다양한 전통을 읽고 공부하고 토론해야 할 의무가 있습니다. 우리의 학문은 동서양의 텍스트를 동일한 차원에서 다루며, 지식의 문제, 윤리의 문제, 존재와 인간의 문제 등을 함께 논의할 수 있어야 합니다. 이를 위해 지난 역사와 관련한 문헌학적, 체계적 연구를 더욱 심화하면서, 동서양의 전문가 모두가 학문적으로 인정할 수 있는 수준으로 두 전통을 아우르는 지적 작업을 전개해야 할 시점에 와 있습니다.

제 경험에 비추어 지금까지의 이야기를 정리하면 이렇습니다. 학문은 '읽기', '쓰기', '말하기', '듣기', 그리고 모든 활동에 수반되는 '생각하기'가 통합된 행위입니다. 여기에는 지적인 능력뿐 아니라 예민한 감성과 강한 의지가 함께 요구됩니다. 마이클 폴라니(Michael Polanyi)가 강조했듯, 학문은 단순한 지적 활동에 국한된 것이 아니라 전인격적 투여이며 헌신입니다. 이와 더불어 학문에는 수동성과 능동성이 함께 개입하지요. 배움의 단계는 수동성에서 시작하지만, 가르침은 능동성에서 시작합니다. 듣기는 수동성에서 시작하지만 생각하기는 능동성과 수동성이 함께 작용하고, 쓰기는 능동성에서 시작하지만 수동성을 경험합니다. 말하기 역시 능동성에서 시작하지만 그 안에서 수동성을 경험합니다. 따라서 학문은 수동성과 능동성이 교차하는 가운데 자신에게 다가오는 압력, 의무, 부름에 응답하기를 요청합니다. 이 요구에 능동적으로 지적 추구를 하는 것, 이것이 학자로서의 책임을 수행하는 일이 아닐까요? 이것이 한 사회와 문화 속에서 학자가 살아가는 윤리적 삶이 아닐까요?

서양이든 동양이든, 진정성이 살아 있는 학문에는 언제나 '위기지학'의 정신이 배어 있습니다. 서양의 학문 전통이 겉으로는 삶에 유용한 실용적 지식을 추구한 것처럼 보이지만, 그 어떤 철학자도 자기인식의 중요성을 간과하지 않았습니다. 우리의 눈이 바깥으로 향하듯 지식 역시 외부 세계로만 향하는 것 같지만, 서양 사유에서도 눈은 언제나 자기 안으로 돌아오려는 충동을 지니고 있습니다.

아우구스티누스의 말은 이를 잘 보여줍니다. "밖으로 나가지 마라. 그대 자신 속으로 돌아가라. 인간 내면에 진리가 거주한다"(*Noli foras ire, in te ipsum redi. In interiore homine habitat veritas*) 아우구스티누스에게 '자기인식'과 '자신에 대한 앎'은 하나님에 대한 앎으로 귀결됩니다. 그럼에도 지식은 자신 안에만 머무르지 않고 '사랑'으로 완결됩니다. 하나님 사랑과 이웃 사랑으로 이어지지요. 자연에 대한 정복 사상을 펼쳤다고 오늘날 많은 비판을 받는 베이컨조차 지식의 목적은 '사랑'(charity)임을 강조했습니다.

'나를 위한 공부'는 결국 '남을 위한 공부'로, 다시 말해 남에게 보이기 위한 것이 아니라 남의 삶을 유익하게 하는 열매로 맺어져야 합니다. 누가 저에게 "학자는 무엇으로 사는가"라고 묻는다면, 저는 "학자는 물음으로, 탐구로, 그리고 앎에 대한 사랑으로 산다"고 답하겠습니다. 앎에 대한 사랑과 추구는 가난이나 전쟁, 질병이나 재난조차 막을 수 없습니다. 영국의 작가이자 중세 문학 교수였던 C. S. 루이스는 1939년 옥스퍼드 대학에서 진행한 '전시의 학문'(Learning in War-Time)이라는 강연에서 이렇게 말했습니다.

> "페리클레스 시대의 아테네인들은 신전뿐만 아니라 추도 연설도 남겼습니다. 이것은 의미심장합니다. 곤충들은 다른 길을 택했습니다. 녀석들은 물질적 부와 안전한 보금자리를 먼저 추구했고 그 보상을 받고 있는 듯합니다. 그러나 인간은 다릅니다. 사람들은 포위된 도시에서도 수학 공리를 내놓고, 사형수 감방에서 형이상학적 논증을 펴고, 교수대를 두고 농담하고, 퀘벡 성채로 진군하면서 새로 지은 시를 토론하고, 테르모필레에서도 머리를 빗었습니다. 이것은 허세가 아니라 우리 인간의 본성입니다."

루이스가 말한 추도 연설은 펠로폰네소스 전쟁 중 전사자들을 기린 페리클레스의 연설을 지칭합니다. 포위된 도시에서 수학 공리를 내놓은 이는 아르키메데스이고, 사형수의 감방에서 형이상학적 논증을 펼친 이는 소크라테스이며, 교수대 앞에서 농담을 남긴 이는 토머스 모어입니다. 그가 처형대에서 "내 수염은 죄를 짓지 않았으니 베지 말라"고 했다는 일화가 있습니다. 전투를 앞두고 진군하면서 새로 지은 시를 토론한 이는 영국군 제임스 울프 장군이고, 테르모필레에서 전투할 때 죽음을 준비하느라 머리를 빗은 이들은 스파르타의 전사들입니다. 루이스는 극적인 사례를 통해 "모든 사람은 본성적으로 알기를 욕구한다"는 아리스토텔레스의 말이 옳다는 것을 보여줍니다.

우리는 유익하고 도움이 되기 때문에 앎을 추구하고 배우지만, 가장 좋은 배움의 이유는 역시 앎 자체가 즐겁고 좋기 때문입니다. 전쟁과 죽음의 현실 앞에서도 인간은 의미와 진리, 아름다움과 품위를 추구합니다. 그것이 바로 인간이라는 것이지요. 루이스가 말했듯, 전시에도 학문이 정당한 이유입니다. 학문은 지식의 축적이 아니라, 인간다움을 증명하는 행위이기 때문입니다.

공부라는 농사짓기

최종원 오늘 현재 선생님에게 공부란 무엇입니까?

강영안 저에게 공부란 농사를 짓는 것과 같습니다. 그래서 종종 학자들이나 학생들에게 이런 이야기를 들려주곤 합니다. '공부를 제대로 한다는 것은 농사를 짓는 것과 같다'고 말입니다. 오늘날의 학자들 중에는 직접 밭을 일구어 씨를 뿌리고 가꾸는 이가 있는가 하면, 남이 지은 것을 시장에서 사다가 다른 데 가서 되파는 장사꾼 같은 학자도 있습니다. 때로는 그것으로 요리를 하여 사람들에게 대접하는 학자도 있지요. 여러 부류의 학자들이 있지만, 제가 생각하는 좋은 학자란 손수 농사를 짓는 학자입니다. 그러나 현실에서는 농사꾼보다 장사꾼이 더 성공하는 세상이지요. 손수 농사를 짓는 학자가 되려면 생경한 분야에 대한 탐구, 역사 속 여러 해석과 논쟁에 대한 이해, 그리고 여러 학자들이 논의하는 현재의 담론을 꾸준히 읽고 숙고하는 노력이 필요합니다. 또한 우리가 처한 삶의 자리와 현실을 깊이 성찰하는 과정도 뒤따라야 합니다. 이 모든 과정이 모여야 비로소 좋은 학자가 될 수 있습니다.

그런데 이러한 공부는 생산적 효율로 따지면 한계가 있습니다. 더 많이, 더 빨리 산출해야 하는 한국의 대학 현실은 학자가 자기 분야에 깊이 몰두할 수 있는 여건을 내어주지 않지요. 이 점은 비단 신학뿐만 아니라 학문 전반의 구조적 현실이기도 합니다.

저는 손수 농사를 짓는 학자로 살고 싶습니다. 농부가 한 땀 한 땀 모를 심고 때를 기다리며 추수를 하듯, 저 또한 그렇게 공부를 합니다. 열심히 읽고 이해하고 생각하는 과정은 논밭을 일구고 농사를 짓는 것과 비슷합니다. 한창 논문을 많이 쓰던 젊은 시절의 저에게 책은 논밭이었습니다. 그 속에서 읽고 쓰며 공부라는 농사를 지었지요. 공부는 저의 일터이자 일감이기도 했고, 일을 통해서 생산해낸 결과물이기도 했습니다. 공부의 결과가 논문과 책으로 수확되었으니까요. 세월이 흐르면서 책은 단순한 일터를 넘어 일종의 양식이 되었습니다. 생각을 키우고 이어가도록 먹을거리가 되어 주는 음식(food for thought)인 셈입니다.

혼자만의 생각으로는 한계가 있습니다. 독단에 빠지지 않으려면 계속 읽어야 합니다. 그래서 저는 지금도 매주 몇 권씩 책을 삽니다. 어떤 주제를 사유하다 보면 반드시 필요한 책들이 생기니 계속 살 수밖에 없습니다. 이미 수만 권이 쌓였지요. 하지만 저는 장서가가 아닙니다. 수집하려고 사는 것이 아니라 공부를 지속하기 위해 필요한 책들을 사는 것입니다.

나이가 조금 더 들어 보니 책은 저에게 더없이 좋은 친구더군요. 물론 저는 여전히 사람을 좋아하고, 사람들과 만나 이야기를 나누는 것도 좋아합니다. 그러나 예전처럼 바쁘게 강의를 하던 시기와 달리 지금은 비교적 한가한 시간이 많아 마음껏 책을 읽을 수 있게 되었습니다. 그러니 책은 늘 함께하는 친구이지요. 물론 눈과 허리, 어깨의 통증은 감수해야 합니다. 비록 예전처럼 밤을 꼬박 새워 읽을 수는 없지만, 저는 여전히 쓰는 일보다 읽는 일이 더 즐겁습니다.

15
그리스도인 지성

철학자가 정의하는 그리스도인

최종원 철학자로서 선생님은 그리스도인이란 어떤 사람이 되어야 한다고 생각하십니까?

강영안 그리스도인은 결핍이 삶의 동기가 되는 존재가 아닙니다. 그리스도 안에서 새로움을 입은 사람이라면, 존재론적으로 이미 그리스도의 충만함을 나누는 사람입니다. 그러므로 일할 때나 공부할 때, 사람을 만나거나 대화할 때, 그리스도인의 삶은 언제나 충만함을 누리며 그 충만을 타인과 나누는 삶이어야 합니다.

삶의 중심은 어떤 행위나 활동보다는 '존재'의 문제에 있습니다. 이때 존재는 삼위일체 하나님의 존재 방식과 밀접하게 연결됩니다. 하나님은 홀로 계신 분이 아니라, 성부·성자·성령의 세 위격이 서로에게 공간을 내어주고 서로가 서로 안에 머무는 방식으로 존재합니다. 신학에서는 하나님의 존재 방식을 고대 그리스어로 '페리코레시스'(περιχώρησις, perichōrēsis)라고 부릅니다. 이 말은 초대 교회가 삼위일체의 신비를 설명하기 위해 고안한 개념으로, 세 위격이 서로의 안에 거하며, 서로를 온전히 내어주고, 완전한 사랑과 일치를 이루는 '관계적 존재 방식'을 뜻합니다. 하나님은 닫힌 실체가 아니라, 자기 자신 안에서 영원히 흐르는 사랑의 관계이자, 동시에 세상을 향해 열려 있는 환대의 구조입니다.

성경은 이런 하나님의 존재 방식 안으로 그리스도인을 부르셨다고 말합니다. 예수님은 "그날에는 내가 아버지 안에, 너희가 내 안에, 내가 너희 안에 있는 것을 너희가 알리라"(요 14:20)고 말씀하셨습니다. 바울 또한 '그리스도와 함께 죽고 함께 살고 함께 영광을 받을 자'(롬 6:8, 골 3:4)로 그리스도인을 묘사합니다. 이것은 단순한 비유적 언어나 도덕적 교훈이 아니라, 그리스도인의 존재 구조 자체가 삼위일체적 사랑의 존재 방식 안으로 들어갔다는 선언입니다. 그러므로 하나님의 존재 구조에 참여한 그리스도인은 더 이상 독립적이고 자족적인 자아로 정의되지 않습니다. 그리스도 안에서, 서로 함께 거하는 관계적 존재이기 때문입니다. 이 관계는 차이를 지니면서도 연합하는 자유로운 사랑의 방식입니다. 그리스도인은 타자에게 닫혀 있는 자아가 아니라 타자와 함께 존재하는 자아이며, 그 안에서 자신의 고유함이 더욱 깊어지는 존재입니다. 그런 그리스도인의 삶에서 환대와 열림, 비움과 수용의 윤리적 실천이 나타납니다.

그리스도인은 단순히 예수 그리스도를 믿는 사람이 아니라, 그리스도 안에 거하고, 그리스도가 그 안에 거하시는 사람입니다. 그래서 본질적으로 서로를 향해 열린 존재이지요. 그리스도인은 함께 그리스도의 몸된 교회를 이루어 진정한 자기 자신이 되며, 사랑 가운데 세상을 향해 열린 삶을 삽니다. 하나님의 '페리코레시스'는 삼위일체의 신비만이 아니라, 이 땅을 살아가는 그리스도인의 삶의 존재 방식이기도 합니다.

우리가 추구하는 '공동선' 또한 삼위일체 하나님의 존재 방식에 근거를 두고 있습니다. 공동선을 고려할 때 우리 삶에 적용할 수 있는 가장 단순한 규칙은 '황금률'입니다. '네가 대접받고 싶은 대로 너도 남을 대접하라'(마 7:12, 눅 6:31)는 말입니다. 공자 역시 "자신이 원하지 않는 것은 남에게도 요구하지 말라"고 했습니다. 달리 말하면, "네가 인정받고 싶으면 다른 사람을 인정해 주라"는 것입니다. 이는 신앙이 있든 없든 누구나 직관적으로 쉽게 이해할 수 있는 보편적 가르침입니다.

하지만 그리스도인에게는 이것만으로 그치지 않습니다. "너희가 만일 너희를 사랑하는 자만을 사랑하면 칭찬받을 것이 무엇이냐. 죄인들도 사랑하는 자는 사랑하느니라. 너희가 만일 선대하는 자만을 선대하면 칭찬받을 것이 무엇이냐. 죄인들도 이렇게 하느니라"(눅 6:32-33). 주는 만큼 받는 삶, 주고받는 교환의 방식은 세상 누구나 행할 수 있습니다. 그러나 그리스도 안에 거하고, 그리스도와 하나되어 충만한 생명을 누리는 그리스도인은 대가를 바라지 않고 베풀라고 말씀하십니다. 하나님의 사랑을 넘치게 받은 그리스도인은 이미 충만하여서, 하나님의 사랑을 필요로 하는 사람들에게 흘려보낸다는 것이지요. 이러한 삶의 행위는 '충만함' 안에 존재의 뿌리를 내리지 않으면 힘든 일입니다.

토마스 아퀴나스는 "행위는 존재를 따른다"(*Agere sequitur esse*)고 말했습니다. 이것이 가능하려면, 그리스도와 존재론적으로 밀착되어야 합니다. 단순히 가르침을 듣고 행하는 것이 아니라,

존재 자체가 연결되어 그리스도 안에 뿌리를 내려야 합니다(골 2:7). 예수와 함께 죽고 함께 살아나 그분의 생명으로 사는 존재론적 연합을 할 때, 그리스도인의 정체성으로 그리스도인의 삶을 살 수 있습니다. 결국 그리스도인은 '또 하나의 그리스도'가 되어 가는 존재입니다. 그렇게 될 때 그리스도로부터 오는 능력과 힘, 충만함을 존재론적으로 경험하지요.

교회 공동체는 이러한 존재 방식을 공유하며 함께 살아내는 사람들의 모임입니다. 그리스도와 하나되어 그리스도를 닮아가는 사람들, 그리스도가 되어가는 삶을 추구하는 사람들의 공동체입니다. 동방정교회 신학은 이를 '신화'(θέωσις, deification)라는 개념으로 표현합니다. 그리스도인의 지향점은 결국 그리스도 안에서 그리스도가 되는 데까지 이르는 것입니다.

어떤 제도나 의식, 법적인 '전가' 교리가 우리를 그리스도인으로 만들 수 없습니다. 그리스도와 존재론적으로 연합하는 신비한 결합 속에서 충만한 생명을 끊임없이 받아 누리는 존재가 바로 그리스도인이니까요. 그렇게 될 때 그리스도인의 삶에 결핍은 사라지고 충만함이 넘쳐 흐릅니다. 따라서 이 땅에 사는 동안, '메타노이아'(μετάνοια, 회개)가 날마다 평생 있어야겠지요. 말씀 묵상과 기도, 예배와 성만찬, 형제자매와의 교제, 그리고 자기 성찰 등은 그리스도인이 생명 가운데 거하도록 돕는 습관들입니다. 그럴 때 우리는 그리스도 안에서 삼위일체 하나님의 생명과 사랑을 공유하며 살아 있는 모든 것과 존재의 기쁨을 나누는 삶으로 나아갈 수 있습니다.

그리스도인 지식인으로 살아가기

최종원 신학 공부에 뜻을 두었을 때나, 철학 공부로 전향했을 때나 그 중심에는 '그리스도인 학자'라는 정체성에 대한 고민이 있었을 것 같습니다. 그리스도인으로서 선생님에게 공부의 목적은 무엇인가요?

강영안 웨스트민스터 소요리문답의 첫째 질문은 이렇게 시작합니다. "인간의 제일 되는 목적이 무엇입니까?" 그 답은 "하나님께 영광을 돌리고, 하나님을 영원토록 즐거워하는 것"입니다. 흔히 '하나님께 영광을 돌린다'는 말을 어느 분야에서든 최고가 되거나 영향력을 발휘하는 자리에 이르는 것으로 이해하곤 합니다. 과연 그럴까요?

저는 공부와 탐구, 여러 가지 지적인 추구를 하는 행위 자체가 하나님께서 제게 주신 사명이라고 생각합니다. 처음에는 제가 목사가 되겠다고 신학교를 갔지요. 카이퍼리안 전통을 배우면서 꼭 목회자가 되지 않더라도 주의 일을 할 수 있다는 사실을 깨달았습니다. 어느 영역에 있든 그 자리에서 신실하게 주의 자녀답게 살아가는 것이 곧 그리스도인의 삶이라 믿었습니다. 철학을 전공하게 된 것도 이런 믿음이 있었기 때문입니다.

처음부터 신앙과 학문을 통합하려는 의도는 없었습니다. 철학을 불신앙적인 것으로 의심하거나, 인위적으로 신앙과 조화시켜 보려고 애쓰지도 않았습니다. 그리스도인으로 자연스럽게 학문에 참여하고 학자로서 활동을 해왔지요. 그러다 보니 기독교학문운동에도 참여했고 기독교철학회를 시작하기도 했습니다. 한때 카이퍼와 도이어베이르트의 영향을 많이 받았을 때는 저 역시 안티테제적 학문을 한다고 생각했던 적도 있습니다. 하지만 공부를 거듭할수록 이런 방식은 온전하지 않다고 느꼈습니다.

그리스도인이 학자가 되면 일반 학문과 연대를 해야 할지, 완전히 구별된 안티테제를 설정하고 가야 할지 당연히 고민이 됩니다. 그런데 저는 나이가 들수록 일반 학문과 연대하면서도 그리스도인으로서 관심을 갖고 주목할 수 있는 주제들 곧 타자, 환대, 사랑 등을 탐구하는 것이 더 의미 있다고 생각하게 되었습니다. 레비나스를 비롯해 장-뤽 마리옹과 미셸 앙리, 장 루이 끄레티앙의 철학을 읽고 공부한 것도 이런 맥락이었습니다. 여기서 조금 더 구체화되어 나타난 게 '일상의 철학'입니다. 기독교 철학을 다른 철학과 대립적으로 세우는 것이 아니라 함께 철학하는 방식이지요.

더 근본적인 물음으로 돌아가 봅시다. '그리스도인 학자'는 어떤 사람을 말하는 것일까요? 저는 세 가지 유형으로 범주화합니다.

첫째, 그리스도인이면서 학자인 사람입니다. 스스로를 그리스도인이라고 고백하면서 학문 활동에 종사하는 사람일 것입니다. 그런데 이 경우에는 그리스도인 학자로서의 고유한 정체성은 없습니다. 둘째, 기독교와 직접적으로 관련된 학문 분야에 종사하는 사람입니다. 예컨대 신학, 기독교 교육, 기독교 음악, 기독교 상담 등에서 활동하는 학자들이겠지요. 셋째, 그리스도인이면서 자신이 하는 학문을 기독교적 가치에 따라 수행하려는 사람입니다. 여기서 중요한 것은 학문을 그리스도인답게 하려고 애쓰는 태도 곧 그리스도인의 정체성입니다.

여기서 다시 제기되는 문제는 학문을 어떻게 기독교적으로 할 수 있느냐는 것입니다. 그리스도인이 학문 공동체의 일원이 되려면 우선 관련 분야의 학문적 자격과 능력을 증명해야 합니다. 석사·박사 과정을 거치고 논문 심사와 구두 시험을 통과하여 학위 요건을 충족해야 하는데, 그 과정은 학문 세계에 통용되는 언어와 규칙을 준수한다는 암묵적인 동의가 전제됩니다. 철학, 종교학, 사회학, 심리학 등 현대의 학문 대부분은 '방법론적 무신론'에 입각하여 신앙고백을 전제하지 않고 '하나님'이나 '신'이라는 단어를 끌어들이지 않은 채 연구를 진행합니다. 휴고 그로티우스가 표현한 대로 "마치 하나님이 존재하지 않는 것처럼"(*etsi Deus non daretur*) 문제를 다루어가는 데 익숙합니다. 현대 학문 영역은 근본적으로 세속주의 또는 자연주의에서 출발합니다. 학문 공동체의 일원이 되고자 하는 사람은 그 사람의 종교가 무엇이든 간에, 암묵적으로 주어지는 이러한 세계관에 동의해야 한다는 요구를 받지요.

기독교 공동체가 요구하는 일정한 규칙이 존재하듯, 세속 학문 공동체의 구성원이 되기 위해서도 필요한 규칙이 있습니다. 예컨대 모든 연구는 진실을 추구한다는 '진리 추구의 규칙', 어떤 주장을 할 때는 오직 자신의 연구에 토대를 두어야 하고 타인의 생각이나 글을 인용할 때는 반드시 출처를 밝혀야 한다는 '정직성의 규칙', 타인을 설득할 때는 합리적 주장과 근거를 논리적으로 제시해야 한다는 '증거의 규칙', 연구 결과가 모두를 위한 공동선을 지향해야 한다는 '공동선의 규칙'입니다. 이러한 규칙들의 총합이 '학문 윤리'(the ethics of scholarship)입니다. 이는 각 학문 분과에 적용되는 방법론과 구별되는 것으로, 학문 공동체의 질서를 유지하기 위한 근본 규범입니다. 그리스도인 학자 역시 학문을 하기 위해서 반드시 준수해야 하는 윤리입니다. 이런 점에서 학문도 하위징아가 정의하는 의미의 '놀이'와 같습니다. 학문에 통용되는 놀이 규칙을 지키지 않으면 학문 공동체에 참여할 수 없습니다.

우리가 맞닥뜨리는 문제는 자신의 신앙적 고백과 학문의 과학적 사실이 충돌할 때입니다. 그럴 때 그리스도인 학자는 어떤 선택을 해야 할까요? 예컨대 한국 교회에서 자주 논란이 되는 진화론이 대표적인 예입니다. 신앙 공동체와 학문 공동체는 모두 '진리를 추구한다'는 점에서 결코 화해 불가능한 관계는 아닙니다. 그러나 무조건 배타적으로 자신의 입장만을 강조한다면, 그 자체로 '진리 추구의 기능'에서 벗어나게 됩니다. 따라서 학문적 정직성을 지키는 태도가 그리스도인 학자의 가장 중요한 핵심 덕목이 됩니다.

또 한 가지 놓치지 말아야 할 점은 학문 공동체가 완전히 중립적인 영역이 아니라는 사실입니다. 학문 공동체 안에도 권력 구조와 세계관의 충돌이 존재합니다. 따라서 그리스도인 학자는 단순히 학문 공동체가 제시하는 규칙을 지키는 수준을 넘어, 진리 추구의 규칙과 정직성의 규칙을 보호하는 '공동선의 규칙'을 소명으로 여길 필요가 있습니다.

그리스도인 학자의 지적 추구는 개인적 성취와 만족을 넘어, 궁극적으로 진리이신 하나님을 향하는 태도를 지녀야 합니다. 나의 지식을 통해 훼손된 창조 세계를 회복하고, 인간 정신을 고양하려는 노력을 이어가야 합니다. 제도적 관점에서 볼 때, 대학이나 연구 집단에서 학문 활동을 하며 "그리스도인이냐, 아니냐" 하는 것은 문제가 되지 않습니다. 학문 공동체의 규칙이 위반되거나 왜곡되었을 때, 이를 바로잡는 책임은 모든 학자에게 있지만, 그리스도인 학자에게는 더 특별한 소명이 주어집니다. 학문 공동체가 교란되지 않도록 공동체의 규칙을 보존하고 회복하는 것을 하나의 사명으로 삼고 살아가야 합니다. 이른바 왜곡된 하나님의 창조 세계를 회복하는 사역입니다. 이런 관점에서 그리스도인 학자는 자신의 지적 작업을 통해 지식을 추구할 뿐만 아니라, 학문하는 태도를 통해 학문 공동체를 보존하고 새롭게 해야 할 의무를 지니고 있습니다.

두 세계 안에서 그리스도인 학자의 역할

최종원 그동안 철학 학계 일과 기독교 관련 일 사이에 충돌은 없으셨나요? 두 분야의 성격이 너무 달라 보이는데 조화가 가능한 건가 싶기도 합니다. 더불어 '기독교 세계관'이라는 이름으로든 다른 표현으로든, 오늘날 그리스도인 학자들의 역할이 앞으로 더 절실히 요구되는 것 같습니다. 지나치게 신학자 중심, 목회자 중심으로 돌아가는 오늘날의 한국 교회에 그리스도인 학자, 지식인들의 역할이 더 필요하다는 생각을 합니다. 1980년대 기독교 세계관 운동이 한국 교회에 남긴 긍정적 유산은, 신학이나 교회 현장에만 매몰되지 않는 기독교 지성 운동을 펼치고 확장시킨 것에 있다고 평가하고 싶습니다. 앞으로 한국 기독교 안에서 그리스도인 학자들은 어떤 역할을 할 수 있을까요?

강영안 저에게 신학과 철학의 구별은 큰 의미가 없습니다. 제 공부 자체가 처음부터 신앙에서 출발했기 때문입니다. 10대부터 아우구스티누스, 파스칼, 키에르케고어를 읽으며 철학을 했으니 신학에 대한 관심은 늘 제 안에 있었습니다. 그래서 신학과 철학 사이의 충돌이나 갈등을 느낀 적이 별로 없습니다. 가끔 "철학을 공부하는 사람이 어떻게 기독교 신앙을 가질 수 있느냐"고 묻는 분들이 있습니다. 그러나 저에게 기독교 신앙은 지적, 도덕적으로 만족스럽고 신뢰할 만한 믿음의 체계이기에 큰 문제 없이 지켜가고 있습니다.

그리스도인 학자는
자신의 지적 작업을 통해 지식을 추구할 뿐만 아니라,
학문하는 태도를 통해 학문 공동체를 보존하고
새롭게 해야 할 의무를 지니고 있습니다.

그리스도인 학자나 학생들에게 '이중언어'가 필요하다는 생각을 종종 합니다. 저는 2011년에 안식년을 다녀온 뒤 '철학과 현실'이라는 제목의 수업을 했습니다. 학생들에게 "아무런 텍스트도 읽지 마세요. 그냥 주제에 대해 생각만 하십시오" 하고 던져 준 다음, 첫 시간에 학생들과 인생사에서 중요한 주제가 무엇인지에 대해 이야기를 나누었습니다. 학생들이 말하는 것들을 칠판에 적기 시작했는데 '밥', '잠', '사랑'과 같은 일상의 단어가 30개 이상 나왔습니다. 그 가운데 12개의 주제를 선정해서 한 학기 동안 매주 하나씩 토론하며 수업을 진행했지요. 먹는다는 것, 잔다는 것, 일한다는 것, 쉰다는 것, 다툰다는 것 등의 주제를 거쳐 마지막에는 삶의 의미와 죽음을 다루었습니다. 토론이 끝나면, 수업의 논의를 토대로 반드시 학생들이 해당 주제에 관해 1인칭 시점으로 자신의 생각을 3-4쪽 분량으로 작성하도록 했습니다. 학기 말에는 그 글들을 모아 제출하게 했지요. 토론은 매우 활발하게 이루어졌습니다. 제 역할은 학생들의 생각을 이끌어내고, 서로의 입장을 대립시키며, 사유가 더욱 확장되도록 길을 터 주는 것이었습니다.

몇 주가 지나자, 강의실에 들어서는 순간 일종의 보이지 않는 전선이 형성되는 것을 느꼈습니다. 당시 제 수업의 절반은 기독교 신앙을 가진 학생, 나머지 절반은 무신론자나 다른 종교를 가진 학생들이었습니다. 어떤 주제를 다루든 논의의 과정에서 자연스럽게 시각의 차이가 드러났습니다. 학기가 끝나던 주에 기독교 동아리의 대표로 활동하던 한 학생이 기말 페이퍼와 함께 짧은 편지를 건네 주었습니다. 수업 시간에 다루었던 주제를 교회에서 토론할 때는 성경을 펼쳐놓고 자신 있게 이야기할 수 있었는데, 철학 수업에서는 '자신의 어휘가 너무 부족하다'는 것을 느꼈다는 내용이었습니다. 저는 그 편지를 읽으며 '그리스도인 학생들이 이중언어를 잘 사용할 수 있도록 가르쳐야겠다'는 생각을 했습니다. 신앙의 언어와 일상의 언어, 학문의 언어와 신앙의 언어를 자유롭게 오갈 수 있도록 훈련시켜야 한다는 생각이 들었지요. 어느 한쪽의 언어에만 익숙해지면 계속 그 언어만 쓰려고 할 것이고, 그러면 신앙이 자칫 울타리 안에 고립될 위험이 있습니다.

제가 요즘 한동대에서 강의할 때도 줄곧 관심을 갖고 시도하는 것은, 학생들이 교회의 언어에만 갇히지 않고 사회와 적절히 소통할 수 있도록 이중언어 능력을 훈련하는 일입니다. 물론 저역시 완벽한 이중언어를 구사한다고 말할 수 없습니다. 언젠가 은평구 도서관에서 '종교 리터러시' 프로그램의 일환으로 불교, 이슬람교, 기독교 관련 강의 영상을 제작하는 일에 참여해 달라는 부탁을 받은 적이 있습니다. 처음에는 성경을 펼쳐놓고 기독교에 대한 설명을 했더니, 담당 팀장이 "무슨 말인지 알아듣기가 힘들다"고 하더군요. 그래서 다시 녹화를 했지요. 이번에는 아예 성경을 덮고 평소 철학 강의를 하듯 풀어서 이야기했더니, 비로소 "이제 알겠다"는 반응이 나왔습니다. '신학대학원에서 성경을 펼쳐놓고 철학을 가르친 지 오래되다 보니 어느새 공통의 언어 구사 능력이 떨어졌나' 하고 자각을 하게 되었습니다.

중요한 것은, 누구나 공유하는 삶의 자리에서 공동의 삶의 언어로 소통하는 능력을 잃지 않는 것입니다. 철학, 문학, 역사, 종교, 예술, 나아가 과학까지, 이 모든 학문은 우리에게 이런 공동의 언어를 제공하는 길이 될 수 있습니다.

16
빚진 자

선물과 과제

최종원 대화가 마무리에 접어들었습니다. 선생님의 신앙과 지적 여정을 몇 가지 핵심어로 정리해 주시면 좋겠습니다.

강영안 생각하면 할수록, 삶을 바라보면 볼수록 모든 것이 '주어진 것'임을 깨닫게 됩니다. 우리는 주어진 삶을 '받은 자들'입니다. 먹고 마시는 것들, 숨 쉬는 공기, 눈앞의 꽃과 나무, 푸른 하늘, 들려오는 새소리와 타인의 목소리, 그것을 감각할 수 있는 내 눈과 귀, 나의 몸, 내가 쓰는 언어와 생각, 심지어 내가 주체가 되어 살아가는 이 삶조차 내 힘으로 만들어낸 것이 아니라 선물처럼 주어진 것들입니다. 따져 보면, 우리가 받지 않은 것, 얻지 않은 것은 하나도 없습니다. 우리가 누리고 즐기는 것들, 질문하고 탐구하며 깨닫는 일조차 결국은 바깥으로부터, 그러나 나와 깊이 연

371

결된 방식으로 주어진 것들입니다. 그러므로 '삶은 곧 선물'이요, '존재는 선물로 넘치게 주어진 것들'이라 하지 않을 수 없습니다.

하지만 오늘의 사회는 삶을 끊임없는 성취와 선택, 자율의 연속으로 묘사합니다. "나는 나를 스스로 만든다!"는 구호가 이를 잘 보여줍니다. 그러나 정말 그럴까요? 우리는 스스로 태어나지 않았습니다. 의지나 노력 이전에, 이미 삶이 우리에게 주어져 있습니다. 우리는 주어진 삶에 나의 삶으로 응답하며 살아가는 존재입니다. 그러므로 삶은 선물이면서 동시에 살아내어야 할 과제이지요. 독일어로 말하자면 '가베'(Gabe, 선물)와 '아우프가베'(Aufgabe, 과제)입니다.

프랑스 현상학자 장-뤽 마리옹, 에마뉘엘 레비나스, 미셸 앙리는 이러한 통찰을 더욱 정교하게 탐구하고 논의했습니다. 핵심은 삶의 시초를 주체가 아닌 타자, 내가 만들고 빚어가기 전의 '주어짐'(le donné)에서 찾는 것입니다. 장-뤽 마리옹은 '주어짐'(donation)의 개념을 통해 모든 존재를 '선물'(don)로 이해합니다. 이 선물은 받을 자격이 없는 이에게 조건 없이 넘치도록 주어집니다. 여기서 인간은 세계를 지배하는 주인이 아니라 받는 존재로 묘사됩니다. 주어진 것 앞에서 우리는 자율적 행위자이기보다 '수동적 응답자'입니다. 바울도 이렇게 묻지 않습니까? "네게 있는 것 중에 받지 아니한 것이 무엇이냐"(고전 4:7). 이것은 존재 자체가 이미 선물이라는 진리를 드러냅니다.

레비나스는 이 선물의 차원을 타자와의 관계에서 풀어냅니다. 레비나스에게 삶은 타자의 얼굴에서 시작되지요. 먹고 마시고 햇볕을 즐기는 향유의 주체는 타자의 부름에 응답함으로 비로소 주체로 서게 됩니다. 타자의 얼굴은 나에게 "살인하지 말라"고 명령하며, 그 윤리적 부름 속에서 나는 주체로 서게 됩니다. 그 윤리적 부름은 삶이 나의 것이 아니라 타자를 향해 열려 있는 선물임을 인식하게 해주지요. 따라서 삶은 폐쇄적 자율에 있는 것이 아니라, 타자를 향한 나의 '책임적 수동성' 속에 있습니다. "네 이웃 사랑하기를 네 자신과 같이 사랑하라"(레 19:18)는 말씀 역시 삶이 소유가 아니라 선물임을 자각한 자만이 따를 수 있는 명령입니다.

미셸 앙리는 삶을 '보이는 것'이 아닌 '느껴지는 것'으로 이해합니다. 느껴지는 삶은 외부에서 인식되는 것이 아니라, '내면에서 스스로 감지되는 생명'(vie qui se sent elle-même)입니다. 이 생명은 내가 구성하는 것이 아니라, 근원되신 분의 생명으로부터 받은 것입니다. "내가 곧 길이요 진리요 생명"(요 14:6)이라는 예수님의 선언에 주목해 봅시다. 그 어떤 생명도, 어떤 삶도, 근원 생명을 떠나서는 존재할 수 없지요. 이런 의미에서 모든 생명은 신적 생명으로부터 선물로 주어진 것입니다.

삶이 선물임을 인정하는 순간, 우리의 존재 방향은 근본적으로 바뀝니다. 나 자신을 중심에 두지 않고 응답자로 서게 되지요. 그때 삶과 존재는 감사와 책임으로 열리고, 한없이 누리는 자유와 평강 속에서 타자와 세계를 품게 됩니다. 현대 철학자들이 말하는 '주어짐'과 '선물', '수여성'은 단지 이론이 아니라, 존재의 깊은 곳에서 우러나온 고백이자 삶의 방식입니다. 만일 넘치게 주어져 있지 않다면, 우리가 어떻게 한순간이라도 숨을 쉬고 세상을 바라볼 수 있겠습니까? 삶을 주어진 선물로, 주께서 주의 목전에서(출 33:16) 우리에게 베푸신 은혜로 받아들일 때, 우리는 존재의 깊은 자리에서 감사와 책임의 응답 속으로 들어갑니다. 이것이 삶의 진리요, 진리에 응답하는 삶의 길일 것입니다.

만약 예수 그리스도를 몰랐다면, 저도 제가 삶의 주인인 것처럼 행세했을지도 모릅니다. 인문학자들 중에는 "네가 너의 주인이 되어라"를 외치는 이들이 있잖습니까? 그러나 참된 삶이란 무엇일까요? 단순히 자신이 '주체가 되는 것'일까요? 주체라면 어떤 주체일까요? 저는 '탈중심화된 주체'(de-centered self)라고 말하고 싶습니다. '주체'(subject)라는 말은 우리말 번역 때문에 '내가 주인 된다'는 뉘앙스를 풍기지만, 본래는 '종속된다'는 의미입니다. 주체는 지배자의 자리가 아니라, 섬기고 짐을 지는 자리입니다.

저는 레비나스를 통해 '주체' 개념의 전환을 배웠습니다. 인간은 언제나 타자의 얼굴 앞에 선 존재, 타자의 부름에 응답하는 존재, 타인의 짐을 짊어짐으로 참된 주체가 됩니다. 나의 주체됨은 타자의 요구에 '응답할 수 있는 가능성' 곧 책임에서 시작됩니다. 내가 내 삶을 선물로 받았음을 고백할 때, 그 고백은 감사로 이어지고, 그 감사는 우리를 충만함에 거하게 하며, 다시 '응답해야 할 과제'로 이끕니다. 이때 주체는 중심에 선 주체가 아니라 '탈중심화된 주체'이며 '종으로서의 주체'입니다. 저는 이러한 사유 속에서 제 신앙과 존재를 다시 성찰하며, 섬기는 주체로 살아가는 것이 곧 그리스도의 길임을 더욱 깊이 깨닫습니다.

종으로서의 주체

최종원 '종으로서의 주체'라는 말이 대단히 낯설게 다가옵니다. 주체는 주인이어야지 어떻게 종속적인 종이 주체가 될 수 있을까요?

강영안 오래전 저는 니체와 키에르케고어를 논하며 '주체'(subject) 개념을 다룬 적이 있습니다. 『주체는 죽었는가』(1996)에 관련 내용이 실려 있습니다. 니체는 기독교가 인간을 노예로 만들었다고 조롱하며 기독교 도덕을 '노예도덕'이라 불렀습니다. 그는 이에 맞서 '주인도덕'을 제시하며 기존 가치의 전복을 시도했습니다. 그러나 그가 꿈꾼 가치의 전도가 인간에게 해방을 가져왔을까요?

니체의 전도를 다시 뒤집은 사람이 레비나스입니다. 레비나스에게 주체란 타인의 고통을 대신 짊어지는 종입니다. 이사야 53장을 잘 알고 있던 유대인 레비나스에게, 타자의 고통을 대신 진 사람은 다름 아닌 예수 그리스도였습니다. 타자의 고통을 대신해서 짊어지는 주체가 종으로서의 주체이고, 이를 삶으로 몸소 보여주신 분이 예수 그리스도라는 것이지요. 그렇다면 그리스도와 함께 죽고 함께 살아난 우리는 어떤 주체로 살아야 할까요? 이 질문은 단순한 윤리의 문제가 아니라 '존재'의 문제입니다. 더 정확히는 '관계론적 존재'의 문제입니다. 여기서 우리는 "존재한다는 것은 섬기는 것이다"라는 명제를 세워 볼 수 있습니다. 근대의 '주체'는 자율적이며 자기 소유의 주체였습니다. 데카르트의 "나는 생각한다. 고로 존재한다"에서 시작해, 칸트의 '초월적 통각의 자아'에 이르기까지, 주체는 세계의 중심이자 의미의 원천으로 상상되었습니다. 그러나 레비나스는 그리스도의 삶 속에서 전혀 다른 방식의 주체를 발견합니다. 주체는 자율적 주인이 아니라 타자를 향한 '책임의 종'이며, 자기를 구성하는 방식 역시 소유가 아니라 '섬김'이라 보았습니다.

레비나스에 따르면, 인간은 무엇보다 '부름받은 존재'입니다. 부름받은 자는 그 부름에 응답할 때 자신을 확인합니다. 이 부름에 대한 응답 가능성 곧 책임이 바로 주체의 근원적 방식입니다. 이때 책임은 선택의 결과나 자유의 표현이 아니라, 오히려 자유 이전에 이미 주어진 '호출'입니다. 심지어 레비나스는 주체를 '인질'(otage)로 표현했습니다. 타자의 고통에 사로잡혀 책임을 떠맡은 존재 곧 '타자를 위한 있음'으로 규정된 주체입니다. 레비나스의 존재론을 짧게 요약하면, '존재한다는 것은 곧 섬기는 것이다'(Être, c'est server)입니다.

그렇다면 종으로서의 주체가 보이는 삶의 근본 반응은 무엇일까요? 하나님이 아브라함을 부르셨을 때 사무엘이 하나님의 음성을 들었을 때, 이사야가 하나님 앞에 섰을 때, 그들이 보였던 반응일 것입니다. "내가 여기 있나이다"(הִנֵּנִי, 힌네니). 이것은 단순한 응답이 아니라, 윤리적이며 존재론적인 고백입니다.

레비나스의 윤리적 주체 사유는 유대적 맥락에서 형성되었지만, 신약의 그리스도론과 놀라운 공명을 이룹니다. 빌립보서 2장 5-11절의 '그리스도 찬가'는 종으로서의 존재 곧 케노시스(κένωσις, 자기비움)의 신학과 존재론을 선명하게 보여주지요.

> "그는 근본 하나님의 본체시나 하나님과 동등됨을 취할 것으로 여기지 아니하시고 오히려 자기를 비워 종의 형체를 가지사 사람들과 같이 되셨고 사람의 모양으로 나타나사 자기를 낮추시고 죽기까지 복종하셨으니 곧 십자가에 죽으심이라"(빌 2:6-8).

376

이 본문은 단순히 신적인 위엄을 포기한 그리스도의 하강을 노래한 것이 아니라, 자기를 비움으로써 신성(神性)의 본질을 드러낸 하나님의 방식을 보여줍니다. 하나님은 권능이 아니라 사랑으로 자신을 계시하셨고, 그 사랑은 종이 되는 존재 방식으로 드러납니다. 예수님은 자기를 비우고 종의 자리에서 죽음까지 받아들이셨습니다. 그분의 종됨은 존재의 손상이 아니라 오히려 사랑의 본질적 방식이며, 하나님의 존재 심연을 드러내는 길입니다. 그리스도 안에서, 그와 연합한 주체는 위로 오르지 않고 아래로 내려와 발을 씻기며 섬기고 자기의 생명을 내어줍니다. 복음서에서는 "인자가 온 것은 섬김을 받으려 함이 아니라 도리어 섬기려 하고 자기 목숨을 많은 사람의 대속물로 주려 함이니라"(막 10:45)는 예수의 선언으로 신적 존재 방식을 드러냅니다. 그리스도는 타자를 대신하여 고통을 감당하는 존재, 레비나스의 용어로는 '대리 주체'로 나타나셨습니다.

따라서 주체는 자기를 소유하는 자가 아니라 자기를 내어주는 자, 지배하는 존재가 아니라 종이 되어 섬기는 존재로 드러납니다. 오늘 그리스도인들이 따라야 할 길도 바로 여기에 있지 않을까요?

그리스도로 사는 삶

최종원 '그리스도로 사는 삶'을 한국 교회에 투영해 보자면, 그간 한국 교회는 '오직 믿음으로 의롭게 함을 얻는다'고 생각했지만, 자신들의 행위와 성취로 존재감을 드러내려고 하지 않았나 싶습니다. 자기를 십자가에 못 박고 그리스도가 살아나도록 하는 삶의 수행으로의 공부가 정말 필요했는데, 그것을 충분히 하지 못하고 있는 것은 아니었는지요?

강영안 그리스도를 따라, 그리스도처럼, 그리스도로 살아간다는 것은 무엇을 의미할까요? 이는 단지 거룩함을 꿈꾸는 것에 그치지 않고, 일상의 삶의 방식이 근본적으로 변화하는 것을 뜻합니다. "인자가 온 것은 섬김을 받으려 함이 아니라 도리어 섬기려 하고"(막 10:45)라는 말씀은 주님이 겸손하게 섬기셨다는 사실을 넘어, 섬김 자체가 하나님의 본질을 드러내는 방식임을 보여줍니다. 이를 가능하게 하려면, 존재의 중심이 바뀌어야 합니다. 자기를 내세우는 주체에서 자기를 '내어주는 주체'로, 소유와 자율을 추구하던 삶에서 '응답과 책임을 감당하는 삶'으로 전환되어야 합니다.

저는 '제자도'의 중심에 삶을 선물로 보는 고백이 있다고 생각합니다. 삶이 내 것이 아님을 기억할 때 우리는 "내가 여기 있나이다"라고 응답할 수 있습니다. 누군가가 나에게 도움을 요청할 때, 이웃의 고통을 외면하지 않을 때, 갈등 상황에서 등을 돌리지 않고 머물러 줄 때, 분주함 속에서도 타자를 돌아보는 그 모든 순간이 곧 '힌네니'의 응답입니다. 더 많이, 더 효율적으로 사는 삶이 아니라, 더 깊이, 더 배려하며 존재하는 삶이지요.

섬김의 삶은 결코 화려하지 않습니다. 보이지 않는 자리에서 묵묵히 주어진 것들을 받아들이고 인내하며 기다리는 삶입니다. 그 가운데 계시는 주님의 영과 교류하며 사는 삶입니다. 아이의 기저귀를 갈고, 식사를 준비하며, 병든 이를 위해 기도하고, 미움 대신 용서와 화해를 선택하는 결단, 이 모든 것이 섬김입니다. 이 것이 곧 예수님을 따라, 예수님을 닮아 살아가는 삶입니다.

예수님은 제자들의 발을 씻기며 이렇게 말씀하셨습니다. "내가 너희에게 행한 것같이 너희도 행하게 하려 하여 본을 보였노라"(요 13:15). 이것이 바로 일상에서 십자가를 지는 삶입니다. 자신을 내어줌으로써 진정한 자아를 찾아가고 형성해가는 삶이지요. 그리고 이러한 삶은 언제나 부활의 소망과 함께합니다. 이것은 참으로 혁명적인 삶이라 할 수 있습니다. 저항 없이는, 복종 없이는, 자기부정 없이는 살아갈 수 없는 삶이니까요. 그러나 여기에 깊은 역설적 진리가 있습니다. 종으로 살면 살수록 더 풍성해지고, 더 많이 내어줄수록 더 깊이 존재하며, 타자에게 더 많이 응답할수록 더 충만한 자아가 형성됩니다. 세상은 성공과 성취를 통해 존재를 규정하지만, 섬김은 존재의 진실이 사랑임을 드러냅니다. 이런 삶이야말로 '그리스도로 사는 삶'이겠지요.

빚진 자

최종원 지금껏 그리스도인 학자로서 선생님의 삶을 추동해 온 동력은 무엇인가요?

강영안 제 삶의 근저에는 언제나 '내가 빚진 존재'라는 자각이 자리하고 있습니다. 바울의 표현을 빌리면, 저는 "복음에 빚진 자"입니다. 그러나 가만히 들여다보면 그 빚은 복음에만 한정되는 것이 아닙니다. 사실 우리는 모든 것에서, 모든 이에게 빚지고 있는 존재입니다.

앨빈 플랜팅가의 책에 인용된 리처드 로티의 이야기가 있습니다. 로티는 하이데거가 "인간 존재가 본질적으로 다른 이에게 빚지고 있다는 사실 자체를 몹시 불쾌하게 여겼다"고 말합니다. 누군가가 우리를 창조했고, 우리는 그의 피조물이며, 우리의 존재가 창조주에게 의존하고 있다는 사유 자체를 하이데거는 거부했습니다. 그러나 바로 그 '의존'과 '빚짐'의 자각이야말로 존재의 진실이 아닐까요?

잘 생각해 보십시오. 내가 가진 것, 알고 있는 것, 내 것이라 여기는 모든 것 가운데 진정 내 것이라 할 만한 게 과연 있습니까? 심지어 나 자신조차 내 것이 아닌데요? 내 몸을 자라게 하고 유지시키는 음식은 어디서 옵니까? 거기에 내가 조금이라도 기여한 것이 있습니까? 물론 돈을 주고 사오기는 하지만, 내가 마시는 물, 먹는 곡식과 열매는 내가 만든 것이 아닙니다. 내가 직접적으로 기여한 바가 없습니다. 공부도 마찬가지입니다. 배움은 내가 돈을 주고 사서 얻은 결과가 아니라, 사지 않았음에도 넘치도록 받은 선물입니다. 우리가 수업료를 내고 책을 산다 해도, 그것을 돈으로만 얻어낸 것은 아닙니다. 스승이 없고, 지식이 없고, 책이 없다면 아무리 돈이 많다 한들 살 수 있겠습니까?

결국 나의 존재, 나의 생각, 나의 삶, 이 모든 것은 만유를 창조하시고 통치하시며 오늘도 먹이시고 입히시는 '하나님의 선물'입니다. 그러니 마땅히 제 입술에서 터져 나오는 고백은 "고맙습니다"일 수밖에 없습니다. "고맙습니다."

최종원 선생님, 모든 게 '하나님의 선물'이므로 자연스레 '고맙습니다'가 나온다는 고백이 참 인상적이며 숙연하게 합니다. 장시간 귀한 말씀을 나누어 주셔서 진심으로 감사드립니다. 개인적으로 선생님과 카페와 식당, 산책로, 여행지 숙소에서 나누었던 대화의 모든 순간마다 고매한 스승에게 홀로 인격적인 가르침을 받는 가슴 벅참을 느꼈습니다. 아마 이 대화를 읽을 독자들도 비슷한 감정이리라 생각합니다. 앞으로도 더욱 건강히 후학들에게 좋은 글과 말씀으로 가르침 주시기를 기대하겠습니다.

공부에 관한 이야기를 한다고 시작했지만, 결국 우리 존재와 삶이 '선물'이며 '은혜'라는 고백으로 끝을 맺었습니다. 돌이켜 보면 선물 아닌 것, 거저 받은 은혜가 아닌 것이 없습니다. 학교 교육을 받은 지도 오래되었고, 대학 강단에서 가르친 세월도 길었지만, 여전히 저는 이제 겨우 입문자요 초보자라는 의식 속에서 살아왔습니다. 조금씩 무언가를 알아간다고 느낄수록, 그보다 몇백 배, 몇천 배 더 큰 산더미 같은 '모름'이 앞을 가로막는 듯합니다. 동아시아 전통에서 자란 사람들이 공유하는 생각은 결국 "공부 아닌 것이 없다"는 인식이 아닐까 생각합니다. 글 공부, 책 공부만이 아니라, 보고 듣고 만나고 겪는 모든 일상 다반사가 곧 공부이자 배움입니다.

저의 공부는 언제나 책을 손에 들고 한 공부였습니다. 도를 닦듯 수행으로 공부해 본 적은 없지만, 그렇다고 책이 전부라고 여긴 적도 없습니다. 책은 하나의 '기호'입니다. 무언가를 가리키고 지시하며 드러내어 보여줄 수는 있으나, 책 자체가, 그 속에 담긴 것이 곧 진리는 아닙니다. 책이 지시하는 '현실', '삶', '존재', '생명'이 훨씬 근원적입니다. 뒤집어 생각해도 마찬가지입니다. 현실이나 삶, 존재, 생명은 언제나 이야기 속에 담겨 있습니다. 우리는 이야기를 떠나 존재할 수 없습니다. 우리가 태어나기 이전에도 이야기가 있었고, 우리가 이 땅을 떠난 뒤에도 이야기는 이어질 것입니다. 이야기를 떠나 근원적인 현실을 직접 대면할 수 없고, 현실은 언제나 해석되고 이해되며 의미가 부여됩니다. 그렇다고 해서 우리가 이야기를 통해 현실과 생명을 전적으로 만들어낸다고 한다면 이것 또한 과장입니다. 왜냐하면 우리의 이야기에 다 담을 수 없고 파악할 수 없는 삶의 차원이 존재하기 때문입니다. 사랑을 생각해 보십시오. 이야기 없이, 이야기를 떠나 사랑을 말할 수 없지만, 우리가 사랑을 느끼고 체험하고 감동하는 차원은 이미 이야기 너머에 있습니다. 물론 이것조차도 이야기 속에 담겨야 전달되고 이해될 수 있습니다.

신비주의 전통이나 동양의 선불교 전통은 언어와 문자로 만들어내는 이야기를 벗어나, 저 너머의 궁극적 실재와 만나려고 애를 씁니다. 그렇게 순간의 만남이 가능하더라도 그것은 영원히 머물러 있지 않습니다. 그러나 한번 얻은 깨달음은 다시 울퉁불퉁한 땅의 현실로 돌아온 사람에게 영원에 대한 각인을 새깁니다. 그리하여 삶의 모든 순간, 모든 존재, 모든 것을 '궁극적 현실을 지시하는 기호'(*signum*)로, 단순한 기호를 넘어 '거룩한 표시'(*sacrament*)로 볼 수 있게 해줍니다. 학문적 추구도 결국 삶을 실증적으로 파악할 수 있는 자료나 사실로만 보지 않고, 감추어지고 보이지 않는 충만한 현실의 거룩한 기호, 거룩한 표시 곧 '사크라멘툼'(*sacramentum*)으로 보도록 이끌어 주는 것이 아닐까 생각합니다. 아우구스티누스는 거룩한 기호를 이렇게 정의합니다. *"Sacramentum est visibile signum invisibilis gratiae."* 교회의 언어로 직역하면, "성례전은 보이지 않는 은혜의 보이는 표지다." 세례와 성찬이 성례전으로 이해될 수 있습니다만, 언어의 근원적 의미에서 보면 우리가 경험하는 하나님의 피조 세계 전체가 하나님의 거룩한 현존과 임재를 보여주는 '성례전' 곧 거룩한 기호입니다. 모든 학문은 궁극적으로 이 거룩한 기호들 속에서 거룩한 분의 자취를 더듬어 찾고, 그분을 찬양하며 송축하기 위함이 아닐까요? 그로 인해 누리는 평화와 공의와 진실 속에서 생명의 약동과 운동을 경험하며, 그 속에서 찬송과 감사를 하기 위함이 아닐까요?

아우구스티누스는 하나님이 두 권의 책을 썼다고 말합니다. 하나는 '성경'이고, 다른 하나는 '세상'입니다. 생 빅토르의 후고, 보나벤투라도 세상을 책으로 보았습니다. 세상은 하나님이 쓰신 책이기에 읽을 눈이 있는 이는 그 속에 담긴 글과 뜻을 읽고 이해할 수 있다고 보았습니다. 갈릴레오 갈릴레이도 이 생각을 이어받아 "자연은 하나의 펼쳐진 책인데 이 책을 읽기 위해서는 수학적 이성과 지식이 필요하다"고 했습니다. 세상이 책이라는 생각은 하나님이 이 세상 안에서, 이 세상을 통해 자신을 표현한다는 사실을 말해 줍니다. 세상은 하나의 기호요, 하나의 흔적입니다. 그러므로 흔적과 기호를 추적하면 이 세상을 지은 하나님을 알 수 있다고 보는 것입니다.

중세의 상징신학을 대표하는 디오니시우스 아레오파기타, 알라누스 데 인술리스, 생 빅토르의 후고의 신학에 따르면, 무한한 것은 유한한 것 속에 자신을 표현합니다. 따라서 유한한 것은 무한한 것의 상징입니다. 자연 전체가 하나님의 지혜와 권능과 능력을 보여주는 상징이요 기호입니다. 이 세상 만물은 단 하나의 기원을 가리키는 기호이자 상징이라 여겼습니다. 중세 기호학의 선구자라 할 수 있는 아우구스티누스는 '사물'(*res*)과 '기호'(*signum*)를 구별하며 사물도 하나의 기호가 될 수 있다고 가르칩니다. 움베르토 에코의 『장미의 이름』에서 윌리엄 수사의 조수 아드소는 젊은 시절 헛간에서 만난 처녀와의 성경험을 노년에 회상하면서 이렇게 고백합니다. "격렬한 쾌감은 깊은 죄의식 때문에 잊어버렸으나 여자의 얼굴은 내 영혼이 망각할 수 없었다." 그러면서 에코는 중세 상징신학 곧 모든 것을 '거룩한 기호'로 보는 중세 '사크라멘툼' 신학을 이해할 수 있도록 탁월하게 그려냅니다.

"사실 나는 여자를 '보았다'. 추위에 떠는 참새가 피난처를 구하려 날아드는 앙상한 나뭇가지에서도 여자를 보고, 헛간에서 나오는 어린 암소의 눈에서도 보고, 잘못 든 내 길을 가로질러 가는 양떼의 울음 소리에서도 여자의 음성을 들었다. 세상 만물이 여자에 대해 말하려 하는 듯했다. 참으로 다시 보고 싶었다. 만일 그날의 충만한 기쁨을 향유할 수 없고 설령 영원히 멀리 떨어져 있더라도 여자가 한 번만 내 곁에 있어 주기만 한다면 다시는 만나지 않고 다시는 함께 눕지 않을 각오도 되어 있었다. 지금에야 깨닫는 일이지만 [이어서 아드소는 생 빅토르의 후고 말을 인용합니다] 하나님의 손가락이 쓴 책과 같은 온 우주 속에서는 만물이 창조주의 무한한 선을 우리에게 말해 주고, [다시 인술리스의 알라누스의 말을 빌려] 만물이 삶과 죽음의 형상이자 거울이며, 가장 비천한 장미가 지상의 우리의 발전의 광채가 되는 것과도 같이 만물은 부엌의 향기로운 그늘에서 얼핏 본 얼굴만 내게 말해 줄 따름이었다."

중세 상징신학의 핵심은 만물이 하나님의 손길을 보여준다는 것입니다. '우리의 존재가 얼마나 허망한가'라는 것도 만물을 통해 볼 수 있습니다. 이 신학의 틀 안에서 아드소는 처녀와의 경험을 통해 모든 것 속에서 처녀의 얼굴을 보게 됩니다. 그가 보는 것마다 처녀의 얼굴이 드러나고, 만물은 이런 의미에서 처녀의 흔적이고 처녀의 상징입니다. 학자가 '세상'이라는 책을 통해 추구하는 것도 이와 다르지 않습니다. 세상 만물 속에서 삼위일체 하나님의 흔적을 보고 그분께로 향하고자 하는 욕구와 무슨 차이가 있겠습니까? 수도원의 수사가 말씀을 통해서, 예전에 참여함으로, 노동을 통해, 사람들과의 관계를 통해 보고 싶어 하는 것은 만물 속에 계시는 하나님의 임재와 현존일 것입니다. 이렇게 보면 학자도 수사와 유사합니다. 이러한 추구가 가능한 것은, 설사 깊이 의식하지 못하고 감사드리지 못한다고 해도, 이미 삼위일체 하나님을 통해 주어진 은혜와 사랑이 충만하기 때문입니다. 지적 노력, 도덕적 추구, 정의와 평화에 대한 갈구가 이 충만에 참여함이 없이 어찌 가능하겠습니까? 이번 대담은 이러한 진실을 다시 한번 깨닫게 해준 기회라고 생각합니다.

최종원 교수와 주고받은 이야기를 통하여 우리가 일상에서 몸과 마음으로, 글과 삶을 붙들고 하는 공부는 적어도 다음 일곱 가지의 특성을 드러냄을 확인한 듯합니다.

첫째, 공부는 기능이 아니라 존재 문제입니다. 이것이 이 책에서 제가 주장한 근본 명제입니다. 공부는 성적·스펙·기술을 쌓는 일이 아니라, '나는 어떤 인간이 되어가고 있는가'를 묻는 존재의 형성 과정이라는 선언입니다.

둘째, 질문하지 않는 공부는 이미 죽은 공부입니다. 질문은 신뢰와 성숙의 조건입니다. 질문은 공부의 시작이며, 더 깊은 신앙으로 이끄는 통로입니다.

셋째, 지식은 책임지고 반응해야 할 부름입니다. 많이 알면 알수록 누군가를 향해 더 많이 응답해야 하는 자리에 서게 되며, 그 책임 또한 더욱 커집니다. 이런 의미에서 공부는 본질적으로 윤리적인 사건입니다.

넷째, 공부는 형성(formation)의 과정입니다. 수많은 정보와 데이터의 축적은 형성에 이바지하는 한 가치가 있습니다. 그러므로 공부는 인격·덕·삶의 태도를 빚어가는 생애 전체에 걸친 수련입니다. 전문가 이전에 사람, 성취 이전에 성숙이 공부의 목적입니다.

다섯째, 신앙과 지성은 분리될 수 없습니다. 믿음은 생각의 정지가 아니라, 더 깊이, 더 넓게, 타자의 입장에서 생각하며 살아가는 방식입니다. 그러므로 그리스도인 지성은 교회 밖의 삶, 사회적 책임과 반드시 연결됩니다.

여섯째, 특별히 저의 공부의 바탕에는 '빚진 자' 의식이 자리하고 있습니다. 이웃과 공동체, 다음 세대에게 빚진 응답의 자리가 공부입니다.

마지막으로, 공부는 결국 '어떤 삶으로 이어지는가'로 완성됩니다. 이 대담집이 끝까지 붙드는 질문은 이것입니다. '이 앎은 지금 나를 어디로 데려가고 있는가?' 왜냐하면 공부는 삶·관계·사랑·책임 안에서 비로소 완성되기 때문입니다.

이 생각들을 한마디로 요약하면 이렇게 말씀드릴 수 있겠습니다. '공부한다는 것은 질문하고, 책임지며, 사랑으로 응답하는 한 인간의 생애 전체에 걸친 형성의 여정이다.'

되돌아보면, 저의 공부와 학문, 사유와 신앙 여정 가운데 하나님의 선물 아닌 것은 하나도 없었습니다. 질문할 수 있었던 시간도, 배우고 가르칠 수 있었던 자리도, 함께 더듬으며 생각할 수 있었던 만남도 모두 설명하기 어려운 은총이었습니다. 이 많은 선물들을 과연 이웃을 위해, 공동체를 위해 얼마나 바르게 사용해 왔는지 저 자신에게 조심스레 되묻게 됩니다. 남은 삶은 많이 이루기보다는 더 진실하게 책임지는 시간이 되기를 소원합니다. 이 책이 누군가의 공부를 다시 삶으로, 신앙을 다시 질문으로, 지식을 다시 책임으로 이어 주는 작은 계기가 되기를 바라며, 이 책을 읽는 모든 분 위에 하나님의 평안이 늘 함께하기를 빕니다. 대담을 제안하고 이끌어 준 최종원 교수, 책으로 완성되어 나오기까지 수고한 복 있는 사람 박종현 대표, 문준호 팀장, 윤미희 편집자, 이하늘 디자이너, 그리고 모두에게 감사의 말씀을 드립니다.

2026년 1월
강영안

찾아보기

성구/ 주제·인명

성구